北京物资学院产业经济研究学术文库

赵娴 车卉淳 ◎ 主编

产业经济热点问题研究（2010）

Hot Problem Studies on Industrial Economy

社会科学文献出版社
SOCIAL SCIENCES ACADEMIC PRESS (CHINA)

总 序

2008年4月，北京物资学院产业经济学科获批北京市重点建设学科，标志着我校的学科建设工作跨上了一个新的平台。随着高等教育的不断发展，高校之间日趋激烈的竞争已经集中体现在学科的竞争上，学科建设的水平代表了一个学校的整体水平和科研实力。与此同时，在当前日益强调高校办学特色的大环境下，学科建设也成了最能体现学校特色并承载特色的一个载体。

北京物资学院早在20世纪80年代就开始了对流通问题的深入系统研究，是最早开始对流通（物流）问题进行系统研究的院校之一。北京物资学院在长期的研究中凝练了学科特色，形成了反映学科融合和发展的研究方向，即流通经济（产业）研究，不仅取得了丰富的科研成果，积累了一定的优势，也在服务首都经济方面得到了社会的肯定。立足流通领域已成为我校的办学特色，也成为我校产业经济重点建设学科的研究定位和特色所在。而经济学专业获批国家级（第三批）和北京市特色专业建设点（2008年），经济学系列课程教学团队获批北京市优秀教学团队（2009年），流通经济研究所重组恢复（2009年），现代流通发展与创新研究市级科技创新平台获批建设（2010年），更形成了对学科建设的有力支撑。相信通过五年的建设，我校产业经济学科的研究优势会更加强化，特色更加突出，并且将会在原有的研究基础上得以前后传承和延续。

我们认为,我校的产业经济学科建设应该把握好历史传承与创新超越、学科体系与研究重点、共性与个性的统一。在产业经济学的学科研究和建设中,既要实现国际惯例和中国国情的有机结合,又要遵从产业经济学研究的一般规范,还要在既已形成的研究格局和研究定式中找到有别于他人的研究空间,这使得我们的学科建设任务异常艰巨和繁重。因此,学科建设中必须注意把握这样几点:一是目标方向要明确,内容要前沿,注意理论与实践相结合,不能脱离发展的主流;二是重点突出,形成特色,善于在实践中寻找到学科建设的突破口,保持学科发展的生命力;三是要有一支稳定的学术队伍和中坚的学术骨干,要树立责任感、使命感;四是要有经费的保障,能支撑重大项目的预研和高水平科研成果的形成。

搭建学科研究的平台,开展高水平的学科研究,取得标志性的科研成果是学科建设的重要任务。为了实现学科专业建设的目标,我们致力于构建开放性的学科研究平台,集聚一批有志于流通经济研究的学术带头人和优秀骨干人才,学习和借鉴国外先进的研究方法和理论,追踪学术研究的前沿,把握学科方向,凝练学科特色,全方位开展流通经济理论、流通产业、流通现代化的深入系统研究,提高学术研究的权威性和前瞻性,不断提升学术地位,推动我国流通经济理论研究的发展。

由产业经济学北京市重点建设学科、经济学国家级特色专业建设点、现代流通发展与创新研究科技创新平台、北京市属高校人才强教深化计划项目经费资助出版的"北京物资学院学术研究文库",正是我们全方位开展学科研究的成果体现。学术研究文库包括流通经济研究学术文库和产业经济研究学术文库两大文库,其中,流通经济研究学术文库包括流通经济理论研究、中外流通比较研究、流通与消费研究、都市流通业与城市经济研究以及流通经济研究动态等研究系列;产业经济研究学术文库包括产业经济理论研究、产业金融研究、产业经济热点问题研究等研究系列。学术研究文库的出版旨在以科学的研究方法,前沿的研究视角,开阔的研究视野,开放的研究思路,丰富的研究内容,创新的研究观点,诠释学科研究的深刻内涵，追踪学科动态，把握学科前沿，凝练学科特色，提升我校学科研究的水平，实现学科建设的预期目标。

期待北京物资学院学术研究文库的成果不断丰富，水平不断提升……

北京物资学院经济学院院长

北京物资学院流通经济研究所所长

北京市教学名师

产业经济学北京市重点建设学科项目负责人/学术负责人

现代流通发展与创新研究科技创新平台项目负责人

经济学国家级/北京市特色专业建设点项目负责人

经济学系列课程北京市优秀教学团队带头人

赵　娴

2011年7月于北京

前　言

　　2010年的世界经济，在震荡中缓慢复苏。受到金融危机重创的美国，复苏过程十分缓慢，经济增长率远没有恢复到正常的水平，房价跌到底部，消费者信心指数也在下滑……欧盟的情况甚至更加糟糕，脆弱的金融体系、大幅上扬的财政赤字和不断攀升的失业人口数量成为欧盟经济复苏面临的主要障碍……中国的经济虽然保持了较快的增长速度，但也面临着巨大的压力，世界主要经济体复苏乏力，恢复缓慢，会对中国的外需市场造成什么影响？生机勃勃的繁荣盛景之下，需要面对的不确定性因素有哪些？经济增长面临着哪些难以跨越的障碍？企业如何在"从紧"的宏观经济形势之下实现"转型发展"？……本书将对此一一进行剖析。

目　录
CONTENTS

专题一　聚焦"十二五"规划　关注新能源产业 ……………… 1

随着环境问题的日益突出以及常规能源储量的限制，以环保和可再生为特征的新能源越来越受到重视，新能源产业已经被确定为我国的战略性新兴产业之一。但是，新能源开发利用成本较高、资源分散以及生产不连续等特点限制了其市场竞争能力。要推进新能源产业的发展，必须要有政府长期而稳定的扶持和激励，形成支持新能源产业发展的长效机制。

专题二　三次铁矿石谈判的经验与教训 ………………………… 36

世界钢铁生产的布局呈现出与铁矿石资源分布不同的特征，铁矿石因而成为全球最大的单一贸易产品。作为世界上最大的铁矿石买家，中国应该积极争取在铁矿石谈判中的定价权，同时走国内、国外铁矿石并重的产业发展道路，最终实现中国钢铁业整体竞争力的提升和铁矿石谈判中话语权的提升。

专题三　房产新政对楼市的影响 ………………………………… 69

最近一轮的房价上涨始于2006年，中间虽然经历过局部短暂的低迷阶段，但总体上维持着一路上扬的势头。特别是2009年和2010年，房价更如脱了缰的野马，一骑绝尘。"国六条""国八条"陆续出台，银行一再加息，二套房贷首付不断上调，小产权房屡屡叫停……房地产调控政策的频频出台，能否有效缓解房地产市场的供需矛盾？能否遏制房价的过快上涨？能否挤掉房地产市场的泡沫……我们拭目以待！

专题四　家电下乡

——拉动农村内需和流通经济发展的"双赢"之路……………… 96

作为财政政策与生产政策、贸易政策的结合,"家电下乡"可以说是"利民、利企、利国"的三利之举。但是,部分下乡产品的质量低下、限价产品档次低下以及售后服务不完善等问题,使广大农民在"拍手称快"之后,也感受到了苦恼和无奈……如何才能让农民既"买得起",又"用得好"?怎样才能做到"售后服务"与家电齐"下乡"?如何才能使"家电下乡"真正成为惠农的好政策?

专题五　低碳经济纳入国家发展规划正当其时……………………… 122

或许能源危机针对不同的国家,影响程度尚有不同,但气候变化的影响则没有国界。面对日益严重的气候变化问题,各国政府纷纷采取措施推动低碳经济的发展,建立特色鲜明的低碳发展模式。中国作为世界上最大的发展中国家,也是世界上最负责任的大国,已经做好了全力发展低碳经济的准备。在当今气候变化、能源危机、国内外经济和政治多重压力的背景下,中国将低碳经济纳入国家发展规划,正当其时。

专题六　欧盟国家过度财政赤字的相关分析………………………… 156

欧盟国家过度财政赤字给脆弱复苏中的世界经济平添了诸多不确定性,投资者与消费者的信心受到打压。"统一货币,不同财政"的经济运行模式能否继续下去?"巨额救援机制"导致的财政紧缩是否会使欧洲经济陷入"双底衰退"?全球经济是否会"二次探底"?

专题七　主权债务危机令世界再添阴霾…………………………… 178

作为世界上最大的区域一体化经济组织,欧盟如何在政策的统一性和各成员国国情的差异性之间找到平衡点,从而使其成员国在身陷危机时能够自主而灵活地运用政策工具调控经济?欧元区的建立对于推进欧洲经济的一体化,促进资源的流动和优化配置起到了积极作用,但在政策和制度安排方面却存在着严重的漏洞,这也是次贷危机后,欧元区经济相对落后国家(如希腊等)会爆发主权债务危机的制度性根源所在。

目 录

专题八　高盛"欺诈门"的警示与反思……………………… 201

"高盛"这位曾经在华尔街首屈一指的金融大亨，为什么如今会站在"欺诈门"事件的风口浪尖上？它拥有什么样的运作机制，为什么能在次贷危机中逆市生财？美国的金融监管机制应该在高盛"欺诈门"事件、次贷危机以及之后的欧债危机中承担什么样的责任？

专题九　吉利收购沃尔沃的经济学分析……………………… 218

吉利成功收购沃尔沃可以说是一个"双赢"之举，对双方都具有正面意义。吉利可以获得它急需的品牌、销售渠道和管理团队，迅速实现其梦寐以求的国际化夙愿，而福特公司则可以化解自己的资金难题。从并购程序上看，吉利收购沃尔沃无疑是成功和漂亮的，它说明中国企业正在适应国际通行的游戏规则。当然，并购本身并不是目的，中国企业要想通过并购实现自身的发展，要走的路仍然十分漫长……

专题十　产业振兴计划解析……………………………………… 250

2008年的金融危机爆发之后，各国政府的救助措施紧锣密鼓，拯救水深火热中的金融机构。随着金融危机进一步向实体经济扩散和蔓延，政策干预的重点也从"拯救金融"变成"拯救经济"，扶植新兴产业，恢复市场信心，促使经济回暖。中国的新兴产业虽然起步较早，基础较为雄厚，但却存在着在科技创新方面"拿来主义"作风严重、产业布局雷同化、低水平重复建设较多以及资源浪费严重等诸多问题，因此需要通过体制、政策和市场的综合设计，才能实现新兴技术的大规模产业化。

专题十一　节能减排
　　　　——新一轮结构调整的主线……………………………… 275

长期以来，中国粗放的经济增长方式，低下的资源利用效率和严重的环境污染问题已经成为社会经济发展的严重桎梏。只有转变经济增长方式，调整产业结构，明确节能减排目标，推进节能减排的政策措施，才能实现经济社会的可持续发展，求得人与自然和谐共生的社会形态。否则，只能是"资源支撑不住，环境容纳不下，社会承受不起，经济发展难以为继"。

专题十二　房地产业："馅饼"还是"陷阱"
　　——从家电业巨头和制造业民企进军房地产业说起 …… 305

　　从 2008 年开始，家电行业利润整体下滑、竞争惨烈，格力、海尔和美的等家电业巨头纷纷将投资转向房地产业，掀起家电业进军房地产业的高潮。在房地产业高额利润的背后，到底隐藏着怎样的风险？家电业向房地产业的投资是"饮鸩止渴"还是健康的产融互动？是"陷阱"还是"馅饼"……

专题十三　CPI 创新高的深层次原因探析 ……………… 328

　　2010 年 8 月，我国 CPI 指数攀升到 3.5%，创 22 个月以来的最高值。造成 CPI 持续上涨的原因是什么？农产品价格上涨和房地产价格上涨在其中扮演着什么样的角色？在紧缩性政策的作用下，CPI 这个"脱了缰的野马"是能够放慢脚步，还是继续上扬，一路高歌……

专题十四　ECFA 框架下的两岸物流合作前景探索 ……… 350

　　海峡两岸地理位置一衣带水，文化渊源同出一宗。近年来，随着两岸关系逐渐回暖，经贸交流不断加深，经济合作也日益深化。2010 年 6 月，ECFA 的签订更为两岸的产业合作提供了广阔的发展空间。按照"循序渐进，先易后难"等原则，海峡两岸的经贸合作前景广阔，曙光无限……

专题十五　城市群
　　——城市化进程的新探索 ……………………………… 376

　　推进城市化是新世纪我国发展的重要战略，也是建设现代化城镇的关键举措。近年来，我国城市化水平不断提高，出现了"一年变个样，三年变新样，五年大变样"的可喜现象。但人口集聚慢、城镇特色少、环境质量差等阻碍城市化进程的问题也同样存在着。城市群由于具有功能高端化、结构等级化、分工合理化、城市一体化、交通网络化和发展动态化等优势，应该成为我国城市化发展路径的最佳选择。

参考文献 …………………………………………………… 411

后　记 ……………………………………………………… 417

专题一
聚焦"十二五"规划
关注新能源产业

一 背景分析

(一)"十二五"规划对于新能源产业的相关政策支持

1. 新能源产业发展规划

新能源一般是指在新技术基础上加以开发利用的可再生能源,包括太阳能、生物质能、水能、风能、地热能、波浪能、洋流能和潮汐能等。而已经广泛利用的煤炭、石油、天然气、水能、核电等能源,称为常规能源。随着环境问题的日益突出以及常规能源的储量限制,以环保和可再生为特征的新能源越来越得到各国的重视。

目前在中国,可以形成产业的新能源主要包括太阳能、风能、生物质能等,是可循环利用的清洁能源。新能源产业的发展既是整个能源供应系统的有效补充手段,也是环境治理和生态保护的重要措施,是满足人类社会可持续发展需要能源的最终选择。

随着传统能源的消耗日盛,储量逐渐下降,世界各国纷纷将新能源发展提升到了前所未有的战略高度,制定了有针对性的新能源发展计划。纵观近年来全球发达国家能源战略,发展新能源成为其能源重要布局。金融危机之后,新能源产业又成为发达国家摆脱危机的战略性新兴产业。发展新能源产业,大力推动低碳经济,已在全球各国达成共识。

中国新能源产业经过几年发展,不论是政策环境,还是技术、市场环境,都发生了重大变化。新能源产业已经被确定为我国重点战略性新兴产业之一,在2010年出台的我国七大战略性新兴产业中,新能源产业被作为重点提出。在随后制定的我国"十二五"战略发展规划中,新能源产业也被给予了高度的关注。

在2010年上半年能源经济形势发布会上,业界期待已久的"新能源发展规划"终于掀开面纱,并更名为"新兴能源产业发展规划",规划期为2011~2020年。据官方初步测算,新兴能源产业规划实施以后,到2020年将大大降低对煤炭需求的过度依赖,能使二氧化碳排放减少约12亿吨。规划期累计直接增加投资5万亿元,每年增加产值1.5万亿元,增加社会就业岗位1500万个。[①]

从总目标上来看,包括水电在内的新能源占总发电量的比例仍然定在35%(其中水电占比约为15%)和上年发布的《新能源振兴规划草案》所定目标一致。虽然最后规划还等待国务院批复意见,但是最终总目标增减可能性不大。因为新能源装机目标不仅需要考虑到中国对外作出的到2020年碳排放下降40%~45%的承诺,也要兼顾中国在新能源发展过程中的暂时性困难(比如并网瓶颈、核燃料供给)和能源安全(特别是核电安全)问题。

2. 政府对相关产业的扶持政策

自2006年1月1日实施《中华人民共和国可再生能源法》以来,中国政府又相继出台了一系列配套政策,促进新能源发展。2009年,中国新能源产业政策更为密集。其中,光伏产业成为2009年国家重点支持产业。

3. 金融机构的融资优惠条件

新能源技术运行成本低,但初始投资高,需要稳定有效、多元化的投融资渠道给予支持,并通过优惠的投融资政策降低成本。新能源的发展需要强调上、中、下游统一规划,使财税政策、投资政策、金融政策联动,靠政府推动与开发型金融融资相结合,形成合力,才能充分调动各方面的积极性。目前,风电技术已经趋于先进和成熟,发展较为平稳,风险较小,可供融资的路径较广。其他可再生能源发电尚处于初创期,要实现跨越式发展,政府与开发型金融将是投融资的先导主体。

当前,新能源产业的金融支持除了国际上公认的碳交易清洁能源机制(CDM)外,国内的融资方式包括:发行股票、引入风险投资、发行公司债券、银行贷款等,但由于种种原因,这些渠道仍无法满足迅速发展起来的新

---

① 王毅鹏:《5万亿新能源规划破茧待出》,《产业论坛》2010年第8期。

能源产业对资金的需要：上市门槛高使新能源企业股票融资规模有限；风险投资的观望态度导致新能源产业的投资不足；公司债券市场的发展滞后限制了新能源企业的债券融资规模；商业银行的风险防范意识导致其对新能源产业的贷款规模有限。为支持新能源产业的发展，金融机构对新能源企业的支持转向了以产业投资基金、政策性银行贷款和项目融资为主的新模式。[①]

2007年1月12日，全国工商联新能源商会例行理事会上，《关于设立"中国新能源产业投资基金"的倡议书》草拟完成。此倡议书已经获得广泛认可，仅新能源商会理事单位企业就已经有了超过10亿元的资金意向，预计将来这个基金的规模将超过100亿。2007年12月份由新能源商会牵头，知名会员企业共同倡议发起的"新能源发展产业投资基金"，向国家发改委申报。投资基金将成为新能源企业直接融资的重要手段，是一种重要的中长期投资工具。投资基金将主要对未上市新能源企业实行股权投资，并提供经营管理服务，其着力点包括中小新能源企业、新能源产业的薄弱环节，乃至新能源产业的规模化发展、商会自身造血机能和可持续发展。

作为政策性银行的代表，国家开发银行自建行以来，坚持贯彻国家宏观经济政策和产业发展政策，大力支持我国可再生能源产业的发展。除大型水电工程外，该行重点支持了一批风电、农村中小水电等项目，同时积极推进生物质能发电等新兴产业，为其示范项目和规模化发展提供资金支持。到2006年底，国家开发银行风电贷款余额是43亿元，首先，支持国家大型风电基地开发，重点支持了河北、内蒙古、新疆、甘肃、吉林、江苏等风电基地的开发建设；其次，支持电力大企业集团风电项目建设，以五大发电集团以及国华、中节能等集团客户为平台，从企业规模化角度推动风电产业发展；再次，支持大型风电项目，重点支持江苏如东、河北张北、吉林通榆、内蒙古锡林郭勒等一批大型的项目；最后，支持风电设备国产化：重点支持国内风电设备制造企业规模化、自主化、标准化发展。如果我国今后要大力发展风电，还要依赖国外的设备和技术。在生物质能发电项目上，国家开发银行支持国家示范项目山东单县秸秆生物质能发电项目，提供贷款2.1亿元。

项目融资作为一种新兴的融资方式，作为一种较为复杂的融资过程，

---

① 齐喆、孙美东：《碳金融支持低碳经济发展的问题研究》，《东方企业文化·天下智慧》2010年第11期。

正在逐渐演变成新能源行业融资的主流模式。所谓项目融资方式是指以特定项目本身的资产、预期收益或者权益作为抵押的，无追索权或者有限追索权的长期融资或者贷款方式。在整个融资过程中，各个参与者之间通过预先达成的协议相互联系起来，整个融资模式中既包括股权融资，也包括债务融资。基于参与者之间的协议约定，项目风险得到良好的规避和分担，预期收益较为稳定。在项目融资过程中，企业可以选择的途径相对充足：可以通过有效利用"建设—经营—转让"融资方式，解决新能源项目筹资问题；可推广公共私营合伙融资方式，加强政府对新能源产业的促进与引导作用；在项目开发进程中可以通过项目租赁方式解决新能源项目开发中的资金需要；实施新能源资产的证券化，帮助新能源企业提前变现项目收益。[①]

（二）全球能源发展趋势

1. 世界能源消费现状

2006年全球能源消费总量为108.785亿吨油当量，在能源消费结构中（如图1－1），石油平均占35.8%（比2005年的36.4%下降0.6%）、

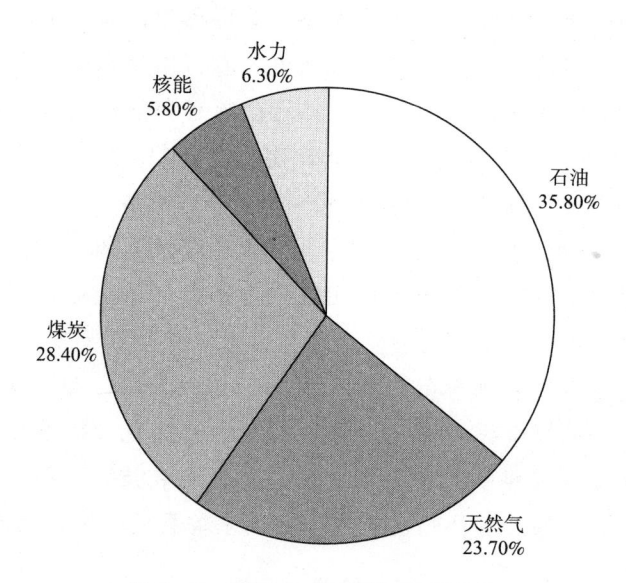

图1－1　2006年全球能源消费结构

资料来源：环球能源网。

[①] 张亮：《我国节能与新能源行业的融资模式》，《财政金融》2009年第7期。

天然气平均占 23.7%（比 2005 年的 23.5% 上升 0.2%），煤炭平均占 28.4%（比 2005 年的 27.8% 上升 0.6%），核能平均占 5.8%，水力平均占 6.3%。世界主要能源消费国的能源消费结构中，石油一般仍占 38% 左右，天然气一般占 23% 左右。

统计显示：1973 年，作为燃料的世界一次能源消耗中石油占 45%，天然气占 16%。到 2004、2005 和 2006 年，在上述构成中石油已经下降到 36.8%、36.41% 和 35.8%，天然气相应上升到 23.6%、23.49% 和 23.7%。目前虽然核能、水电能等能源比重在逐步加大，但石油、煤炭和天然气仍然在能源格局中处于主体地位如表 1-1，2006 年三者所占比例分别为：35.8%、28.4% 和 23.7%。

表 1-1 2006 年世界主要国家能源消费量及消费结构

单位：%

国　家	石油	天然气	煤炭	核能	水力等
美　国	40.4	24.4	24.4	8.1	2.8
加拿大	30.7	27.0	10.7	6.9	24.6
法　国	35.3	15.5	5.0	38.9	5.3
德　国	37.6	23.9	25.1	11.5	1.9
意大利	47.0	38.1	9.5	0	5.3
英　国	36.3	36.1	19.2	7.5	0.8
俄罗斯	18.2	55.2	16.0	5.0	5.6
日　本	45.2	14.6	22.9	13.2	4.1
韩　国	46.6	13.6	24.3	14.9	0.5
印　度	28.4	8.5	56.2	2.1	6.0
中　国	21.1	3.0	69.7	0.7	5.5
世界平均	35.8	23.7	28.4	5.8	6.3

资料来源：世界能源协会。

2. 世界能源消费趋势

根据美国能源信息署（EIA）最新预测，2010 年世界能源需求量将达到 105.99 亿吨油当量，2020 年达到 128.89 亿吨油当量，2025 年达到 136.50 亿吨油当量，年均增长率为 1.2%。欧洲和北美洲两个发达地区能源消费占世界总量的比例将继续呈下降的趋势，而亚洲、中东、中南美洲等地区将保持增长态势。伴随着世界能源储量分布集中度的日益增大，对能源资源的争夺将日趋激烈，争夺的方式也更加复杂，由能源争夺而引发冲突或战争的可能性依然存在。

（三）我国战略新兴产业规划出台

2009年9月22日至23日，温家宝总理连续主持召开了三次新兴战略性产业发展座谈会，约请47名中科院院士和工程院院士，大学和科研院所教授、专家，企业和行业协会负责人，就新能源等七个产业的发展提出意见和建议，在随后公布的会议公告中，该七大产业被表述为"战略性新兴产业"。之后，在11月23日召开的首都科技界大会上，温家宝总理发表了题为《让科技引领中国可持续发展》的讲话，指出战略性新兴产业包括新能源、新材料、生命科学、生物医药、信息产业，以及空间、海洋和地球深部开发等六大领域。

这些表述共同构成了未来我国新兴战略性产业发展的科技攻关路线图，紧接着，部署2010年经济工作的中央经济工作会议明确指出，我国要重点发展战略性新兴产业，提高自主创新能力，特别是要加快培育战略性新兴产业。

温家宝总理在2010年政府工作报告中指出，要大力培育战略性新兴产业。报告指出，国际金融危机正在催生新的科技革命和产业革命，发展战略性新兴产业，抢占经济科技制高点，决定国家的未来，必须抓住机遇，明确重点，有所作为。要大力发展新能源、新材料、节能环保、生物医药、信息网络和高端制造产业，积极推进新能源汽车、"三网"融合取得实质性进展，加快物联网的研发应用，加大对战略性新兴产业的投入和政策支持。

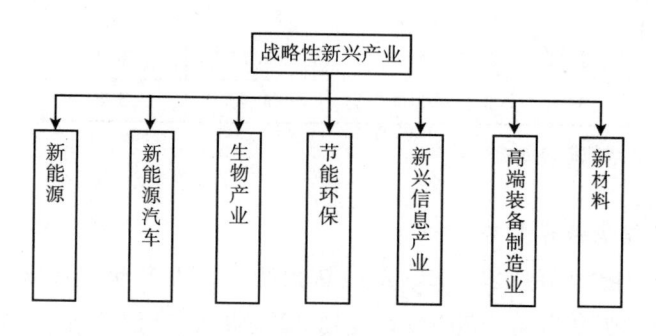

图1-2　战略性新兴产业分类

（战略性新兴产业：新能源、新能源汽车、生物产业、节能环保、新兴信息产业、高端装备制造业、新材料）

2010年9月8日国务院审议并原则通过《国务院关于加快培育和发展

战略性新兴产业的决定》。会议指出,从我国国情和科技、产业基础出发,现阶段选择节能环保、新一代信息技术、生物、高端装备制造、新能源、新材料和新能源汽车七个产业,在重点领域集中力量,加快推进。由国家发改委等部委组成的战略性新兴产业发展思路研究协调小组已经开始着手编制《国务院关于加快培育战略性新兴产业的决定(代拟稿)》和《战略性新兴产业发展规划》。与此同时,国家发改委已经确定,在"十二五"规划编制中,将新兴战略性产业的编制作为重点,产业的发展方向、战略重点和重大举措也将随之确定。目前,战略性新兴产业方向已进一步厘定为7个领域、23个重点方向,这七个领域为节能环保、新兴信息产业、生物产业、新能源、新能源汽车、高端装备制造业和新材料。

二 我国新能源产业发展总体概况

(一) 新能源产业发展现状

1. 市场环境

国内用户认可度逐步提高,市场潜力大。随着国家对新能源政策支持力度加大,新能源推广力度加强,公众对新能源认可度也随之提高。国内发展新能源的市场潜力很大。

2. 产业规模与增长

如果将大水电装机计算在内,中国是世界上新能源开发规模最大的国家,可再生能源装机(包括水电装机、风电、太阳能、生物质能、核电)占总装机容量的23%左右,但如果去掉大水电,2006年其他新能源装机只有1.4%,2007年达到2%,2008仍不足3%。2004年之前,我国新能源发展速度一直比较缓慢,2006年《中国可再生能源法》的出台实施,为新能源发展注入强心剂。

整体来看,在中国政府支持下,各地都在大力支持发展新能源高新技术产业发展,新能源产业发展迅速。

中国太阳能热水器装机容量在全球居于首位,燃料乙醇的产量也只是位居美国和巴西之后。中国光伏产业与世界先进国家差距较大,在未来十年增长可保持在20%~30%,高成本制约光伏发电的发展,产业化、规模化道路依然漫长;太阳能电池虽然初露头角,但原料及产品均受制于国外,国内光伏发电市场容量狭小。

风力发电是目前中国最有可能发展和最有前景的新能源发电,受"十一五"规划的大力推广,风电设备产业将率先受益。中国风电设备技术比较落后,在小型风力发电机组的技术上有一定的优势,但大型并网风力发电设备制造技术水平与国外先进水平相比有较大差距。国内风场发电机组多为外国进口,增加了风力发电成本。

近几年,中国新能源类的公司发展迅速。目前,国内涉及太阳能、风能、乙醇汽油等概念的上市公司超过50家,在A股市场上大都表现出较强走势。

(二) 新能源产业发展基本特点

1. 产业规模持续扩大,产业结构不断优化

2009年,中国新能源产业规模迈上新的台阶:太阳能电池产量突破3GW,保持全球第一大太阳能电池生产国地位;风电新增装机突破1GW,成为全球新增装机最多的国家。除了产业规模不断扩大以外,中国新能源产业结构也不断优化升级。新能源各细分产业都得到不同程度发展,同时,产业技术不断成熟,与国外同类企业竞争的能力也不断提高。

2. 政策导向日趋明朗

在新能源成为新兴产业战略重点的2009年,不管是中央还是地方,对新能源产业的关注度和支持力度都有了很大提升。2009年9月,在联合国气候变化峰会上,胡锦涛主席发表了题为《携手应对气候变化挑战》的讲话,提出大力发展新能源和核能,争取到2020年非化石能源占一次能源消费比重达15%左右;2009年11月,温家宝总理在人民大会堂发表《让科技引领中国可持续发展》的讲话中指出,大力发展新能源,提高能源利用效率和优化能源消费结构;在2009年12月的哥本哈根会议上,温家宝总理再次明确了到2020年单位国内生产总值二氧化碳排放比2005年下降40%~45%的目标;在政府有关部门于2009年11月提出的信息产业、生物科技共七大新兴技术领域中,新能源最有可能成为未来战略性新兴产业的主攻方向,从而获得更多的政策支持。

3. 建立产业联盟成为企业战略亮点

按照产业链分析,新能源产业可以大致分为上游的技术开发和产品设计、中游的产品制造和下游的产品应用三个大环节。其中,重要环节是新能源产品的生产制造。在制造业领域,不管是太阳能、风能还是生物质能

领域，民营企业都是中国新能源产业发展的主要带动力量；在终端的应用市场，由于行业壁垒较高，大部分则由国有企业开发。在新能源领域，打通产业链上下游的企业联合越来越普遍。

4. 产业发展区域特征明显，城市战略作用显著

新能源产业发展地域特征越来越明显。以光伏产业为例，前几年，地方政府通过光伏产业集聚、提升产业链竞争力等（手段、政策……）而产生的"区位品牌"为当地经济发展作出了突出贡献，和美国硅谷、中国义乌小商品市场一样，中国出现了中国电谷——保定、中国光谷——武汉、中国太阳谷——德州以及中国太阳城——无锡等与太阳能有关的大型制造基地。在产业链建设中，政府的引导起到很关键的作用，关键要围绕建设可持续发展的大工业体系制定产业链和产业群发展方向，要研究政策，引导和鼓励企业参与产业链发展，鼓励外地企业投资发展，要规范市场秩序、引导产业链企业合理确定市场定位，建立竞争与合作的机制，走专业化发展道路，避免单打独斗和恶性竞争，从重点扶持部分企业发展，转向不同企业，改善企业环境，促进企业创新和产业的升级。在城市品牌建设过程中，地方政府需要重点突破主导产业，围绕主导产业发展特征，确定本地区主导产业的发展定位。由此制定产业发展的战略和思路，通过本位发展、定位发展、抢位发展和换位发展"四位一体"的产业发展战略，实现本地区经济跨越式发展。

（三）我国新能源产业链结构分析

1. 产业链概况

新能源产业的产业链（如图 1-3）主要表现为纵向的产业关联，知识凝聚到有形产品上，从上游厂商转移到下游厂商，所以产业链上下游之间主要是有形产品的关联。

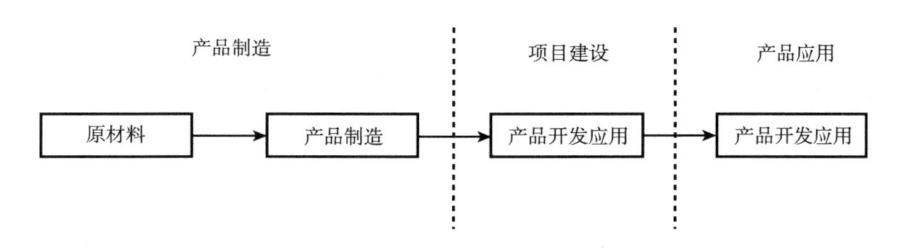

```
        产品制造              项目建设           产品应用
┌─────┐    ┌──────┐    ┌─────────┐    ┌─────────┐
│原材料│ →  │产品制造│ →  │产品开发应用│ →  │产品开发应用│
└─────┘    └──────┘    └─────────┘    └─────────┘
```

图 1-3 新能源产业链图

2. 产业特征

（1）产业链长。

从新能源产业链的运行过程可以看出，它不仅贯穿农业、工业和消费三大领域，而且有众多的环节或部门参与其中，每一环节中还有若干技术工艺流程，使得新能源产业链绵长曲折。产业链长，则新能源的增值也多，这已被众多研究所证明。

产业链就是一个价值创造和实现的过程，其中的每一个环节都是通过劳动创造来获取价值。就拿新能源太阳能来说，太阳能是用之不尽，取之不竭的一种能源，其最初级的利用成本为零，因为使用太阳能是不需要成本的，但经过一系列的技术工艺将太阳能转化成人们日常生活中可以利用的热能却要经过许多流程，最后生成各种各样的能将太阳能转化成热能的工具，例如：太阳能热水器、太阳能锅等，这时其成本却翻了很多倍，这也就意味着产品在经过多个环节的周转到达消费者手中时，其价格已经不是太阳能最初的价格，如果是融入了高档技术的"太阳能热水器"，则增值的比例将更高。

（2）受工业影响大。

新能源产业链受工业影响和支配的程度较高，不仅其在工业领域的后续加工环节多，而且工业生产的新能源对最初能源的替代日益加剧。随着科技在生产领域的应用，许多新能源都被加以利用，风能、太阳能在日常生活中的作用越来越大就是一个很好的实例。

（3）对外依存度高。

新能源中各个环节的产品都有相当大的进出口贸易量，与其他产品链比较，其整链的国际依存度较高。从原料贸易来看，中国需要进口大量的生物柴油等新能源以满足经济发展需求，弥补目前石油的短缺；虽然中国风能资源丰富，但用于风能发电的设备需要从国外大量进口，引进国外技术，以更好地利用中国的风力资源；随着中国经济的迅速发展需要大量的电能，各个水电站也进口大量的先进发电设备，更好地利用中国的水能资源。国际贸易使得新能源产业链在资源利用和配置方面实现优化，在一定程度上有利于产业链的整体发展，是经济发展的需要和必然。但国际依存度较高，也给整个产业链发展带来不确定性影响：一方面，由于中国的生产和消费的大国地位，进出口贸易容易引起国际市场价格的波动，特别在新能源贸易方面,一旦中国进口生物柴油,国际油价会大幅上升,反之,一旦中国出口生物柴油,则国际油价迅速下跌,从而表现出"贱卖贵买"现象,不仅影响生物柴油自身的生产,也极大地影响下游产成品的生产;另一方面,与生物柴油相关的进出口贸易在WTO中是备受关注的一个领域,而中国作为消费大国成为欧盟和美国等进口大国重点关注的目标。

3. 中国新能源产业链结构的变革

(1) 产业链生命周期分析。

根据生命周期理论,产业链在不同时期具有不同特征,见表1-2。

表1-2 行业生命周期主要特征列表

	初创期	成长期	成熟期	衰退期
市场需求	狭小	快速增长	缓慢增长或停滞	缩小
竞争者	少数	数目增加	许多对手	数目减少
顾客	创新的顾客	市场大众	市场大众	延迟的买者
现金流量	负	适度	高	低
利润状况	高风险、低收益	高风险、高收益	低风险、收益降低	高风险、低收益

资料来源:赛迪顾问。

初创期:这一时期的市场增长率较高,需求增长较快,技术变动较大,产业中的企业主要致力于开辟新用户、占领市场,但此时技术上有很大的不确定性,在产品、市场、服务等策略上有很大的余地,对产业特点、产业竞争状况、用户特点等方面的信息掌握不多,企业进入壁垒较低。

成长期:这一时期的市场增长率很高,需求高速增长,技术渐趋定型,产业特点、产业竞争状况及用户特点已比较明朗,企业进入壁垒提高,产品品种及竞争者数量增多。

成熟期:这一时期的市场增长率不高,需求增长率不高,技术上已经成熟,产业特点、产业竞争状况及用户特点非常清楚和稳定,买方市场形成,产业赢利能力下降,新产品和产品的新用途开发更为困难,产业进入壁垒很高。

衰退期:这一时期的市场增长率下降,需求下降,产品品种及竞争者数目减少。

从目前我国太阳能产业发展状况来看(如图1-4),太阳能热水器产业处于成熟期,而太阳能热水器系统与建筑相结合这一下游环节目前处于初创期;太阳能光伏产业中的多晶硅原材料生产处于初创期,太阳能光伏电池制造处于成长期,而下游的太阳能光伏发电刚刚开始进入初创期。

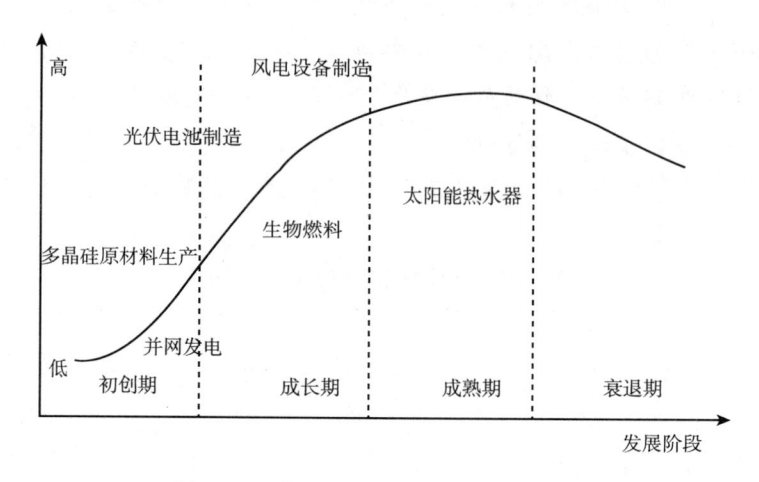

图 1-4 中国新能源产业生命周期分析

（2）产业链价值流动分析。

各细分产业价值链不同,在国内发展成熟度也不同。总体来看,国内新能源产业价值链正朝附加值较高的方向发展。如对于光伏产业,由于多晶硅价格疯狂上涨,导致近两年中国出现多晶硅投资的热潮。虽然下游的太阳能电池片和组件投资也热情不减,但还没有像多晶硅那样达到疯狂的程度。所以,虽然产业链上各环节都有充分的资金流入,产业链价值还是有向上游多晶硅原材料生产集中的趋势。

（四）我国新能源产业发展存在的问题

1. 政府管理不完善

目前我国的能源体制仍然不健全。首先是多头管理,以山东省为例,农村能源办管太阳能发电,新能源行业的工业生产由发改委管,企业经营归中小企业办管,而经贸委资源处则负责管理年耗 5000 吨以上标准煤的企业,这种多头管理让新能源企业"出了问题都不知道找哪个部门解决",导致一些部门发现企业有利可图时插手"管理",而需要解决问题时则退避三舍。

此外，在现有技术水平和政策环境条件下，除了水电和太阳能热水器有能力参与市场竞争外，大多数可再生能源开发利用成本高，再加上资源分散、规模小、生产不连续等特点，在现行市场规则下缺乏竞争力，需要政策扶持和激励。目前，国家支持风电、生物质能、太阳能等可再生能源发展的政策体系还不够完整，经济激励力度弱，相关政策之间缺乏协调，政策的稳定性差，没有形成支持可再生能源持续发展的长效机制。[①]

2. 产业发展失衡

（1）产业链失衡。

新能源产业从上游技术设备、生产环节到应用输出，应该形成合理的整条产业链。在太阳能方面，不完善的基础设施以及高成本导致的应用障碍弱化了能源产品的输出环节。而以出口为主的太阳能电池则以能耗和污染为代价，违背了发展新能源的宗旨。因此，包括太阳能、风能在内的清洁能源其实并未真正纳入整个电力产业链中。

（2）投资失衡。

从新能源的整体情况看，中国把大量资金投入到风能和太阳能领域，轻视生物质能，核电的比例偏低，而地热、潮汐、沼气等能源领域更少。这显示了新能源发展的战略意识相对薄弱。

（3）城乡失衡。

城乡失衡在新能源发展上也非常明显，新能源在农村地区应用较少。而从中国实际情况看，广大的农村地区有新能源的需求，尤其是在边远地区，由于常规设施缺乏，太阳能、地热、风能和生物质能的开发更具现实意义。在当前建设社会主义新农村的政策背景下，因地制宜地应用新能源，能更好地实现新农村建设的目标。此外，诸如太阳能开发中的污染转移风险，也是新能源发展中需要引起高度关注的问题，要警惕西方国家以技术为手段进行污染和能耗风险的转移。

3. 成本居高不下，政府负担过重

"十一五"规划中，太阳能、风能等新能源已成为国家大力支持发展的项目，但是与传统能源相比，新能源的成本明显偏高。例如，小水电发电成本约为煤电的1.2倍，生物质能发电（沼气发电）为煤电的1.5倍，风力发电为煤电的1.7倍，光伏发电为煤电的11~18倍。高成本加重了政府

---

① 赵欣、夏洪胜：《我国新能源产业发展的困境及对策分析》，《产业发展》2010年第8期。

负担，为支持风电产业的发展，中国政府从2002年开始，要求电网公司在售电价格上涨的部分中拿出一定份额，补贴可再生能源发电（即高出煤电电价的部分），电网和中国政府对风电的政策性补贴力度逐年加大，由2002年的1.38亿元上升到2008年的23.77亿元。

此外，国家对符合条件的太阳能光电建筑应用示范项目，每千瓦发电容量补贴2万元，随着新能源发电规模的飞速增长，政府将不堪重负。虽然国际能源署（IEA）预测在未来30年新能源发电成本将大幅下降，但是新能源发电成本受多种因素影响，因此这一预测结果具有很大的不确定性，高成本仍然会制约新能源产业的进一步发展。[1]

4. 技术开发能力薄弱

新能源离不开高新技术的支撑，但技术创新能力不足已经成了中国经济的软肋。尽管中国科技研发投入占GDP的比例从2004年的1.23%迅速攀升到2007年的1.49%，但仍然难以掩盖中国科技创新能力不足的现实。对于科技创新水平相对不高的中国来说，新能源发展所需的技术创新是个极大的瓶颈。由于国家的新能源支持政策还不够，技术、设备和资金都相当缺乏，国家科技资金往往倾向于支持大型的标杆企业，忽视或照顾不到中小企业，导致国内不少企业都要依靠境外风险投资运作。

以光伏产业为例，因为缺乏技术和资金，目前的产能过剩实际上仅存在于低端领域内，而多晶硅核心技术依然掌握在国外几家大的企业手中，中国很多加工制造项目并未掌握单晶硅与多晶硅提纯的关键技术。所以在整个光伏产业链中，国内企业扮演的又依然仅仅是一个赚取"加工费"的角色，摆脱不了"中国制造"的普遍角色。

在风能领域，中国风电制造方面真正拥有自主研发能力的企业也不多。国内90%的风电设备企业都是买图纸然后组装，甚至几家企业买的都是同一张图纸。中国风电设备的大部分零部件都要依赖进口，海关数据显示，仅2009年上半年风电设备进口金额就近1亿美元，进口的主要就是关键零部件。中国企业在新能源领域依然是个尴尬的"加工者"。另外，技术不足还导致了风能发电的高成本。[2]

---

[1] 许惠英：《慎重解决新能源发展中的战略问题》，《瞭望哨》2010年第5期。
[2] 柳士双：《中国新能源发展的战略思考》，《经济与管理》2010年第6期。

三 我国新能源产业具体行业发展现状

（一）太阳能

中国是全球太阳能热水器生产量和使用量最大的国家。在中国，太阳能热水器已基本实现了商业化，并带动了玻璃、金属、保温材料和真空设备等相关行业的发展，成为一个产业规模迅速扩大的新兴产业。截至 2007 年底，在国内具有一定规模的生产企业达到 1300 多家，且民营企业占据主导地位。

1. 太阳能热水器

2009 年，中国太阳能热水器年产量达到 3744 万平方米，保有量达 16206 万平方米（如表 1－3）。

表 1－3　2005～2009 年太阳能热水器年产量和总保有量

年份	年产量（万平方米）	产量年增长率（%）	保有量（万平方米）	保有量年增长率（%）
2005	1500	11	7500	21
2006	1800	20	9000	20
2007	2340	30	10800	20
2008	2925	25	13284	23
2009	3744	28	16206	22

数据来源：Wind。

2. 光伏产业

同时，中国也是世界上第一大太阳能电池生产国。截至 2009 年底，中国太阳能电池组件生产厂达到 500 多家，年生产能力约 4GW。无锡尚德太阳能电力有限公司已跻身世界光伏行业前三强。目前 85% 以上的光伏电池生产厂家的产品均为多晶硅电池，产品也因价格高，导致 95% 以上只能出口，

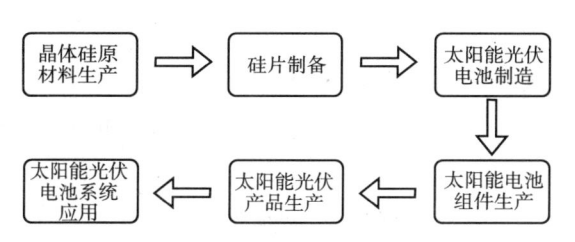

图 1－5　太阳能光伏产业链

真正并网型的太阳能光伏市场远未形成。中国太阳能光伏核心技术因不能商业化而远远落后于发达国家。

表1-4　2002~2009年中国太阳能电池的生产量和国内安装量

单位：MW

年份	2002	2004	2005	2006	2007	2008	2009
太阳能电池年产量	10	50	139	438	1200	2126	3460
新增装机	20.3	10	5	10	20	40	130
累计装机容量	45	65	70	80	100	140	270

资料来源：Wind。

2000年以前，中国的太阳能电池基本上是自给自足。2002年，国家实施"送电到乡"工程时，国内总生产能力只有10MW，有一半太阳能电池依靠进口。2003年以后，国内太阳能电池产量迅速增加。2004~2006年是中国太阳能电池大量出口的3年。2004年，太阳能电池年产量50MW，国内安装10MW，80%出口。2005年，太阳能电池年产量150MW，国内安装5MW，96.7%出口。2006年，太阳能电池产量370MW，国内安装仅10MW，95%以上出口。到了2007年，中国已经成为世界上第一大电池生产国，电池产量达1200MW。2008年超过2000MW，90%以上产品仍是出口国外。

（二）风能

风能是目前最具成本优势的可再生能源，风力资源较好的地区的风力发电成本与燃油发电或燃气发电相比，已经具备成本竞争力。

图1-6　风电产业链

资料来源：赛迪顾问，2010。

2009年，中国风电机组新增装机容量达到1303.41万千瓦，新增装机量位居全球第一，累计装机容量跃过2500万千瓦大关，达到2627.63万千瓦（如图1-7），较2008年增长98.4%。

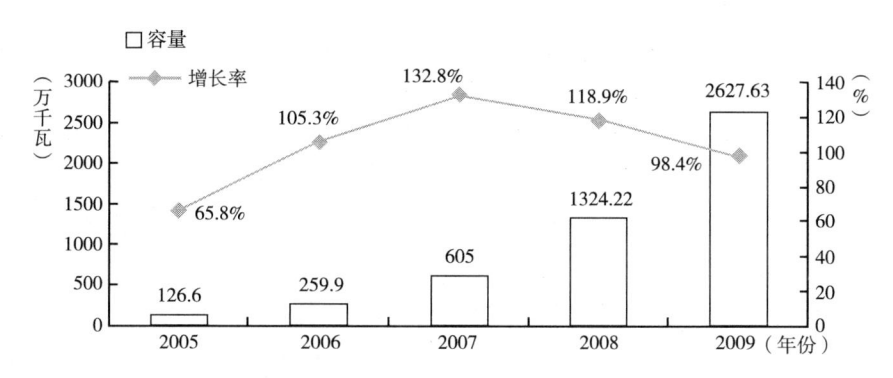

图1-7 2005～2009年中国风电装机容量及其增长情况

资料来源：世界风电协会。

（三）生物质能

1. 燃料乙醇

中国生物质能的开发和利用是从传统的燃烧技术逐步发展到生物质汽化、液化和发电技术。汽化以厌氧发酵技术的推广和应用为主，同时发展生物质能源的直接汽化技术。在生物质能源液化技术方面，主要是乙醇燃料技术和生物油技术。早在2005年，中国已经建成了南北两大乙醇燃料基地，形成了100多万吨的生产能力。前几年，生物质能源发电技术主要集中在糖厂的热电联产和稻壳发电，而近两年，各大能源集团和投资机构开始建设专门的生物质发电站。

2009年，中国燃料乙醇年总产量已达到170余万吨。中国秸秆资源量达6亿吨，目前有3亿吨用于薪柴燃料的消耗，其余均被焚烧；我国林业废弃物资源量8亿吨，其中工业消耗5亿吨，有3亿吨亟待开发利用。按照每4吨秸秆出产1吨乙醇的技术水平，这些原料将能生产1.5亿吨燃料乙醇。如果纤维素燃料乙醇技术获得突破进展，实现工业化生产，对突破我国资源瓶颈将起到至关重要的作用。

在现阶段，采取何种开发模式，则有赖于地区间的资源优势。在广西、海南等地适宜开发以木薯等为原料的燃料乙醇项目，在山东、黑龙江、内蒙古、新疆等地适宜开展以甜高粱为原料的燃料乙醇项目,在四川、云南、贵州等地适宜开发以麻风树等能源林为原料的生物柴油项目。

2. 生物柴油

生物柴油行业产业链由上游的原料和技术设备供应商、中游的生物柴油生产企业、下游的加油站、发电厂、炼油厂、运输公司、化工企业等客户组成。从全球看来,目前生物柴油的最主要原料是菜子油,占84%,其次是葵花籽油,占13%,棕榈油、大豆油共占1%,其他原料15%。而目前中国的生物柴油原料以废弃油脂为主,依此看,大规模的植物油原料应用在我国还有待进一步发展。

中国以废油为原料生产生物柴油主要出于利润和原料供应的限制。中国公司以食用油厂的食用油废渣为原料,每1.2吨食用油废渣生产1吨生物柴油,同时获得50~80千克甘油,所得生物柴油的售价为5300~5500元/吨,每生产1吨生物柴油获利为300元,具有一定的市场竞争力。但原料供应有限,随着原料价格不断上涨,利润空间也逐步缩小。我国当前油料进口依存度已经接近50%,原料数量有限是当前中国生物柴油发展的难题。虽然油料作物可以作为生物柴油的原材料,但大规模种植就会产生和农业争地的问题。发展生物燃料对生产技术、环境政策及农业生产都提出了更高的要求。

中国发展生物柴油,不可缺少的原料作物包括大豆、油菜、木棉、棕榈以及麻风树。

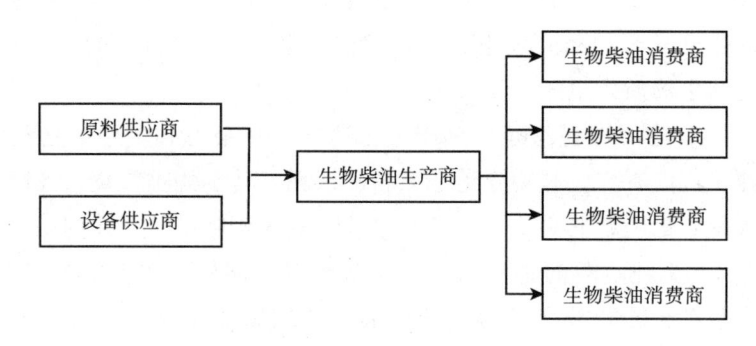

图1-8 生物柴油产业链

表1-5 不同原料生产生物柴油利润比较

单位：元/吨

原料	原料价格	产品成本	生物柴油价格	毛利润
菜子油	10000	10800	7000	-3800
豆油	9000	9800	7000	-2800
棉子油	8600	9600	7000	-2400
动物油	8000	8800	7000	-1800
棕榈油	7500	8300	7000	-1300
麻风树油	6000	6800	7000	200
地沟油	5400	6600	7000	400
植物油脚	3500	6400	7000	600

资料来源：Wind。

截至2007年底，我国生物柴油行业年产能超过300万吨。据不完全统计，现有产能1万吨及以上的生物柴油企业26家，其中，产能小于5万吨的有13家，5~10万吨之间的有7家，产能达到和超过10万吨的有6家。以每吨生物柴油7000元计算，产值在3亿元以下的有13家，3~10亿元之间的有12家，10亿元以上的只有一家。除了现有产能外，我国还有多项大规模的生物柴油项目正在建设中，累计约可产能300万吨。2009年，我国生物柴油产量不足百万吨，产能利用率较低。从目前来看，我国生物柴油行业的发展主要面临三个问题：一是原料制约，二是销售渠道匮乏，三是扶持政策缺位。

四 新能源产业对其他相关产业的影响

近期一系列产业政策的公布表明，在未来的5~10年内，新能源将逐步上升为关系到国计民生的支柱产业。在当前金融危机背景下，新能源凭借其明确前景和对经济较强的拉动作用，被赋予拉动经济增长的期望，在各大经济体的经济刺激计划中均被置于重要位置。全球新排放标准建立有望加速，这将对新能源产生巨大的需求，并对国际能源新格局产生深远影响。

作为"十二五"规划的重点，新能源产业将会被赋予艰巨的历史使命，举国上下必将会加大对其投资，通过培养新的经济增长点，来带动经济结构转型。新能源产业的振兴必然会带动很多其他相关产业的共同发展，从而形成良好的连锁互动效应，从而加快建设资源节约型社会的进程。基于上述考虑，我国的新能源规划也由最初盛传的"可再生能源产业发展规划"最终定名为"新兴能源产业发展规划"。在规划中不仅包含了新型核电、风能、太阳能和生物质能这些新的能源资源的开发利用，传统能源的升级变革也将成为重头。洁净煤，智能电网、分布式能源，新能源汽车的产业化应用的具体实施路径、发展规模和重大政策举措也是"十二五"规划的重要内容。

（一）洁净煤

洁净煤技术是指从煤炭开发到利用的全过程中旨在减少污染排放与提高利用效率的加工、燃烧、转化及污染控制等新技术。传统意义上的洁净煤技术主要是指煤炭的净化技术及一些加工转换技术，即煤炭的洗选、配煤、型煤以及粉煤灰的综合利用技术，目前，国外煤炭的洗选及配煤技术相当成熟，已被广泛采用。

新型洁净煤技术是指高技术含量的洁净煤技术，发展的主要方向是煤炭的气化、液化，煤炭高效燃烧与发电技术等。它是旨在减少污染和提高效率的煤炭加工、燃烧、转换和污染控制新技术的总称，是当前世界各国解决环境问题的主导技术之一，也是国际高新技术竞争的一个重要领域。根据我国国情，洁净技术包括：选煤，型煤，水煤浆，超临界火力发电，先进的燃烧器，硫化物燃烧，煤气化联合循环发电，烟道气净化，煤炭气化，煤炭液化以及燃料电池。

经过几十年的发展，通过引进、消化和自主开发，我国在洁净煤技术的研究开发、示范及推广应用三个方面均取得了一定进展，在洁净煤技术领域同发达国家之间的距离正在缩小，在煤炭洗选、煤炭转化、洁净煤燃烧和污染物资源综合利用等方面都作出了一些成绩。中国是世界上最大的煤炭资源消费国家，煤炭资源在国民经济发展中占的比重很大，同时我们也是煤炭燃烧污染和浪费的大国，所以在中国发展洁净煤技术是很必要的，也是很紧迫的。目前，我国在洁净煤技术利用和推广方面已经取得了一定的进展和突破，对改变能源利用之路和保护环境作出了杰出贡献。

然而，与一些发达国家相比，我国的洁净煤技术大范围推广运用还有较长的路要走。当然，目前我国仅是一个发展中大国，不能照搬西方国家洁净煤技术的利用模式。根据我国国情，我们未来应该走一条高效洁净、简单可靠、条件温和、投资节省、易于国产化的能源利用之路。综合而言，我国洁净煤技术研究开发的重点应集中在以下几个方面：能在较短时间内显著提高煤炭利用效率，有效控制污染物排放的技术，能对当前和未来优化能源结构发挥作用，有利于解决石油供需矛盾，保障能源安全并有产业化发展前景。相信我们在认识自身的同时，做好在政策、组织、标准、人员、资金和技术等几个方面的工作，我国的洁净煤技术推广道路会越走越宽。

据美国权威机构预测，2010年世界石油、天然气价格将是煤炭价格的8倍以上，安全、可靠、清洁、廉价的能源是世界经济发展和变革的动力，洁净煤将扮演这个角色。煤炭是我国的主要能源，面向21世纪的能源和生态环境，要保持国民经济持续高速健康发展的势头，必须把发展洁净煤技术作为发展的重大战略目标，消除环境因素对大规模使用煤炭的制约，这对我国具有特别重大的意义，更是煤炭企业实施绿色营销战略的必由路径。我国是发展中的大国，在相当长的时期内要把发展放在首位。因此，发展洁净煤技术一定要从我国国情出发，根据发展与环保统一和社会环境效益与经济效益并重的原则，把发展洁净煤技术重点首先放在采用和开发实用、先进和经济有效的技术上，同时积极研究开发有前景的高新技术，使我国洁净煤技术及时赶上世界先进水平。

（二）智能电网

智能电网，就是电网的智能化，也被称为"电网2.0"，它是建立在集成的、高速双向通信网络的基础上，通过先进的传感和测量技术、设备技术、控制方法以及决策支持系统技术的应用，实现电网的可靠、安全、经济、高效、环境友好和使用安全的目标，其主要特征包括自愈、激励和包括用户、抵御攻击、提供满足21世纪用户需求的电能质量、容许各种不同发电形式的接入、启动电力市场以及资产的优化高效运行。

单向运转的百万公里以上的中国电网是最浪费资源的网络，为此，智能互动电网的变革应该成为中国电网发展的首要目标。这将是一个比3G业务更加宏大的产业空间，更能够推动内需体系转型的战略机遇。倘若2009年就启动国家互动电网的改造，每年有可能拉动国民经济增长一个百分点左右，如由各地电力、通信和军队通信兵联合施工，三到五年内我国主要城镇可以初步实现电网的互动化运行并占领全球能源变革的制高点。由此，营建与欧美两大电力体系不同的"电力光纤复合电缆电网"应该成为中国电网现代化迫在眉睫的使命。

在中国，新能源发展面临的第一个挑战不是发展可再生能源，而是电网的现代化。没有电网的升级将难以有效地接入可再生能源，不利于成功搭构分布式能源系统以及建立适应21世纪需要的电力储能系统。由此，我国需要通过加载系统数字设备，实现发电、输电、供电、用电、客户售电、电网分级调度、综合服务等电力产业全流程的智能化、信息化、分级化的互动管理，可以革命性地将电网提升为电力、数据、视频、智能家电控制、楼宇自动化和电动交通等多功能合成的互动网络，造就一个与传统电网体系规模相当的创新架构。这个电网变革的本质是一次新的全球技术革命。因此，大力发展互动电网变革是工业革命100多年以来，历史赐予中国可以在生产方式方面领先世界，超前发展的第一次真正机会。

随着智能电网项目招标和建设工作的推进，地方政府和企业的投资热情一步步高涨，智能电网正在带动上下游产业形成庞大的"智网产业链"。未来10年里，智能电网预计年均投资约3000亿元，而在业内专家看来，国家电网的投入资金将拉动十倍乃至百倍的资金跟进。按照国家电网的发展规划，2009年、2010年不过是智能电网的"规划试点阶段"，主要工作是制订规划和相关标准，这一阶段的投资寥寥无几。而即将到来的2011~2015年，则是智能电网计划的"全面建设阶段"，这一阶段的投资金额接近2万亿元。

根据规划，"十二五"期间将新建智能变电站8000座，"十三五"期间新建智能变电站7700座，可谓"市场无限"。未来10年，一个因智能电网而带动的宏大产业链条正徐徐展开。到2015年国家电网将基本建成坚强智能电网，智能化程度达到国际先进水平，并将实现接入风电1亿千瓦和光伏发电500万千瓦的目标。

（三）分布式能源系统

分布式能源系统（Distributed Energy System，简称DES）是在有限区域内采用热电冷三联供技术通过管网和电缆向用户同时提供电力、蒸汽、热水和空调用冷冻水服务的综合能源供应系统。目前国外拥有的上万个分布式能源站，绝大多数使用天然气作为主要驱动能源，能源利用效率高于联合循环电厂，可以达到80%左右或更高。

作为天然气下游市场的重要用户，分布式能源站因能源利用效率高、资金密集度相对较低、建设快，因而容易上马，并且经济效益好，投资回收期短，终端能量价格也低。例如建设中的100MW广州大学城DES计划向用户供应电、空调冷水和生活热水等，价格都比市场价低5%~10%。不论是我国北方还是南方，都有发展DES热电联供的极好条件。由于技术成熟，分布式能源是天然气市场最好的开拓者和培育者。

分布式能源站的另一个重要特点是发电在区域内直供，联网但不上网销售，依靠大电网的巨大容量保证用户的供电负荷、电压和频率的稳定并可作为事故备用电源。而对于大电网来说，分布式能源站不仅减少了它的供电负担，而且也减少了用电制冷空调、加热热水的负荷。换句话说，天然气在联合循环电厂只能以50%的效率发电上网，而用于分布式能源站，则可以近100%的效率节省网电！由于分布式能源站近距离直供和联产的高效率，总体的投资和运行效益都优于建设大电厂和电网。特别是在我国电力持续紧张的近一段时期，作为一个重大策略，未来10~20年内在全国建设数十吉瓦的分布式能源系统来代替同等规模的电厂和电网，将凸显出以下重大效果：①节约数十吉伏安的110kV以上高压电网和10~110kV的变电站建设费用；②节省数十吉瓦电力上网的输送损耗和调度费用，从而降低输配电成本；③分布式能源站以冷热电联产形式每年高效利用数千万吨的天然气，有数以百亿元计的社会经济效益；④分布式能源站比大型发电厂投资少、效益好、建设快，设备开工时间长；⑤分布式能源站以大电网作为后备补充，用电可靠性高。同时大电网负担减小，可靠性也得以改善；⑥带动燃气轮机、余热锅炉、大型制冷机等制造业的发展，每年增加数千亿元的GDP。以上各项总的社会经济效益将达上千亿元。

分布式能源系统在国外虽然早已普及，但是在国内还是一个新事物，需要政府在政策、规划和宏观调控方面大力扶持，才能在我国得到大规模推广并健康发展。扶持应从以下几方面着手：①制定扶持分布式能源和相关产业发展的政策，分布式能源站的大力发展必将促进燃气轮机、余热锅炉、汽轮机等相关设备制造业的蓬勃发展，同时产生一批建设项目和运营商；②支持分布式能源按照市场机制在区域内特许经营，实行价格听证制度，保护各方利益；③天然气规划中给分布式能源系统留出相应的配额及适合压力的管线路由，并提供与联合循环电厂用气类似的价格；④协调分布式能源与电网的关系，切实保障二者之间的互利关系。

（四）新能源汽车

随着新能源的日益成熟，传统的化石能源的地位将会逐步降低，新能源的多种渠道应用将会成为以后能源配套改革的重点。如何能够将清洁现代化的可替代能源融入日常生活，将会是以后产业改革的重点。

随着中国经济的快速发展与人民生活水平的逐步提升，汽车进入中国普通百姓家庭已是不可改变的事实与趋势，中国人也一样要享受快速便捷的现代汽车文明，而且，汽车及相关产业的发展将成为中国的重要经济支柱之一。2009年中国的汽车保有量已经达到6962万辆，但按汽车人均普及率计算，中国（每千人54辆）还远不及全球的平均水平（每千人140辆）。按照现在的发展势头，二十年之后，中国汽车的普及率完全可能接近发达国家的水平。如果按欧洲的一半，即每千人300辆计算，总保有量就是4.5亿辆。如果按每辆汽车年消耗燃油1吨的先进水平计算（目前欧洲水平为1.5吨，日本为1吨，中国为2.2吨），4.5亿辆车就需要4.5亿吨燃油。据石油部门专家估计，2020年国内的石油年产量可达到1.8亿吨，考虑进口2.7亿吨，共计4.5亿吨。如参考发达国家情况考虑，其中三分之二，即3亿吨石油用于汽车，可炼成燃油约2亿吨。从2020年到2030年，我国石油产量继续较大幅度增长的可能性不大，而价格会继续攀升，要满足4.5亿辆汽车的能源需求将存在2亿吨以上的巨大缺口。因此，如果依赖石油，中国人将不可能实现普及汽车的梦想，用不了多长时间，中国的加油站前将排起长队，中国汽车工业也将不得不放慢发展的步伐。

为应对日益严重的能源危机，新能源汽车应运而生了。新能源汽车是指除汽油、柴油发动机之外所有其他能源汽车，包括燃料电池汽车、混合动力汽车、氢能源动力汽车和太阳能汽车等，其废气排放量比较低。据不完全统计，全世界现有超过400万辆液化石油气汽车，100多万辆天然气汽车。

即将出炉的汽车行业"十二五"规划（以下简称《规划》）中，对新能源汽车的支持成为战略重点。《规划》同时提出了2015年国内新能源汽车规模提升至100万辆，而2020年销售规模达到全球第一的宏伟目标。种种迹象表明，无论从国家层面还是新能源汽车上下游产业相关企业，都在为实现《规划》所制定的目标厉兵秣马，为中国迈向汽车强国之路夯实基础。当全球汽车产业面临能源紧张和节能减排的巨大压力时，人类将汽车改造的方向——新动力驱动视为拯救和发展汽车产业的唯一路径。如今新能源汽车规划已成为我国的国家战略。

为支持新能源汽车产业的发展,"十二五"期间中央政府给予了非常大的重视:中央财政将特意安排1000亿资金直接投入新能源汽车产业,同时划拨500亿元节能与新能源汽车产业发展专项资金,安排200亿元作为以混合动力汽车为重点的节能汽车推广支持资金;分配100亿元给予新能源车零部件体系发展支持;同时在试点城市投入50亿元的基础设施建设资金,并计划在2020年底实现1500万辆的节能汽车年产销量目标。

五 我国新能源产业发展展望

(一) 全球新能源发展趋势

能源是经济发展的驱动力。纵观世界经济发展,从英国蒸汽机的发明与应用,到石油对煤炭大规模替代,其后都跟随着经济大发展的高潮。新能源产业与低碳经济的发展,将涉及多个产业部门,并将极大地改变人们传统的生产与生活方式,一旦技术上取得重大突破,新能源产业有可能创造新一轮的经济繁荣。国际金融危机爆发之后,为了尽快地走出经济衰退,美国、日本、欧盟等发达国家和经济体出台了一系列政策,加快发展新能源产业等新兴产业。

1. 美国:对外积极参与减排,对内大力培育节能环保产业

新能源产业虽然对其他产业有较强的带动作用,但与其他新兴产业不同的是,新能源产业的发展需要替代传统的化石能源的市场空间。美国大力推进新能源产业发展之前,以影响经济发展为由,拒绝在京都议定书上签字。然而,奥巴马上台后,一改过去布什政府的能源政策,在新能源、环保政策方面较为高调,尤其是在全球气候变化行动中由消极转为积极,表示将在未来10年投入1500亿美元资助替代能源的研究,以减少50亿吨二氧化碳的排放。他还承诺,要通过新的立法,使美国温室气体排放量在2050年之前比1990年减少80%,并拿抵税额度来鼓励消费者购买节能型汽车。

在气候变化谈判中,美国等发达国家一个主要目标是要求把中国和印度等大国加进去,因为只有世界各国尤其是能源消费大国参与,新能源产业才能获得巨大的市场空间，才能凸显美国新能源技术优势，否则有可能由于能源成本的上升使美国制造业的竞争能力进一步下降。因此，在发展新能源产业过程中，美国着力构建新的国际竞争平台。这就像上世纪90年代美国为发展信息产业，在当时新成立的WTO上做的第一件事，就是在新加坡会议上，推进信息产业的全球贸易自由化。因此，积极推进温室气体减排，也是为美国新能源技术与产业发展创造国际市场。①

2. 欧盟：建设统一的区域能源市场，以法律法规保障产业发展

市场规模是影响产业发展的重要因素。欧盟各国由于国土和人口的原因，市场需求非常有限。欧盟发展新能源和节能环保产业的最重要做法之一是建设统一的欧盟市场，为产业发展创造市场条件。在《欧盟能源政策绿皮书》中，欧盟提出强化对其能源市场的监管，要求各成员国开放能源市场，制定欧盟共同能源政策，在与外部能源供应者的对话中，欧盟应"用一个声音说话"。

为了实现环保和减排目标，欧盟制定了一系列法律法规，例如，以《报废电子电器设备指令》（WEEE）和《关于在电子电气设备中限制使用某些有害物质指令》（ROHS）为代表的环保指令，既是维护欧盟境内居民健康安全的环保法规，同时也是一种比反倾销等措施更为严格的贸易壁垒。近期，欧盟通过了一项新的家电更高能效等级标准，电冰箱、冰柜、电视机、洗衣机和集中供暖循环器将在原能源标签的基础上引入节能性能高于现有等级的三个新等级，并首次对电视机制定最低能效标准。②

3. 日本：坚持运用产业政策引导新能源产业发展

日本是一个能够较好地运用产业政策的国家。在新能源产业发展及节能环保方面，日本仍坚持政策的引导。日本在2009年颁布的《新国家能源战略》中，提出了8个能源战略重点：①节能领先计划；②新一代运输能源计划；③新能源创新计划；④核能立国计划；⑤综合资源确保战略；⑥亚洲能源环境合作战略；⑦强化能源紧急应对；⑧制定能源技术战略。具体的目标是：2050年之前实现削减温室气体排放量60%～80%。在2020年左右将太阳能发电规模在2005年基础上扩大20倍；建立购买家庭太阳能发电剩余电力的新制度；今后3年内在全国36000所公立中小学中集中设置太阳

---

① 史丹：《发达国家新能源产业发展的新态势》，《江南论坛》2010年第5期。
② 江凯、杨美英：《全球新能源发展模式及对我国的启示》，《水电能源科学》2010年第1期。

能发电设备；今后3~5年内将太阳能系统的价格减半。在环保汽车、绿色家电方面，3年后开始电动汽车的批量生产和销售，到2020年新车的59%为环保汽车，在世界上率先实现环保车的普及。

4. 我国对于国际经验的借鉴

综合发达国家的新能源发展经验，我们可以从中提取一些深层次的东西进行借鉴并指导我国新能源产业的发展。新能源的发展要有明确的目标为指导，以持续稳定的支持新能源发展政策和法规为护航，以资本市场作为产业投资的资金来源，以稳定可靠的智能电网做新能源输送渠道，以绿色电力消费群做支撑。[①]

（二）技术创新趋势

新能源是在新技术基础上开发利用的可再生能源，是未来可持续发展的能源基础。它所包括的范围很广，目前人们正在积极研究、开发较有推广应用前景的主要是太阳能、风能、生物质能等几大类。

表1-6 中国新能源和可再生能源技术发展趋势

能源种类	技术发展趋势
太阳能	光热建筑节能；光电技术中太阳能电池转换率的提高，太阳能发电站的建立
风 能	风电机组大容量、可靠性、智能性发展
生物质能	沼气技术、生物质热裂解气化、生物质液体燃料等主要技术的商业化应用

1. 太阳能

（1）聚焦式热发电技术。

太阳能聚焦式热发电（CSP）是一种太阳能高温热利用技术，该项技术20世纪80年代在美国发展很快，美国加州在税收优惠政策的激励下，建设了10座总装机45万kW的太阳能热发电装置，技术研发有一定的进展。进入90年代，随着政策的取消，太阳能热发电处于停滞阶段。2005年，太阳能热发电技术开始复兴，国际研究和推广活动频繁。2005年太阳能热发电仍然沿袭了塔式、槽式、碟式三条技术路线，原理上没有大突破，更新和进步主要体现在具体的技术细节上。

[①] 杨志波、朱琳：《他山之石——国外新能源发展经验》，《专题关注》2010年第6期。

(2) 分布式发电技术。

分布式发电技术：利用风能、太阳能等不影响环境的清洁能源，建立"家庭微型电网"，使家庭生活不再依赖大型电力公司的集中供电；当城市停电时，拥有这样微型电网的人们仍然能够照常用电。

(3) 光伏光热综合利用技术。

太阳能光热利用技术与太阳能光伏发电技术有机结合，形成光伏光热（PV/T）综合利用技术，并将该技术分别应用于建筑围护结构、传统的Trombe墙以及太阳能热泵系统中形成光伏热水建筑一体化系统、PV-Trombe墙系统和光伏太阳能热泵（PV-SAHP）系统，在得到电能的同时，又可以充分利用没有转化成电能的那部分太阳辐射能，提高能量的综合利用效率。

2. 风 能

(1) 大容量风机。

随着现代风电技术的日趋成熟，风力发电机组技术朝着提高单机容量，减轻单位kW重量，提高转换效率的方向发展。例如，在20世纪90年代，600kW风机占据风机市场的主流。到2001年，新装机的风电场，基本上以MW级以上的风机为主。2000年新装单机容量平均为800kW，2002年平均单机容量达到1400kW，2004年增大到1715kW。在2005年，MW级以上单机装机容量约占当年整个装机容量的75%，其中包括2MW级和3MW级的机组。2004年9月，在德国安装了当时为世界上最大单机容量的风电机组，这就是由德国Repower公司生产的5MW风电机组。其叶轮直径124m，安装在高度为120m的塔架上，额定风速为13m/s。预计到2010年，还将开发出10MW的风电机组。

(2) 新型机组。

变桨距功率可调节型机组发展迅速。由于变桨距功率调节方式具有载荷控制平稳、安全、高效等优点，近年来在风电机组特别是大型风电机组上得到了广泛应用。大多数风电机组开发制造厂商，包括传统失速型风电机组制造厂商，都开发制造了变桨距风电机组。在德国2004年上半年所安装的风电机组中，就有91.2%的风电机组采用的是变桨距调节方式。2MW以上的风电机组大多采用三个独立的电控调桨机构，通过三组变速电机和减速箱对桨叶分别进行闭环控制，变速恒频技术得到快速推广。随着风电技术以及电力电子技术的进步，大多风电机组开发制造厂商开始使用变速恒频技术，结合变桨距技术，开发出了变桨变速风电机组，并在市场上快速推广和应用。2004年和2005年，全球所安装的风电机组中，有92%的风电机组采用了变速恒频技术，而且这个比例还在逐渐提高。

（3）海上风力发电。

海上风力发电是目前风能开发的热点。由于水面十分光滑，海平面摩擦小，因而风切变小，不需要很高的塔架，可降低风电机组成本；没有复杂地形对气流的影响，作用风电机组上的疲劳载荷减小，可延长使用寿命。

（4）小型风机系统。

目前工业上对于小型风机系统的空气动力学研究远不如大型风机。风机的传动—发电系统与动力及转速调整系统与大型风机不同。

（5）低风速风力发电技术。

平原内陆地区风速远低于山区及海边，但由于其面积广大，仍然蕴涵巨大的风能资源。由于适合安装高风速风机的地点终究有限，所以要实现风力发电的可持续发展，就必须开发低风速风力发电技术。

（6）涡轮风力发电机。

涡轮风力发电机能够以相当于正常速度3倍的速度吸入流过叶片的气流。

3. 生物乙醇

加强薯类发酵生产燃料乙醇、丁醇等产品的技术攻关，发展中国特色的生物能源产业。木薯是生产生物能源产品的优质原料，中国广西、云南、海南等地有发展木薯产业的优越条件。中国是世界红薯生产大国，占世界产量的90%。充分利用好木薯、红薯资源，加强薯类开发乙醇、丁醇等产品的综合配套技术攻关，进一步降低成本，提高全利用的技术水平，形成有中国特色和优势的生物能源产业。

建立生物质加工转化技术平台，加速纤维素利用领域的技术创新。纤维素利用问题是世界难题，也是当前高技术领域竞争的焦点。中国应把它作为战略高技术进行重点布局，建立综合性的生物质加工转化技术平台，系统研究纤维素预处理技术、酶解技术、发酵技术和分离技术以及气化、液化技术，应用现代化工技术，开发系列生物基产品，力争在此领域进入国际先进行列。另外，当前主要的技术问题是改革生产工艺提高产率和效益。

4. 生物柴油

生物柴油的生产方法主要有物理法、化学法、生物酶法、工程微藻法等（如图1-9）。目前，我国生物柴油主要采用化学酯交换法，少数几家企业采用生物酶法。从长期看，随着生物酶技术被更多企业掌握，生物酶法将会得到更多利用。而随着工程微藻法的技术成熟，其在未来也可能成为生物柴油生产技术的重要发展趋势。

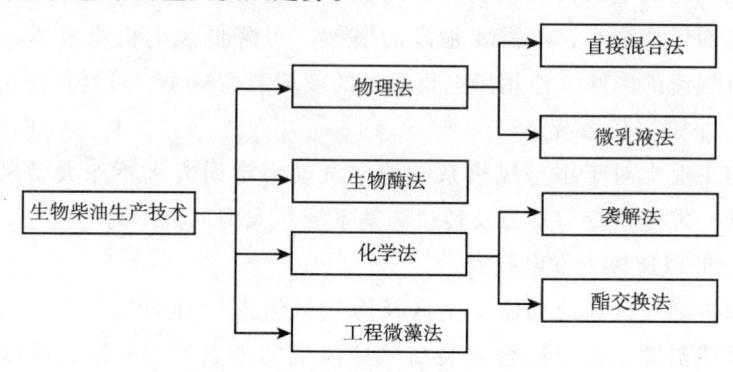

图1-9 生物柴油技术分类

国际上通用的工业化技术是以酸碱或改性酸碱为催化剂处理低凝点低酸值的原料油来生产生物柴油。超临界与酯酶催化技术作为储备技术，目前多停留在实验室、中间实验阶段或工业试验阶段。利用廉价原料和提高转化率是生物柴油市场化的关键，中国应重点研究以可再生含油植物为原料制备生物柴油。科技部已将生物柴油技术列入"十一五"国家863计划和国际科技合作计划。

（三）产品应用趋势

1. 太阳能

太阳能产品主要包括太阳灶、太阳能建筑、太阳能热水器、太阳能温室、太阳能电池等。

（1）太阳能建筑。

目前国家对于"太阳能建筑"的准确定义还处在研究阶段，但至少必须是以主动利用太阳能提供的能源在建筑能耗中所占比例高低来定义是否属于太阳能建筑。

太阳能建筑应当包括技术含量比较高的太阳能光电、制冷、通风降温、可控自然采光等新技术的建筑，其适用范围更广。具有高舒适性的太阳能建筑的实施应体现在建筑物策划、设计、建造、使用、维护以及改造等活动中。

(2) 太阳能电池。

太阳能电池是通过光电效应或者光化学效应直接把光能转化成电能的装置。太阳光照在半导体 $p-n$ 结上，形成新的空穴–电子对，在 $p-n$ 结电场的作用下，空穴由 n 区流向 p 区，电子由 p 区流向 n 区，接通电路后就形成电流。

太阳能电池按结晶状态可分为结晶系薄膜式和非结晶系薄膜式两大类，而前者又分为单结晶形和多结晶形。根据所用材料的不同，太阳能电池还可分为：硅太阳能电池、多元化合物薄膜太阳能电池、聚合物多层修饰电极型太阳能电池、纳米晶太阳能电池四大类，其中硅太阳能电池是目前发展最成熟的，在应用中居主导地位。

目前，太阳能电池的应用已从军事领域、航天领域进入工业、商业、农业、通信、家用电器以及公用设施等部门，尤其可以分散地在边远地区、高山、沙漠、海岛和农村使用，以节省造价很贵的输电线路。但是在目前阶段，它的成本还很高，发出 1kW 电需要投资上万美元，因此大规模使用仍然受到经济上的限制。从长远来看，随着太阳能电池制造技术的改进以及新的光—电转换装置的发明，加上各国对环境的保护和对再生清洁能源的巨大需求，太阳能电池仍将是利用太阳辐射能比较切实可行的方法。

2. 风 能

随着风电机单机容量的不断增大，为了便于运输和吊装，要求风电机在结构设计上做到紧凑、柔性和轻盈化，特别是其顶部的结构设计，如充分利用高新复合材料的叶片，以加长风机叶片长度；省去发电机轴承，发电机直接与齿轮箱相连，直接置于驱动系统，从而使转矩引起振动最小；采用无变速箱系统，将多极发电机与风轮直接相连；发电机的中速永久磁铁采用水冷方式；调向系统放在塔架底部；整个驱动系统被置于紧凑的整铸框架上，使荷载力以最佳方式从轮毂传导到塔筒上。各风电机制造商都在结构设计的紧凑性、柔性和轻盈化上做了大量工作。

3. 生物乙醇

(1) 乙醇汽油。

乙醇汽油以省油、环保、经济等其他燃料无法比拟的优势，越来越受到消费者的青睐。

(2) 纤维素乙醇。

纤维素乙醇作为一种新型的生物燃料，在美国被列为生物燃料发展的重中之重。在中国，中粮集团等多个机构正积极从事纤维素乙醇的研发，力争尽快在国内实现产业化生产。不过，尽管乙醇生产逐渐火热，纤维素乙醇要在国内实现产业化生产所需要的过程还很漫长，要在多久的时间内实现纤维素乙醇的产业化恐怕还是一个未知数。

4. 生物柴油

生物柴油为传统矿物柴油以外的可行替代燃料，它主要用于柴油机动力设备，如各种柴油动力车辆、船舶柴油机、燃油发电厂等。尽管生物柴油目前仅占全球燃料使用量的一小部分，但预测生物柴油占未来全球燃料使用量的比例将大幅上升。

六 中国新能源产业发展的对策建议

（一）新能源产业发展目标

2009年9月，中国国家主席胡锦涛在联合国气候变化峰会上提出，争取到2020年非化石能源占一次能源消费总量的比重达到15%左右。同年12月，温家宝总理在哥本哈根气候变化大会上向全世界宣布，到2020年，我国单位GDP二氧化碳排放比2005年下降40%~45%。

我国的新能源产业发展规划将会紧密围绕这两个终极发展目标进行展开，通过加快建设水电、核电项目，加强推进风能、太阳能、生物质能等可再生能源的转化利用来推进能源结构的优化调整。预计到2015年，其他非水能可再生能源利用规模也将达到1.1亿吨标准煤，占一次能源消费总量的比重提高1.8%，达到2.6%左右。届时，非化石能源占一次能源的消费比重将有望达到11%左右，而煤炭在一次能源消费中的比重则会从2009年的70%以上下降到63%左右。

按照初步测算，新兴能源产业规划实施以后，到2020年将大大减缓对煤炭需求的过度依赖，能使当年的二氧化硫排放减少约780万吨，当年的二氧化碳排放减少约12亿吨。规划期累计直接增加投资5万亿元，每年增加产值1.5万亿元，增加社会就业岗位1500万个。

通过发展以新能源产业为代表的战略新兴产业，一方面可以培养国内新的经济增长点，逐步将战略新兴产业发展成为主导产业、支柱产业，改变旧的生产模式，摆脱依靠高能耗、高污染带来的黑色GDP，从而促进我国经济发展结构的调整；另一方面通过发展新能源产业，可以增强我国相关行业在国际上的话语权，保证我国的行业技术领先，有利于提高我国的国际战略地位，在新一轮的世界政治经济博弈中拥有更多的主导权。

（二）政府发展规划建议

1. 完善产业准入标准，引导产业健康发展

国内新能源产业起步相对较晚，产业准入标准建设仍不完善。由于缺乏相应的准入标准，在前两年部分新能源产业出现暴利的行情带动下，国内掀起新能源投资狂潮。投资狂潮的结果，会引起利润率过高的新能源产业出现短暂的产能过剩。在新能源产业快速发展期，政府需要协同新能源产业协会、研发机构，共同及时开展产业准入标准建设工作，引导产业健康发展。

2. 构建完善的法律法规体系

中国虽然制定了一些鼓励开展资源综合利用的政策措施，但至今还没有一部关于推进循环经济的法律，所以要尽量加快新能源立法工作的步伐。《中华人民共和国可再生能源法》的确立，明确规定了政府有关部门和社会有关主体在可再生能源开发利用方面的责任与义务，确立了一系列重要制度和措施，包括制定新能源中长期总量目标与发展规划，鼓励新能源产业发展和技术开发，支持新能源并网发电，实行新能源优惠上网电价和全社会分摊费用，设立新能源财政专项资金等。要全面考虑着手制定关于加强绿色消费、资源循环再生利用以及家用电器、建筑材料、包装物品回收等专业、行业领域的体现循环经济要求的具体的法律法规，使中国循环经济的法律、法规体系早日建立起来。

3. 加大政策支持力度

设立专项基金加大新能源研究、成果转化和产业化的投资支持力度，参照高新技术企业所得税先征后补政策、小水电增值税减免政策及风力发电、垃圾发电等产品税收优惠政策，对从事新能源高新技术产品的企业，政府给予大力支持。针对不同地域以及城乡之间的发展不平衡给予区别性的财政关注与补贴，降低新能源的使用成本，使新能源从高阁之上走向民间，走进广阔的国内消费市场。

4. 形成一整套完备的新能源产业体系

要借鉴发达国家已有的成果，结合中国国情进行独到的开拓研究，争取不断有所发现、有所发明、有所创造、有所前进，尽早地形成一整套完备的新能源产业体系。完善整个产业链的发展，扬长补短，夯实基础，降低产业的对外依存度，掌握产业链中一些核心关键领域，避免走入低端产业链的产能过剩困局。提升自身技术水平，完善新能源的开发应用，避免污染国内，清洁国外的做法重现。

5. 实施配额管理制度

借鉴多国较成熟的经验，尝试在我国新能源领域实行配额制政策。配额管理制度并非仅限于生产环节，也需逐步落实于应用环节，如规定在电力供应中新能源须占适当比例，要求高层建筑特别是工业企业必须使用一定比例的新能源，鼓励居民使用新能源电力等，从而促进新能源发电在不同地区、不同产业均衡健康地发展。在对配额制实行强制规定的同时，必须有效引入市场机制，使相关企业有权自主选择完成配额的方式。

6. 建立并完善国内绿色能源交易市场

正如石油货币取代黄金货币一样，未来碳货币也将成为金融资本最为追捧的币种之一。在建立碳货币方面，目前掌握优先权的欧、美、日等国易找到共同利益点，一些国家拟推出的碳关税的征收与碳货币的实施对发展中国家（包括中国）的工业化进程均是致命打击。因此，应充分发挥我国欲构建国际金融中心城市的目标，宜考虑建立 CO_2 排放权交易试点，并加强与欧美发达经济体交流，以提高我国在碳排放许可权交易市场的定价权。通过该市场的发展提出我国能承受的碳排放额度，并以此促进新能源市场的合理发展。[①]

7. 建立新能源的资金保障体系

通过实施新能源成本均摊制度以消除新能源发展的市场制约因素。目前，我国应从政府投入、资金补贴、税收优惠等方面积极向市场化方向转变。我国应加大风险投资在新能源领域的融资规模；借鉴国外绿色证书交易模式，在国内各省市间建立市场化的激励机制，调动资源丰富地区开发利用新能源的积极性；同时还应积极发展创新型融资产品，如与政府减排

---

① 朱锡平、肖湘愚、陈英：《我国新能源开发利用过程中的金融与政策支持》，《江南社会学院学报》2009 年第 6 期。

目标、能源价格等标的挂钩的指数型债券,通过补偿机制有效规避新能源发展中的政策风险和市场风险。①

(三) 企业发展方向建议

1. 不断提升企业品牌知名度

新能源产业经过几年发展,已经日趋成熟,市场竞争也越来越激烈。在未来的市场竞争中,通过规模化生产、产业链一体化等策略实现成本的降低仍然是竞争重点,同时,企业的品牌知名度是未来企业保持持续竞争力的核心。企业需要通过社会活动、企业宣传等方式不断提升企业品牌知名度。

2. 坚持科技进步,不断提高技术水平和产业化水平

要坚持科技进步,不断提高技术水平和产品质量;要用现代化装备改造和改善生产加工条件,产业上台阶,提高产业化水平和降低生产成本;要诚信经营,全面提高市场化服务观念;用3~5年的时间开发出5~10个具有自主知识产权和国际竞争力的新能源技术,引领中国新能源产业快速、健康、持续发展。如果中国企业不涉足核心关键技术,将永远处于被动地位。

3. 运用期权等方式建立健全激励机制

目前国内新能源技术人才处于供不应求的状态,尤其是高素质的专业人才,现阶段国内极其缺乏高素质的人才,这也造成了各新能源企业之间人才竞争非常激烈,人员的流动性相对较高。因此企业要想留住人才,必然需要在企业内部建立有相当吸引力的激励制度,从目前国内的新能源企业来看,做得成功的新能源企业均建立了具有吸引力的薪酬制度来留住人才,因此,仿照国际惯例实行员工期权持股是留住企业骨干必不可少的方式和手段。

4. 加强和完善新能源产业发展的技术保障体系建设

需要加强和完善的保障体系包括产业的产品检测和认证体系、科技开发体系、技术标准体系;要加强市场监管力度,建立公开、公平、健康有序的新能源产品市场;要升高门槛,提高要求,保证产业健康发展;要建立完善的市场服务体系,企业和经销商要诚信经营、诚信服务,保障广大新能源产品消费者的合法权益。

---

① 王发明、毛荐其:《基于技术进步的新能源产业政策研究》,《科技与经济》2010年第2期。

专题二
三次铁矿石谈判的经验与教训

一 世界铁矿石市场的供求状况

铁矿石作为钢铁冶炼的主要原料之一，其投入资金额度占整个钢铁产品成本的37%~38%（见图2-1），是占比最大的组成部分，因此铁矿石的价格变化对钢铁企业产品成本的影响作用是举足轻重的，直接关系到企业的市场竞争力。钢铁企业与铁矿石生产商的谈判，始终是钢铁行业的热点之一。

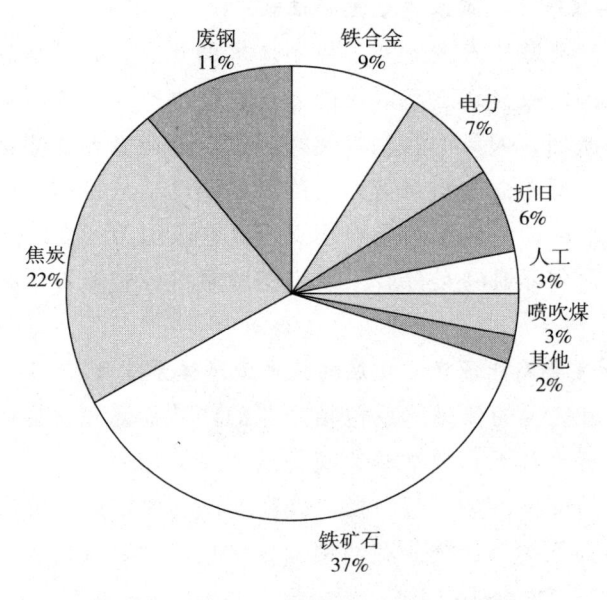

图2-1 铁矿石在钢铁生产成本中的比重
资料来源：中证期货。

（一）全球铁矿石资源分布与钢铁生产布局不平衡

根据美国地质调查协会的报告，世界铁矿石储量丰富，其分布主要集中在中国、巴西、澳大利亚、印度、俄罗斯、乌克兰、美国、南非、加拿大和瑞典十国，其铁矿石产量合计占世界产量的近九成。表2-1为目前世界大型铁矿区的基本分布状况。

表2-1 世界大型铁矿区分布情况

国家	矿区名称	储量（亿吨）	品位（％）	占本国储量百分比（％）	相关著名铁矿企业
澳大利亚	哈莫斯利	320	57	91	哈莫斯利公司、BHP
巴西	铁四角	300	35~69	65	淡水河谷（CVRD）、MBR
巴西	卡拉加斯	180	60~67	35	淡水河谷
印度	比哈尔、奥里萨	67	>60	29	MMTC
加拿大	拉布拉多	206	36~38	51	IOC、QCM
美国	苏必利尔	163	31	94	明塔克、帝国铁矿等
俄罗斯	库尔斯克、卡其卡纳尔	575	46	50	列别金、卡其卡纳尔公司等
乌克兰	克里沃罗格	194	36	17	英古列茨、南部采选公司等
法国	洛林	77	33	95	洛明集团
瑞典	基律纳	34	58~68	66	IKAB公司

资料来源：和讯财经。

从大洋洲来看，澳大利亚是世界上最大的高品位铁矿石生产国家。西部皮尔巴拉地区是铁矿石的盛产地，当地铁矿企业不仅拥有世界最优质的铁矿石，同时还有经营完整的铁路网络和港口系统，这些都是最好的矿业公司所需要具备的基本条件；而且其经营规模大，运行成本低，具有显著的增长潜力、较低的地缘政治风险和较低的经营风险，以及较大的市场份额。据统计，2010年澳大利亚与新西兰总铁矿石的总产能可以达到4.78亿吨。

南美洲的铁矿资源主要集中在巴西、智利、秘鲁等国，其中又以巴西为主导。巴西拥有丰富的高品位铁矿石资源。据美国地质勘探局数据显示，巴西的610亿吨铁矿石储量中，铁矿石品位高于世界上任何一个国家。在巴西东南部的 Minas Gerais 州，坐落着赫赫有名的"铁四角"，是全球最富有的铁矿石和黄金产地。在巴西北部的 Para 州，卡加斯铁矿石是全球最高档的赤铁矿矿石。世界级赤铁矿品位一般达到 55%，与之相比，铁四角平均品位可以达到 64%，卡拉斯铁含量甚至可以达到 68%，与澳大利亚铁矿相比，矿石中硫磷等杂质含量更低。据统计，2010 年巴西铁矿产量 4.93 亿吨。

亚洲铁矿石资源主要集中于印度和中国。印度大约 75% 铁矿石是赤铁矿，另外 25% 为磁铁矿。印度的最高级别矿石在东部地区，这也是印度铁矿石最大的产区。只有不到 10% 的印度铁矿石是高档块矿，其他往往属于低等级和易碎（脆）类型。一般矿区矿石中的杂质也很高，如氧化铝，磷和硅等并且含硫量高。尽管印度的铁矿石资源平均铁含量 63.3%，但其杂质较多的缺点使大多数铁矿粉难以与澳洲、巴西匹敌。此外，由于其矿山规模小，铁矿石开采通常成本很高。据统计，2010 年印度铁矿供给量约为 1.85 亿吨。

中国铁矿石探明储量近 3 年来基本维持在 225 亿吨上下，虽不及澳大利亚和巴西，但储量仍算丰富。但是从矿石品位来看差距很大：总数量的近 80% 属于含铁品位低的贫矿，开采难度大，投入成本高。2006 年之前，中国铁矿石的平均品位还能达到 30%，之后由于铁矿石价格高涨，带动产量猛增，各地盲目投产扩建，使得平均品位下降至 25%，甚至 10% 品位的矿山都在开采中。因此国内钢厂生产中所需的高品位（60% 品位以上）铁矿石只能靠进口满足，这部分约占我国铁矿石总需求的一半以上（见图 2-2）。从 2003 年起，中国超越日本成为全球进口铁矿石数量最多的国家。

从世界钢铁生产布局来看，呈现出与铁矿资源分布不同的特征。表 2-2 是 2010 年 10 月份之前（含 10 月）世界钢铁协会发布的全球粗钢产量数据。可见，铁矿资源主要集中在南半球的大洋洲和南美洲，而铁矿石需求集中于北半球。全球铁矿石资源的分布与钢铁生产布局不相适应，导致铁矿石贸易形成了从资源充裕国向资源匮乏国输送的格局，从巴西、澳大利亚、印度流向欧洲、中国、日本、韩国等，并且日益扩大化和集中化，铁矿石因此成为全球最大的单一贸易产品，在全球干散货贸易 5 大货种（铁矿石、煤炭、粮食、磷矿石和铝矾土/铝氧土）中占比高达 30%。海运贸易是其主要形式，占铁矿石贸易量的 90% 以上。

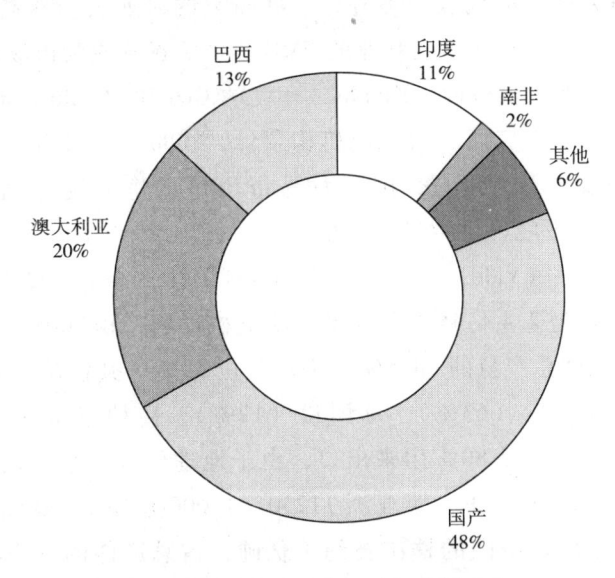

图 2-2 中国使用的铁矿石来源分布

资料来源：中证期货。

表 2-2　2010 全球粗钢产量分布

国家或地区	粗钢产量（千吨）	国家或地区	粗钢产量（千吨）
中国	524800	南美	36881
欧盟（27 国）	145410	欧洲除欧盟外的其他国家	27125
北美	93534	中东	15731
日本	91442	非洲	13833
独联体（6 国）	89042	大洋洲	6818
韩国	47275		

资料来源：World Steel 网站。

（二）全球铁矿石供给方形成了寡头垄断的市场格局

全球铁矿石的三大供应商分别为巴西淡水河谷（Vale）、力拓（Rio Tinto）和必和必拓（BHP）。从铁矿石行业竞争态势来看，上述供应商控制了全球 70% 以上的铁矿石海运贸易市场，形成了相对的寡头垄断市场格局，其产量的增长直接影响未来全球铁矿石贸易市场的供应量，在定价谈判方面他们自然成为卖方的代表。另外，一些新兴的矿业公司在高位铁矿价的刺激下开始进入市场，如澳大利亚的 FMG 投产后逐渐成为市场的新兴力量，有望成为全球第四大供应商。Kumba、印度的 Goa 和 Metalinvest 等也是中国铁矿石进口的常用供应商。据权威机构预计，2008～2010 年全球铁矿石供应复合增长率在 4.8% 左右，国际贸易市场增量将分别达到 7500 万吨、7000 万吨、7000 万吨，供给量稳定增长。

巴西淡水河谷（Vale）是全球最大的铁矿石生产企业，储量超过 143 亿吨，2009 年产量为 2.4 亿吨左右（受金融危机影响，较 2008 年 3 亿吨下降了 20%），占全球总产量的 13.5%，平均品位 59%。其铁矿产品最为全面，产品结构为：烧结粉（63%）、球团粉（12%）、高炉球团（12%）、块矿（13%）。每年铁矿产品 80% 用来出口，由于地理位置关系（巴西当地港口距欧洲约 4150～5100 海里，距亚洲 11250～12000 海里），欧洲是其主要市场，然而近 2 年出口中国的铁矿石约 1 亿吨，占总产能的近 30%，该比重有逐年上升趋势。未来 5 年，Vale 计划投资扩产，如果顺利建成投产，到 2014 年末其铁矿石总产将能接近 5 亿吨水平。

力拓集团（Rio Tinto）是全球第二大铁矿石生产企业，目前拥有铁矿石储量 27 亿吨，平均铁矿石产能 2 亿吨，平均铁矿石品位大于 61%。2009 年产量约为 1.75 亿吨，占全球总产量的 11% 左右，其中近两年出口到中国的铁矿石接近 1 亿吨，约占其全部产量的一半，日本是其第二大需求方。力拓集团在中国等国强劲的需求拉动下，已实施一系列扩产项目，并计划于 2012 年将其旗下皮尔巴拉地区的产能扩展到 2.2 亿吨/年，届时总产能接近 3 亿吨的水平。

必和必拓（BHP）是全球第三大铁矿企业，拥有储量 150 亿吨，平均品位 60% 以上。2009 年产 1.14 亿吨，占全球产量的 6%。初步预计 2015 年产能达到 3 亿吨/年。产品 95% 以上销往中国、日本、韩国以及澳国内，只有少量出口欧洲。最主要的投资合作伙伴是日本的三井与伊藤忠。表 2-3 是三大供应商的产能对比。

必和必拓和力拓集团曾有过两次并购的尝试。2007 年 11 月，必和必拓提出以 3 股必和必拓股置换 1 股力拓股票，但这一 1310 亿美元的收购出价被力拓拒绝。后者认为，这一方案低估了其公司本身的价值。2008 年 2 月必和必拓修改了自己的收购条件，提出以 3.4 股置换力拓 1 股股票，交易总金额达到了 1474 亿美元，一旦这项并购实现，新的合资公司将控制全球将近三分之一的铁矿石产量,甚至包括煤炭、铝矿石和铜矿。并购力拓的提议得到了美国和澳大利亚监管部门的批准,理由是"合并后的公司出于供求关系和竞争对手的考虑,即使掌握了大量的铁矿石资源,也不会任意对产品价格进行调整,因此这一桩交易不会造成垄断势力",但此交易还是遭到了欧盟的反对,国际钢铁协会(IISI)也表示,这一合并必将构成实质性垄断,呼吁欧洲反垄断机构制止这一可能的合并案。2008年11月欧盟执行委员会要求必和必拓必须首先剥离旗下铁矿石与煤炭资产,才能获批并购力拓,必和必拓在高风险和行业不景气的压力下最终宣布放弃并购。对于这一次两大巨头的合并企图,中国钢铁协会先表示两拓合资不能视为"新垄断",随后又改口表示坚决反对两拓合资建议。

表2-3 三大供应商产能对比

企业	2009产能（亿吨）	全球产能占比（%）	排名
Vale	2.4	13.5	1
Rio Tinto	1.75	11	2
BHP	1.14	6	3

资料来源：World Steel网站。

在2009年两拓又进行了新的尝试,6月签署协议决定在西澳大利亚组建铁矿石生产合资公司,项目总价值达1160亿美元,12月两拓签署组建合资公司的约束性协议。2010年1月,欧盟宣布对两拓合资协议展开反垄断调查;5月,澳大利亚前总理陆克文提出将向该国资源类企业征收40%的超额利润税,两拓随即回应,重新评估西澳合资方案可行性;6月,西澳大利亚州政府批准合资公司方案;10月,合资项目接连遭遇日本、韩国、欧盟、德国和澳大利亚等多国的监管障碍,两拓最终不得不宣布放弃。第二次努力又告失败。

印度铁矿石产量近年增长迅速,储量约为200亿吨,2009产量达到2.3亿吨,一半以上用于出口,很好地消化了由于印国内钢铁生产不足导致的铁矿石剩余产量。矿山基本进行小规模运作,主要依靠体力劳动开采,矿山数量众多,产量却很低。其产品主要供应现货市场。由于印度计划提高国内未来的钢铁产能,而其铁矿开采能力相对较弱,所以未来几年印度铁矿的对外供应前景并不十分明朗。

中国也是铁矿石储量丰富的国家,探明铁矿石储量近3年来基本维持在

225亿吨上下，主要分布在东北、西南和华北地区，尤其以辽宁、河北、四川、内蒙古、山东居多，主要分布在边远地区。由于中国钢铁产量的大幅增长，对铁矿石的需求量也不断增加，而进口铁矿石价格的飞涨使中国钢铁行业面临巨大的成本压力，为减弱中国钢企受制于海外矿业巨头和程度，中国近年来不断加大铁矿石的开采力度，2004~2007年中国铁矿石采选投资分别增长165.5%、114.6%、26.8%、19.7%；矿石采选固定资产投资增速为53.8%，大大高于全社会固定资产增速，也大大高于钢铁冶炼行业的投资增速。如此高的矿石采选投资增速使近几年铁矿石产量出现了大幅增长，2008、2009和2010（前9个月合计）年铁矿石原矿产量分别为503516.4万吨、520423万吨和360123.8万吨。按品位折算后中国自产铁矿石有效供给占所需铁矿石总量的50%左右。中国国内供给不足，对外依存度很大。

然而，无论是国外的新兴矿山公司，还是国内的新增铁矿石产能，由于资源自身条件以及开采、物流等高成本的限制，市场竞争力都并不强。前一个时期或许受益于高矿价而分得了一部分市场份额，但随着全球经济危机下市场形势的逆转，矿石价格大跌，这些后来的竞争者将面临越来越大的困难甚至是生存危机，例如FMG就面临相当大的还贷资金压力。同时，三大矿山公司也在不断地利用各种手段提高市场进入壁垒，全力巩固自己的市场相对垄断地位。在可以预见的将来，大矿山公司仍将是卖方的主导力量，三大矿山公司主导局面仍将继续。随着BHP两次并购Rio Tinto宣告失败，目前三足鼎立的局面仍将继续。

（三）全球铁矿石资源需求方呈现出竞争激烈的态势

这里用世界钢铁企业的结构分布来表示铁矿石的需求结构。从表2-2中可见，中国、欧盟、日本、韩国、北美和独联体的粗钢产量位居世界前列，其中，欧洲、日本、韩国、中国是需求的四大主体。需求方包括以欧盟、日本新日铁、韩国浦项POSCO、中国宝钢BAOSTEEL四大钢铁集团为代表的谈判主体。另外还有美国和印度钢企参与其中。

由表2-4可以看出：在全球钢铁生产企业产量排名的前20位中，中国企业有9家，占比近半；日本企业有2家，美国企业有2家，印度企业有2家，俄罗斯企业有2家，还有巴西、欧盟、韩国企业各一家，企业数量上中国绝对领先。可以说，整个国际钢铁行业的竞争是相对比较激烈的。

表 2-4　2009 年全球钢铁企业产量排名前 20 位

单位：百万吨

排名 2009 年	排名 2008 年	变化	企业	所属国（地区）	产量 2009 年	产量 2008 年
1	1	—	安赛乐米塔尔	卢森堡	73.2	103.3
2	6	▲	河北钢铁集团	中国	40.24	33.28
3	3	—	宝钢	中国	38.87	35.44
4	7	▲	武钢	中国	30.34	27.73
5	4	▼	POSCO	韩国	29.53	34.70
6	2	▼	新日铁	日本	27.61	36.88
7	9	▲	江苏沙钢集团	中国	26.39	23.30
8	—	新	山东钢铁集团	中国	26.38	—
9	5	▼	JFE	日本	26.28	33.80
10	8	▼	塔塔钢铁公司	印度	21.90	24.39
11	16	▲	鞍钢	中国	20.13	16.04
12	22	▲	首钢	中国	17.29	12.19
13	12	▼	谢维尔公司	俄罗斯	16.74	19.21
14	15	▲	耶弗拉兹集团	俄罗斯	15.28	16.30
15	10	▼	美国钢铁公司	美国	15.23	23.22
16	18	▲	马钢	中国	14.83	15.04
17	11	▼	盖尔道集团	巴西	13.50	19.60
18	20	▲	印度钢铁管理局	印度	12.69	13.66
19	13	▼	纽柯钢铁公司	美国	12.68	18.20
20	24	▲	华菱集团	中国	11.81	11.25

资料来源：《冶金管理》2010 年第 6 期。

在最新公布的 2009 年全球钢铁企业粗钢产量排名榜中，以粗钢产量 200 万吨以上为标准，上榜企业 108 家，其中 51 家来自中国，合计粗钢产量 4.35 亿吨，占入榜企业总计产量的 46.67%。中国钢铁企业的产量之所以上升、世界排名靠前，一方面是由于 2009 年中国国内经济复苏拉动钢铁产量需求，另一方面，中国国内近年处在大规模的钢铁行业整合重组中。中国钢铁产量和消费量的增速要快于市场预期。随着国内钢铁市场扩大，钢铁企业加速整合，可以预见中国企业将在今后继续占据排名前列。然而，值得关注的是,在生产规模上,中国钢企已经具备与国际同业竞争的实力,但在技术、管理和运营方面,仍与新日铁、浦项钢铁公司等国际先进企业存在一定的差距。

中国钢铁企业发展面临的问题有以下几个方面:

(1)企业集中度低:如表2-4所示。进入前20名榜单的9家中国企业及其产量情况如表2-5所示:

表2-5 2009年进入世界前20的中国钢铁企业比较

2009年世界产量排名	2008年世界产量排名	变化	企业名称	2009年产量(百万吨)	占比(%)
2	6	▲	河北钢铁集团	40.24	17.8
3	3	—	宝钢	38.87	17.1
4	7	▲	武钢	30.34	13.4
7	9	▲	江苏沙钢集团	26.39	11.7
8	—	新	山东钢铁集团	26.38	11.7
11	16	▲	鞍钢	20.13	8.9
12	22	▲	首钢	17.29	7.6
16	18	▲	马钢	14.83	6.6
20	24	▲	华菱集团	11.81	5.2
—	—	—	—	总计 226.28	—

注:该占比为单个企业产量占9家企业总产量的比例。
资料来源:《冶金管理》2010第6期。

河北钢铁集团、宝钢、武钢三大产量超过25百万吨的企业,在忽略国内其他企业产量的情况下产量的占比也不过是15%上下,若按照严格方法计算,这一比例会更小,可见,国内企业的集中度很低,行业竞争激烈。

(2)缺乏铁矿石谈判与海运市场主动权。铁矿石市场供大于求,价格预期下跌,但矿价谈判仍然力量不均等。全球三大矿山(必和必拓、力拓、淡水河谷)垄断了接近全球80%的海运铁矿石贸易量,而世界前20位的钢厂产量合计也不过占全球37%。在一片涨价潮中,铁矿石价格谈判的胜利天平越来越倾向于供应商,中国钢铁显得束手无策。随着海运价格频繁变化,致使中国每年投入海运市场上的资金巨大,要想重振雄威,中国国内钢铁企业在海运市场上需要赢得更多发言权。

（3）钢铁库存量大，利润大幅下滑。受益经济刺激政策，截至 2009 年底，中国钢材社会库存量达 1000 多万吨，与去年同期相比增加 100% 还多，其中螺纹钢与热轧卷板均同比增加 170% 左右。淡季本应下行的库存量不降反升，巨大的库存量将对钢价产生相当程度的影响，足以说明钢材库存的结构性风险正在积聚，短时间内极有可能成为钢价暴跌的导火索。钢铁产能过剩，库存量大，价格下跌，导致钢铁利润大幅下滑，直接威胁中国钢铁企业的生存与发展。

毫无疑问，中国如今在全球钢铁市场中的地位是举足轻重的。近年来，城市化和工业化的"巨轮"拉动中国经济持续高速发展，中国钢铁企业面临的市场机会越来越多，这不仅使得大量资本涌入钢铁领域，各钢铁企业本身也纷纷抓住历史性的机遇，努力提升产品档次和管理水平，以求在激烈的市场竞争中，发挥自身优势，击败对手，确立在行业中的地位。

然而，随着钢铁产能的不断膨胀，中国钢铁企业面临的竞争环境已经发生了重大变化，不仅能源、矿产等资源性产品的价格大幅上扬，环保、税收门槛抬升，且在企业规模、品种结构、产品质量等方面存在诸多问题亟待解决。可以说，中国国内钢铁企业正面临比以前更加多样和更难以预测的市场竞争环境。随着中国钢铁投资门槛越来越低，加之利益驱使，使得大批新上钢铁项目能够在较短的时间内集中展开，而建立在以量的扩张为基础的钢铁投资项目可选择的余地毕竟有限，再加上受资金、技术和人才等因素的制约，企业难免会陷入生产线相似、产品大纲雷同的局面，这会为行业白热化的竞争埋下伏笔。

总之，无论是从全球钢铁行业来看，还是分析中国国内钢铁企业的现状，都可以得出一个结论：钢铁行业的竞争相对激烈，特别是中国的市场，分散程度更大，行业集中度低，竞争无序，效率低下。

二 国际铁矿石贸易谈判历程的回顾

2010 年之前，国际铁矿石贸易谈判的模式一直比较固定，遵循 1981 年以来的机制，在每年第四季度时开始下一年度的价格谈判，亚洲以日本铁矿石用户为代表，欧洲以德国用户为代表，与 Vale、BHP、Rio Tinto 进行亚洲市场与欧洲市场进口铁矿石离岸价格的谈判，具体形式是交叉性的，即一家钢企面对多家供应商，同时一家供应商与多家钢企接触。一般的程序是，任何一家矿山与钢铁企业达成矿价协议，则其他各家谈判均接受此结果。

由于中国进入谈判圈的历史很短，所以从一开始介入谈判就几乎没有话语权，力量十分有限。在中国企业还没有意识到矿价的重要性，从而好好研究在国际谈判桌上的应对技巧前，国际上的矿商们就已经看到了中国市场的巨大前景，花了很大精力研究中国市场，采取了信息情报手段，沟通与中国企业的关系，进行了市场需求预测、行业分析、谈判技巧磨炼等多方面的准备。近年来中国一直在寻求自己话语权的实现，在谈判中也努力坚持自己的模式自己的声音，但是收效不大。

中国在 2009 年的谈判中基本形成了自己的模式，其中包括要求统一的中国价格。因为一直以来存在价格双轨，宝钢等参与谈判的大型企业按照一个价格进口，而不能以此价格拿到矿石的厂家从印度等国的现货市场以较高价格进口。这始终是外商要挟中国接受高价的砝码，所以中钢协对内对外都在争取统一的中国价格以提高自己的话语权。

表 2-6 为 2009 年之前年度首发定价模式下达成的协议价格涨幅。

表 2-6　　2005 到 2009 年铁矿石涨幅一览表

年份	达成协议时间	购买方	供应方	粉矿（％）	块矿（％）
2009	2009.8	中钢协	FMG	-35.02	-50.42
2009	2009.5	新日铁	力拓	-33	-44
2008	2008.1	宝钢	力拓	79.88	96.5
2008	2007.3	新日铁、韩国浦项	淡水河谷	65	71
2007	2006.12	宝钢	淡水河谷	9.5	9.5
2006	2006.6	宝钢	必和必拓	19	19
2005	2005.2	新日铁	力拓	71.5	71.5

资料来源：和讯财经。

图 2-3 为 2007 年至 2010 年三季度进口铁矿石价格走势图：

2010 年这种一年一谈的模式已经被撼动，随着必和必拓短期价的提出，淡水河谷和力拓也采取了短期议价的模式，根据价格上行趋势的不同在季度价格和月度价格之间调整。中钢协虽然承认了这一模式，但对于价格的制定方法仍存异议。表 2-7 为从 2009 年四季度开始的重要进程，从中可以看出价格模式已经发生的变化，4 月开始，季度定价雏形形成。

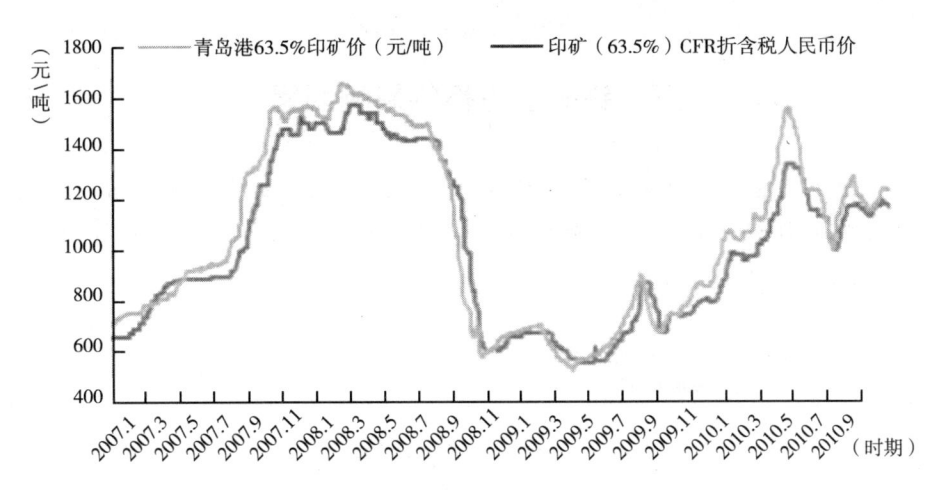

图2-3 近三年来进口铁矿石价格走势

资料来源：和讯网。

表2-7 2010年谈判重要进程表

日 期	内 容
2009.10.9	2010年度铁矿石谈判开启，中钢协定调
2009.10.19	中钢协亮出中国统一价格
2009.11.3	力拓表态接受中国价格
2009.11.17	谈判展开，三巨头扬言涨价30%~35%
2010.1.21	必和必拓将铁矿石定价从年度改为短期议价
2010.2.4	力拓铁矿石涨价40%
2010.2.22	部分钢企接受40%涨幅的临时定价
2010.3.1	铁矿石现货价创18个月新高，中方谈判陷入被动
2010.3.2	必和必拓要求把长协临时结算价提高40%
2010.3.11	淡水河谷向日本提价90%
2010.3.22	全球矿商与日企初步达成新协议
2010.3.26	力拓称铁矿石谈判机制瓦解，支持按现货市场定价
2010.4.15	中钢协：国际矿商直接向客户报价，不再进行铁矿石价格谈判
2010.4.28	中国钢企私下签铁矿石季度定价协议
2010.6.9	中国钢企接到涨价通知，三季度矿价涨至147美元/吨
2010.6.11	中国钢厂与三大矿山签订月度铁矿石合同
2010.8.30	巴西淡水河谷公司将10月铁矿石售价下调10%，由每吨150美元下调至135美元
2010.9.2	力拓下调四季度铁矿石合约价格，环比下降13.3%，下滑至每吨127美元左右（FOB）
2010.9.8	力拓与日本钢厂达成协议，第四季铁矿石价格下调13%
2010.10.12	浦项钢铁同意第四季铁矿石合约价下调10%~13%

资料来源：中华商务网、和讯网。

三 铁矿石价格的影响因素

铁矿石价格是历次铁矿石谈判双方争论的焦点。决定铁矿石价格的因素主要有宏观经济状况、买卖双方的供需状况、谈判能力及经验等因素。图 2-4 为历年形成的铁矿石现货价格走势图。

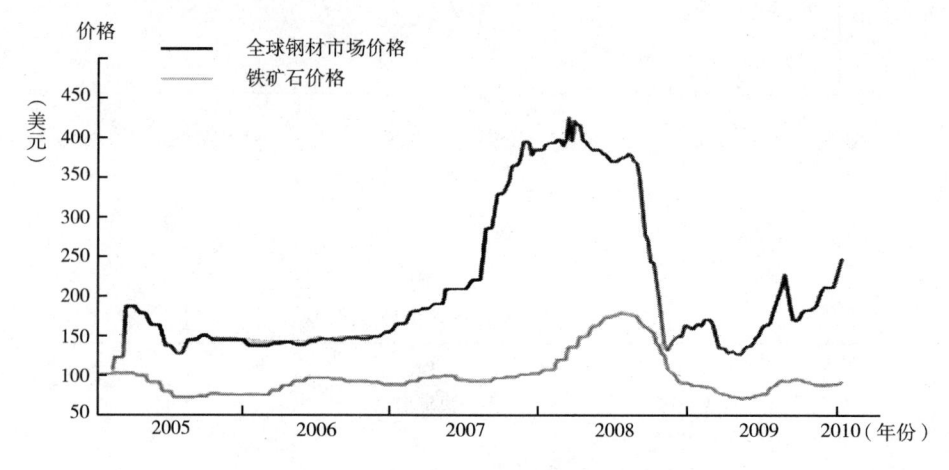

图 2-4 近五年铁矿石现货价格走势图

资料来源：网易。

（一）宏观经济状况对铁矿石价格的影响

全球和区域的宏观经济状况与铁矿石价格之间具有密切的关系，因而也是谈判双方在每年的铁矿石谈判之前需要沟通的项目之一。双方讨论的内容包括全球和地区的经济增长现状及预期、生产及消费物价趋势等。对于参与价格谈判的钢厂而言，重点分析的是本国的宏观经济状况。由于国际权威机构会对宏观经济增长发布数据并作出预测，买卖双方对此不会有太大的分歧，通常只是对经济增长或衰退的幅度看法不一样。当一国或地区的宏观经济预期增长幅度很大时，铁矿石卖方会提高铁矿石的价格。

（二）市场供需关系对铁矿石价格的影响

市场供需是决定铁矿石价格最关键的因素，也是买卖双方在价格谈判中争论的焦点。中国铁矿石的供需情况很不平衡，需求旺盛而供给不足。随着中国经济持续快速增长，随着建筑、汽车、家电等行业的发展，国内钢材需求量大幅增加。同时中国钢材的出口也在不断增长。自 2001 年起特别是金融危机以来，中国为了稳定经济制定了 4 万亿的投资计划，用于基础设施建设，从而拉动了对钢材的需求。另外，从 2003 年开始中国的房地产一直处于高速发展的阶段，房地产过度投资同样也拉动了中国对钢材的需求。中国钢铁生产高速发展，带动铁矿石需求增加，但铁矿石的供给又是不足的。中国铁矿石储量丰富度较低，已探明的铁矿资源总保有储量达 576 亿吨，但 97% 以上是难于直接利用的贫矿，难以提供足够的工业所需的可用的矿资源。

（三）谈判能力及经验对铁矿石价格的影响——以中国为例

中国国内的整个钢铁产业集中度低，且各贸易商利益不同，很难形成统一对外的合力，谈判地位的悬殊导致国际铁矿石供应商们态度强硬。加之中国钢企参与国际进口铁矿石谈判的主动性不够、经验不足，使得中国在铁矿石价格谈判中处于劣势。

四 国际铁矿石定价机制及其对中国铁矿石产业的影响

目前铁矿石定价机制主要有两种，分别是长协定价机制和季度指数定价机制。

（一）长协定价机制

决定年度铁矿石价格的谈判开始于 1981 年，经过铁矿石供应商和消费商的谈判确定一个财政年度内的铁矿石价格，价格一经确定，双方则依照谈定的价格在一年内执行。根据惯例，每年第四季度开始，由世界主流铁矿石供应商与其主要客户进行谈判，决定下一财政年度铁矿石价格（离岸价格），任何一家矿山与钢厂达成铁矿石买卖合同，则其他各家谈判均接受此结果。根据传统的谈判习惯，国际铁矿石市场分为日本市场（亚洲市场）和欧洲市场。每个财政年度在东方以日本铁矿石用户为代表，在欧洲以德国用户为代表，与世界铁矿石主要供应商澳大利亚 BHP·Billiton 集团、Rio Tinto 集团下属 Hamersley 公司以及巴西 Vale 公司（原 CVRD 公司 2007 年改名 Vale），分别确定亚洲市场和欧洲市场铁矿石产品价格。谈判惯例是消费商中的任意一方与供应商中的任意一方价格达成一致后则谈判结束，国际铁矿石供需双方均接受此价格为新的年度价格，即首发价格。且矿石供应商在与第一家大客户达成价格协议时都会许诺，在与之后的钢厂谈判时不会给更低的价格，钢厂也会许诺，不会接受其他矿山更高的涨价幅度。所以，谁拿下首发价，对一整年的铁矿石供应都影响巨大。

多年的铁矿石谈判形成了比较稳定的国际铁矿石定价惯例的主要原则。①同品种同涨幅。即只对各品种的矿石确定价格，不考虑该品种矿石中不同品质矿石的差异。2003年至2007年连续5年的谈判结果中，每个品种内只有一个涨幅，并且除淡水河谷的BF球团矿外，各公司其余品种矿石的价格涨幅都是相同的。②跟随。第一场谈判达成一致的首发价格将被其余各场谈判的谈判方们接受，成为全年的定价标准，并且买方不会在以后的谈判中确定以更高的价格向其他卖方采购，卖方也不会在以后的谈判中确定以更低的价格向其他买方出售。③离岸价。铁矿石价格以离岸价确定，不包含海运费等费用。④合同价。即长协价，国际铁矿石价格一旦确定，那么下一财年的国际铁矿石均以此价格买卖，不受现货价格波动的影响。⑤年度定价。价格谈判为一年一次，每年第四季度开始下一矿石年度的谈判，每个矿石年度的起止时间为当年的4月1日至次年的3月31日。

对中国钢铁产业发展而言，年度长协定价模式具有诸多负面影响：第一，年度长协定价将无法使钢铁企业及时获得铁矿石价格下跌的益处。金融危机的冲击表明，世界经济和市场变化并非总是向一个方向发展。在全球经济陷入低谷后，钢铁企业面临铁矿石成本过高、钢铁产品销售困难的经营困境。第二，中国钢铁行业和贸易体制存在严重弊端引发倒卖现象。获得长协价格的大型钢铁企业会将铁矿石按照较高的现货市场价格在国内进行倒卖。这样的后果是严重冲击国内产业秩序，引发不同钢铁企业之间的利益冲突，造成钢铁企业信息泄露和貌合神离的对外谈判局面，最终严重削弱我国在铁矿石国际贸易中的定价话语权。图2-5为中国进口铁矿石的利益链。

年度定价机制在铁矿石价格上涨的时候有利于钢企稳定铁矿石的进口价格，从而降低企业的生产成本。然而，过去多年来，铁矿石定价机制已遭到破坏，随意违约已使涨价变得轻而易举，即便谈下一个长协价，矿商们也会通过减供、拒供的方式来达到涨价的目的。

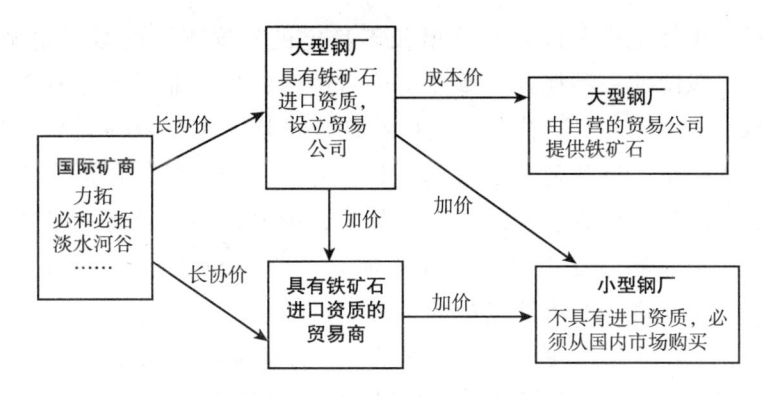

图 2-5 进口铁矿石利益链

资料来源：网易。

（二）季度定价机制

2010年，铁矿石定价机制中的长协定价机制已经崩溃，目前三大矿石供给商主要推行的是季度定价机制。

季度定价机制就是铁矿石的价格按照现货指数为基础实行季度定价，即每个季度定价一次。三大矿商力推按季度定价，一方面由于需求旺盛，现货价高涨，按季度定价可以让交易价格更接近市场现货价；另一方面，可以打击长协制下一些大型贸易商转手买卖赚取高差价，将渠道利润收归矿商自己手中。

季度定价机制短期对三大外矿利好明显，同时将加大铁矿石未来价格的波动，对中国钢铁企业冲击进一步加大。依据50%现货矿与50%长协矿平均值的矿石综合成本来测算，目前国内主要钢材品种除了冷轧受汽车需求带动能保持较好的赢利状态外，其余主导的螺纹、中板、热轧无不处于微利状态。如国内钢厂全部按现价采购铁矿石假设计算，热轧、中板、螺线等主导产品将处于全面亏损状态。我们已经看到一个趋势：具有垄断优势的外矿为了获得更多的利益，已不在乎杀鸡取卵，主导推行接近于现货结算的价格。2010年3月份中国港口铁矿石现货价格每吨已突破140美元，基本是2009年日韩与外矿达成的长协价格的2倍多，如果打破原有的长协定价模式，采用新的与现货市场挂钩的短期定价模式，那么日后最坏的可能是：外矿在现货市场上随时可以人为突发性地减少供应量，制造阶段性的"短缺"，从而推动短期协议价在某个时间点出现更大程度的上涨。

铁矿石季度定价在世界经济增长不稳定的情况下，缩短了定价周期，是规避双方风险的一种模式。季度定价对中国钢铁企业并不是有百害而无一利。从价格方面来看，首先，铁矿石现货价格不可能像前几年一样，基本是单边大牛市。像任何现货市场一样，有涨就会有跌，在现货市场价格下跌时，季度长协价也会随之下调；其次，中国粗钢产量高速增长的时代已经过去，极点峰值也很可能为期不远。一旦中国钢铁业停止快速增长，世界铁矿石供求格局有可能发生同等程度的反转。季度定价应付这种可能的市场变化显然对需方更为有利，将大大减少长协价和现货价的价差，这将使中国钢协最近一再强调的"整顿铁矿石流通秩序，减少贸易商数量"成为毫无必要的举措，贸易商也不再会因为"倒买倒卖"，成为铁矿石价格高涨的替罪羊。这将有助于我们发现中国钢铁市场中真正"问题"的症结所在，并能对症下药。

季度定价机制对于中国造成的不利影响有：

1. 季度定价加剧了钢材价格短期的波动性、延长了波动周期

决定或影响价格的，不只是成本，还有供需。铁矿石季度定价容易让人忽略供需的变化，而特别重视成本的影响。

具体地说，在钢铁价格处于上行态势中，一旦供需发生变化，由于采用季度定价，可能使得先期过高的原材料成本，在供大于求的环境下，在一定程度上依然支撑了钢价，从而使得钢价无法合理地逐步调整到位，延长了价格调整的周期。而当人们清楚地认识到虚高的价格无以支撑的时候，短期内钢材价格快速大幅调整在所难免，因此，也加剧了后期钢价在短期内调整的波动性。反之，在钢铁行业处于下行态势中，因供需面发生变化，同样由于采用季度定价，先前钢价的大幅调整倒逼原材料成本快速下行，在供小于求的环境下，上游过低的原材料成本，无法支撑钢价在原有的基础上进行回调，反而可能会引导钢价再度下行一段时间，从而延长价格调整的周期，而一旦人们认识到价格偏低，需求又相对旺盛，短期内钢材价格大幅上调又会变得在所难免。如此不断反复，加剧了钢材价格短期内的波动性，不合理地延长了波动周期。

铁矿石季度定价的周期处于年度价格和月度价格周期之间，相对来说，年度价格可能在开始时影响较大，但很快就会被供需左右，而月度价格，也因其非常接近现货价格，可能被忽略，而季度价格则不同，因其会影响未来的三个月，人们不得不关注它带来的影响，也就是说，人们对季度定价的关注程度更高，其对价格影响程度更大。还有，铁矿石季度定价，企业经营风险基本大都向钢厂转移了。铁矿石生产企业完全可以"坐享其成"，而钢铁生产企业和钢铁贸易企业则处于"惶恐不安"中，因为其用铁矿石生产出来的钢材价格，还受到许多其他因素的影响，特别是下游用户的挑战。

2. 铁矿石的季度定价与钢厂和下游的定价机制不一致

当前影响经济的因素越来越多，而且这些因素的变化越来越快，也因此，诸多行业的周期发生变化，像钢铁行业，周期变短，所以，即使季度定价也很难及时反映这一变化趋势。无论如何，在整个产业链上，如果各行业间的定价模式不一致，肯定不是一件好事。我们注意到，以前因为铁矿石实行年度合同价，所以许多钢铁企业与下游行业都签订年度价格协议，这样有利于稳定经营。

具体地说，就钢铁行业下游而言，房地产行业最大的成本是土地这一部分，钢铁在房地产的成本中只占到1%～2%，所以影响不大；但像汽车行业，其成本当中有50%～60%是由钢材价格构成的，季度定价对他们来说造成的经营波动性就很大；再如机械造船行业，一般会采取年度定价的模式，尤其造船行业，因为新船价格在造船合同签订时已经确定，但造船完工却需要2～3年时间，在钢材价格预期上涨的时期，执行季度合同对造船厂是非常不利的。

3. 目前的季度指数定价机制存在缺陷

目前的季度指数定价，参照较多的就是境外的三个铁矿石指数：即普氏能源资讯（Platts）的普氏指数（Platts Iron Ore Index）、环球钢讯（SBB）的TSI（The Steel Index）指数以及金属导报（Metal Bulletin）的MBIO（M BIron Ore Index）指数。TSI指数目前主要统计两种铁矿石每天的价格变动趋势，品位分别为62%和58%的铁精粉，是到中国港口的CFR（到岸）价格；MBIO指数则是以中国青岛港（CFR）62%品位铁矿石为基准，将所有56%～68%品位铁矿石折合为62%品位。目前制定出的TSI指数和普氏指数要比MBIO指数价格高，这也促使矿山和金融业界更倾向于用TSI指数和普氏指数。

季度指数定价机制具有的缺陷如下：

（1）设计方法不够科学。具有公信力的指数价格，其设计方法不应该缺乏科学的原则。但上述三者中除了普氏能源资讯在其《估价方法和规格详解》有稍具详细的解释外，其余两个指数阐述都相对比较笼统。即便如此，普氏能源资讯却并未将其价格数据的收集方法、使用的价格数据量等重要信息做到完全公开透明。

（2）数据采集不够合理。铁矿石贸易原本比较复杂，目前国际主流铁矿石价格指数，都是在印度铁矿石中国现货市场的基础上综合海运价格设计出来的，国外机构不熟悉国内铁矿石贸易流通，很难做到数据采样的合理性。考察普氏某些指数价格数据可以发现，有时连续几天价格完全一样，暴露出计算这些指数价格使用的数据量远远不够这样一个问题，如果调查样本过少，而样本又不具有科学性，其准确性就可想而知了。

（3）为国际巨头操纵铁矿石价格提供便利。基于指数的定价机制会为全球的矿石巨头创造更大的价格操纵空间，并给中国铁矿石进口增加更多的不确定性。同时，指数定价会为金融资本操纵铁矿石价格提供更大的便利，使得全球的铁矿石价格的波动性加大，对买卖双方追求稳定的铁矿石价格具有不利的影响。

季度定价机制是铁矿石定价的趋势。长协定机制已经崩溃，虽然中国方面一直坚持铁矿石长协定定价机制，但以中国目前在铁矿石市场上的地位而言长协定定价机制恢复的可能性微乎其微，中国在国际铁矿石的定价中缺乏发言权。历年的矿石谈判中中国的失败正是说明了中国在铁矿石定价权方面的缺失。

五 中国铁矿石定价权缺失的原因及其影响

成熟的市场经济国家之所以能掌握国际市场定价权，在于他们拥有运作规范、信誉较高的交易市场，同时还有独立、规范的市场监督者。目前，国际市场几乎所有的大宗商品都已经形成了一个定价中心，如铝、铜、铅、锡等金属的价格主要在伦敦金属交易所确定，棉花价格形成于利物浦，煤炭价格形成于纽约商品交易所，石油价格确定于东京交易所。显而易见，这些定价中心都不在我国，而是在市场经济成熟的发达国家。这种状况由来已久，而早已确定的国际市场价格形成机制又决定了各方的利益分配，并且在短期内很难改变。中国市场经济起步较晚，期货市场还处于初级阶段，各方面仍在探索之中，面对这种状况，中国企业只能承受定价权缺失带来的负面影响。同时，国际铁矿石谈判也有着自身的历史惯例。当前国际铁矿石的价格谈判机制始于1981年，谈判分为亚洲市场和欧洲市场。在亚洲市场上，一贯是由新日本钢铁公司、浦项制铁公司与巴西的淡水河谷公司、澳大利亚的必和必拓公司和力拓公司进行谈判，然后其他国家依照此价格执行，每年一次，国际铁矿石的谈判成为一个惯例。按照惯例，全球铁矿石谈判进程主要分为三个阶段：第一是预热阶段，10~11月在欧亚分别召开一系列专业性会议，举行钢铁企业与矿山的专业性对话，交流企业状况和市场状况；第二阶段是被称为聊天谈判的预谈判，供需双方从11月下旬开始，按照多个定价要素来讨论是涨还是跌；第三个阶段才是具体的定价阶段。全球主要的铁矿石生产及出口商，通常会先与卖家商定长期供应合同以保证交货量，而铁矿石价格则是通过每年与全球供应商进行谈判另外确定的。（铁矿石的供方代表为必和必拓、力拓和淡水河谷三大矿山，亚洲市场的需求方代表为日本用户，欧洲则以德国用户为代表。按照首发跟随模式的惯例，当任一供需方就铁矿石价格达成协议后，其他供需方皆以此价格作为参照。）因为上个世纪50~80年代世界钢铁业重心在欧盟和日本，国际铁矿石生产商与欧盟、日本等国的谈判往往在中国之前进行，而且日本历来被认为是亚洲国家的重要代表，与日本谈判达成的价格通常被确定为铁矿石厂商对亚洲地区的最后供应价格，因此在长达30年的时间内日本一直垄断着亚洲地区与国际铁矿石生产商的谈判权。从1981到2006的26次基准价谈判中，有12次是由日本企业谈定的，另外14次是欧洲企业谈定的。2003年，中国铁矿石进口量达到1.4818亿吨，首次超过日本，成为世界第一铁矿石进口国，2005年进口量更是超过日本和欧盟的总和，可以说早已取代日本成为世界上最大的铁矿石消费国，然而进口量的增长却并不能保证中国获得相应的谈判主导权。同时我们还应注意到，日本钢铁业的集中度相当高，日本国内仅有三家大钢厂，极易形成合力并结成联盟，再加上其在三大国际巨头中参股较多，从某种程度而言，铁矿石涨价给日本钢厂的成本压力可以在供应商的红利中得到弥补并且还能通过此方式排挤打压中国钢厂的竞争力。所以，绕过中国和欧盟将铁矿石价格确定下来，对日本钢企而言是利大于弊，而中国只能无奈地接受日本的谈判价。

2010年中国铁矿石谈判试图达成两大目标：第一，坚持长协价；第二，确定长协价的铁矿石企业必须以统一价格向中国企业供货。但是两大目标全部落空。

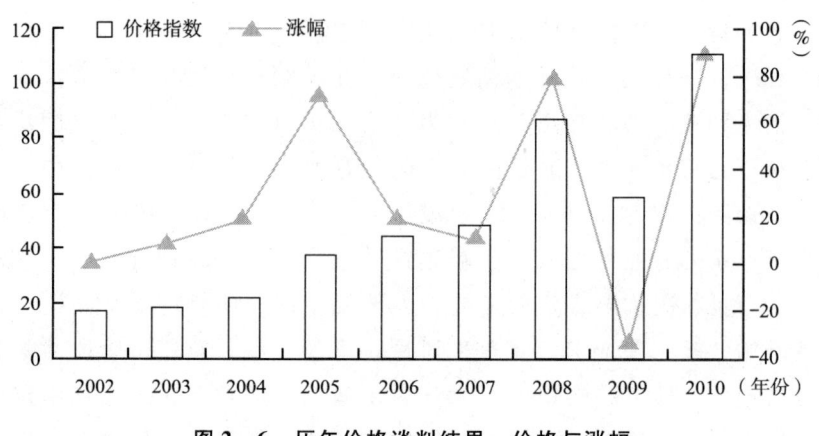

图 2-6 历年价格谈判结果：价格与涨幅

资料来源：网易。

（一）中国在国际铁矿石谈判中定价权缺失的原因分析

1. 中国铁矿石进口依存度过高

中国国内铁矿石储量虽然不小，但是铁矿石平均品位较低，只有33%。并且，中国矿藏97.2%为贫矿，富矿仅占2.8%，再加上铁矿石分布分散，导致中国国内铁矿石开采难度大，生产成本高。而随着中国经济的高速发展，钢材需求日益增大，从而造成了对国外铁矿石的进口依赖。目前，中国的钢产量占世界的50%，铁矿石进口量也占世界的50%以上。铁矿石的对外依存度，2003～2009年分别为31.6%、38.5%、51.8%、51.3%和70%。中国铁矿石进口来源集中度也相当高，澳大利亚、巴西、印度和南非是我国铁矿石进口的主要来源。2005年从以上四国进口铁矿石的数量占中国总进口量的90%以上，2006年也达到89%，其中，又以澳大利亚、巴西和印度比例最大，分别达到38%、24%和23%。铁矿石进口以及对进口来源国的高度依赖，使得中国在铁矿石谈判中的地位极为被动。图2-7为2000年到2009年中国铁矿石进口的数量，从中可以看出中国对铁矿石的进口数量是大量增加的。

2. 国际铁矿石价格高度垄断

从世界范围来看，澳大利亚、巴西、印度和南非几个国家的铁矿石出口量占据世界的85%以上。而三大铁矿业巨头掌握着全球铁矿石70%以上的供应量。三大出口商为了获得高额利润，组成同盟，共同制定高价，形成寡头垄断的市场格局，导致铁矿石价格升高。与此同时，世界钢铁业的集中程度较低,而且钢铁企业彼此之间也缺乏紧密合作。国际铁矿石市场的供给方必和必拓、力拓和淡水河谷三大公司垄断了80%的货源,尽管中国占有40%的需求量,"中国需求"是中国一直标榜的谈判砝码,但实际情况却是:在中国铁矿石自给率较低的前提下,"中国需求"反而成了制约中国在谈判桌上坚持强硬立场的一大软肋。在"中国需求"的推升下,目前铁矿石的市场已经演变成卖方市场。中国海关公布的最新数据显示:作为全球最大的铁矿石消费地,2007年中国进口铁矿石达3.83亿吨,其中海外权益矿不超过5000万吨。到了2009年,海关数字显示:中国进口铁矿石数量持续上涨,达到6.27亿吨,同比上升41%。海关总署公布的统计数据显示,2008年12月我国进口铁矿砂及其精矿6216万吨,高于11月的5107万吨,较上年同期增长超过80%,并且创下历史次高水平。而2008年全年,中国进口铁矿砂及其精矿6.28亿吨,同比增长41.6%。力拓股份执行董事Sam Walsh日前也预计,中国钢铁产量到2020年将扩大一倍。中国时代的到来彻底改变了全世界铁矿石市场的格局,力拓公司2009年铁矿石产量的70%都将销往中国。正是由于中国市场的需求旺盛,铁矿石三巨头2010年漫天要价使得近期铁矿石价格一路猛涨,出现一个月价格连涨三次的局面。2010年3月22日,三大矿山的铁矿石现货到岸价已经冲破150美元/吨,较上周上涨了10美元/吨。3月23日,品位在63.5%的印度粉矿已涨至149美元/吨~152美元/吨,较去年长协价格涨幅超过一倍,而三巨头的铁矿石现货价格也已突破155美元/吨。

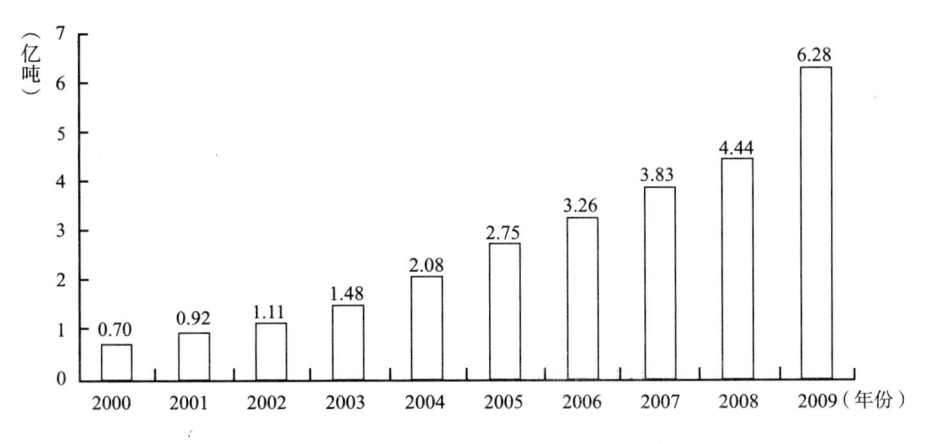

图2-7 中国铁矿石历年的进口数量

资料来源:网易。

3. 主管部门对定价权不够重视

中国主管部门和大型企业没有高度重视对定价权的争夺，对外贸话语权没有提升到战略高度。中国的相关主管部门对现代商品经济的规则还很陌生，还存在计划经济的思维。尽管中国目前对外贸易的依存度达70%以上，但是中国也难以左右国际市场价格，没有国际化的理念必然带来高昂的代价。

4. 缺乏谈判技巧

2004年宝钢首次代表中国参与了国际铁矿石价格谈判，虽然早在1996年中国钢铁产量首次突破一亿吨，为10124万吨，列世界第一位，自那时起中国钢铁产量一直居于世界首位。而中港钢铁企业参与此类谈判经验的缺乏及不具备良好的国际谈判地位通常被认为是造成中国定价权缺失的原因之一。

例如在2006年的谈判中，中国就错过了最好的谈判时机。2005年底，中国钢价进入2005年4月以来的最低谷，大量钢铁企业亏损。但此时中国钢企要求铁矿石降价的声音并不明显和坚决，机会稍纵即逝。2006年开始，中国国内钢价步步高升，钢材综合价格指数从94.18回升到103.45，然而随后，中国企业参与谈判的灵活性不够的问题开始凸显。2007年春节后，中国钢企仍坚持不降价不谈判的策略。事实上，国际铁矿石企业一度曾传出涨价10%，如果当时能够签约，那将给中国钢企带来巨大的利润空间。当时早期的谈判形势下，各大矿山纷纷投资扩建增产，而中国因为宏观调控对钢铁产量的预测较为保守，同时中国也高估了手中的砝码，坚持铁矿石价格应该下调，双方僵持阶段中错失了10%涨幅的机会，随着蒂森克虏伯等钢厂逐个与淡水河谷达成涨价19%的协议，中国钢厂无力回天。如果中国当时谈下10%的涨幅，中国在2006年将少支付4亿美元。由此可见，中国在铁矿石价格谈判技巧方面存在着以下缺陷：第一，谈判整体上缺乏系统性，尤其是各项措施缺乏协调，甚至自相矛盾，直接导致谈判筹码丧失；第二，对全球供需形势的演化趋势缺乏预见性和判断力，盲目压价并丧失达成优惠交易的良好时机；第三，想成为全球定价权的主导者，却缺乏协调全球需求联盟的能力。

5. 钢铁产业集中度较低、组织混乱

目前，中国钢铁企业大概7000多家，但是年产量在500万吨以上的企业仅有20几家，产业集中度CR20为56.71%。而2007年，韩国浦项制铁

公司粗钢产量占到本国产量的60.61%，德国的蒂森克虏伯、日本的新日铁和JFE公司、美国钢铁公司（USS）、俄罗斯的谢维尔等钢铁企业，其粗钢产量占本国总量都超过了20%。

图2-8为各国钢铁行业集中度比较。可以发现，中国钢铁行业的产业集中度相对较低。中国对铁矿石的进口量非常大，可由于进口非常分散，达不到"一齐用力"的效果。加上目前中国从事进口铁矿石的贸易商很多，这些贸易商的利益不同，很难形成统一对外的合力。

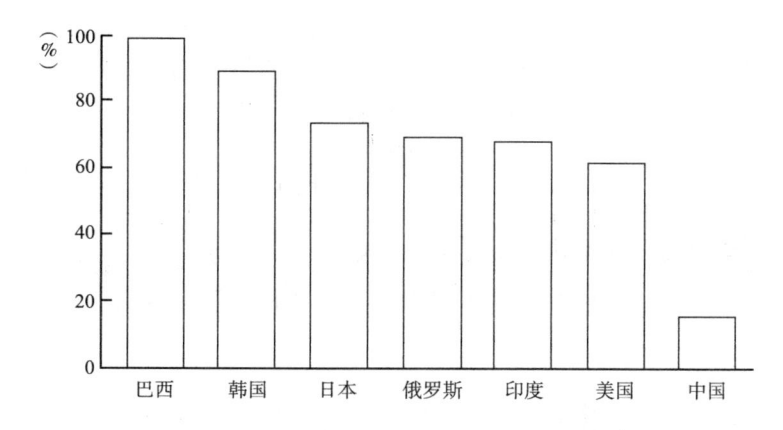

图2-8　世界主要钢铁生产国的产业集中度
资料来源：网易。

不难发现，这种集中度不高的局面使中国钢铁行业很难形成统一的认识、用同一个声音说话，谈判能力自然很弱。有进出口权的钢厂、贸易商各自为政，分散地向供应商报价，甚至主动哄抬价格，这就大大削弱了买方的议价能力。相反，虽然日本、欧美钢铁业近年来发展走下坡路，在世界钢铁业的地位已经大不如前，但却仍然主导着铁矿石的定价权，主要原因是日本、欧美钢铁业集中度高，只有几家竞争能力很强的大型钢厂，他们很容易形成联盟，增加谈判的能力，国外铁矿石供应商也更愿意同他们进行谈判。正是由于以上原因严重削弱了中国铁矿石谈判的筹码，因此，只有消除"内斗"，形成利益共同体，在谈判中，中国作为全球铁矿石最大进口国应有的话语权才有可能回归。

而集中度过低带来的另一个问题就是采购过程中的混乱。从事铁矿石进口的既包括众多的中小钢铁企业，也包括了一些贸易企业。就在以宝钢为代表的大型钢厂与三大矿产谈判的时候，它们与国外铁矿石供应商"眉来眼去"，大量进现货，使得现货价与长协价间出现了巨大的价格差。究其原因在于拿不到澳大利亚、巴西和南非等主要供应国的长协矿的中小钢厂只能把目光投向印度和其他供应量较少的铁矿石出口国，而这些国家的矿山公司推行现货交易，也许是认为现货交易风险较低，或是看好市场景气时期现货交易更高的利润空间，这在部分程度上造成了中国进口铁矿石价格波动大。以印度矿为例，尽管其质量引起颇多争议，但是由于印度与中国在地理位置的相邻优势，中国的钢铁厂家越来越倚重印度这个重要的供货市场，快速增长的印度铁矿石进口量就是证明，原本不引人注目的印度早在2004年超过巴西，成为中国进口矿石的第二大来源国。同时，由于近年钢材市场坚挺，以现货采购为主的钢厂往往愿意出高价来购买进口铁矿石以保证产量，这就造成了铁矿石现货价格高于长协价的现象。铁矿石贸易市场较大的利润空间吸引了大批的贸易商进入现货市场，他们的炒卖进一步提高了现货价格。

6. 企业产品附加值低、缺乏竞争优势

中国钢铁产品的技术含量和附加值相对较低，转嫁成本的能力有限，

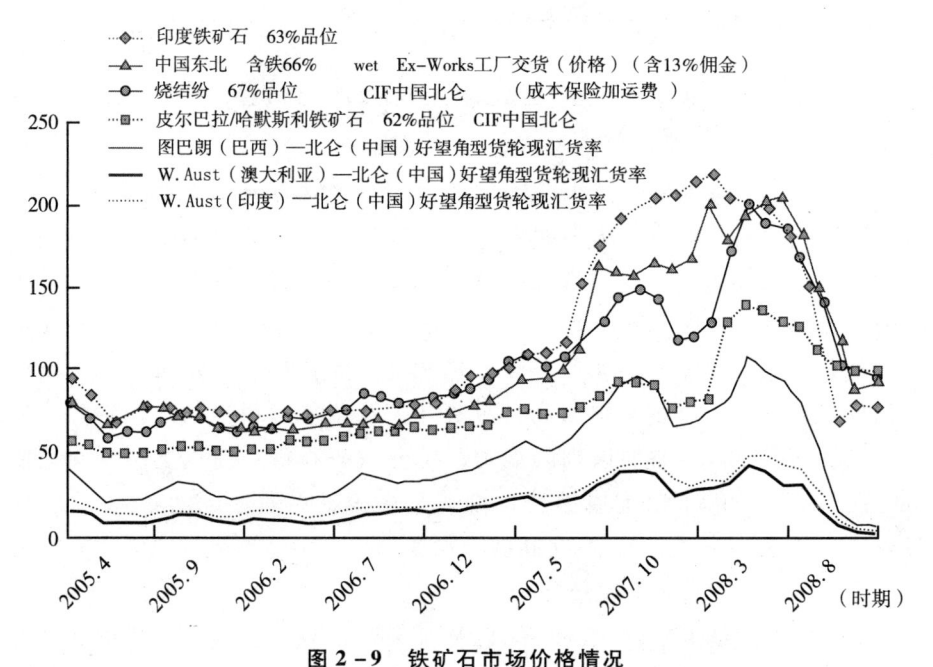

图 2-9 铁矿石市场价格情况

资料来源：网易。

对铁矿石涨价的承受力较小,在价格谈判中的回旋余地也就很小。相比中国,欧美、日本等国家能够接受一涨再涨的价格,关键在于他们的钢铁企业所有的竞争优势。欧美企业不仅生产技术先进,生产成本较低能够消化涨价的压力,同时他们主要生产高端产品,产品附加值高。例如,欧洲的安塞乐主要做高附加值产品,主要用的是球团矿,对精粉矿和块矿需求不大;印度的米塔尔有强大的自主矿山的支持;日本则是通过参股或控股国外矿山来冲抵损失,因此他们在谈判时显得游刃有余。

从图2-9中可以看出,以印度矿为代表的现货矿价格与以澳洲矿为代表的长协价之间的差距在2007年至2008年中期明显拉大,两者差价甚至达到成倍。印度矿以如此高的价格横行于中国市场,使得传统上以长协价合同模式供应的澳洲主要矿山产生了不满,认为长协价格未能正确反映市场的实际和澳洲矿的价值,并坚定了向中国钢企大胆索价的决心。

不仅如此,在之前实行的铁矿石进口价格的双轨制,以及双价格体系中存在的巨大寻租空间,才是中国钢铁企业在谈判过程中如一盘散沙的根源,进一步削弱了中国的议价能力。双轨制使得中国只有部分钢企拥有铁矿石进口资质,采用长协价格,另外一些中小钢企没有铁矿石进口资质,只能采用现货价格。而且随着标准的提高,拥有铁矿石进口资质的企业越来越少。2005年达500家,2006年一举削减至120家左右,目前共有112家,其中钢铁企业有70多家,既有国有又有民营,国有钢企又有的隶属于国务院国资委,有的则隶属于地方政府。就像计划经济时代商品分平价和议价的双轨制容易滋生"官倒"腐败一样,中国在进口铁矿中也使大型钢厂在一定程度上成为食利阶层。112家大型中央直属单位有进口资质,中间有许多代理公司,这些代理公司加价30%到50%将铁矿石出售给没有进口资质的中小钢企,代理公司获得不菲的代理收入,而大型钢企因为倒卖多进口的长协矿而大获其利。据"我的钢铁网"估算,2008年我国长期协议进口的铁矿石中有超过10%被拿到市场上倒卖,去年各进口企业倒卖长协矿的收入至少超过200亿元。力拓公司一位内部人士两年前就对媒体表示,大钢厂确实有倒卖铁矿石的行为,但其中情况比较特殊的是中国中钢集团,其本身在澳大利亚恰那铁矿占有股份,按长协价格每吨80美元进货,但是给各大钢厂却是按市场定价每吨160美元左右出售,所以每次谈判时,大小钢厂的利益不一致。大钢铁企业指责小钢厂和贸易商炒高了现矿价格,并由此拉升了长期协议矿价,但现矿价格高涨的一个原因就是国家对进口企业有资质限制,众多钢厂没有资格购买价格相对便宜的长期协议矿,只能从贸易商手里买高价的现货矿,现货矿于是水涨船高,这就为握有大量长协矿的大钢厂提供了囤积与倒卖的可能。如此循环往复,价格自然是越谈越涨。

(二) 中国铁矿石进口定价权缺失的影响

一般来说,资源型产品的合理价格应能真实地反映市场供求关系和资源的稀缺程度。但铁矿石供给的寡头垄断性,以及几个领袖制的定价机制,使得中国在铁矿石价格的形成过程中,缺乏相应的定价权,铁矿石进口定价权的缺失也对中国经济产生了不利的影响。

1. 控制价格的能力减弱、财富被迫转移

从近几年铁矿石进口的定价结果来看,缺失定价权最直接的结果是,无力控制价格,导致铁矿石进口价格大幅上涨。1996年到2006年世界铁矿石储量从1500亿吨增长到1600亿吨,可以保证世界100年的用量,而实际储量还在不断增加。2001年到2006年世界钢铁产量增长47.1%(从8.5亿吨到12.5亿吨),而同期铁矿石产量却增长了59%(从9.32亿吨到14.82亿吨)。1996年到2006年世界铁矿石贸易量不过每年增长5.8%,世界钢铁需求近几年才达到7%的增长量,而世界铁矿石价格却从2002年的24.8美元/吨增长到2008年的170美元/吨,仅仅6年的时间就上涨7倍,这样的上涨速度是不能用供需关系来解释的。自2004年以来,由于国际铁矿石价格连续暴涨,力拓、必和必拓及淡水河谷公司已经从中国攫取了正常利润以外的7000亿元财富,这个数字是同期中国钢铁企业利润的2倍。

2. 不利于中国钢铁工业的发展

由于铁矿石价格大幅上涨导致中国钢铁企业生产成本显著上升,最终导致中国钢铁企业利润总额下降。不过,生产高附加值钢铁产品的大型钢铁企业(如宝钢、武钢、鞍钢等大型企业)业绩受影响较小。

3. 对下游行业有一定的影响

由于铁矿石在钢铁原料中所占比重过大,铁矿石价格的上涨将带动综合钢材的价格上涨。钢材价格的上涨又会通过产业链传导到下游行业,尤其是建筑、机械、轻工、汽车、集装箱、造船、铁道、石化等用钢较多的行业。铁矿石价格的上涨会导致钢材价格的上涨,从而导致下游行业的成本的增加。

六 提高中国铁矿石定价权的措施和建议

铁矿石价格的上涨给铁矿石相关的各个产业带来如此大的影响，既增加了其生产成本，也延缓了其发展，追根究底还是定价权缺失的问题。要想在国际铁矿石贸易定价中争取主动权，并获得比较合理的市场价格，最重要的就是要增强我们作为买方的综合实力，而不是单纯地拥有对商品的片面支配。同时，需要政府、行业协会和企业着眼长远利益，统筹兼顾，各方协调。具体可从以下几个方面着手。

（一）及时调整和不断完善现行法律法规

从宏观层面来看，现行的法规制度建设滞后，不利于中国企业参与国际竞争和壮大自身实力。因此，必须建立健全一个以保护各方利益和维护市场秩序为目标的监管体系，明确政府和企业各自的定位和相关职能。政府一方面要依据有关国际法规积极应对，维护自身的合法权益。同时，要着眼于制度建设，提高中国国内经济政策调整和法律法规创设能力，通过法制轨道进一步强化微观经济政策和方针的法律化、规则化和执行的严肃性，为企业创造一个规范有序、公平竞争的良好环境，增强国内企业的国际竞争力。

例如2009年8月国家发改委就《反价格垄断规定（征求意见稿）》向社会公开征求意见。《规定》涉及我国境内和境外的价格垄断行为，旨在预防和制止价格垄断行为、保护公平竞争、维护消费者利益和社会公共利益。2008年8月1日起正式实施的《中华人民共和国反垄断法》总则第二条的适用性说明，不仅中国境内经济活动中的垄断行为适用反垄断法，中华人民共和国境外的垄断行为，对境内市场竞争产生排除、限制影响的，也适用于反垄断法。近年来，国际铁矿石巨头涉嫌利用其垄断地位损害中国相关行业利益的同时，还存在从企业并购等方面不断寻求垄断的进一步可能，所以对于这些与市场竞争相悖的现象，中国的《反垄断法》及后续相关配套规定不应视而不见。

对于三大国际铁矿石供给方的垄断恶果，包括中国在内的国际钢铁业早已嘘声四起。就在2009年力拓与必和必拓宣布组建铁矿石合资公司之时，世界钢铁协会就明确表达了反对"两拓"进一步联合的观点，并呼吁所有相关的竞争监管机构严格审查此项交易。由此可见，消费市场所在官方机构的反垄断调查是具有一定话语权的。鉴于包括两拓"联姻"等因素导致的铁矿石供给垄断可能对目前处于困境中的中国钢铁业造成不可预计的整体伤害，以及为防止类似情况在其他领域重演，中国作为目前国际海运铁矿石的最大国际买家，无论是从作为国际铁矿石垄断的最大可能受害者角度考虑，还是从维护市场正常秩序的角度来衡量，中国的反垄断法律体系都必须肩负起反垄断先锋的角色。

从铁矿石的谈判来看反垄断法律体系完善的重要性，同样从铁矿石市场进口的混乱也能窥探出规范行业法律法规的必要性，使市场交易更加公正、透明，铺设健全有效的法律制度之路任重道远。

（二）制定具有远见的国家、行业和企业发展战略

一个国家要正确决策、不断发展，就要制定切实可行的国家发展战略，对于行业和企业而言也是如此。重要行业和企业的发展战略应拓宽领域，不仅包括争取定价权方面的内容，还要正确定位未来长期可持续发展的海外资源战略蓝图。一国资源的有限性决定了该国的海外战略必须处于一种紧迫状态。因此，要制定推行海外资源收购战略，积极鼓励企业走出去，进一步开拓全球市场，促进各市场主体对全球市场的参与深度和广度，最终达到优化国内资源战略的目的。

中国钢铁产业必须走国内、国外铁矿石并重的产业发展道路。尤其是近几年中国每年铁矿石进口量都大幅度增加，但在世界范围内的铁矿石资源的控制上依然处于相对劣势，如果这一状况不能转变，中国钢铁产业必将面向国内寻找资源，那么要想支撑中国现有的钢铁生产规模，必须有足够的铁矿石开采量，而这无疑会增加中国经济发展中的环境成本。因此，中国必须建立铁矿石战略储备，获得更多的权益矿数量。利用2010年以来人民币升值的机会，增加对外铁矿石、矿山企业的投资，直接投资或采用"参股"方式在相关国际股票市场上购买供给方的股票，通过持有其股票的方法分享升值的利益。中国的邻国日本提供了成功的范例，从20世纪70年代至今日本钢铁企业直接或间接地参股了巴西、澳大利亚、加拿大、智利乃至印度的铁矿。在澳大利亚24个主要铁矿中，8家有日本公司作为重要股东，其余16家铁矿也都有日资参股。据初步统计，日本新日铁、三井主要控制罗布河公司43%的股份；JFE与淡水河谷各控股50%合资开发Fabrica

NOVa 矿山；三菱控制加拿大 IOC 公司 28% 的股份；三井集团在 BHP 的 Newman 和 Jimblebar 矿山分别占有 10% 和 4.2% 的股份。进入 21 世纪以后，日本的钢铁企业从铁矿石贸易中坐收渔翁之利，甚至落井下石。2005 年，铁矿石价格谈判中，日本在没有与中国沟通的情况下，就接受了淡水河谷 71.5% 的涨价幅度，而先前三巨头希望的涨价幅度不过 30%～50%，这主要是因日本钢铁企业虽然会支付更多的铁矿石价格暴涨带来的原料费用，但却可以从中获得更多的投资回报，抵消铁矿石涨价带来的损失，并可以制约其他国家包括中国在内的钢铁生产。

（三）加大对中国国内铁矿资源的勘探，积极参与国际铁矿石的开采合作

中国目前利用的铁矿床深度绝大部分在 250～700 米之间，平均埋深为 500 米，500 米以下还有很大的找矿空间。中国西部地区、青藏高原的铁矿石资源状况尚未完全摸清，有些地区的地质调查与勘探甚至是空白，也有着较大的找矿空间。另外，由于中国部分铁矿石资源质量、品位不高，很多企业都不愿意开采。提高铁矿石资源采选技术，使这部分资源得到利用，提高铁矿石资源利用效率，也是解决铁矿石资源不足的一个重要途径。日本的钢铁企业在澳大利亚、巴西都参与到铁矿石开采中，从某种程度上消化了国际铁矿石价格上涨给成本带来的巨大压力。

中国企业要采取主动走出去的策略，如用较合适的价格购进国外矿山的股份，或者联合开采，都不失为较适宜的中长期策略，既可保证钢铁业的持续发展，增强中国钢铁行业的生产安全，部分抵消进口铁矿石涨价给生产成本带来的冲击，也可让下游产业获得应有的利润。

（四）大力整顿国内铁矿石进口秩序，增加谈判的贸易手段

当前，中国铁矿石进口秩序相对混乱，同是钢铁企业，大企业与中小企业，有进口资质和没有进口资质的，存在不同的利益选择，这大大削弱了中国在铁矿石谈判中的话语权。因此，应该重点审查生产企业产能和项目是否符合国家产业政策，杜绝进口矿石流向产能落后的企业。对于拥有资质的贸易企业，主要在资金、规模和服务方面设定门槛，是否具备资金规模、优势的矿石进口货源和专业的服务意识成为考核重点。其中，在进口规模方面，之前规定的年进口量需达到 70 万吨的标准也需要提高。此外，

还要严格执行铁矿石进口代理制，防止生产企业和贸易企业通过囤矿、倒矿牟利，为国内铁矿石市场建立一个更为公平的交易环境。更为重要的是，可以从内部理顺需求，防止过量进口铁矿石，避免三大巨头暗中操纵铁矿石市场秩序。对于违规的企业，一旦通报后没有整改，将责令企业停止生产并取消其进口资质。在国家钢铁行业产业政策的基础上，后期相关部门还要进一步加强对铁矿石市场的整顿力度。另外，鉴于世贸规则对于进出口卡特尔没有特别明确的规定，可以在国内尝试进口许可证审查制和采购代理制，由中钢协出面组织全部或大部分钢铁企业加入进口卡特尔，由少数几家企业代理钢企卡特尔的进口铁矿石谈判，采购的铁矿石一部分自用，一部分卖给其他企业，并收取一定代理费。

（五）加快行业整合，增强行业协会在铁矿石进口中的作用

只有国内钢铁行业的集中度大幅提升，才能最终实现中国钢铁业整体竞争力的提高和话语权的提升。试想，如果中国钢铁企业从目前的百家减少到几家，那就能从根本上解决松、散、乱的问题。因此，加大国内钢铁业的联合重组，跨所有制、跨地域和市场化的重大资产重组势在必行。行业协会是市场经济的一部分，更是市场不可缺少的运作机制。它是为降低企业成本而生，为企业服务的。中国应通过行业自律组织和政府强制来约束企业市场行为，整顿铁矿石进口秩序，制定实施铁矿石自动进口许可管理和进口企业资质标准，由此减少多头进口、高价抢购的风险。对有违背一致对外的行为，可考虑取消其进口铁矿石的资格。要控制钢铁厂合理布局，最大限度地缩短矿石运输距离，降低矿石运费。通过缩短运输距离和减少运费可以大大降低铁矿石到厂价。这就要求钢铁厂布局要合理，凡是进口铁矿石的钢铁厂应该在沿海或沿江建厂，以减少国内运费；凡是以国内矿为主的钢铁厂尽量靠近矿山，就近建厂就地采购铁矿石。

（六）转变外贸增长方式、加快淘汰落后产能

中国铁矿石需求量持续攀升是我国在铁矿石贸易中面临价格被动局面的主要原因。因此，进行钢铁产业调整，加快淘汰落后产能，同时提高铁矿石资源的利用效率已经迫在眉睫。

中国外贸近几年连续高速增长，并未带来相应的经济效益，中国企业大多在做高进低出的买卖，一个重要原因，就是中国企业产能落后，产品

附加值低，外贸增长只是依靠数量支撑。全球范围内不断上涨的资源价格已经向我们敲响了警钟，使中国经济体系的不稳定性大大增加。为此，必须加快产品结构调整，改变高消耗低产出的状况和片面追求经济增长而不计资源成本的现象，提高等量资源的产出率和附加值，降低对国际资源的依存度。政府应利用调整出口退税和进口代理等政策措施，淘汰落后产能，以高新技术产品替代资源性产品出口，促使经济增长方式走持续发展之路，这是增强中国经济实力的治本之策。

海关总署的统计分析表明，2009年初中国的钢铁出口量继2008年持续回落，虽然在国家出台扩大内需、加大基础建设投资等政策以及钢铁产业调整振兴规划的刺激下，近期国内钢材价格持续回升，中国国内钢铁产量迅速反弹，但是在国内外经济形势尚不明朗的情况下，钢材需求仍存在较大变数，企业盲目复产可能再次对市场形成冲击，加之目前钢材出口受阻，迅速膨胀的钢铁产量将进一步加剧国内市场的压力。另外，有调查显示，近期我国铁矿石进口虽然增加，但其中部分是贸易商囤积在港口准备视铁矿石谈判的进展待价而沽，并不能正常反映当前中国钢铁企业对铁矿石的需求量，国家应采取措施压缩港存量，制止无序进口铁矿石，为铁矿石谈判创造一个良好的环境。

（七）推行集约化采购方式

集约化采购是指政府各级机关及其所属机构或行业为开展正常活动的保障需要，在财务、审计部门的监督下，以法定的方式、方法和程序，在一定区域范围内各机构部门所需的物资实行择优选点统筹采购。进口大宗商品，依靠行业力量比单纯依靠市场力量更具经济效率。集约化采购的最大优点在于，能将分散零散的市场采购变成区域性的定点定质的集约化采购，充分利用物资采购过程中的时间差、地区差减少物资采购的中间环节，从而有效地控制盲目采购、重复采购、随意采购和不公平竞争、质次价高等问题。通过利用数量上的优势来换取在价格等方面的优势，可以大幅度降低成本，减少市场风险。目前国际上大宗商品集中采购方式在美国、日本等发达国家得到普遍采用。因此，在中国建立行业性联盟组织，负责海外的集体采购是一种既可行又有效的办法。但行业联盟必须由政府实施监督管理，避免其成员利用垄断地位攫取高额利润。

七 结 论

  2010 年 9 月 29 日，中钢协首度松口承认铁矿石季度定价模式，标志着铁矿石长协定价机制已经崩溃，以现货指数为基础的季度定价机制成为今年的主角。季度定价机制是在供求双方缺乏信任的情况下产生的一种定价机制。在季度定价模式下，影响其到岸价格的唯一因素就是海运费，而即期海运费上涨将推动协议矿到岸价上涨，并引发"跟风"的印度现货矿价上涨，印度现货矿价上涨，又会作为标尺推高下一季度长期协议矿价。平安证券统计，海运费价格每波动 10%，影响铁矿石进口价格 4.3%，影响到岸价格 4.4 美元/吨。分析来看，在"协价矿离岸价—即期海运费—协价矿即期海运到岸价—印度现货矿到岸价—协价矿离岸价"的循环链条中，三大铁矿石巨头通过左右其中的某一个环节，就可轻而易举地在谈判中成功制造出"事实涨价"的氛围。如果不打破这一循环链条，三大矿业巨头总可以找到炒作空间，中国钢铁业在铁矿石谈判中将难免受制于人。那么，如何打破这一循环链条，破解铁矿石谈判连年上涨的僵局？从实际出发，中国钢铁业至少在两个方面大有可为：首先，打击现货矿市场的囤积居奇，阻止印度现货矿跟风炒作。正如上文中已提到的整顿相关行业规范等措施，此处不再重复。其次，采取措施降低即期海运费，促使上述价格传导链条向良性转化。通过采取提高长期包运合同（COA）在海运合同中的比例、自行组建船队或与船运公司建立合资公司、减少钢材出口释放运力等手段，中国钢铁业完全有能力促使即期海运费迅速下降。一旦即期海运费降至长期均衡水平，就将拉低印度现货矿到岸价，为钢铁业在铁矿石谈判中创造更为有利的条件。

  然而需要引起我们注意的是除了三大矿商之外，还有隐藏在国际市场定价机制背后的一群身影——华尔街的投资银行家们。在谈判尚未结束时，他们就忙不迭地涌向中国，向中国的铁矿石消费者们推销他们"看上去很美"的铁矿石金融衍生品。曾经把整个世界拖进危机的这些衍生品，如今又被他们描绘成透明的、具有可预测性的良好避险工具。日后的铁矿石谈判中，中国依然面临着巨大的困难。中国作为主要的铁矿石需求国，在谈判中，应当适应新的季度定价机制，努力争取铁矿石的定价权，同时积极地探求新的定价模式，从而谋求中国整体利益的最大化。

专题三
房产新政对楼市的影响

在全球金融危机之下，资本市场巨幅调整，全球房地产价格衰落，世界经济也步入调整和衰退。然而，在宏观经济面临严峻挑战，股票市场大幅调整的情况下，中国的房价却一枝独秀，逆势上涨，这成为人们难以明了的现象。

孟子曰"居可移气，养可移体，大成居室"。安居才能乐业。住，自古就是人类社会存在和发展的基本要素，也是住宅权产生的基础。住宅权，即获得适当或充分住房的权利，对于全世界的每个人、每个家庭、每个社会群体的健康与安宁都是十分重要的。"安得广厦千万间，大庇天下寒士俱欢颜"，这是一千多年前的古人所发出的感慨。古时如是，当今也一样。几千年来，住房问题一直都困扰着中国人。在我国经济快速发展，座座高楼拔地而起的今天，"我想有个家，一个不需要太大的地方"，仍然还被人们传唱着。而对许多城市工薪阶层而言，有一个属于自己的住房仍然还是一个梦。一些人仍然"上无片瓦，下无插针之地"。下面就房产新政对楼市的影响作一分析，并以北京为例作具体的阐述。

一 近五年来国家对房地产市场的调控政策及其影响

（一）2005~2009年的房地产调控政策回顾

中国政府对房地产业的动作，从2005年开始明显起来，源于房价上涨太快，甚至成为"两会"最为热门的话题之一。所以，在本文的开篇，有必要回顾一下 2005 年以来,中国的房地产政策动态。2005 年 3 月,房贷优惠政策取消,调控涉及消费层面,伴随着房地产税改革深入,当月,"国八条"(老"国八条")出台,调控上升到政治高度;5 月,针对"国八条",七部委出具了意见,调控加强、细则出台,被称为"新国八条";9 月,银监会 212 号文件收紧房产信托,这是对房地产市场的又一记重拳;10 月,作为房产改革的延续,国家税务总局重申二手房缴纳个税。可见,在 2005 年,中国的地产政策以紧缩为主旋律,旨在控制房价过快增长。

进入 2006 年,伴随着房价居高不下,中国政府延续了 2005 年对房地产的调控政策。2006 年 4 月 27 日,房贷利率再次上调,调控卷土重来;5 月 24 日,国六条出台,再次明确政府对房价的态度;短短 5 天后,5 月 29 日,国务院出台限制套型 90/70 政策;两天后,5 月 31 日,国家税务总局出台二手房营业税政策,如此紧凑的政策组合拳,充分表明了政府对控制房价过快增长的决心;进入 7 月,政府调控措施指向地产商和外资,7 月 6 日,政策规定地产商未取得预售许可证不得发布预售广告;7 月 11 日,建设部出台 171 号"外资限炒令";半个月后,中央再度重拳出击,7 月 26 日,108 号文件强制征收二手房转让个人所得税;进入 8 月,政府动作更加频繁,8 月 1 日,土地新政出台,8 月 19 日,央行调整金融机构人民币存贷款基准利率,8 月 30 日,建设部出台廉租房管理实施办法;9 月开始,房地产市场再度进入整顿期。

进入 2007 年,房价继续快速增长,中央政府面对此现象,也继续实行地产调控措施。2007 年 1 月,建设部规范经纪行业;3 月,央行 2007 年首次加息,这是中央第一次动用加息这一调控手段;5 月 19 日,央行再次加息;7 月 20 日,央行第三次加息,此次加息,一方面是针对过快增长的房价,另一方面是针对中国经济增长过热;8 月,央行上调金融机构存贷款基准利率,几乎同时,央行第四次加息;9 月,央行年内第五次加息;9 月 27 日,央行出台新政,购买第二套住房首付比例不得低于 50%,这是 2007 年中国政府对房地产市场的调控政策。

2008 年,伴随着北京奥运会的临近,北京、上海等一线城市房地产市场量价持续增长,其他地区房价也有不同程度的涨幅,针对这种情况,中央政府对房地产市场持续调控:2008 年 1 月 15 日起,上调存款类金融机构人民币存款准备金率 0.5 个百分点;3 月 3 日,财政部、国家税务总局下发

《关于廉租住房、经济适用住房和住房租赁有关税收政策的通知》；2008年3月12日，建设部发布了住房建设规划与住房建设年度计划制定工作的指导意见，其中提出凡新审批、新开工的商品住房，套型建筑面积90平方米以下住房（含经济适用住房）面积所占比重，必须达到开发总面积的70%以上；3月21日，住房和城乡建设部下发《关于加强廉租住房质量管理的通知》；3月25日，上调存款类金融机构人民币存款准备金率0.5个百分点；4月25日起，上调存款类金融机构人民币存款准备金率0.5个百分点；5月20日起，上调存款类金融机构人民币存款准备金率0.5个百分点，这是2008年中国央行第四次动用货币手段对房地产市场施压；7月14日，国土资源部表示：小产权房不给宅基地证；8月14日，三部委联合印发《2008年廉租住房工作计划》；8月25日，央行、银监会联合发文要求严格建设项目贷款管理。

伴随着美国次贷危机爆发和愈演愈烈，各国都开始担心本国房地产和银行等行业出现山崩，中国也在2008年9月对房地产市场开始了态度转变，政策基调出现逆转。2008年9月15日，央行宣布"双率"齐降，这一方面是对房地产市场的刺激，更重要的是对中国经济增长的刺激；10月9日，西方央行联手降息，中国打出"降率免税"组合拳；10月12日，十七届三中全会，土地或可转让抵押继承，小产权房有望破题；10月12日，中共中央出台系列新政以支持房地产；10月28日，央行年内第三次下调利率。以上是2008年中国政府在次贷危机之后出台的一系列对房地产市场的支持政策。

2009年，由美国次贷危机引起的金融海啸波及全球，全球主要经济体无不深陷泥潭，一些国家甚至面临破产危机，中国在这场危机中，受到的影响虽然相对较小，但各个行业仍面临很大压力。在这种情况下，中国政府不但终止了从2005年以来以调控为主要基调的房地产调控，甚至有了对房地产市场扶持的举动。2009年12月9日，温家宝主持召开国务院常务会议，会议决定，个人住房转让营业税征免时限由2年恢复到5年；2009年12月17日，财政部、国土资源部等五部委出台《进一步加强土地出让收支管理的通知》。以上是中国政府在2009年对房地产市场的政策调整，虽然动作不多，但能够看出中国政府在其中的明确的态度。

(二) 2010年的房地产调控政策

金融危机风浪过后，中国经济在全球首先回暖，同时中国主要大城市房价有了报复性上涨，为应对这一突然的市场变化，中国政府在2010年也加紧了对房地产市场的调控。2010年1月1日起，个人将购买不足5年的非普通住房对外销售的，全额征收营业税；2010年中国房地产政策已由此前的支持转向抑制投机，遏制房价过快上涨，并且先后采取了土地、金融、税收等多种调控手段。不过，频频刷新的"地王"记录，以及仍在不断上涨的房价令政策执行效果和政府公信力屡遭诟病。国家统计局数据显示，2010年3月全国70个大中城市房屋销售价格同比上涨11.7%，1~3月，中国完成房地产开发投资6594亿元，同比增长35.1%；房屋新开工面积3.23亿平方米，同比增长60.8%；商品房销售额7977亿元，同比增长57.7%。2010年，国务院调控房地产"新国十条"，提出地方政府对稳定房价、推进保障性住房建设工作不力，影响社会发展和稳定的，要追究责任。2010年1月10日，国务院出台"国十一条"，严格二套房贷款管理，首付不得低于40%，加大房地产贷款窗口指导。

2010年1月21日，国土资源部发布的《关于改进报国务院批准城市建设用地申报与实施工作的通知》提出，申报住宅用地的，经济适用住房、廉租住房和中低价位、中小套型普通商品住房用地占住宅用地的比例不得低于70%。2010年3月10日，国土资源部再次出台了19条土地调控新政，即《关于加强房地产用地供应和监管有关问题的通知》。该通知明确规定开发商竞买保证金最少两成、1个月内付清地价50%、囤地开发商将被"冻结"等19条内容。2010年3月12日，国土资源部称，将于2010年3月至7月在全国开展对房地产用地突出问题的专项检查，本次调查重点针对擅自改变房地产用地用途、违规供应土地建设别墅以及囤地、炒地等问题。2010年3月22日，国土资源部会议提出，在2010年住房和保障性住房用地供应计划没有编制公布前，各地不得出让住房用地；将在房价上涨过快的城市开展土地出让"招拍挂"制度完善试点；各地要明确并适当增加土地供应总量；房价上涨过快、过高的城市，要严控向大套型住房建设供地。2010年3月23日，国资委要求78户不以房地产为主业的中央企业，加快进行调整重组，在完成企业自有土地开发和已实施项目等阶段性工作后要退出房地产业务，并在15个工作日内制定有序退出的方案。2010年4月2日，财政部下发通知称，对两个或两个以上个人共同购买90平方米及以下普通住房，其中一人或多人已有购房记录的，该套房产的共同购买人均不适用首次购买普通住房的契税优惠政策。2010年4月7日，国家发改委发布的2010年经济社会发展工作重点提出，要进一步加强房地产市场调控，增加普通商品住房的有效供给，支持普通自住和改善性住房消费，大力整顿房地产市场秩序。

2010年4月11日，中国银监会主席刘明康表示，银监会要求所有银行在6月底之前提交贷款情况的评估报告，并称房地产风险敞口大，要严控炒房行为。银监会表示，银行不应对投机投资购房贷款，如无法判断，则应大幅提高贷款的首付款比例和利率水平。北京部分银行已将二套房首付比例提升至60%。2010年4月14日，国务院常务会议指出，全球金融危机的影响仍在持续，将保持货币信贷适度增长，坚决抑制住房价格过快上涨，并将加快研究制定合理引导个人住房消费的税收政策。2010年4月15日，国务院出台具体措施，要求对贷款购买第二套住房的家庭，贷款首付款不得低于50%，贷款利率不得低于基准利率的1.1倍；对购买首套住房且套型建筑面积在90平方米以上的家庭，贷款首付款比例不得低于30%。2010年4月15日，国土资源部公布2010年住房供地计划，拟计划供应住房用地总量同比增长超过130%，其中中小套型商品房将占四成多，超过上年全国实际住房用地总量。2010年4月18日，国务院发布通知指出，商品住房价格过高、上涨过快、供应紧张的地区，商业银行可根据风险状况，暂停发放购买第三套及以上住房贷款；对不能提供一年以上当地纳税证明或社会保险缴纳证明的非本地居民暂停发放购买住房贷款。2010年4月30日，北京政府发布调控通知，要求商业银行根据风险状况暂停发放第三套及以上住房和不能提供1年以上本市纳税证明或社会保险缴纳证明的非本市居民购房的贷款。统一购房家庭只能新购买一套商品住房。2010年9月29日，国务院发布"新国十条"：贷款购买商品住房的首付比例调至30%及以上。而在此之前，首次购买90平方米以下普通住宅的贷款最低首付为20%。对贷款购买第二套住房的家庭，严格执行首付比例不低于50%、贷款利率不低于基准利率1.1倍的规定。各商业银行要加强对消费性贷款的管理，禁止用于购买住房。各商业银行暂停发放居民家庭购买第三套及以上住房贷款；对不能提供一年以上当地纳税证明或社会保险缴纳证明的非本地居民暂停发放购房贷款。以上是中国房地产市场在2010年的状况，以及中国政府在

2010年对房地产市场的调控措施。

(三) 近五年来房地产调控政策出台对市场的影响

2005年,房价上涨太快成为"两会"最为热门的话题之一。"两会"之后,3月底,国务院出台《关于切实稳定住房价格的通知》,其八条意见包括:"把稳定房价提高到政治高度,建立政府负责制,省政府负总责,对住房价格上涨过快、控制不力的,要追究有关人责任。"一个月后,4月27日,温家宝在主持召开国务院常务会议时,房价及房地产市场的调控问题再一次成为讨论研究的焦点。会上提出了8项加强房地产市场引导和调控的措施,即新"国八条"。

余温未消,5月11日,国务院办公厅转发了七部门早在4月30日即已拟好完成的《关于做好稳定住房价格工作的意见》。到8月中旬,央行研究部门建议"取消现行的房屋预售制度"。素以言论犀利著称的开发商任志强,认为取消期房预售弊大于利,因为这样做,开发商成本增大,只会导致房价进一步上涨。果然,房价在经过短暂的调整之后,在2005年下半年出现报复性上涨。以北京为例,2005年1~7月份,商品期房平均价格7308元/平方米,同比上涨了1312元/平方米,涨幅为21.9%。房价不跌反升。

到2006年初,房价继续一路飞涨,媒体声讨,民怨声起。"国八条"出台一周年之际,5月17日,温家宝主持召开国务院常务会议,又提出了促进房地产业健康发展的六项措施——"国六条",进行新一轮调控。"国六条"延续"国八条"的调控思想,但偏重于"结构调整"。仅仅12天之后,国务院办公厅以罕见的速度发布《关于调整住房供应结构稳定住房价格的意见》——"九部委十五条",对"国六条"进一步细化,其重点是规定套型建筑面积90平方米以下住房须占开发商建设总面积70%以上。这一政策引起更大的争议,有开发商认为,这一政策是市场经济的倒退,户型和套型应由市场和消费者来决定,强制规定会导致产品趋同和积压。然而,政府的调控政策继续出台:国土、金融、税收、建设等九部委的"国15条细则",落实新建住房结构比例要求的165号文件,建立土地监察制度,限制外资准入的171号文件,对二手房交易征收个人所得税的108号文件等一系列文件相继出台。

金融方面,央行两次加息,幅度都是0.27个百分点,银监会于7月22日发出《关于进一步加强房地产信贷管理的通知》的九条措施,严控房地产信贷风险。调控越来越紧，2006年，不到6个月，九部委组成的调控大军出台了不下13个房地产调控政策。政府的目标很明确，就是要抑制房地产商的投资热情，平稳房价。然而，2006年的政府调控并没能如愿地抑制住房价的上涨：2006年10月，北京以10.7%的涨幅领先全国；自2005年7月以来，北京房价连续上涨15个月，调控效果非常一般。现实是，调控政策一个比一个严厉，然而，房价一次比一次涨得高。2006年的房地产市场，在网络上怨声载道，一个新鲜的名词"房奴"反映了白领的心声，在巨大的房贷压力下很多人不堪重负，买不起房。

2007年，更多里程碑式的事件接踵而至：年初的"两会"上，《物权法》高票通过、调控政策重磅出击、国务院24号文件引领住房体制第三次变革、国土资源部第39号令直指囤积土地的众"地主"、五次加息、第二套房贷首付上调、"地王"频现、小产权房叫停、楼市拐点出现……这一年，中国的房地产市场依然让人难以看透。1月16日，国家税务总局下发《中华人民共和国土地增值税暂行条例》，规定转让国有土地使用权、地上的建筑物及附着物（即转让房地产）并取得收入的单位和个人，应当缴纳土地增值税，税率为30%~60%不等，这一政策出台，立刻引发房地产股的集体暴跌。

然而，房价并没有持续下跌，新一轮的买房潮在上半年席卷全国，房价呈上升趋势，老百姓感觉是"按下葫芦浮起瓢"。2007年的土地市场更是疯狂，"地王"频现。"地产寡头"现象引起了决策层的注意，国土资源部10月10日出台《招标拍卖挂牌出让国有建设用地使用权规定》，直指土地开发市场的囤积土地问题：土地受让方未缴清全部土地出让款，不得向其发放国有建设用地使用权证书。

从市场成交量来看，2007年11月，北京的成交量出现下降。经历了2006年和2007年的土地和资本市场交替互动攀升，2008年风向骤变，开发商对于土地的态度，从以往不顾一切地疯抢，变成望而却步，土地流拍在全国频发。2008年春节，房地产市场蔓延着浓厚的观望情绪，交易量严重萎缩，北京最大的房地产中介公司中大恒基将关闭50家门店的消息登上报头。一些炒房者断供的消息让银监会坐不住了，回应断供只是个别现象，不会出现系统性风险。

楼市陷入低迷，政府又频发政策进行救市。2008年10月22日，奥运会之后，针对一直陷入低迷的楼市，国务院又决定降低住房交易税费，刺激消费。自 2008 年 11 月 1 日起,对个人首次购买 90 平方米及以下普通住房的,契税税率暂统一下调到 1%;对个人销售住房暂免征收土地增值税。自 10 月 27 日起,最低首付款比例调整为 20%。

很多人期望着,低迷的楼市会继续低迷下去,如专家学者的判断一样,房价会真正地降下来,然而,专家又错了。很少人能想到,2009 年春节一过,楼市回暖,量价齐升。2009 年底,一些城市更是出现了"恐慌性抢购",房价一骑绝尘,从低谷到巅峰,这一年楼市疯狂的涨幅令人瞠目结舌,超过了以往任何一年。在中国的一线城市,几乎一天一个价。房价飞涨,带动沉寂一年的中国土地市场再度火暴,开发商又开始争相疯狂拿地,新的"地王"频频出现。

从政府角度来说,"地王"多当然是好事,"地王"越多意味着政府的财政收入越多;然而,从民生的角度说,"地王"越多,意味着公众要为不断上涨的房价付出越来越多的经济成本,最后要由普通民众来承担。2009 年末,电视剧《蜗居》受观众追捧,刺激着买房人的神经,全国上下"满城尽议房地产"。在 2009 年 12 月 14 日,国务院召开常务会议,明确表示"遏制部分城市房价过快上涨的势头",拉开了"抑制性政策"大幕,这标志着中国房地产政策,从刺激消费又全面转向"抑制"房价。

然而,2010 年的楼市,犹如脱缰之马,继续保持着昂扬的上升势头,北京等一线城市的房价,很快进入 3 万元时代。连续几个月,房地产新政频出。4 月 1 日,国务院公布新政策,决定对商品住房价格过高、房价上涨过快、供应紧张的地区,暂停发放购买第三套及以上住房贷款;对不能提供 1 年以上当地纳税证明或社会保险缴纳证明的非本地居民暂停发放购买住房贷款。刚过半个月,4 月 17 日,国务院又公布新"国十条",要求对首套自住房大于 90 平方米的家庭,首付比例不得低于 30%;二套房比例不得低于 50%,贷款利率不得低于基准利率 1.1 倍。从 5 月 1 日开始,北京开始实施史上最为严厉的"限购令",规定北京家庭只能新购一套商品房,购房人在购买房屋时,还需要如实填写一份《家庭成员情况申报表》,若作假被发现将不予办理房产证。

这是继计划经济时代之后,政府首次对购房提出"限购令"。任志强批评说,出台这样的限购政策意味着中国改革在向计划经济回归,这样的做法是"伤敌八百,而自伤一千"。在他看来,房价暴涨的根源在于土地的垄断和土地价格的暴涨,而每次的政策从来都不从源头来解决问题。到 2010

年10月份，继北京之后，上海、深圳、南京、杭州、厦门、宁波、福州等城市也纷纷发布调控房价的"限购令"，各地的楼市出现量价齐跌。紧随其后，央行在近3年以来首次加息。在提高首付、限制贷款、加息等一系列政策的调控下，引发了新一轮退房潮。中国的楼市暂时性地得以降温，更多人又转身观望，坐看房地产市场的价起价落。而新"国十条"中关于"引导个人合理住房消费和调节个人房产收益的税收政策"的条款，蕴涵两层含义：一方面为传闻中的房产税出台埋下伏笔，另一方面也是给市场增加预期，即调控力度将越来越严格。如果说信贷调控主要作用是阻止新的投资投机行为，房产税的作用则是迫使原有的投资投机者将其房产抛售到市场，这是一种双向调控，威力不可小视。

然而此次调控政策在开发商主动降价道路上也设置了一道"前途未卜"的关卡。由此可见，本轮楼市调控留下了政策升级强化的空间，如果现有政策无法下调居高的房价，将有更加严厉的调控政策继续出台来发挥抑制作用。

二 北京房地产市场的特征及其影响因素

经历了2009年房价的暴涨，房地产业又成为全社会关注的焦点。房地产价格过于剧烈或是过于频繁的波动不仅会给房地产业的发展带来不利影响，还会影响到宏观经济的资源配置、产业政策等方面，甚至会影响到整个国民经济的正常运行。在影响房价的多个因素中，由于价格是商品供求关系的最集中反映，因此房地产业与宏观经济发展相协调的最主要表现为房价与整体社会经济水平相协调。随着国家新政的颁布，我国房地产市场空间有所缩小，但是地方房地产投资增幅过高、商品房空置面积增加、房价上涨过快、海外热钱纷纷涌入等现象依然层出不穷，因此，如何保持房地产业持续、健康、稳定地发展，如何使房地产业与宏观经济协调发展，成为重要的经济问题。

（一）北京房地产市场的特征

北京作为我国首都，使中央各大职能机关部委，及各省市驻京办等，滋生出庞大的潜在需求市场。北京还是一个包容性极强的中心城市，市场经济的开放性特征使中心城市产生强大的辐射效应，带动区域经济的增长和社会经济的全面发展。在中心城市的建设过程中，随着对城市群的带动，产业、人才、技术的自然积累与增长，将直接带动北京房地产住宅市场的旺盛需求，北京核心吸引力的持续，将在未来相当长的一段时间里，给这座城市带来持续不断的需求空间，从而使住宅市场保持稳定而活跃的发展趋势。

北京住宅市场的需求在经过对宏观政策短期观望后，并未受到过多的影响，这与这座城市独特的需求结构有着直接的关系。北京不单是2008年奥运会的举办地，还是一座经济正在高速发展、政治和经济有着极为密切关系的特殊城市，致使整个产业结构、类型、消费人口结构、需求结构都有其独特的地方。从需求类型来看，北京住宅需求市场大致可分为被动需求和主动需求两种。通过调查我们发现，现阶段被动需求约占已购房人及准购房人总数的9%~13%，主动需求占到约91%。被动需求的产生主要是由在北京2008年奥运会的推动下，城市新规划的实施，城市建设与改造所产生的大面积拆迁引发的。这也是所有一般住宅项目关注的需求市场。

中国特有的户籍制度，是造成北京房价上涨并可能持续上升的原因之一。北京作为首都具有其特殊性，也就是说在全国房价普遍上涨的情况下，笔者认为有必要对影响各城市房价的因素单独分析，找出其特有的因素，并对此因素的未来影响进行合理的预测，区别对待。如广州房价的暴涨，就有一部分人认为是香港的买房者推动的。对于北京而言，每年单是成千上万的高校毕业生就形成了巨大的需求方，还有大量的农村人口进城，以及全国富有阶层都想在国内买一处房产，他们也形成了一个北京的买房团体。所以有人分析说在户籍制度存在的情况下，只要北京仍然是我国的首都，那么北京的房价将始终保持稳定的上升趋势，至于涨到何时为止，应该是城市饱和到不能承受为止。

（二）宏观经济形势对房地产市场的影响

随着我国经济持续高速发展、各城市的蓬勃发展以及各地大规模基础设施的建设，我国的房地产投资所必需的建筑材料，例如钢材、水泥、砂石等价格都随市场有较大幅度的上涨，再加上劳动力的增值，直接抬高了房地产的投资成本，而且伴随居民生活水平提高后对改善住房条件的需求，在相当大的程度上抬高了房地产价格。2007年，美国的房地产经济泡沫破灭，房价下跌导致了次贷危机，并进一步演化成全球金融风暴，美国、日本等发达经济体的经济陷入全面衰退，新兴经济体的经济发展也陷入了空前的困境。我国沿海很多企业停产倒闭，裁员、减薪直接影响了 2008 年社会对商品房的需求，所以 2008 年成为我国房地产发展的一大拐点。为了扩大内需，保持国民经济持续稳定增长，国务院采取了一系列促进房地产发展的措施。2009 年我国经济在中央投入 4 万亿元资金和各地大量资金投入的刺激下按可比价格增长了 8.7%，人们在金融危机中对经济的信心增强，从而增加了社会对住房购买的需求和消费信心，商品房投资和投机也进一步加大，直接导致了我国房价的新一轮疯狂上涨。所以，经济因素与房地产价格的相关系数极高，经济的又好又快发展将是房地产业持续发展的直接推动力。

（三）宏观经济政策对房地产市场的影响

1. 土地政策对当前房地产价格的影响

土地是一种不可再生的稀缺资源，我国对土地长期采取严格的政策，不仅不断完善对土地出让程序的立法规范，而且不断加强对土地的出让、利用的监察。近年来国家不断出台土地出让政策（见表 3-1），以规范城市的土地出让行为，并且国务院划定了 18 亿亩的农业耕地红线，所以土地是影响房地产市场的重要因素。

表 3-1　国家土地出让政策

日期/年.月	政策项目	备　注
2007.9	招标拍卖挂牌出让国有土地使用权	工业、商业、旅游、娱乐和商品住宅等经营性用地以及同一宗地有两个以上意向用地者，应当以招标、挂牌或者拍卖方式出让
2008.3	土地利用年度计划执行情况考核办法	对认真执行计划、组织土地整理复垦开发重大项目补充耕地、推进节约集约用地作出重要贡献和取得显著成效的，给予计划指标奖励
2009.9	全面清理批而未用土地	对 9 月份用地供地率仍未明显提高的地区，将暂停对该地区建设用地审批的受理
2009.11	限制用地项目和禁止用地项目 2006 年增补本	规定商品住宅用地出让面积小城市（镇）不超过 7 公顷，中等城市不超过 14 公顷，大城市不超过 20 公顷

国家出台上述政策的共同目的在于严格限制非法出让土地，净化土地

市场。诸如此类的政策对房地产价格的影响主要体现在以下几个方面：首先，政府通过招标、挂牌或者拍卖的方式出让土地，依靠市场的竞争来形成土地价格，市场化比较明显。其次，全面清理批而未用的土地，提高对已经审批的土地的利用率。对逾期而不开发的土地进行强制收回，有利于打击囤地行为，增加市场商品房的供给，通过调节市场供需平衡来调节虚高房价，引导房价走向理性回归。

2. 税收政策对房地产价格的影响

税收是国家财政收入的主要途径，也是国家调节市场的重要手段。在诸多税种中土地增值税、房地产开发税、物业税、印花税、土地使用税、企业所得税等税收政策对房地产价格有相当大程度的影响。税收政策对房价有着显著的影响，特别是开征土地增值税和个税对于打击牟取暴利的投机行为、遏制房地产价格泡沫、引导房地产朝正确的方向发展具有明显的作用。政府出台一系列调控房地产的税收政策，在一定程度上调控了房地产价格，但有些时候影响并不明显。譬如政策规定对购买住房不足五年转手交易的全额征收营业税，这从某种意义上遏制了炒房行为，但在房地产价格近乎直线飙升的时期，这种政策并未能真正遏制房地产价格的上升趋势，也没有抑制住各地对商品房的抢购热情，当然通过征收物业税也可以对炒房投机行为起到一定的抑制作用。事实上，国家制定的相关税收政策在调控房地产市场，调整房价的不合理成分等方面起到了积极的作用，但税收也增加了开发商的投资成本，减少了房地产商的利润，开发商会把这些税收成本转嫁到消费者身上，导致房价的进一步上涨。

3. 金融政策对房地产价格的影响

一般来说，房地产市场交易的双方都离不开资金的支持，所以国家的金融政策对房地产价格的涨落有较大的影响。通常政府通过调整银行准备金率、改变银行信贷利率、调整首期支付的比率、控制房地产企业及个人的信贷规模、增加对经济适用房和廉租房的金融投入规模等多种金融手段来调节房地产价格。我国通过金融政策来调节市场的手段主要表现为利率的调整。利率政策主要包括：存款利率、贷款利率和存款准备金率。在受到国际金融风暴的影响，国内经济陷入空前困境的环境下，政府通过降低贷款利率和存款准备金率增加了社会流动资金的规模，降低了消费者购房还贷的负担，极大地刺激了对商品房的需求及投机行为，在资金极度宽松的情况下，市场对未来通胀的预期比较严重，这也导致了社会上大量投资需求和投机需求的集中释放，从而导致2009年我国房价的一路高歌猛进。当然，提高存款利率、贷款利率和提高存款准备金率会起到相反的效果。调整首期支付比率有利于调节市场对商品房的需求，从而达到调控房价的目的。政府在大量热钱涌入房市，各种投机炒房导致房价大幅走高的社会背景下提高首期支付比率，提高了消费者购房的门槛，既抑制了投机者投机炒房的需求又不会对已购房者产生影响，从而对控制房价产生较大的积极作用；当需要扩大内需来拉动经济发展时，政府则会降低首期支付比率来刺激社会的需求。

另外，近年来各级政府通过增加对经济适用房和廉租房建设的资金投入，在很大程度上对房价走向理性起到了很好的作用。房地产行业的健康、稳定发展不仅关系到我国国民经济的持续、健康、稳定发展，而且关系到国家的长治久安和和谐社会的建设，关系到民生。经济因素、土地政策、税收政策和金融政策都对房地产的价格走向有着不同程度的影响。然而，影响往往存在着两面性，政府在利用上述影响因素来调整房地产价格的实际操作过程中，应充分分析利弊，通过合理的政策调整来保障房地产行业的可持续发展。

4. 新一轮房地产调控政策的影响

（1）抑制房价过快上涨。

从需求方面来看，史上最为严厉的差别化信贷政策（对贷款购买第二套住房的家庭，贷款首付款不得低于50%，贷款利率不得低于基准利率的1.1倍；对购买首套住房且套型建筑面积在90平方米以上的家庭，贷款首付款比例不得低于30%；商品住房价格过高、房价上涨过快、供应紧张的地区，暂停发放购买第三套及以上住房贷款；对不能提供1年以上当地纳税证明或社会保险缴纳证明的非本地居民暂停发放购买住房贷款）将挤掉部分投资投机需求和改善性需求，大规模的保障房建设也会分流部分自住性需求。从供给角度来看，根据国家统计局公布的数据，2010年一季度房屋新开工面积3.23亿平方米，同比增长60.8%。这批新楼盘都将在2010年下半年集中上市供应，开发商会加快手中房地产项目的销售速度以规避风险，一手房供给将大量增加。而根据2010年的住宅供地计划，土地市场供应也是十分充足，加之针对"招拍挂"制度的试点改进，"地王"难再出现。在开征房地产税的预期下，短期投机客也会开始抛售手中楼盘，二手房市场供应也将增加。近期，房地产股票大幅下跌的表现就说明了市场对后市并不乐观。新一轮的调控政策将有效缓解房地产市场的供需矛盾，打破房价过快上涨的局面，挤掉房地产市场的泡沫，有利于市场的可持续发展。

(2) 住房结构将更为合理。

此轮调控将住房保障放到了非常重要的地位，在此前十多年的房改过程中，保障性住房一直处于缺位的状态，此轮调控回归了保障性住房的政府本色。大规模的保障性住房建设将彻底解决部分居民的住房难题，使得居民基本住房权利得到充分保障。除此以外，此轮调控还通过土地、信贷、税收等政策调整商品房供应结构，使自住型的中小套型成为今后商品房供应主体，我国的住房供应结构将得到优化。

(3) 赢者的诅咒。

2009年中到2010年初高价拿地，争当"地王"的房地产企业将面临赢者诅咒的风险。在新一轮调控过程中，企业必将为此付出代价，近来在高位接盘的投资者也将面临同样的风险。以往那种只涨不跌，坐等房价、地价上涨的赢利模式，将可能在此轮调控中被打破。房地产企业之间的兼并重组将再度活跃，大型房地产企业将因为具有良好的风险控制从而占有更多的市场份额，企业将更加注重人才培养和核心竞争力的塑造，这对我国房地产市场的成熟与健康发展有着重要意义。

(四) 房地产市场的供求等微观因素的影响

在价格机制决定下，房地产需求影响到房地产价格水平的波动，进而对房地产经济运行产生扩张式或收缩式影响。商品房销售面积反映了房地产市场的消费需求，对它而言，影响主要表现在对未来房地产价格的走势的预期。如果预期未来房地产价格下降，此时即使价格已经出现较大跌幅，但房地产需求仍然会减少；相反，如果预期未来房地产价格上升，此时即使价格已经出现较大升幅，但房地产需求仍然会增加。

1. 房地产市场供求及房价分析

西方经济学认为，房地产价格是在市场条件下房产的使用价值的货币表现。在房地产市场上，供给因素（主要指成本）和需求因素共同影响房产的价格走势。房地产成本是在开发、建设、经营过程中的损耗，包括土地获得费用、建安成本和相关税费等。

(1) 土地因素。

房地产成本中行业相关税费基本变动小，具有刚性；建安成本主要包括建材费与人工费。房地产开发的整个过程中,建安和销售都发生在完全竞争市场,只有土地获取发生在垄断市场。在我国,城市属于国家所有,政府以挂牌拍卖的方式,向市场供应土地。由于土地的稀缺性和不可再生性,土地市场的供应量受到限制。近年来我国的土地供应越来越少,这导致政府不可能降低土地价格,从而推动土地价格持续上涨。从目前的房产开发情况看,地价已经成为房产价格的主要成本之一,土地供应制度成为调控房产市场的重要手段。本文用城市土地价格指数反映土地市场的供求情况,通过分析可以知道房地产价格与土地价格正相关。

(2)需求因素。

改革开放以来,我国 GDP 保持着较高的增长速度,国民财富的增加、人民生活水平的提高,使消费者预期未来经济状况良好,必然要求改善住房,提高生活水平;资金有投资需求,相较于股市的高风险和房地产开发的高投入,在预期未来北京房地产价格持续高涨的前提下,只有购买房地产最适合个人和家庭投资,进一步推动了住宅价格的快速上涨。

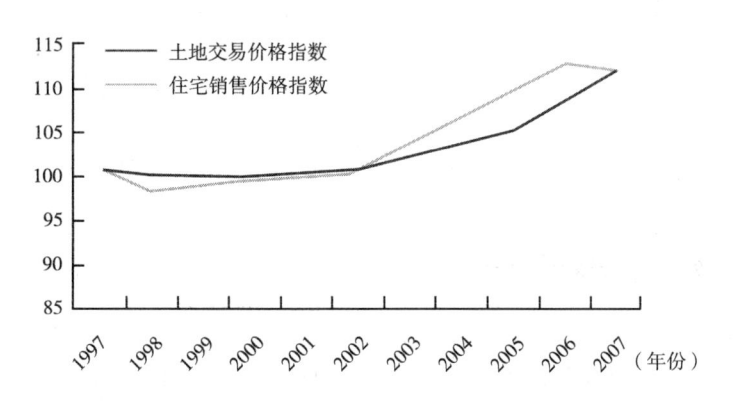

图 3-1 北京市土地交易价格指数、住宅销售价格指数图

(3)房屋租赁价格。

获得房屋的使用权有购买和租赁两种形式,二者之间存在一定的替代关系。房屋租赁价格在一定程度上反映房屋销售价格。理论上讲,房租是凭借房屋所有权的货币化,在房屋价格 p 和房租 a 之间应该存在如下关系:$p = a/r$(其中 r 代表利息率)。

房价和利息共同决定房租的价格,房屋租赁价格可以在一定程度上反映房地产的价格,是房地产市场的"晴雨表"。

从以上的分析中，我们可以得出，在房地产市场中，土地价格、消费者预期、房屋租赁价格共同影响房地产。

2. 房价居高不下的原因分析

（1）投资投机需求旺盛。

截至 2009 年 10 月，我国的股市、房市经历了近十年的持续上涨，虽然 2005 年和 2008 年深圳、广州等地区出现过短暂的小幅下跌，但之后往往出现更大涨幅、更长时间的反弹，增强了购房者预期；资产价格上涨的财富效应支持了投资投机者的有效需求。同时，政府出台的诸多优惠政策，大大降低了购房成本，这在一定程度上鼓励了合理需求的同时，使众多"搭便车"者的投机需求进一步膨胀。另外，政府不断释放流动性，带来的流动性过剩导致通胀预期，购房保值成为一种普遍观念。

（2）房地产市场供求矛盾一直没能有效解决。

从根源上讲，土地尤其是房地产建设用地供应刚性是根本原因，土地是稀缺资源，供给上缺乏弹性，存在地区性和不完全竞争性；同时市场机制的不健全，信息不对称，捂盘惜售、哄抬房价、跟风现象间接推高了房价。在市场经常性地处于供不应求状态的情况下，房价不涨几乎是不可能的。

三 房产新政对地产市场的政策效应分析

（一）房产新政的特点

认真研读这次房地产调控措施的内容发现，此次调控政策是在总结吸取历次房地产调控政策经验教训的基础上制定的，具有鲜明的特点。

1. 调控政策的针对性强，精确度高

这次房价启动的导火索是"新地王"的出现。土地是住房建设的基本要素，2009 年年末房地产开发企业待开发的土地储备比上年下降 32.4%，使得开发企业对土地资源的争夺异常激烈。加之近年来房地产业丰厚的投资收益，吸引了更多的社会资金投入房地产业，新进入企业首先需要土地，导致土地"招拍挂"的价格一路飙升，地价上升又进一步带动了周边房价的快速上涨，并不断推高整个市场的房价水平。而投资和投机性需求不断增加，投机炒房占消费需求比例不断提高，投机需求挤占了有限的住房资源，加剧了供求矛盾，是房价过快上涨的主要原因之一。与此同时，2009

年受金融危机的影响，住房的新开工量减少，中小户型的普通住房建设比例下降，使得2010年年初住房供给明显不足，供求结构不匹配，进一步加剧了供求矛盾。再加上房地产开发商捂盘惜售、抬高房价，加重了消费者恐慌性购房的心理。这次调控政策是在对当前房地产形势进行充分了解、摸清了推动房价上涨的原因、针对性非常明确的基础上制定的。该政策在强调加大住房保障力度、增加住房供给、改善供应结构和加强市场监管的同时，还将重点放在了加强住房需求管理方面，尤其是坚决抑制不合理住房需求，对炒房投机行为进行精确严厉打击。

2. 调控政策的力度大

与历次房地产调控政策相比，这次调控政策的力度最大。回顾以往的房地产调控政策，调控效果较佳的当属2007年二套房贷政策。政策出台后，市场反应很快，消费者观望，投机者撤离，对抑制投机需求、稳定房价起到较大作用。与2007年相比，现有政策力度更大，将购买二套房的贷款首付款比例提高到50%，对贷款购买第三套及以上住房的，贷款首付款比例和贷款利率应大幅度提高，对房价上涨过快的地区，商业银行可根据风险状况，暂停发放购买第三套及以上住房贷款；对不能提供1年以上当地纳税证明或社会保险缴纳证明的非本地居民暂停发放购买住房贷款。

3. 多管齐下，各部门协调作战

这次调控政策，是由各职能部门和经济监管部门共同参与的组合拳和系统工程，是遵循市场经济规律，围绕促进房地产市场供求平衡，进而稳定房价的思路进行的。各级政府和各个管理部门相互协调，通过住房保障政策、土地政策、金融信贷政策、财政税收政策、市场监管政策的实施和调整，规范和引导房地产开发企业经营行为和住房需求者的消费行为，缓解住房市场供求矛盾，创造有利于房价合理形成的市场环境。这次调控政策目标明确，职责分明，政策内容具体，可操作性强，有利于调控政策的贯彻落实。

（二）房产新政对开发商的影响

房地产开发是一个资金密集使用、投资庞大的系统工程，我国房地产企业的融资渠道较窄，主要依靠银行贷款及自筹资金。资金的供给和资金的周转周期直接影响到房地产企业的生存，因此本轮新政对开发商的影响主要体现为对开发商资金状况的影响。

1. 房产新政出台后房地产开发商的资金供给情况

（1）全国房地产开发资金供给情况。

自 2010 年 4 月 14 日楼市新政实施以来，全国房地产市场过热态势在 2010 年一季度过后有所冷却，进入三季度后房地产开发投资资金来源总额呈现一定复苏态势。1~9 月全国房地产开发投资资金来源总额达 50504.44 亿元，较上年同期增加 12383.26 亿元，同比增长 32.5%，增幅较上年同期收窄 3.2 个百分点，资金来源总额增长非常快，但资金来源累计增幅已呈现持续收窄态势。由于 2009 年初国内房地产市场遇冷，各项资金来源基数较小，自 2009 年 3 月后房地产市场才开始显露强劲复苏迹象，2010 年 1~9 月各项房地产资金来源总额与上年全年情况大体相当。从 1~9 月各项资金来源数据看，全国房地产开发投资中资金来源于国内贷款的有 9398.14 亿元，

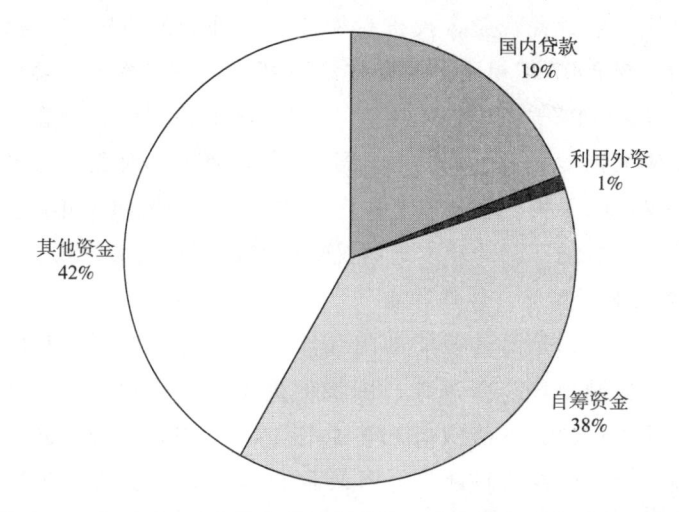

图 3-2　2010 年 1~9 月年全国房地产开发投资资金来源比重情况

同比增长 27.2%，增幅较上年同期收窄 5.6 个百分点，其中银行贷款总额达 8630.61 亿元，同比增长 26.5%，较上年同期增幅收窄 6.9 个百分点；1~6 月利用外资 452.07 亿元，同比增长 26%，结束连续 13 个月负增长态势，其中外商直接投资达到 354.22 亿元，同比增长 18.2%，较上年同期外商直接投资增幅扩大 46.7 个百分点；1~9 月房地产行业开发投资自筹资金来源共 19123.01 亿元，同比增长 49.7%，投资增幅较上年同期扩大 35.3 个百分点；自筹资金一直是我国房地产行业资金来源中的重要方面，在资金来源中占有较大比重，其中自有资金 9921.98 亿元，同比增长 41.7%；

1~6月其他资金来源共21531.22亿元，同比增长22.3%，较上年同期增幅收窄39.6个百分点，房产新政实施以来，其他资金来源增幅大幅回落，但目前仍是各类资金来源中增幅最大的一类，其中定金及预收款共有12185.45亿元，同比增长18.7%，个人按揭贷款达6390.82亿元，同比增长19.6%，均较上年同期增幅收窄88.1个百分点。

（2）北京市房地产资金供给情况。

房地产开发投资完成情况：1~11月，全市完成房地产开发投资2645.6亿元，比上年同期增长18.6%。其中，住宅完成投资1347亿元，增长84.4%；写字楼完成投资243亿元，增长78.9%；商业及服务业等经营性用房完成投资261.1亿元，增长58.8%。房地产开发投资中，土地购置费用为1163.8亿元，增长1.6倍，占全市房地产投资比重为44%。

房地产开发企业项目资金到位情况：1~11月，房地产开发项目本年到位资金5040亿元，比上年同期下降4.6%。其中，金融贷款为1345.3亿元，同比下降38.2%；自筹资金为1554.9亿元，同比增长91.8%；定金及预收款为1316.2亿元，同比下降7.2%。

从以上数据可以看出"新政"出台后房地产开发项目资金中金融贷款占比下降，而自筹资金占比大幅上升，总体而言"新政"对房地产企业的资金供给并没有产生较大影响。虽然新增房地产贷款的增速在政策影响下出现下滑，不过从总量上看，2010年房地产的资金量较上年仍有了较大提高，因此行业内的流动性或将弱化调控政策的实施效果。

2. 房产新政对房地产开发商资金链的影响

本轮房产新政对开发商的影响将产生分化，房产新政出台后，最明显的表现是成交量的萎缩，信托、资本市场、银行贷款等融资渠道目前均受制于政策调控，加上加息的影响，一些中小房企融资受到很大影响。据世联地产测算，资质一般的开发商从信托渠道融资，利率水平也已高达15%~17%；优质开发商需支付的成本也达到10%~12%。

（1）房产新政对房地产开发商自有资金的影响。

从数据中可以看出，2010年1~11月份北京房地产开发项目资金中金融贷款占比下降，而自筹资金占比大幅上升。这是因为经过过去几年我国商品房价格的上涨，尤其是2009年金融危机后，在政府救市政策的促进下，商品房价格飙升，很多大的房地产企业获得了空前的发展，赚取了丰厚的利润，积累了大量的资金，这就使得在新政出台后，在成交量大幅下降的情况下这些开发商依然能够抵抗资金链的紧张，依然能够保持价格不回落。大的房地产商由于实力雄厚，对新政的抵御能力较强，但一些小的实力较弱的开发商将面临资金链断裂甚至倒闭的危险。

（2）房产新政对房地产开发商资金供给的影响。

房产新政出台后在个人房地产贷款紧缩的同时，房地产开发贷款也成为调控楼市"银根"的手段之一。尽管各大银行纷纷表示严控开发贷款，但由于这些大的房地产商实力雄厚，信誉较好，银行更愿意将钱贷出，以增加收益。从 2010 年前 9 个月的市场流动性并未明显减弱可以看出，大房地产商的资金供给充足。

本次新政中银监会规定：项目资金不到 35% 的开发商，银行不会给予贷款。目前中国房地产业的资本负债率高达 72%，只有 28% 是开发商自有和自筹的，这一点在世界各国是不允许的。如果现有的开发商按照宏观调控的规定达到 35% 的话，开发商的资金缺口是 3100 亿元。虽然，大房地产企业的资本充足率比较高，负债率比较低，但 35% 的资本充足率，目前对中小房地产企业来说还是比较困难的，如果在一定时间内做不到的话，据估计，有 20%~30% 的房地产企业会被洗牌出局。所以本次调整中，如果资金充足率达不到要求的话，后面将会遭遇很大的麻烦，因为金融系统在这个问题上是没有讨价还价的余地的。

2010 年以来，全国一些"地王"被收回，房地产市场调控新政（"国十条"）出台后，11 月 30 日上海嘉定出现首例开发商退地（住宅开发用地），反映了一些开发商资金链的紧张。

图 3-3 显示了 2010 年 4~7 月新开盘数量，我们可以看出 2010 年 4~7 月新开盘数量相比 2009 年同期有所下降，这也表明新政出台减弱了开发商投资房地产市场的热情，使开发商的投资行为趋于谨慎。但这同时也减少了商品房的供给，进一步加大了供求关系的不平衡，弱化了新政影响房价的效果。

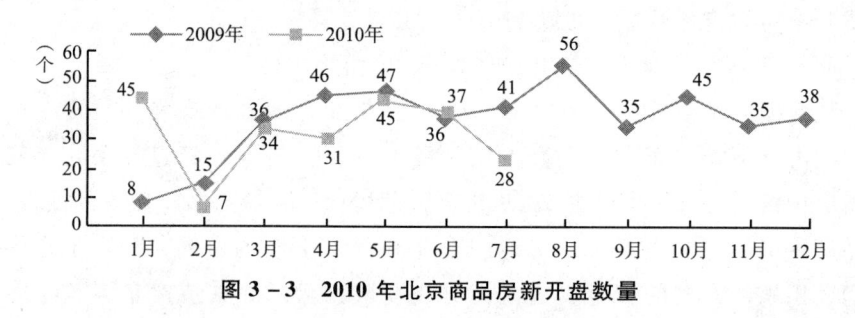

图 3-3　2010 年北京商品房新开盘数量

（三）房产新政对购房者的影响

对于大部分国人来说，衣食住行，是其生活的四大要素。房子不是需要品，而是必需品。从理论上说，"衣食"是解决温饱，解决生存的，是每个人最基础的生活条件。"住行"目前来说，主要指房子和汽车，是安居乐业、个人成就及家庭幸福的重要表现。但在中国，住房被赋予了更多的含义，有房才有家的观念在中国根深蒂固，甚至在很大程度上，住与衣食一样，是结婚、敬老育子的先决条件。拥有房产不仅仅是所有中国人的渴望，更是所有中国人矢志要得到的，所以，一家几代人会集资为儿女在大城市买房，这时候房价收入比就不准确了，而变成几代人的收入与房价之比了。

在中国，房屋的需求属于刚性，且需求非常大，几乎所有人都是房产的潜在需求者。在国外，相当一部分人其实是租房住，但在中国，一个人，特别是一个男人没房，就没有地位、没有成就感，甚至不可能组建家庭，这种舆论的压力是惊人的。所以，那些租房住的人99%到最后都要走上买房这条路。夸张点说，在讲房子的需求者时，是应该用13亿人为基数来看的。

1. 新政实施后购房者心理有所变化

新政出台1个月后，对市场中购房数目的影响较大，减少了投资性需求和首次置业比例，改善性住房则有所增加。因为本次房地产调控的重点是抑制投资性购房，而目前这种调控手段在一线城市已经有了积极的效果。一线城市居民在政府密集出台房地产调控政策背景下，购房更加谨慎、趋于理性。大多数一线城市楼房的成交量出现了不同程度的下滑，买卖双方开始"暗战"：一方面购房者更加坚定地持观望态度，等待地产新政后的楼房降价；另一方面房地产开发商则高调坚持自己的楼盘不降价。另外，新政满月对购房者的购房周期有较大影响。

2. "限购令"对购房者的影响

新一轮"房产新政"击中高房价要害：二套房贷首付提高到五成，叫停三套房贷在很大程度上打击了投机、投资型购房需求；限制外地人购房及地方政府有权限制购买套数在很大程度上抑制"不合理住房需求"；保障性住房和中小套型普通商品住房用地不低于住房建设用地供应总量的70%，将大幅增加保障房供应……明确提出加快研究制定"引导个人合理住房消费和调节个人房产收益"的税收政策，无论是房产税还是住房保有税，或者是特别消费税，都将在很大程度上增加投资购房、投机性购房的持有成本。这有效地抑制了购房者购房的热情，迅速使得市场成交量萎缩，市场观望情绪浓烈。

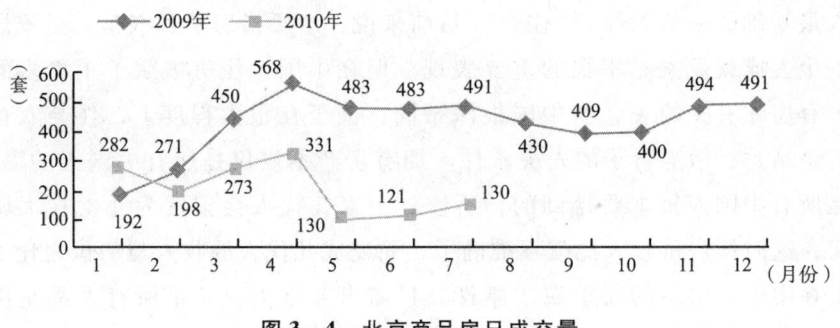

图3-4 北京商品房日成交量

从图3-4明显显示出四月新政出台后北京房地产市场的萎缩，买房者不再急于出手，转而观望市场的反应，等待政策的进一步落实。投机者由于新政的出台不再敢继续炒房，并大量抛售手中已有的房产，使得房价有所下降。如图3-5所示，北京商品房价格在4月后迅速回落。一些地区，如北京市通州的房屋一夜间价格从22000元/平方米降至18000元/平方米。

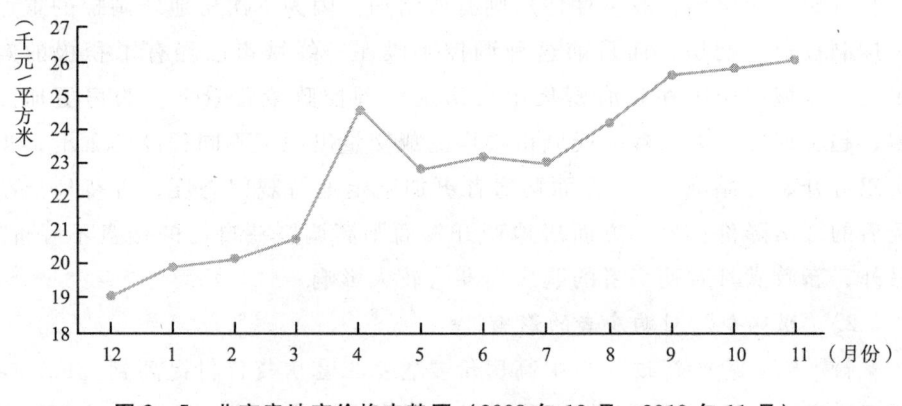

图3-5 北京房地产价格走势图（2009年12月~2010年11月）

但我国房地产价格的刚性，人民对住房需求的刚性，使得北京房价在回落后有所抬升，这主要有以下几个方面的原因。

（1）房价上涨背后有货币供应增大的基础。9月末，广义货币（M2）

余额 69.64 万亿元,同比增长 19.0%。研究表明,在过去 25 年(从 1985 年起),广义货币供应量的复合增长率高达 23%。鉴于这个经济形势,管理层很难真正收紧货币政策,很多信贷资金依然通过各种途径进入房地产,防不胜防。有数据显示,前三季度我国国内生产总值(GDP)为 26.9 万亿元,截至 2010 年 9 月末,广义货币余额已经达到了 69.64 万亿元,由此得出央行超发货币将近 43 万亿元。资本的储蓄池——房地产市场,成为资源货币化和资产货币化最重要的储蓄池,也是防止"整体流动性过剩"的重要砝码。

(2)各种需求虽然被压制,但是压制只是暂时的。只要有需求,行政管制会形成"黑市",即规避管制的手段,比如限贷令,在实际操作中,出现各种接力贷,就是以父母或者孩子名义来贷款或者购房,还有的是假离婚。因此,管制不会改变预期,除非基本的供求关系得到根本的逆转,否则,只要市场需求大于供给,那么,房屋价格上扬就有了基础。

(3)人民币升值是房价上涨的一个重要基础。由于人民币汇率的上升和加息使得人民币升值具有强烈的预期。9 月份中国新增外汇占款 2895.65 亿元,较 8 月份增加 19.19%,超过 2010 年 4 月份的 2863 亿元。这些外汇占款的增加,说明热钱流入是加速的。2005 年汇率改革之后,人民币升值幅度达到 25%,房价就在 2006~2008 年这个上升通道中,大幅度上升。最近人民币又开始升值,这对于房价是一个支撑力。一方面美联储印出来的钱作为国际热钱来中国搞资产,另一方面,我们国内很多企业的信贷资金也变成了炒楼资金,很多实业资本也变成了炒楼资本,这是国内热钱。加息只能加剧实业资本游资化,迫使资本追逐高房价和高利润。

3. 加息对购房者的影响

2010 年 10 月 20 日,央行在时隔 34 个月后首度加息,令许多人为之错愕。正当限购潮的影响逐步扩散之际,加息突如其来,其对楼市的打压不言而喻。

加息对房地产市场的影响或许不及"限购令"来得大,却可见政府调控楼市的决心和力度。毕竟之前不少业内人士曾预测,加息不会发生,因为加息或将导致海外热钱的涌入。在美、日等国继续采取超宽松货币政策的时候,央行逆势而为,意味着通胀和楼市泡沫已经成为当局当前最关注的问题。从这个意义上来说,这次加息就显得更加给力。

10 月 28 日,各家商业银行接到口头通知,取消对首套住房贷款利率 7

折优惠,仅允许执行同档期基准利率最低下浮15%,即首套房贷优惠利率最低按8.5折执行。这意味着,2008年底开始实行的首套房贷利率7折优惠政策将成为历史。

11月3日,住建部、财政部、央行、银监会联合印发《关于规范住房公积金个人住房贷款政策有关问题的通知》,其中明确,第二套住房公积金个人住房贷款仅限于购买改善居住条件的普通自住房,且首付比例不得低于50%、贷款利率不得低于同期首套住房公积金个人住房贷款利率的1.1倍(即在首套房利率基础上上浮10%)。

因此我们可将加息作为这次新政的一部分,讨论加息对购房者的影响。

从购房目的来看,大致可将我国购房者分为以下几类:①购房自住;②购房保值;③购房投资;④购房投机,即炒房。下面,我们将进一步讨论加息对不同类型购房者的影响。

(1) 加息对购房自住者的影响。

购房自住需求又分为两种情况,一种是居住性需求,一种是改善性需求。居住性需求可以自购房解决,也可以租房的形式加以解决。如果租房的租金低于贷款购房的利息成本,购房者会适当考虑延期消费,选择租房。反之会选择提前消费,即按揭贷款购房。加息以后,会增加购房者的利息负担,在当前房屋租金较低的情况下,部分人会觉得租房反而更划算,如果房价高企不下,部分人会选择暂时租房住。但由于中国人的传统观念,拥有一套属于自己的住房是绝大多数人的梦想,因此即使租房相对于购房更划算,当居民一旦有足够的购房支付能力时,依然会选择购房,但其购房需求会更加理性。而就目前而言,由于房价高得已经远远超出了普通老百姓的承受能力,普通老百姓已没法买房,此时加息不是增加老百姓的负担,相反是增加老百姓的利息收入(在房价回落到合理区间之前,将钱存入银行)。改善性需求,取决于当地的人均面积、户均套数、富裕程度。随着居民生活水平的提高,人们有改善住房条件的诉求。改善性需求,一般是经济条件比较好的人为了提高生活质量,只要利息上涨不超过承受能力,仍然是会买的。但如果房价趋于稳定,具有改善性需求的购房者购房后,利息的上涨会影响其对第一套小户型房屋的处置决策。如果租金较之利息成本高,他会选择继续持有房屋出租;反之,则会卖掉第一套房屋以减少第二套房屋的持有成本。就目前房价高企,房屋租赁价格较为低廉的情况下,买房出租是不划算的。如果加息,一方面会增加购房者的利息负担,另一方面会传递出国家调控房地产市场价格的市场预期,理智的居民会选择卖掉第一套小户型住房。这实际上就增加了房屋的供给,对稳定房价有一定的积极作用。

图3-6表明新政后北京市房屋租赁价格指数明显上升,印证了前面的分析。

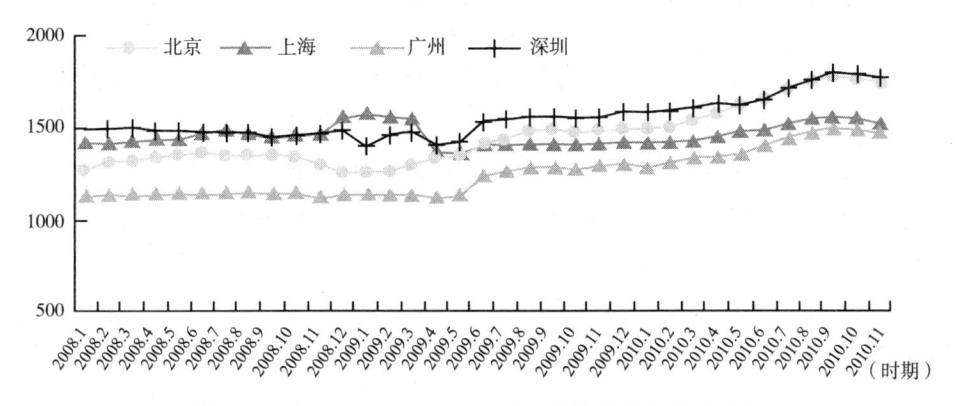

图3-6 2008.1~2010.11 四城市租赁价格指数走势图

(2) 加息对购房保值者的影响。

在目前购房的人群中,有这样一类人:他们一般收入水平不会很高,平时省吃俭用,对于投资也没有多少专业知识,并没有强烈的购房动机。这部分人购房大致基于以下原因:一方面,由于目前房价涨得厉害,自己身边的亲朋好友因为买房赚了钱;另一方面,由于当前通胀预期增强,利率又低,自己的钱存在银行不断地缩水。两相比较,觉得购房比将钱存在银行更划算,于是跟风买房。这部分人往往对投资、对国家宏观经济形势等都缺乏理性的判断,盲目跟风,房价越涨越买,一旦房价下跌又赶紧抛售。因此一旦房市泡沫破灭,这部分人往往是受害最深的人群,而且这部分人往往抵御风险的能力较差。如果当前加息,一是可以改变通胀预期,二是会改善商品房价格上涨的预期,三是会增加储蓄者的利息收入,从而会减少这部分人的购房需求。

(3) 加息对购房投资、投机者的影响。

在当前我国投资渠道有限,普通投资者缺乏投资专业知识的情况下,相对而言,投资房地产的风险较股市小,又不需要较多专业知识。因此部分投资者购置住房进行投资,本无可厚非。调控房地产市场,要调控的是那些以各种手段推高房价并频繁买卖住房赚取价差的炒房客,通过市场化手段即通过加息可以增加炒房客的炒房成本,从而引导其自动退出房地产市场。虽然我们无法在实践中以量化的标准来明确界定出谁是房地产市场的投资者谁是房地产市场的投机者,但二者的差异却是存在的。一般而言,购房投资者大部分是用自己的资金,购房的目的是长期持有以期享有住房价格长期持续上涨带来的好处,同时赚取租金收益。对于这部分投资者而言,即使加息,只要其租金收益可观,在没有更好的投资渠道之前,仍然会投资房地产。而购房投机者的目的不是长期持有房产,也不会将其持有的住房用于出租,而是通过频繁的买卖房产来赚取价差。为了使自己的资本收益最大化,投机者一方面利用银行信贷的财务杠杆进行投资,另一方面会集中自己的资金优势大肆囤房,推高房价,获取暴利。加息,一方面会增加投机者的购房成本,另一方面会增加其囤房的机会成本,这无疑会加大投机者的投机风险。如果利率提高到适当的水平,一方面会减少投机者的购房需求,另一方面会促使投机者抛售其囤积的空置房以减少资金积压的成本。

四 房产新政对北京房地产市场的影响

(一) 保障性住房建设大幅提速

从房改十年的发展及中国现有国情来看,商品房市场只能解决少数中高层收入人群的居住问题,而绝大多数普通民众的居住问题应由以保障房及中低价商品房为主的具有真正意义上的中国特色的房地产市场来解决。自 24 号文件颁布以来,政府加快了保障房的开发及供应步伐,各地政府也纷纷就此出台相关政策并付诸行动。纵观各地政府的表现来看,无论是反应速度,还是保障房的推进力度都还较为欠缺。对此,中央已有明确认识,从中央经济工作会议精神及日前温总理参与中央人民广播电台直播时的表态可以看出,2011 年将是中国保障房提速年。2011 年,中国将开工保障性住房 1000 万套,较之 2010 年的 580 万套接近翻番。并且,保障性住房及中低价位商品房土地供应将继续保持在 70% 以上。

(二) 调控政策延续

2010 年,政府密集出台调控政策以期在很大程度上打击投机、抑制投资。尽管从政策的着力点和力度来看，堪称史上最严，可从市场表现来看，此轮调控收效甚微，各地房价依然在上涨。鉴于此，未来房地产调控还将延续，绝不会有丝毫放松。

（三）扶持逐步收回

房改以来，中央政府对房地产完全市场化寄予了厚望，希望房子也能像其他商品一样通过市场化来满足民众的需求。于是乎，政府对房地产业极尽所能进行大力扶持：商品房预售、房地产开发及销售期间给予房产商贷款、个人购房贷款、土地使用金延期支付、给予房地产项目极低的资本金比例等。所有这些扶持政策令房产商得以顺利地以小搏大，得以快速发展并聚拢超额财富，与此同时，中国房价也被数度推高。从目前政府政策来看，商品房预售款监管、严控开发贷款、提高个人房贷首付等均表明政府在逐步收回扶持政策。

（四）行业整合加剧

毫无疑问，中国房产行业是一个被严重割裂的行业，就房屋这个产品而言，开发商拿地、设计院做项目规划、策划公司做项目包装并制定推广策略、建筑公司做工程、建材商供应材料、代理公司做销售。这是一个异常复杂的过程，每增加一个环节都增加了房屋成本，也就提高了房价，与此同时也削弱了部分房企的竞争力。可以想见，在房企资金日趋吃紧、市场销售不力、行业持续低迷的态势下，2011年将是中国房产行业整合年，部分中小房企或因转型，或因关闭，或因破产而告别房地产领域，当然，也不排除出现包揽房屋开发、销售全流程的超大型房产企业。

综上所述，房产需求在未来将回归理性。房产火暴时期，支撑楼市繁荣的是盲目的市场需求，而从2010年开始，在政府调控的影响下，那些不自量力、盲目攀比、盲目投资的购房行为已经日趋减少，房产需求已有回归理性的态势。温总理参与中央人民广播电台直播时说："我们应该让群众懂得一个道理，我们国家人口多、土地少，住有其居并不意味着每个人都有自己的住房，有些刚毕业的学生、有些农民工都可以采取先租房的办法来解决住房的问题，租价要合理、条件要完备。"由此可以看出，政府将花大力气引导民众理性消费房产并使房产价格趋于合理。

专题四
家电下乡
——拉动农村内需和流通经济发展的"双赢"之路

一 家电下乡政策的背景

(一) 家电下乡政策的出台

家电下乡政策是深入贯彻落实科学发展观、积极扩大内需的重要举措，是财政和贸易政策的创新突破。其主要内容是，顺应农民消费升级的新趋势，运用财政、贸易政策，引导和组织工商联手，开发、生产适合农村消费特点、性能可靠、质量保证、物美价廉的家电产品，并提供满足农民需求的流通和售后服务；对农民购买纳入补贴范围的家电产品给予一定比例（13%）的财政补贴，以激活农民购买能力，扩大农村消费，促进内需和外需协调发展。家电下乡是国务院作出的重要决策，既是实现惠农强农目标的需要，也是拉动消费带动生产的一项重要措施。

中国是世界上最大的家电生产国和出口国，近些年来其产量的一半需要出口消化，家电产品成为我国贸易顺差的一个重要因素。仅2006年，彩电、冰箱、洗衣机、手机、空调等五类产品的出口额就达到500亿美元，占顺差总额的28%，由此产生的针对我国家电产品的贸易摩擦频繁发生。党的十七大报告明确提出，要"坚持扩大国内需求特别是消费需求的方针，促进经济增长由主要依靠投资、出口拉动向依靠消费、投资、出口协调拉动转变"。扩大消费特别是农村消费是当前我国经济工作中的一项重要任务。实施家电下乡既可以扭转出口家电的数量、减少贸易顺差和贸易摩擦，又可消化家电产品的过剩产能，符合社会主义市场经济原则，有益于企业发展。

为了贯彻落实国务院关于促进家电下乡的指示精神，财政部、商务部在反复调查研究的基础上，提出了财政补贴促进家电下乡的政策思路。为稳妥推进，自2007年12月起在山东、河南、四川、青岛三省一市进行了家电下乡试点，对彩电、冰箱（含冰柜）、手机三大类产品给予产品销售价格13%的财政资金直补。试点取得了显著成效，农民得实惠、企业得市场、政府得民心。

在总结试点经验的基础上，财政部、商务部研究认为，有必要加快推进家电下乡，以进一步发挥财政补贴家电下乡产品在扩大内需、改善民生、促进社会主义新农村建设方面的政策效用。经国务院批准，在试点的三省一市继续实施的同时，将家电销售及售后服务网络相对完善、地方积极性较高的内蒙古、辽宁、大连、黑龙江、安徽、湖北、湖南、广西、重庆、陕西纳入推广地区范围，共计14个省、自治区、直辖市及计划单列市。为保持政策公平，家电下乡在各地区实施的时间（含三省一市的试点时间）统一暂定为4年。

根据国务院第36次常务会议精神，为了进一步发挥家电下乡政策在扩大内需特别是农村消费中的作用，国务院决定尽快在全国推广家电下乡工作。近日，财政部、商务部、工业和信息化部印发了《关于全国推广家电下乡工作的通知》（财建〔2008〕862号）。

从2009年2月1日起，家电下乡在原来14个省市的基础上，开始向全国推广，产品也从过去的四个增到八个，除了之前推出的"彩电、冰箱、手机、洗衣机"之外，本次家电下乡又新增了摩托车、电脑、热水器和空调。它们和彩电等产品同样享受国家13%的补贴。各个省市可以根据各地区不同的需求在这四种产品中选择两种进行推广。

据商务部和财政部预测，2008年财政补贴家电下乡资金将达到104亿元，累计拉动消费9200亿元。

2010年3月29日，财政部和商务部印发了《新增家电下乡补贴品种实施方案》，在这些新增品种中，电动自行车最受消费者青睐，并将成为第十大家电下乡品种。

根据两部委印发的《各地新增家电下乡补贴品种明细表》，共有10个省市选择新增电动自行车为家电下乡品种，6个省市选择新增电饭煲，5个省市增选抽油烟机，5个省市增加燃气灶，还有一些省市增加了电压力锅和

DVD 影碟机。

也就是说，电动自行车成功成为继电视机、洗衣机、冰箱（含冰柜）、手机、空调、电脑、热水器、微波炉、电磁炉之后的第十大家电下乡品种。

具体到补贴限额上，财政部明确，电动自行车的补贴限额为 260 元，电视机为 445 元，抽油烟机为 338 元，电饭煲为 65 元，燃气灶为 195 元，电压力锅为 78 元，DVD 影碟机为 65 元。

方案明确，对农民以及国有农、林场职工在户口所在省（区、市）内购买新增品种，按销售价格的 13% 给予财政补贴。

（二）家电下乡政策的重大意义

新形势下，全国范围内推广家电下乡对于扩大内需、保持经济平稳较快增长具有重要意义，这是贯彻落实党中央、国务院加强和改善宏观调控决策部署、实施积极财政政策的重要举措。

1. 有利于拉动农村消费

扩大农村需求是扩大国内需求的重点，把农村潜在的巨大消费需求转化为现实购买力，则能为我国日益形成的强大生产力提供有力支撑，为国民经济提供持久拉动力。抓住当前农村家电普及的有利时机，进一步推广家电下乡，能够直接提高农民消费能力，在更大范围内调动农民购买的积极性，真正把内需特别是农村消费启动起来。

2. 有利于促进行业发展

我国是世界最大的家电生产和出口国，彩电、冰箱、洗衣机、手机产量均居世界第一，出口依存度大。最近一段时间受国际市场影响，出口受阻，行业发展遇到较大困难。推广家电下乡，能够促进家电生产、流通和农民需求的有机对接，有利于消化家电产品过剩产能，为企业调整产品结构、促进行业健康发展拓展空间，其中对家电企业更具有重大意义。

（1）能有效抓住农村市场特点，促进产品研发。要真正满足农村消费者需求，就需要家电企业根据农村市场的需求特点进行产品定位，注意当地农村经济发展水平、消费层次和消费特征，结合本企业的优势和特色，推出真正符合当地农民需求的产品。家电企业必须立足于增强产品的基本功能，减少实用性不强的附加功能。只有牢牢把握农民的需求，实施了正确的产品决策，才会在农村取得优秀的销售成绩。

（2）能够通过渗透定价，提高市场占有率。渗透定价是指企业把产品的价格定得相对较低,以吸引大量顾客,提高市场占有率。定价策略是市场竞争的一种重要手段,定价是否合理,直接关系到企业的利润和产品的销量。目前在农村市场,农村消费以传统节约型为主,受收入水平的影响,价格往往是农民购买家电产品时最为敏感的因素。由于农村家电产品的需求弹性大,市场容量大,因此从长远利益出发,家电企业比较适宜采用渗透定价策略,将价格定得相对低些,以吸引农村市场的大量购买者,提高市场占有率。

（3）能够通过探索适合农村市场的销售渠道,扩大产品销量。营销渠道是某种货物或劳务从生产者向消费者移动时取得这种货物或劳务的所有权或帮助转移其所有权的所有企业和个人。由于我国农村家电市场的分散性和差异性,营销渠道也就成为农村市场开拓的难点和重点。

（4）能够树立电器生产企业公益性形象,促进产品销售。公益性营销是指与企业与公益组织合作,充分利用其权威性、公益性资源,搭建一个能让消费者认同的营销平台,促进市场销售的营销方式。公益性营销不仅利于企业的政府公关、广告宣传,更可以帮助企业获取消费者的好感和信任。比如农村居民相对缺乏文化和科技,家电企业就可以在这方面进行公益性营销。

3. 有利于改善民生

推广家电下乡,能够让更多的农民用上性价比高、服务有保障的名牌家电产品,尽早享受到经济社会发展成果。特别是在农村普及彩电和手机,可以丰富农民精神文化生活,帮助农民了解国家政策、获取更多市场信息、学习生产技术,促进农民增收。这是贯彻国家工业反哺农业、城市支持农村的方针,逐步缩小城乡发展差距,实现农村经济社会全面发展的具体体现。

4. 有利于落实节能减排

按照中央建设资源节约型、环境友好型社会,增强可持续发展能力的要求,家电下乡在产品标准中特别强调了节能,使家电下乡产品成为家电节能减排的先导和示范。其中,家电下乡冰箱、冷柜、彩电比市场同类产品节电20%以上,洗衣机能效等级比市场平均水平高2~3个等级。从消费者角度考虑,这也有利于减少农民家电使用成本、减轻农民经济负担。

5. 有利于完善农村生产和流通服务体系

推广家电下乡政策不仅仅是给一些财政支持,一"补"了之,而是通过发挥财政资金的杠杆作用，引导更多的企业关注农村市场，不断建立和完善面向农村的生产、流通和售后服务网络，改变长期形成的以单一供给结构面向差别很大的城乡二元结构的状况，实现协调可持续发展。

（三）家电下乡政策的创新之处

从 2007 年 12 月开始，山东、河南、四川 3 省进行了财政补贴家电下乡产品试点工作，对 3 省农民购买彩电、电冰箱（含冰柜）、手机 3 类产品，比照出口退税率，给予销售价格 13% 的财政补贴，以达到拉动农村消费，帮助农民改善生活质量，减少贸易顺差，促进家电行业健康发展的目标。

从 2008 年 12 月 1 日，山东、青海、河南、四川、内蒙古、辽宁、大连、黑龙江、安徽、湖北、湖南、广西、重庆、陕西等 14 个省、自治区、直辖市及计划单列市开始推广家电下乡。试点的三省一市执行到 2011 年 11 月底，其他省、自治区、直辖市、计划单列市执行到 2012 年 11 月底。

从 2009 年 2 月 1 日起，其余的省、自治区、直辖市、计划单列市以及新疆生产建设兵团开展家电下乡工作。

财政补贴家电下乡政策，是对农民购买家电下乡产品给予补贴。将补贴品种和型号、补贴的比例、补贴资金的负担等政策设计好，将补贴流程设计既科学合理，又简便易行，确保补贴资金及时拨付给农民是最关键的。但家电下乡政策与其他对农民补贴政策有不同之处：首先，以往对农民的补贴主要侧重于生产，而家电下乡是对消费环节的补贴，只有农民购买了家电才给补，直接拉动消费；其次，家电下乡利用财政政策杠杆，引导生产企业设计、开发、生产适合农村消费的产品，完善售后服务，同时引导经销商健全农村家电流通网络、改善农村消费环境，实现了财政政策与生产、贸易政策的结合，利民、利企、利国，农民得实惠、企业得市场、政府得民心。这是这项政策的创新所在。

总之，实施家电下乡，是统筹国内外两个市场的积极探索，是一项重大的支农惠农政策，是国家财政资金支持的重点由投资、出口扩展到消费领域的一项重大创新，是财政政策和贸易政策的新突破。

二　家电下乡有效地拉动了内需

党的十七大报告指出，要"坚持扩大国内需求特别是消费需求的方针，促进经济增长由主要依靠投资、出口拉动向依靠消费、投资、出口协调拉动转变"。在《中共中央关于制定国民经济和社会发展第十二个五年规划的建议》中，从十个方面强调了下一步需要认真抓好的工作，其中，扩大内需排在首要位置，而且这也是扩大内需的经济政策第一次在五年规划建议中独立成篇。"十二五"规划"扩大内需"排在首要位置，综合多方的分析研判，其主要原因是"十一五"后期，世界范围内发生了国际性金融危机，根据目前中央的形势预判，这场金融危机很有可能持续到"十二五"前半期，未来一段时间内全球经济形势仍存在许多不确定因素，不排除外需市场再次恶化的可能，因此要依靠拉动内需的方式，继续保持中国经济的平稳较快发展。所以，扩大内需政策在"十二五"时期仍很重要并将延续。

内需包括投资需求和消费需求，在这些年我国发展的进程中，投资需求对拉动内需的贡献已经非常明显，但内需的关键——消费需求却没有起到应有的作用。消费需求是市场经济运行的起点和归宿，是拉动国民经济增长的动力。而消费不足恰是当前我国经济运行中存在的主要问题。因此，"保增长"的关键在于全方位启动内需，如何利用居民消费拉动内需是政府的当务之急。因此拉动内需的关键还是要在消费需求中找出路。由于中国社会保障、收入分配等方面的不足，传统的中国居民更热衷于储蓄，为未来做准备一直是居民关心的问题。把大部分收入用于储蓄，那么消费在收入中占的比重就减少了。拉动内需关键在拉动消费需求，在消费需求方面城镇居民与农村居民又有所不同。对于有8亿多农村人口的中国来说，农村家庭占全国家庭总量近七成，是我国最大的消费群体。相对于城市市场而言，农村家电市场潜力巨大，在很多地方几乎还算得上是尚未开垦的处女地。

（一）农村蕴藏着巨大的消费空间

农村这一"黄金市场"蕴藏着巨大的消费空间。目前，农村消费已经进入了快速增长阶段，农村消费品零售总额由1994年的9235亿元增长到2004年1.98万亿元，登上1万亿元增量台阶。2004年至2007年，农村社会消费品零售总额年均增长率达13%，明显高于1994年至2004年8%的水平。不仅如此，我国农村居民恩格尔系数（食物支出在家庭消费中的比重）于2000年下降至49.1%，人均纯收入于2004年达到2936元。有关研究表明，在现有条件下，农民人均纯收入超过3000元、恩格尔系数下降至50%以下，农村消费就将进入快速增长期。

最近几年，农村消费与市场流通环境逐步得到改善。据统计，全国已建设了30万家连锁化农家店，367个农村商品配送中心，覆盖80%的县和1/3以上的行政村。特别是从2009年开始，国家采取财政补贴措施，在全国范围内实施"家电下乡"，初步估算可拉动消费9200亿元，在全国不仅能够有效地开拓农村市场，缓解家电行业及相关产业的困难，而且，有利于改善农民生产生活条件，建立健全新农村现代流通体系。

2008年中国在经历雪灾、汶川地震、股市下跌、金融海啸之后，出口下滑、企业出现困难，消费增长逐步走缓，虽然城市消费增长率仍保持了20%以上的增长水平，但在严峻的经济环境下，城市消费增长率仍持续下滑，县级消费力也出现增长停滞现象，这两个消费层受现在经济不景气的冲击最大。反观占中国总人口数约70%的8亿农村人口，农村消费在政府大力提升农民收入政策下，增长率仍呈现持稳状态，因此中央大力促进农民消费。近两年农村消费虽与城市消费一样快速地增长，每月增长率均在15%~20%的水平，但目前农村消费仍仅占全国消费的30%~33%。家电下乡除了要提高农村的生活水平外，在总体经济面不佳的当下，更肩负了刺激中国内需的重大责任。

现在，农村消费结构也逐渐处于升级转型阶段，与2000年相比，2007年农村居民恩格尔系数由49.1%下降至43.1%，而用于交通通信的消费支出在家庭消费中的比重，由5.58%增加到10.19%，医疗保健支出由5.24%增加到6.52%。汽车、家用电器、手机、电脑等中高档消费品正成为农民消费的热点。这意味着农村居民的消费由温饱生存型向小康享受型转型升级。

从以上数据来看，农村消费是我国扩大消费的重要领域。家电下乡工程是一项旨在拉动内需，提高农民生活水平的惠民工程，自实施以来无论是农村消费者，还是家电企业都从中受益匪浅。家电下乡在促进国家新农村建设，拉动内需，释放乡镇市场消费潜力的同时，还促进了商业流通，实现了国家和农民对工商企业多元化需求的良性发展。抓住当前农村普及家电的有利时机，推动家电下乡，有助于进一步扩大农村消费，更好地实施扩大内需特别是消费需求的方针。

家电下乡推广工作是促进社会主义新农村建设、提高农民生活质量、扩大农村消费、统筹国内外市场的一项重要举措。投标人应充分考虑农村消费环境差异和农民消费水平特点，研究开发物美价廉、性能可靠、质量过关、节能环保、操作简单的家电产品。同时，考虑到农民对于家电产品使用成熟度较低，应加强和完善售后、维修及培训服务，确保农民买得放心、用得满意。家电下乡与汽车下乡、摩托车下乡，都是国务院作出的重要决策，既是实现惠农强农目标的需要，也是拉动消费带动生产的一项重要措施。

（二）家电下乡在拉动内需方面取得的具体成效

家电下乡政策全面实施近一年来，工业和信息化部等相关部委积极组织和推动，各级地方政府紧密配合和支持，相关生产和销售企业积极参与，家电下乡各项工作进展顺利，取得了"农民得实惠、企业得市场、政府得民心、经济得发展"的良好效果。

1. 拉动内需明显，多方实现共赢

家电下乡政策自2009年2月1日起在全国实施以来，一方面下乡产品类别不断增加，拉动内需效果极其明显；另一方面广大农村消费者对家电下乡政策内容更为熟知，家电下乡产品成为农村消费者购买家电产品时的首选。

实践证明，家电下乡拉动内需的效果非常显著。家电下乡有效地激发了群众的购买热情，促进了农村家电消费市场的大规模启动，不仅提高了农民群众的生活质量，改善了民生，也为产业发展开拓了新的、巨大的市场空间。

面对家电下乡提供的巨大机遇，中标企业纷纷立足消费需求研发适农产品；配合销售需求，下沉销售渠道和售后服务网络。例如海尔集团的下乡产品主要针对农村市场的需求和消费环境进行研发和设计。海尔针对农村市场提供了各种解决方案，包括防鼠方案、安全用电方案、防雷击和信号弱方案、节能环保方案、特殊需求方案、农村信息化方案等。当然，海尔仅仅是众多中标企业中的一个代表，家电下乡中标企业针对消费者需求设计产品，成为企业进军农村市场的必备"武器"。目前家电下乡销售额累计超过10亿元的家电企业已达17家，包括海尔、美菱、格力、新飞、美的、科龙、长虹、创维、康佳、TCL、联想等。

总的来看，家电下乡在全国推广以来，形成了百姓得实惠、企业得发展、政府得民心的多方共赢局面。

2. 刺激消费潜能，家电销量猛增

据商务部网站消息，应对金融危机以来，扩大居民消费的财政补贴稳步增长。家电、汽车下乡及以旧换新政策实施后，汽车和家电成为居民消费的重点和热点，中央财政资金对消费的拉动作用日益显著。

在家电下乡试点期间，企业数据显示，试点产品已销售350万台（部），销售额达50亿元。与上年同期相比，试点的三省一市家电销售量增长了40%，增长幅度提高了30个百分点。家电下乡试点产品已经成为农民购买家电的首选，改善了民生，受到了农民的欢迎。家电下乡为企业开拓了新的市场空间，为做好销售和服务，试点企业主动将工作重心转向农村，积极研究开发适销对路的产品，开拓和整合农村家电流通网络。不少企业反映，通过家电下乡试点，净化了农村的家电市场环境，有力地打击了假冒伪劣，原来松散的营销渠道变得紧密了，传统的家电夫妻店开始向连锁经营转变。

今年以来，为保持政策的连续性和稳定性，进一步扩大消费的政策效应，家电、汽车下乡和以旧换新政策提高了最高限价、增加了产品品种、扩大了补贴范围，同时进一步简便补贴领取手续。家电下乡补贴品种由试点时期的3类增加到9类；现行限价内的产品补贴额度按销售价格13%计算，超出限价的实行定额补贴。通过改进补贴审批兑付方式，简化农民领取补贴手续，大大缩短农民补贴时间。家电以旧换新政策的实施范围由试点扩展到有拆解条件的地区，并将在全国范围内展开。

根据财政部的初步统计，2009年家电下乡产品销售3450万台，销售金额647亿元，累计发放补贴资金75.4亿元，拉动消费作用明显。

2010年3月当月，家电下乡产品销售625.2万台，实现销售额124亿元，分别增长3.2倍和4.5倍。今年一季度，累计销售家电下乡产品1603.3万台，实现销售额316.7亿元，同比分别增长4.9倍和6.9倍。其中，彩电113亿元、冰箱90亿元、洗衣机42亿元。销售额居前5名的省份是河南（38.4亿元）、山东（34.7亿元）、安徽（25亿元）、四川（23.6亿元）、江苏（19.8亿元），其中河南省家电销售量超过200万台。

4月份，全国家电下乡产品销售480.3万台，实现销售额100亿元，同比分别增长1.7倍和2.6倍。销售额居前三名的产品是彩电（32亿元）、冰箱（32亿元）、计算机（10亿元）。居前五名的省份是河南（16亿元），安徽（8.8亿元），山东（7.6亿元），河北（6.6亿元），湖北（6.5亿元）。

销售量较大的家电品牌是：海尔、海信、创维、康佳、TCL等。

1至4月份，全国家电下乡产品累计销售2083.6万台，实现销售额417.1亿元，同比分别增长3.7倍和5.1倍。

5月份，全国家电下乡产品销售575万台，实现销售额126亿元，比上年同期分别增长1.6倍和2.2倍，较上月环比分别增长20%和26%。销售额居前三名的产品是冰箱（47亿元）、彩电（33亿元）、热水器（12亿元）。居前五名的省份是河南（18.2亿元），山东（13.1亿元），安徽（9.4亿元），河北（8.6亿元），江苏（8.0亿元）。销售量较大的家电品牌是：海尔、海信、美的、创维、TCL等。

1至5月份，全国家电下乡产品累计销售2658.7万台，实现销售额543.5亿元，比上年同期分别增长3倍和4倍。

6月份，全国家电下乡产品销售593.1万台，实现销售额134.6亿元，比上年同期分别增长1倍和1.5倍。销售额居前三名的产品是冰箱（55亿元）、彩电（31.5亿元）、热水器（13亿元）。居前五名的省份是河南（18.8亿元），山东（15亿元），安徽（9.9亿元），河北（9.5亿元），四川（8.6亿元）。销售量较大的家电品牌是：海尔、海信、美的、创维、TCL等。

2010年上半年，全国家电下乡产品累计销售3251.8万台，实现销售额678亿元，比上年同期分别增长2.4倍和3.2倍，且销售额超过上年全年647亿元的水平。

7月份，全国家电下乡产品销售674.9万台，实现销售额160.1亿元，比上年同期分别增长58%和82%。销售额居前三名的产品是冰箱（67.3亿元）、彩电（30.9亿元）、空调（26.6亿元），比上年同期分别增长42%、3.3倍和9%。销售额居前五名的省份是河南（18.4亿元），山东（16.8亿元），安徽（13.2亿元），江苏（11.1亿元），湖北（10.5亿元）。销售量较大的家电品牌是：海尔、格力、海信、美的、创维等。

1至7月份，全国家电下乡产品累计销售3926.8万台，实现销售额838.2亿元，比上年同期分别增长1.8倍和2.4倍。

8月份，全国家电下乡产品销售709.1万台，实现销售额171.2亿元，比上年同期分别增长88%和126%，与7月份相比，销售额增加11亿元，环比增长7个百分点。销售额居前三名的产品是冰箱（68.6亿元）、彩电（34.1亿元）、空调（31.4亿元），比上年同期分别增长86%、2.3倍和95%。销售额居前五名的省份是河南（19.2亿元），山东（18.5亿元），四川（13.9亿元），安徽（13.5亿元），江苏（11.5亿元）。销售量较大的品牌是：海尔、格力、海信、美的、创维等。

1至8月份，全国家电下乡产品累计销售4635.9万台，实现销售额1009.4亿元，比上年同期分别增长1.6倍和2.1倍。

前三季度，全国家电下乡产品销售量超5000万台大关，达到5257.3万台，销售额1158.4亿元，分别同比增长1.5倍和2倍。全国31个省（自治区、市）销售量都增长1倍以上。

商务部6日发布消息称，2010年1至11月，我国家电下乡产品累计销售6730万台，实现销售额1504.1亿元，比上年同期分别增长1.4倍和1.8倍。

据商务部最新统计，11月份，全国家电下乡产品销售783.6万台，实现销售额182.5亿元，比上年同期分别增长104%和153%。

2010年加大家电下乡政策实施力度以来，效果明显显现。产品限价的提高促进了家电下乡产品销售大幅增长，空调限价提高部分的产品销售量占近40%。各地新增6大类品种，包括电动自行车、燃气灶、电压力锅、电饭煲、抽油烟机、DVD影碟机。目前，12个省（自治区）完成新增品种招标工作，新增323家企业，近3000个家电下乡型号，农民选择范围更大。日前家电下乡产品型号已超2万个。

冰箱、彩电、洗衣机稳居销售量前三位，占总量74%，是农村家电消费的三大件。计算机、热水器、微波炉、电磁灶增速较快，城里人常用的家电随着家电下乡政策正加速走入农村，农民消费结构加速升级，城乡消费差距加速缩小。

以上数据表明家电下乡刺激了消费潜能。家电下乡产品销量猛增，销售额的大幅突破，让业界更加明白，"农村市场是一个亟须开挖的富矿"。在业界看来，未来10年甚至更长的时间，中国家电市场的竞争将从城市全面转向农村，甚至还会出现"以农村传导城市"的产品研发新趋势。

3. 引发农村消费升级，挖掘农村消费新趋势

在数据中公布的销售量较大的家电品牌是：海尔、格力、海信、美的、创维等。作为一线品牌制造商，它们都开发了针对农村的产品，还尝试构建自己的农村销售渠道。同时，传统的渠道商国美、苏宁、大中等也早就把触角往农村延伸。一些二线品牌也借着家电下乡的东风，在三、四级市场同一线品牌展开了激烈争夺；国际品牌也纷纷投入农村市场。产业链的较量正在农村市场展开。毋庸置疑，家电下乡政策为制造商和渠道商提供

了新的动力，同时也结合市场发展趋势，不断挖掘农村消费潜力。例如，"节能"正在成为农村消费的新趋势。在国家节能减排政策引导下，农村家电消费也向节能环保方向靠拢，农村消费者对冰箱产品节能耗电量的考量已经成为影响其购买的重要因素。此外，农村消费需求也随政策深入不断提高。

2008年11月30日，财政部、商务部、工业和信息化部联合宣布：当前经济形势下，为扩大国内需求，改善民生，拉动消费带动生产，促进经济平稳较快增长，2009年2月，将在全国全面推广"家电下乡"工作。对农民购买彩电、冰箱（冰柜）、手机、洗衣机等四类产品，按产品销售价格的13%给予财政补贴。这是继国家对农民生产性直补之后推出的消费性直补，增强了农民的消费能力、消费热情和消费信心。扩大农村需求是扩大国内需求的重要方面，把农村潜在的巨大消费需求转化为现实购买力，能为我国日益形成的强大生产能力提供有力支撑，为国民经济发展提供持久增长动力。在中国统筹城乡协调发展、农民生活水平迅速提高的关键时期，实施家电下乡，能够直接刺激农民的有效需求，调动农民购买家电的积极性，引发农村消费升级的革命，快速启动农村消费需求。

在全国推广"家电下乡"，既有利于统筹国内国外两个市场、扩大国内市场需求，也有利于统筹消费、投资、出口的协调发展，促进我国经济发展方式转变。目前我国居民消费率明显低于世界水平，据世界银行统计，2007年我国居民消费率比世界平均水平低27个百分点。消费率的差距意味着扩大消费的潜力。据测算，我国农村有2亿多户家庭，即使农村家电普及率仅提高1个百分点，每种家电也可以增加200多万台的需求，扩大农村消费的潜力巨大。据国家统计局数据显示，2007年我国农村地区，电冰箱的百户拥有量为26.12台，洗衣机为45.94台，空调为8.54台，电视机为94台，移动电话77.84部，农村市场在未来十几年将具有广阔的发展空间。又据《上海证券报》2008年12月1日报道：12月1日起，"家电下乡"实施范围扩大到14个省区市，2009年2月1日起在全国推广，实施时间暂定4年。可实现家电下乡4.8亿台，可拉动消费9200亿元。面对世界金融危机带来的国内外形势变化，实施"家电下乡"，扩大内需特别是农村市场的消费，成为我国当前"保增长"的一项迫切任务。

开拓农村市场，扩大农村消费不仅是我国当前应对国际金融危机，保持经济平稳较快发展的重要举措，而且是促进国家经济发展方式转变，实现经济又好又快发展的长期战略选择。

三 家电下乡完善了农村流通体系

(一) 中国农村流通体系现状

随着社会经济的发展,我国的农村已经基本实现了从计划经济体制向市场经济体制的转轨。农民的消费水平不断提高,市场需求呈现多样化,农村的市场规模逐渐扩大,交易方式和流通业态逐步提升,农村市场主体呈多元化格局。但从整体来看,我国农村流通经济体系存在很大的不足,其主要表现为:流通成本高、流通方式落后、上游参与主体力量薄弱、流通业态单一、流通技术不发达、政府政策支撑体系欠缺、流通效率低下。

1. 农村流通网络残缺不全

实行市场经济后,农村国有商业经营萎缩,失去了活力,我国农村原有的完整销售网络——供销合作社现已大部分名存实亡,剩下的大部分也都被个人承包了,大量分散的个体商户各自为政,难以适应农村市场需求的变化,农民的消费深受影响。

2. 农村市场不规范

规范农村市场的法律、法规不能落到实处,地方工商部门的监督管理很难到位,造成农村市场秩序的不规范。如有的地方一个工商所可能管几个乡镇,而执法人员就十多个人甚至更少。十几个人监管上百平方公里、分布在不同村组的销售网点,很难及时发现问题、监督到位。更何况基层工商所不仅监管商品质量,还要履行工商部门的其他职能。

3. 农村物流尚处萌芽

目前,我国农村物流发展呈现出如下几个特点:一是农产品具有易腐性、季节性,农村物流经营难度大;二是农村生产组织水平低,物流需求分散,物流供给能力不足;三是物流基础设施落后,物流技术装备落后,物流运作成本高。因此可以看出目前我国农村的物流处于萌芽状态。

4. 农村流通环境不良

农村的基础设施落后,供水、供电、道路、通信网络、市场、仓储设施没有形成系统。新农村现代流通网络工程建设严重滞后,农业生产资料经营服务网络、农副产品市场购销网络、农村日用消费品现代经营网络等还远未健全。农民消费者的维权意识还没有建立,面对消费权益受损显得手足无措。

但目前由于农民居住分散,现实购买力较低,且交通线长,国内外的大型连锁经营企业无暇顾及,小的连锁经营企业心有余而力不足,配送成本比在城市开店高出两成以上,在城市投资与在农村等额投资毛利比约为3:1,赢利空间极小,严重阻碍了农村经济的发展。因此建立畅通农村消费流通体系,提高市场覆盖广度和深度,已成为当务之急。总的说来,农村市场潜力巨大,消费需求有待开发,而国内产能过剩的现状,又为农村经济的发展提供了新契机。

农村市场是我国范围最大的市场,搞活农村流通,繁荣农村市场,对于促进农民增收、引导农村消费、保持农村经济稳定发展具有重要意义,是推进社会主义新农村建设的重要内容。建设社会主义新农村在"十二五"规划中仍被列为一项重要发展纲要,因此发展农村经济、改善农民生活更是当前社会的一项重点工作。要开拓农村市场发展农村的经济,第一要加强农村日用工业消费品流通网络建设,第二要找准农村消费市场定位,积极开发、生产、销售适合农民消费的产品,第三要大力改善农村消费环境,促进农村消费,第四要加强流通服务体系建设,第五要加强政府支持力度,完善经济发展过程中的法规、制度。

(二) 构建现代农村流通体系的重大意义

1. 是市场经济发展的必然要求

随着农村经济发展,农业小生产与大市场之间的矛盾越来越突出,提篮小卖和地摊式的农产品销售方式难以适应大市场、大流通的要求,构建现代农村流通体系成为农产品销售和流通的必然要求。近年来,随着农民收入增加,农民消费水平提高,但农村市场常常成为假冒伪劣商品和低质产品的倾销地和批发地。因此,以提高商品和服务质量,促进农村市场形成和繁荣为目标的现代农村流通体系的构建已成为发展农村经济,提高农民生活水平的必然要求。

2. 是适应农业自身特点,提高农村流通组织化程度的必然要求

农业本身的特点决定了农产品具有分散性,季节性,需求的小量性、多样性等特点,很容易在流通过程中受到污染或者变质。因此,对传统物流组织提出了更高要求,要求我们必须按照现代物流的发展思路,培育、发展规范化的农民流通合作组织,通过协作来应对市场变化。构建现代农

村物流体系是增加农民收入的必由之路。

3. 是建设社会主义新农村的必然要求

流通似乎和新农村沾不上边,实际上在新农村建设的二十字方针中,流通无不渗透其中。构建现代农村流通体系,能够引导农民根据市场需求组织生产,能够引导工商企业把结构调整的起点放在农村,有力促进农业生产发展。在农业物流中,我国每年因流通不畅造成的易损坏农产品损失近千亿元,构建现代农村流通体系,可以极大地减少这部分损失,增加农民收入。

(三) 家电下乡促进了农村流通体系的发展和完善

家电下乡是"十一五"期间政府为了发展农村经济,改善民生而出台的一项刺激农民消费的宏观经济政策,以激励的方式鼓励带动农民消费,也是经济危机以来为了应对危机面对外需骤减而采取的扩大内需的一项重要举措,从2009年全国推广到现在取得了显著的成效。家电下乡是一项政策,家电在下乡的流通过程中形成了一套完整的流通体系,家电顺利从生产厂商到农村消费者中间必不可少地要有其他要素的支撑,有销售网点的工作,有服务部门的业务,又必须有政府的支持,还要有硬件系统的支持,比如说交通线路,运输工具,信息系统等。家电下乡流通体系各要素之间的关系如图4-1所示。

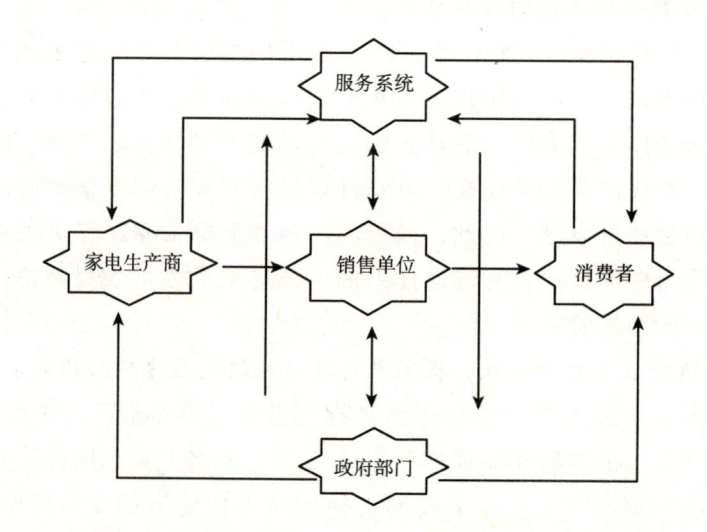

图4-1 家电下乡体系中各部门和各要素之间关系示意图

图 4-1 反映了家电下乡体系中各个部门之间的相互作用关系，在整个家电产品的流通过程中，生产厂商先将产品通过相关销售单位流通到消费者即农民的手中，在这个过程中有政府部门的支撑与规范，政府部门对厂商的生产进行监督，对其提供的产品进行管理，同时又对其生产进行鼓励，政府部门同时对消费者进行补贴、刺激消费，还要对服务系统进行监督与完善。服务单位包括产品的包装、运输、派送，售后服务，信息提供与反馈等多方面的连接销售和消费以及生产和销售的各个环节的单位，生产厂商提供售后服务给消费者，销售单位提供包装送货性服务，同时消费者的意见可以通过信息服务系统反馈给生产以及销售单位。顾客是上帝，消费者的需求顺利反馈到厂商，对解决货不对路的问题有积极的作用。总之，家电下乡这一商品的流通过程中，各个环节相互关联形成商品交换网，是一个典型的商品流通系统的体现，同时它具有自身的特殊性——政府的支持环节，刺激了农民的消费，使整个环节高效地运转起来，使这一流通迅速有效地进行。

家电下乡促进了农民的消费，改善了农民生活。在家电下乡过程中销售网点的增多，进货渠道的规范，服务体系的完善，以及硬件设施的增多，使得我国农村的流通经济体系更加完善。它方便了农村其他商品的流通，对促进农村经济的发展起到了积极的推动作用。具体来说，表现在以下几个方面。

1. 增加农村基础设施建设，为农村城市化进程开辟道路

我国农村流通经济的一大弊端就是基础设施相对落后，在家电下乡的过程中政府的支持以及厂商的配合，农民消费的热情促使了更多消费网点的建立以及一些物流设施、物流工具的配置，比如道路的修建（为了方便流通），车辆的配置（为方便进货发货），售后服务人员的培训等，这些基础设施不仅仅在家电下乡的过程中促进家电产品的消费，更方便了农民的生活，由于产业的关联性进而带动了其他领域的发展，从而促进了农村经济的全面发展，也为农村的城市化进程开辟了道路。

2. 引导农民消费，促进农村经济发展

家电下乡政策通过政府财政补贴支持的激励方式，影响了消费者的消费行为。长久以来，我国农村一直都是贫困群体，农民的消费意识比较薄弱，消费行为偏于谨慎。

近年来，农民的消费水平提高了，生活富裕使农民对家电产品的需求扩大。但对家电产品的了解不多，产品价格相对较高等因素影响了农民的直接消费行为。

而家电下乡政策通过财政补贴措施减轻农民购买家电的经济压力，又通过政府的统一规定给农民的家电消费吃了一颗定心丸。让农民对家电的消费不再存在疑虑，"求实、求廉"的心理规律直接影响了农民消费者的消费行为。政府的保证与支持，下乡家电过硬的品牌，周到的服务，透明的价格体系，直接刺激了农民的消费欲望。实现农民有钱敢花，消费有政策可循，消费后有保障可依，改变了农民以往因购买到一些没有保障的小的品牌而形成的恐惧心理，从而改善了农村经济发展缓慢的现状。

3. 加强企业对农村市场的关注，完善面向农村的生产流通网络

商品流通规律涉及供求规律，如果说从供求规律角度来讲，农村市场大需求大大地刺激了企业的生产以及投入的积极性。推行家电下乡政策不仅是给一些财政支持，一"补"了之，而是通过发挥财政资金的杠杆作用，引导更多的企业关注农村市场，不断建立和完善面向农村的生产流通和售后服务网络，改变长期形成的以单一供给结构面向差别很大的城乡二元结构的状况，解决产销不对路，供需不协调等问题。

家电下乡是促进农村经济发展的一项政策，在实施的过程中达到了它预定的目标，确实起到了它预定的作用。农村的市场广阔，也有其固有的不足，这就需要共同努力来开发，家电下乡只是个开端，还需要展开更多促进农村发展的举措，打开农村市场，实现农村的城市化。

四 家电下乡中存在的主要问题

（一）个别下乡产品存在质量问题

对于家电下乡产品的价格，在已经购买了产品的样本农户中，有 10.5% 的农户认为"很贵"；认为价格"较贵"的农户稍多，占有效样本的 13.7%；认为价格"一般"的农户最多，占比为 48.4%，其比重接近购买农户数量的一半；认为价格"较便宜"的也不少，比例为 25.4%；而认为价格"很便宜"的非常少，其比例仅为 2.0%（如表 4-1 所示）。从总体上看，农民比较倾向于认为家电下乡产品的定价比较适中。从家电下乡产品的质量来看,在已经购买了产品的样本农户中,认为产品质量"较好"的农户最多,占有效样本的48.4%;认为产品质量"很好"和"一般"的农户数量相当,其比重分别为22%和26.4%;认为质量"较差"和"很差"的农户极少,二者合计占比仅为3.2%(如表4-1所示)。由此可见,农户总体上对于家电下乡产品的品质给予了积极的肯定。

从产品品种上看,在已经购买产品的样本农户中,认为种类"很多"以及"较多"的农户数量相当,分别占到样本农户的27.3%和25.7%,两者合计为53.0%;认为品种"一般"的也不少,占比为26.9%;认为产品品种"较少"的农户不多,其比重占到样本农户的16.3%;认为产品品种"很少"的农户极少,比例仅为3.7%。总体上看,农户对于家电下乡产品的品种数量还是给予了正面的评价。

表4-1 农民对家电下乡产品价格、质量、品种的评价

价格评价	比重(%)	质量评价	比重(%)	品种评价	比重(%)
很贵	10.5	很好	22.0	很多	27.3
较贵	13.7	较好	48.4	较多	25.7
一般	48.4	一般	26.4	一般	26.9
较便宜	25.4	较差	2.4	较少	16.3
很便宜	2.0	很差	0.8	很少	3.7
合计	100	合计	100	合计	100

(二) 政府补贴程序烦琐

农民的补贴难兑现。一是产品销售信息输入滞后。由于部分中标销售企业及其区域代理商没能及时将发出商品信息输入家电下乡信息系统,加上部分基层网点没有电脑设备以及受税票难开的影响,基层网点已售出的家电下乡产品中有相当数量商品没有及时上传销售信息,影响到农民领取补贴。二是补贴程序烦琐,发放进程较慢。目前,农民领补贴,先要将相关资料带到乡镇财政所申报,通过后由财政所上报到县财政局审核,财政局一般半个月审核一次,按最快时间,最终领到补贴也要1个月时间。如果哪个环节出了问题,还要跑上多趟才能解决,烦琐的程序在一定程度上挫

伤了农民购买"家电下乡"产品的积极性。据财政部门披露,已兑现"家电下乡"的补贴仅占应兑现补贴30%左右。家电下乡申请补贴办理流程如图4-2所示。

不少农民对于家电下乡政策一开始都是拍手称快的,但是,在真正实施家电下乡的过程中,农民却有着许多苦恼和无奈,不少农民感叹"报销的程序太复杂了"。因为现在很多农民朋友在城市打工,但其户口却在农村地区。他们按照政策规定,可以在省内任一家电下乡销售处购买下乡产品,但是购买家电下乡产品之后,必须回户籍所在地去领取补贴款,而在办理过程中会花费较多的交通费和食宿费,既费时间又花精力,得到的实惠又不大,最终降低了他们消费的积极性。

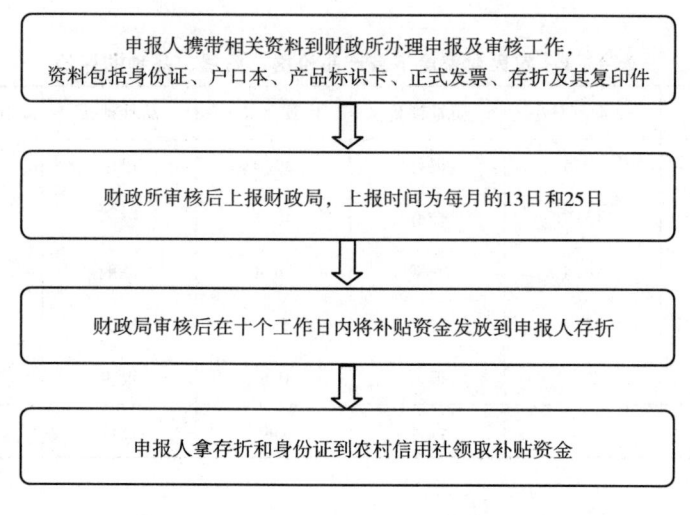

```
┌─────────────────────────────────────────────┐
│ 申报人携带相关资料到财政所办理申报及审核工作, │
│ 资料包括身份证、户口本、产品标识卡、正式发票、存折及其复印件 │
└─────────────────────────────────────────────┘
                    ⇓
┌─────────────────────────────────────────────┐
│ 财政所审核后上报财政局,上报时间为每月的13日和25日 │
└─────────────────────────────────────────────┘
                    ⇓
┌─────────────────────────────────────────────┐
│ 财政局审核后在十个工作日内将补贴资金发放到申报人存折 │
└─────────────────────────────────────────────┘
                    ⇓
┌─────────────────────────────────────────────┐
│ 申报人拿存折和身份证到农村信用社领取补贴资金 │
└─────────────────────────────────────────────┘
```

图4-2 家电下乡申请补贴办理流程图

(三) 限价产品档次较低

某些农村消费者反映,"家电下乡"产品虽然价格低,但是档次不够高,产品型号有限,选择余地不大,功能不如一些非下乡产品全,不能满足使用需求。有的"家电下乡"产品甚至是滞销货或者即将淘汰的产品。"家电下乡"产品品种多集中在中低端产品,而一些科技含量高、价格适中的高端产品没有列入其中,这样使一部分收入较高的农村消费者特别是年轻消费者不愿购买家电下乡产品,在他们看来家电下乡产品落后,不上档次。购买"家电下乡"产品的以中老年家庭为主,很多年轻人看不上这些产品。再加上目前补贴比例只有13%,下乡家电产品每台(件)补贴金额最高只有500元左右,影响了农民购买下乡产品的积极性。

(四) 与家电相配套的基础设施落后

基础设施的落后很大程度上影响了家电在农村的普及,抑制了农民的消费需求,从而制约了农民买家电的积极性。比如,一些农村根本没有自来水,那么农民肯定不会去购买热水器;面对电网老化、电压不稳、电价高这些问题,农民买冰箱、电磁炉的积极性肯定会降低。

(五) 售后服务体系不完善

售后服务是当前家电下乡活动相对薄弱的环节。政府家电下乡政策的指向不仅要让农民"买得起",还要"用得好",后者依赖于产品的售后服务。农村产品售后服务网点少,专业维修技术人员缺乏,售后维修行为不规范等是下乡家电产品非常突出的问题。目前家电维修、服务网点大多设在县级以上城市,乡镇一级少之又少,家电维修费时又费力,尤其是电脑维修,农民缺乏电脑知识,对于简单的日常修理维护束手无策,很多农民虽有购买下乡产品的经济能力和实际愿望,但由于售后服务跟不上而不得不放弃。

有些农民宁愿在未指定家电下乡的商店购买家电,而不愿享受政策,在指定的商店购买。问题就在于同样的产品,农民在未指定的商店购买,价格仅仅比享受政策后高几十元,但却是送货上门并附带安装调试,售后工作做得很好。相反,家电下乡产品指定商店不送货、不安装、不调试。因此,只有"售后服务"与"家电"齐"下乡",家电下乡才能真正变成利国利民的惠农好政策。

如果售后服务不能得到有效解决,农民买的家电一旦出现故障却又找不到人维修只能干着急。中央不但没能改善农民的生活质量反倒影响家电厂商的品牌形象,影响家电下乡的大局,伤害了农民的感情。

在已购买的家电下乡产品中,接受过维修的比例为12.6%。当问及接受过维修的消费者"对自己曾接受过的维修服务满意程度如何"时,33.6%的消费者"很满意",38.5%的消费者"比较满意",认为"服务一般,说得过去"的占21.1%,"较不满意"和"很不满意"分别是5.1%和

1.7%。达到"比较满意"及以上的消费者比例比较高,但仍不足3/4,说明家电下乡产品的维修服务水平和质量还需要提高,如图4-3所示。

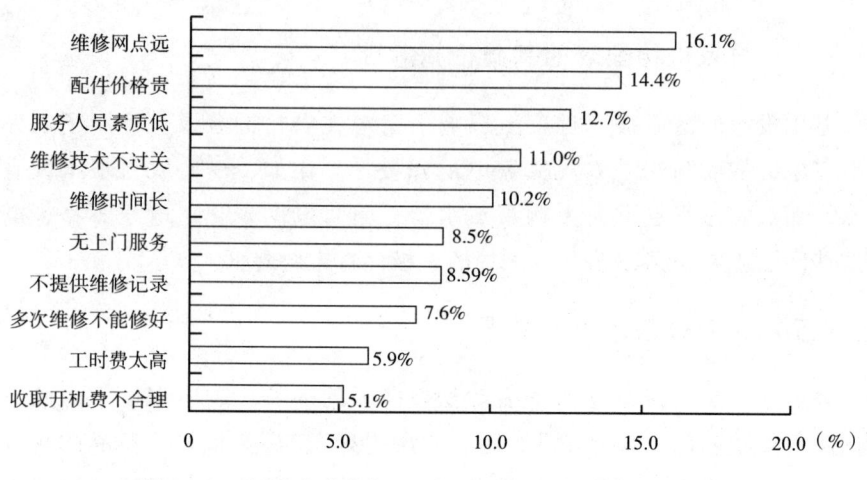

项目	百分比
维修网点远	16.1%
配件价格贵	14.4%
服务人员素质低	12.7%
维修技术不过关	11.0%
维修时间长	10.2%
无上门服务	8.5%
不提供维修记录	8.59%
多次维修不能修好	7.6%
工时费太高	5.9%
收取开机费不合理	5.1%

图4-3 农民对"家电下乡"产品维修服务的满意程度

五 对家电下乡政策的思考和建议

(一)保证家电下乡顺利实施的战略思考

1. 提高农民可支配收入

增强农民购买力消除农村家电消费屏障,关键是提高农民增收能力,增加低收入农民收入,加大农村中等收入者的比重。据测算,在其他条件保持不变的情况下,农民人均纯收入每增加1元,对于彩电冰箱及摩托车等耐用消费品的人均购买支出将分别增长0.8460%、0.5311%和0.8403%。除了依靠农业增产、保持农产品价格稳定以及开拓农民工就业机会等措施之外,还应彻底扭转在价格、投资及财政收入等方面的城市偏向,彻底改变工农产品"剪刀差"现象。加大对农业生产的投资和贷款力度,提高财政对农村教育、医疗卫生和社会保障等社会事业的投入,切实增强农村、农业和农民的持续发展能力。

2. 加强农村基础设施建设

长期以来农村基础设施薄弱是制约农村经济社会发展的重要原因,加强农村基础设施建设不仅对于扩大内需、促进经济又好又快发展、建设社会主义新农村具有战略性意义，更是目前保证"家电下乡"后可以实际发挥其应有作用的前提条件。农村家电市场消费的环境不改善，如电网、电价的稳定性，住房结构的改善，配套服务的便捷性，产品质量的稳定性及适宜的产品价格等，"家电下乡"就必然存在很多这样那样的配套问题。农村基础设施是公共物品，其建设需要政府投资，把投入纳入公共财政范畴，将城市供水、供电、电信、道路建设及广播电视等公共事务职能延伸到农村，要兼顾社会公平，逐步实现城乡电价统一、电信资费统一，缩小城乡差距。根据"家电下乡"的产品种类，目前亟待改善的基础设施就是水、电、气、通信网络等，这些设施多为公益性的公共基础设施，需要政府充分发挥公共服务的职能，从而保证"家电下乡"政策落到实处。深入推进新农村建设要搞好统筹规划，改造农村落后的基础设施。同时，要做好农村社会保障工作，解决农民的后顾之忧，增强农民的消费自信心。

3. 加强监管，确保补贴及时到位

对于家电下乡政策执行过程中出现的操作手续烦琐、部分地区补贴不及时到位、家电产品品种不够齐全、网络渠道参差不齐以及农民意见较大等问题，主管部门有责任加强监管和督导，对利用农民不了解情况、改动价格或者影响农民领取补贴的网点应"取消资格"，还要在各地设立投诉电话和举报中心。

（二）对家电下乡政策的建议

1. 加大宣传力度并健全市场监管机制

由于"家电下乡"实施的时间较短，而且宣传推广的力度还不到位，一些农民对该政策的了解还不是很全面，从而使得"家电下乡"在销售过程中还存在着一些问题。例如有些不法商贩将旧家电翻新后冒充"家电下乡"产品进行销售，有些销售点将家电以高于产品限价的价格进行销售，有些非家电下乡指定销售商以假乱真欺骗消费者等。这些问题的存在使广大农民的利益受到了巨大的损害，同时也影响了"家电下乡"施行的效果。针对上述各种问题，一方面政府应该进一步加大"家电下乡"的宣传力度，使广大农民能够更清楚、更全面地了解"家电下乡"政策，从而避免上当受骗，不给不法分子可乘之机；另一方面，应建立健全市场监管机制，政府要对违法行为进行依法惩治，更好地履行市场监管的职责，维护"家电下乡"市场的秩序，使"家电下乡"政策的效果达到最佳。

2. 简化补贴手续

推行"家电下乡一站式服务"，即施行"财政预拨、网点代付、农户先领、定期结算"的先买先付方式。农民在销售网点购买"家电下乡"产品时可享受购买、领取补贴、送货、安装集中办理的"一站式"服务，而不用再拿着身份证、户口本、发票、直补专用存折到乡镇财政所申领补贴。销售网点对农民购买补贴产品只要能准确无误地获取农民身份证、户口簿号码及家庭住址，即可办理销售、保修等手续，并立即上网录入相关销售信息。针对农村交通现状，本着惠农便农的原则，可改变由农民拿着发票和有关证件到乡镇财政所办理补贴手续的做法，由经销商在销售时先垫付补贴资金，定期与财政部门统一结算，以免农民奔波之劳。

3. 强化质量保证，完善售后服务

调查显示，对国家三包政策和企业三包承诺，不太了解和很不了解的消费者合计占到近三成。一方面说明多数消费者对国家三包政策及企业三包承诺已有所了解，另一方面说明有关各方宣传承诺不到位，不少消费者对国家三包政策及企业三包承诺还不甚了解。为此，建议加强对国家三包政策及企业三包承诺的宣传，强化家电下乡产品的质量保证，消除消费者购买产品的后顾之忧。

针对农村售后服务相对薄弱的情况，树立"家电下乡，服务下乡"的理念。如增设农村服务网点、提供服务工具、开通服务专线、主要零部件10年免费保修等，为广大农村消费者营造一个良好的消费环境，从根本上解决农民的后顾之忧。厂家或商家应逐步建立乡镇一级的家电下乡产品售后服务网络，使购买家电下乡产品的农村消费者能够真正享受到城市消费者一样的优质售后服务，解决他们的后顾之忧。

4. 加强家电下乡产品的补贴与限价

中消协报告显示，消费者对产品价格最为关注。当问及"对家电下乡政策的意见和建议"时，调查结果显示：农村消费者最为关心的是产品价格问题，意见集中度高达53.3%（加大补贴力度和降低商品价格的实质都属于价格问题，前者是间接降价，后者是直接降价），其次是"简化补贴手续"占22.7%，再次是"强化质量监督"占11.7%，再次是"增加商品类别"占11.4%，如图4-4所示。

总之，"家电下乡"是一项由政府主导、企业参与实施的系统工程，涉及农民,涉及全社会家电生产与经销企业,既有政府的政策补贴行为,又有农民购买行为,还涉及商家之间的竞争行为,涉及多个职能部门,事关千家万户农民群众的利益,矛盾多,难度大。由两年的运行效果看,家电下乡工程对扩大农村消费市场、拉动国内需求和提高农民生活质量起到了巨大的推动作用。同时,为进一步推动这一政策可持续发展,一些导致农民消费意愿不足的问题,也要引起足够重视,要进一步在实践中完善政策,以切实提高农民的生活水平为目标,考虑多方利益,多措并举,家电下乡才可能实现可持续稳定的发展,最终拉动消费和内需,促进经济又好又快发展。

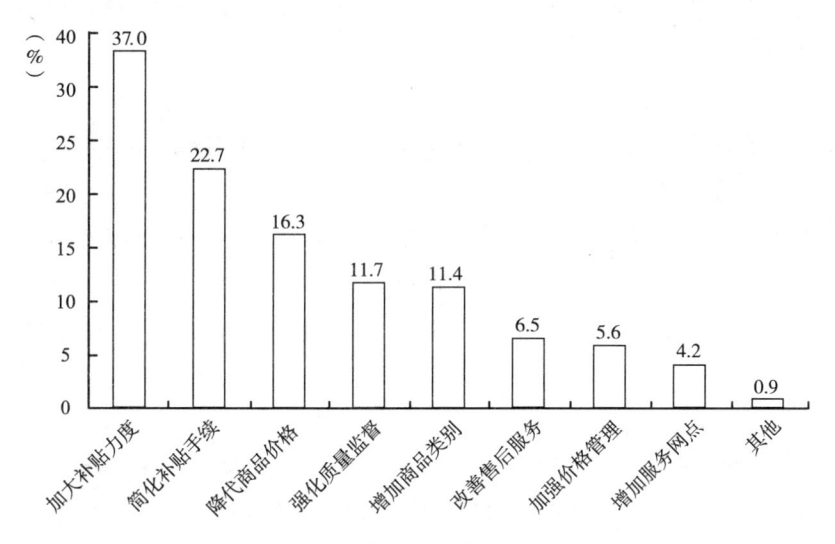

图 4-4 对家电下乡政策的意见和建议

六 结 论

在国际金融危机的冲击下,我国出口受到了重大影响,扩大内需尤其是农村市场需求成为政府的重要工作,家电下乡在对内需的拉动中更是起到了至关重要的作用,有效地拉动了农村消费。2010 年 1 至 10 月家电下乡进入第 3 年的河南、山东、四川的销售额增速依然有 149%、112%、37%;家电下乡第 2 年的安徽、江苏两省销售额同比增速分别为 293% 和 241%。参照第 3 年省份中农村家电销售额增长速度看,如果 2011 年政策延续执行,将继续拉动农村市场对家电的消费需求。据商务部日前公布的数据，2010年上半年，全国家电下乡产品累计销售3251.8万台，实现销售额678亿元，比上年同期分别增长2.4倍和3.2倍。统计局数据显示，截至2010年9月底，全国累计销售家电下乡产品9023万台，销售额1850亿元；累计补贴下乡汽车、摩托车1397万辆，兑付补贴资金203亿元，销售额突破2000亿元，有力地促进了农村消费增长和结构升级，同时对GDP的增长起到了很大的拉升作用。内需在GDP增长的构成中所起到的作用正逐步增加，中国GDP的增长也真正走向内需、出口、投资三驾马车拉动的健康增长模式。

改革开放30年来，我国农村经济社会实现快速发展，农民物质文化需求日益增长。然而长期以来，农民购买能力有限、基础设施建设滞后、产品不符合实际需求等原因，制约着农村消费市场的繁荣与发展。经过多年来加大投入以及社会主义新农村建设的推进，广大农村，特别是中西部地区农村的基础设施建设都取得了长足进步。一些贫困地区的供水、用电、运输、电视信号接转及有线电视网络等问题日渐解决，为冰箱、空调、手机和电脑等电器更多地进入农村市场铺平了道路。此外，近年来农民收入稳步提高的同时，国家也加大了对农村教育、医疗和养老等社会保障的投入力度，逐步解除广大农民的后顾之忧，使农村市场的潜在需求逐步显化。家电产品作为农村群众提高生活质量的首要产品，出现扩大需求、升级换代的消费倾向，而不再仅局限于"婚嫁"为主的有限消费。2007年，国务院发展研究中心市场经济研究所、国家信息产业部及中国家用电器协会等单位对全国12个省、2个直辖市的50个县市300多个乡镇开展的专项调查表明：近年来随着农民人均收入的逐年增加，农民家庭对电冰箱有较大购买意向。在未来5年内，有21.1%的家庭有购买意向，其中一年内决定购买电冰箱的家庭达4.1%。更为重要的是，经过充分市场竞争的家电行业日渐步入"微利运行"，切合了农村的消费层次。家电行业是中国当前市场化程度最高、竞争最激烈并且供给最充分的行业，其价格利润已被市场竞争几乎压缩到最低限度，已经相当"实惠"。"薄利多销"是家电行业普遍的市场状态。彩电、冰箱、手机、电脑和空调等电器的普通产品价格仅为一两千元，是多数农民可以接受的消费层次。政府采购招标和政府补贴还可以使农民实际消费家电的价格降低20%左右。这就为家电大举进入"寻常百姓家"创造了条件。正因为广大农民愿意买，买得起家电产品，家电行业又亟须拓展农村市场，买卖双方的市场对接已经比较到位，适时开展的家电下乡工作才显示出了良好的政策效应。政府少许补贴便对市场消费起到了"四两拨千斤"的作用。

家电下乡政策激活了农村的购买力，同时也给农村流通经济的发展提供了良好的契机。在以往购买需求低下的情况下，各类商品的销售网点稀缺，进货渠道不规范或者很少，服务体系和硬件设施不完善，流通经济体系不完善，商品流通不顺畅，制约了农村经济的发展。在实行了家电下乡政策之后，农村的购买力得到激发，受困于出口不利的企业也将注意力转移到了广阔的农村市场，尤其是家电下乡政策在川、鲁、豫试点取得很好的成绩之后，很多企业争相进入家电下乡的项目中去，丰富了农村市场的商品种类，同时也带动了农村流通经济的发展，为了更好地推进商品的销售，各个企业都建立了自己的各级销售网点，规范了农村市场产品的供货渠道，政府方面为了更好地推动家电下乡，加大了基础设施的建设投入，协同各厂家企业构建了完善的服务体系，并不断完善硬件设施，逐步建成完善的农村流通经济体系。以四川省为例，"家电下乡"政策实施之初，全省一个月卖出的家电不过 3000 台，现在平均每天至少 1.5 万台。每百户农民拥有彩电率从 2005 年不足 50% 攀升到现在近 90%，每百户农民购买下乡产品的占了 46.9%。如今四川省已建有 2.2 万个"下乡"销售网点。2009 年底，全省通过财政补贴引导，依托龙头企业在全省乡镇布局了 2500 个"下乡"产品维修网点，1092 个汽车、摩托车售后服务中心，"下乡"产品流通体系初步形成。对于边远山区，一些企业还以"流动服务站"的方式，使农民既可买到放心家电，又享受到满意的售后服务。

由此可见，"家电下乡"政策的实施对我国内需的拉动和农村流通经济体系的建立完善都起了重要作用，在实施的过程中，也真正实现了政府所希望的拉动内需和构建完善农村流通经济体系"双赢"的目标。

专题五
低碳经济纳入国家发展规划正当其时

一 研究背景

全球气候变暖问题日益严峻，冰川融化、海平面上升、生态系统退化、自然灾害频发，深度触及了农业和粮食安全、水资源安全、能源安全、生态安全和公共卫生安全，将直接威胁到人类的生存和发展。随着资源环境与经济发展的矛盾日益突出，21世纪人类正面临着经济发展方式的新变革。人类开始在经济增长与福利改进、经济发展与环境保护中寻求一种理性的平衡，而低碳经济正是寻求这种平衡的结果，其产生和发展具有必然性。对于中国，无论是由于国际压力还是国内能源的紧缺，都亟须进行以低碳经济为主线的产业转型。因此，走低碳经济发展之路是中国的必然选择。

（一）低碳经济的含义和由来

理想的低碳经济是一种可以最大限度提高碳生产力，提高适应气候变化的能力，尽可能减缓气候变化的负面影响，提高人类发展水平，同时兼顾代际公平和代内公平，从而使社会经济沿着可持续发展的路径前进的经济形态。低碳经济的实质是能源效率和清洁能源结构问题，其核心是能源技术创新和制度创新，目标是减缓气候变化和促进人类的可持续发展。因此，低碳经济指的是依靠技术创新和政策措施，实施一场能源革命，建立一种较少排放温室气体的经济发展模式，以减缓气候变化[1]。此概念最早由

---

[1] 庄贵阳：《中国经济低碳发展的途径与潜力分析》，《国际技术经济研究》2005年第11期。

英国提出。2003年的英国能源白皮书《我们能源的未来：创建低碳经济》中最早提出"低碳经济"的概念[①]。在该白皮书中，对低碳经济的具体阐述包括：①到2050年将英国二氧化碳的排放量削减60%，并于2020年取得实质性的进展（在2007年3月发布的《气候变化法案》中，2020年的目标被确定为26%~32%）；②保持能源供应的稳定性和可靠性；③促进国内外竞争性市场的形成，协助提高可持续的经济增长率并提高劳动生产率；④确保每个家庭以合理的价格获得充分的能源服务。英国政府在继2003年能源白皮书之后，于2006年10月发布的《气候变化的经济学：斯特恩报告》，对全球变暖的经济影响做了定量评估[②]。《斯特恩报告》认为，气候变化的经济代价堪比一场世界大战的经济损失。应对这场挑战，目前技术上是可行的，在经济负担上也比较合理。行动越及时，花费越少。

除英国之外，世界各主要经济体也都对低碳经济表示了高度重视。2007年7月11日，美国参议院提出了《低碳经济法案》，表明低碳经济的发展道路有望成为美国未来的重要战略选择。奥巴马出任总统后，对此高度重视，提出新能源政策，实施"总量控制和碳排放交易"计划，设立国家建筑物节能目标。预计到2030年，所有新建房屋都实现"碳中和"或"零碳排放"；成立芝加哥气候交易所，开展温室气体减排量交易。2009年2月17日，美国出台了《美国复苏与再投资法案》，投资总额达到7870亿美元。2008年6月，日本首相福田康夫以政府的名义提出日本新的防止全球气候变暖的对策，即著名的"福田蓝图"，这是日本低碳战略形成的正式标志。它包括应对低碳发展的技术创新、制度变革及生活方式的转变，其中提出了日本温室气体减排的长期目标是：到2050年日本的温室气体排放量比目前减少60%~80%。

中国作为世界第二大能源生产国和消费国、第二大二氧化碳排放国，高度重视全球气候变化问题。目前，中国已经确立了发展"低碳经济"的道路，为应对全球气候变化作出了一系列努力。近年来，中国政府提出了加快建设资源节约型、环境友好型社会的重大战略构想，不断强化应对气候变化的措施，先后制定了一系列促进节能减排的政策，在客观上为低碳经济的发展起到了推进作用。

---

① UK Energy White Paper. *Our Energy Future-Creatinga Low Carbon Energy*, Feb, 2003.
② N. Stem. *The Economics of Climate Change：The Stem Review* [M]. Cambridge University Press, 2007.

（二）低碳经济、循环经济、绿色经济和生态经济的联系和区别

绿色经济、循环经济、生态经济和低碳经济都是20世纪后半期产生的经济思想，是对人类和自然关系的重新认识和总结的结果，也是人类在社会经济高速发展中陷入资源危机、环境危机、生存危机深刻反省自身发展模式与改进的产物，区别只在于研究的侧重点有所不同：

（1）循环经济侧重于整个社会的物质循环，强调在经济活动中如何利用"3R"原则（Reducing, Reusing, Recycling，即减量化、再利用、再循环）以实现资源节约和环境保护，提倡在生产、流通、消费全过程的资源节约和充分利用。

（2）绿色经济是个很宽泛的概念，以经济与环境的和谐为目标，突出将环保技术、清洁生产工艺等众多有益于环境的技术转化为生产力，并通过有益于环境或与环境无对抗的经济行为，实现经济的可持续增长，兼顾物质需求和精神上的满足。

（3）生态经济则吸收了生态学的相关理论，核心是经济与生态的协调，注重经济系统与生态系统的有机结合，以太阳能或氢能为基础，要求产品生产、消费和废弃的全过程密闭循环。实现生态经济需要长期的努力和坚持。

（4）低碳经济是针对碳排放来讲的，目的是应对气候变化问题，强调提高能源利用效率和采用清洁能源，以期降低二氧化碳的排放量并缓和温室效应，实现在较高的经济发展水平上持续比较低的碳排放量的目标。

绿色经济、低碳经济和循环经济本质上就是生态经济，是经济活动的生态化过程。绿色经济是可持续发展的经济，而循环经济则是支撑低碳经济、通向绿色经济、实现经济活动生态化的生产方式、发展方式。从根本上讲，它们都是旨在解决人类可持续发展问题而提出的一脉相承的经济发展模式。

对我们来说，辨析这些概念的关键不仅仅在于响应生态经济、绿色经济、循环经济和低碳经济，更重要的是要认识清楚发达国家提出的可持续发展模式背后所代表的经济和政治利益，认识清楚这些经济模式的目标是通过技术创新、制度创新和观念转变实现工业文明向生态文明的过渡，这对我国经济社会发展具有重要的战略意义。

（三）分析前提：关注各部门的碳排放问题

本文主旨是通过分析中国气候因素、能源因素、产业结构因素以及国内外贸易需求等因素，来分析低碳经济的必要性和可行性。在分析过程中，需要分析中国各个部门碳排放现状来提出问题，进而分析问题，并在文章最后给出解决问题的建议。根据现实情况，排放温室气体的部门包括产业部门和生活部门，两个领域的现有模式都存在问题，都需要对现有模式进行改造以解决问题。但是，因为产业部门排放的温室气体要远远高于生活部门，而且工业部门存在的问题更为严重，可改善的空间更大。生活部门在碳排放方面所存在的问题大多是人们的生活习惯，这种问题的改善需要长久的过程，需要用人们素质不断提高来解决，而并非是仅仅依靠国家政策或者专家分析就能一蹴而就。所以，本文在进行分析时假设生活部门的碳排放或者存在的问题是可忽略的，因此，在本文中，只分析产业部门温室气体排放以及相关影响。

（四）中国政府关于发展低碳经济的政策解读

在人类生存环境日益恶化，生活质量的提高严重受到阻碍的前提下，在世界各国均把发展低碳经济作为重要的战略目标的背景下，在国内能源紧迫，气候恶化导致自然灾害频发的现实条件下，中国亟须转变传统的高能耗、高排放的产业模式，建立节能、减排、低碳的发展格局。在这样的国际国内环境下，中国政府正当其时地将低碳经济纳入国家发展规划，出台了一系列政策和措施。

中国出台的与低碳有关的致力于实现经济的可持续发展的政策，最早可以追溯到1994年，之后先后出台了一系列的相关政策。中国在1994年发布了第一个国家级的21世纪议程——《中国21世纪议程——中国人口、环境与发展白皮书》；2003年，中国提出了"科学发展观"、建设资源节约型和环境友好型社会的指导思想；2005年颁布了《可再生能源法》并在2009年颁布了《循环经济促进法》。特别是2006年以来，中国政府针对关键行业部门颁布了一系列节能减排的法规。这其中包括由国家发改委颁布的《"十一五"十大重点节能工程实施意见》，发改委及科技部于2006年联合颁布的《中国节能技术政策大纲》。

在这些政策和法规中，尽管一部分并不是直接针对气候变化而制定的，但它们在降低温室气体增长速度以及减轻中国由于高度依赖化石能源而产生的严重影响方面发挥了重要作用。中国政府还将一揽子经济刺激计划中很大一部分资金投入节能相关领域，2100亿元用于节约能源建设，3700亿元用于改造经济结构以及技术创新，4000亿元用于建设使用环境友好材料的高能效建筑。这些政策和法规在降低能源依赖强度，提高能源效率，推动可再生能源以及碳汇造林等方面正逐渐取得成效，并得到了国际上的广泛认可及高度评价。

二 中国发展低碳经济的必要性和可行性

经济增长与环境质量之间的关系具有很大的不确定性，其关键是在于选择何种经济增长模式，即问题不是是否增长，而是怎样增长。环境保护和经济增长并不相互矛盾，环境恶化也不是经济发展必须付出的代价，环境与经济应该是一种相互影响、相互促进的关系。然而，在过去几十年的建设和发展中，中国选择了牺牲环境来换取经济增长的发展模式，导致自然生态环境和人居空间都遭受了极大的破坏和污染，同时，这种发展模式迫使中国面对另一个难题——能源日益枯竭。所以，无论是从环境角度还是从发展的条件，即能源和资源的角度，中国发展低碳经济都存在着十足的必要性。

（一）气候恶化亟须中国走低碳经济发展道路

伴随着中国的经济发展，中国的气候急剧恶化，温室气体的浓度提高导致气候异常。近几年，夏季气候恶劣程度逐年严重，夏季最高气温连创新高，高温天数逐年延长。除此之外，温室效应导致气候异常，同时也导致自然灾害频发，中国近几年已经为此付出了巨大的代价。这种代价，既包括经济上的巨额损失，也包括用金钱难以衡量的社会福利上的损失。因此，从气候变化这个角度来判断，中国现今急需将低碳经济纳入发展规划，并对此付诸实际行动。

1. 温室气体大量排放导致气候异常，已经严重破坏生态

自工业化以来，人类活动造成全球温室气体排放总量不断增加。1970~2004年间，主要温室气体排放增加了70%。人口数量和人均能源消耗的增长是排放量增加的主要原因，若不采取进一步的措施，未来几十年温室气体排放量仍会持续增长，预计2030年全球二氧化碳排放量将比2000年增加45%～110%。这将严重恶化全球气候状况。面对这种可怕的气候恶化，人类很可能要付出惨重的代价并且需要消耗大量的物质财富来应对这种危机。

中国是处于工业化初期的发展中国家，经济增长方式粗放、能源结构不合理、能源技术装备水平低和管理水平相对落后，GDP的快速增长不仅消耗了大量的资源，使环境付出了沉重的代价，同时也削弱了经济进一步增长的后劲，使中国经济的增长质量始终处于一个较低的水平之上，难以形成核心的竞争力，不利于生产力的持续发展。尽管中国政府在经济增长的过程中进行了大量的环境保护方面的努力，但是仍未能遏制自然资源消耗与环境恶化的趋势。而环境的这种恶化，与二氧化碳密切相关。尽管中国的人均二氧化碳排放量仍低于主要工业国家，但其碳排放总量已经非常显眼。而且考虑到中国的工业化进程，其碳排放总量必将持续增加。这种庞大的碳排放总量和持续增加的趋势，已经通过气候变化，对中国产生了巨大的影响。

（1）对农牧业的影响。

农牧业是对气候变化反应最为敏感的部门之一。我国是农业大国，气候变化已经对中国的农牧产业产生了一定的影响。主要表现在20世纪80年代以来，中国春季气候提前了2～4天。而且，农业布局和结构将出现变动，气候变暖将使我国作物种植制度发生较大变化。同时，气候变暖后，草原区干旱出现的几率增大、持续时间加长，土壤肥力进一步降低、初级生产力下降。

（2）对森林和其他生态系统的影响。

气候变化对中国森林和其他生态系统的影响主要表现在：东部亚热带、温带北界北移；部分地区林带下限上升；山地冻土海拔下限升高，冻土面积减少；全国动植物病虫害发生频率上升，且分布变化显著；西北冰川面积减少，呈全面退缩的趋势，冰川和积雪的加速融化使绿洲生态系统受到威胁。

（3）对水资源的影响。

气候变化已经引起了中国水资源分布的变化。近20年来，北方黄河、淮河、海河、辽河水资源总量减少12%；南方河流水资源虽然相对丰富，但由于降雨反常，加之高温，近年也出现了区域性缺水的现象，尤其是2010年的持续干旱；随着气候变暖变干，华北部分地区的土地荒漠化从20

世纪 60 年代以来趋势加重；洪涝灾害更加频繁，干旱灾害更加严重，极端气候现象明显增多。

（4）对海岸带的影响。

近 30 年来，中国海平面上升趋势加剧。海平面上升引发海水入侵、土壤盐渍化、海岸侵蚀，损害了滨海湿地、红树林和珊瑚礁等典型生态系统，降低了海岸带生态系统的服务功能和海岸带生物多样性；气候变化引起的海温升高、海水酸化使局部海域形成贫氧区，海洋渔业资源和珍稀生物资源衰退。

据预测，未来中国沿海海平面将继续升高，到 2030 年中国沿岸海平面可能上升 0.01~0.16 米，导致许多沿岸地区遭受洪灾可能性加大，风暴潮影响的程度加重。另外，海平面上升还将造成沿海城市市政排水工程的排水能力降低，港口功能减弱。

2. 气候异常以及自然灾害频发，给中国带来巨大损失和灾难

气候变化对社会经济等其他领域也产生了深远影响，给国民经济带来巨大的损失，同时，由于温室气体排放过量而直接或间接引起的自然灾害，例如洪水、干旱和地震，不仅对经济建设产生了毁灭性的影响，同时也造成了巨大人员伤亡，给居民带来人文上的灾难，严重影响了社会幸福感的提高。

（1）由于气候变化的影响，农业生产不稳定性增加，产量波动变大。据估算，我国种植业产量在总体上因气候变暖可能会减少 5%~10%，其中，小麦、水稻和玉米三大作物均有所减产。另外，由于气象灾害而导致的病虫害所造成的损失为农业总产值的 20%~25%。

（2）气候变化将增加疾病发生和传播的机会，危害人类健康。气候变化可能引起热浪频率和强度的增加，由极端高温事件引起的死亡人数和严重疾病将增加。预计气候变化将增加心血管病、疟疾、登革热和中暑等疾病发生的程度和范围。此外，随着洪涝灾害加剧，灾后的感染性腹泻，如霍乱、痢疾等病例也会增加。而气温升高也使流行病疫区扩大，受威胁人口也会相应增加。例如，有研究预测在未来二氧化碳浓度加倍的条件下，中国鼠疫疫源地的面积将增大 40% 左右。而这些由气候变化引起的变化，将会严重影响中国的经济发展，甚至会给中国经济带来巨大损失。

（3）气候变化将影响自然保护区和国家公园的生态环境和物种多样性，

对自然和人文旅游资源产生影响。气候变化可能使雪山融化和海平面上升，从而导致山区、海岸和海岛风景的变迁，影响自然保护区和国家森林公园等以生态、环境和物种多样为特色的旅游景点，从而对自然和人文旅游资源以及旅游者的安全产生重大影响。

（4）气候变化将增加地质灾害和气象灾害的形成概率，对重大工程的安全造成威胁。例如，气候变化导致的冻土融化，将会对青藏铁路等重大工程产生不利影响。

（5）由温室气体直接或间接导致的自然灾害，造成巨大的经济损失和人员伤亡。以2008年为例。2008年1月10日至2月2日，我国南方大部分地区发生低温雨雪冰冻灾害，此次灾害因灾死亡132人，失踪4人，农作物受灾面积1187.42万公顷，绝收面积169.06万公顷，直接经济损失1516.5亿元；2008年5月12日，四川省汶川县发生8级地震，因灾死亡87150人，受伤37.4万人，直接经济损失8523.09亿元；2008年6月，华南、中南地区出现大范围持续降雨过程，降雨导致湖南、湖北、广东、广西、贵州等8省区遭受严重洪涝灾害，此次洪涝灾害共造成2997.9万人受灾，因灾死亡97人，农作物受灾142.99万公顷，绝收20.72万公顷，毁坏房屋48.4万间，直接经济损失236亿元；2008年9月24日强台风"黑格比"在广东沿海登陆，共造成广东、广西、海南、云南等省1501.9万人受灾，死亡人数47人，农作物受灾87.91万公顷，倒塌房屋4.1万间，直接经济损失133.3亿元。此外，自2008年以来，中国各个地区遭受的旱、涝、台风、病虫等灾害不胜枚举，对经济造成巨大损失的同时，更造成了惨重的人员伤亡。以上自然灾害，虽不能说是完全由温室气体排放过量引起，但已有科学研究证明，二氧化碳的过量排放导致的温室效应，是引起自然灾害的主要原因之一。因此，为了避免更多的自然灾害给经济和居民带来伤害，为了防止自然环境继续恶化，为了我们的后人能够拥有一个洁净和舒适的生存空间，中国已经走到了必须发展低碳经济的紧要关头。

（二）经济的可持续发展需要中国发展低碳经济

2002年中共十六大把"可持续发展能力不断增强"作为全面建设小康社会的目标之一。可持续发展是以保护自然资源环境为基础，以激励经济发展为条件，以改善和提高人类生活质量为目标的发展理论和战略。它是一种新的发展观、道德观。其内涵为：①突出发展的主题。发展与经济增长有根本区别。发展是集社会、科技、文化、环境等多项因素于一体的完整现象,是人类共同的和普遍的权利,发达国家和发展中国家都享有平等的不容剥夺的发展权利。②发展的可持续性。人类的经济和社会的发展不能超越资源和环境的承载能力。③人与人关系的公平性。当代人在发展与消费时应努力做到使后代人有同样的发展机会,同一代人中一部分人的发展不应当损害另一部分人的利益。④人与自然的协调共生。人类必须建立新的道德观念和价值标准,学会尊重自然、师法自然、保护自然,与之和谐相处。回过头来观察中国现有的产业结构,尤其是工业结构,以及当今经济发展对资源和能源的消耗速度,是不符合其可持续发展的战略目标的。发展低碳经济,正是解决这一问题的根本途径。

1. 现有经济发展模式导致能源资源濒临枯竭,与可持续发展背道而驰

首先,有必要理清楚低碳经济发展路线与中国的能源资源消耗之间的关系。因为在中国经济发展过程中,第一产业,尤其是电力和钢铁等高能耗产业所占比重很大,这些工业的生产需要消耗大量的煤和其他一次能源,伴随着生产,这些煤和其他一次能源的重要产物之一便是以二氧化碳为代表的温室气体。由此可见,二氧化碳的排放和能源资源的消耗是密不可分的,是正向相关的一种因果关系。所以,分析研究中国发展低碳经济的必要性可以从中国能源资源态势入手。

人口和能源储量都是衡量一个国家能源丰富程度要考虑的因素。中国能源储量不少,但考虑到人口因素就显得十分之少。能源储量的稳定性以及人口的动态增长加剧了能源短缺现状。2008年中国人口总数达到了132802万,大约占世界总人口的20.08%,同期,中国煤炭探明储量为1145亿吨,约占世界探明储量的13.9%,虽然比重不是很低,但考虑人口因素,中国煤炭人均储量仅为世界平均水平的70.38%,加之中国煤炭单矿规模小,储量分散,品位比较低,开采难度大,价值低,这样看,中国的煤炭资源虽然比其他资源较为丰富,但仍然不容乐观。1988~2008年,我国探明石油储量在减少,而且占世界探明总量的比重也在降低,2008年中国人均石油储量为1.62吨,仅为世界人均水平的6.24%,在石油地位日益重要的今天,这对中国来说明显不是一件好事。天然气的人均储量也仅为世界人均水平的6.75%,中国其他重要一次能源的探明储量,无论是其总量占世界总储量的比重,还是人均占有量与世界平均水平相比,结果都是不容乐观的[①]。表 5-1 为 2000~2008 年中国能源产量变化。

表 5-1　2000~2008 年中国能源产量变化[②]

年份	能源生产总量（万吨标准煤）	原煤（亿吨）	原油（万吨）	天然气（亿立方米）
2000	128798	13.0	16300.0	272.0
2001	137445	13.8	16395.9	303.3
2002	143810	14.6	16700.0	326.6
2003	163842	17.2	16960.0	350.2
2004	187341	19.9	17587.3	414.6
2005	205876	22.1	18135.3	493.2
2006	221056	23.7	18476.6	585.8
2007	235415	25.3	18631.8	692.4
2008	260000	27.9	19001.2	789.3

由表中数据可以看出，从 2000 年到 2008 年，中国一次能源的开采量和产量在持续提高，并且提高的速度也有上升趋势。这虽然能在短期内一定程度上解决中国能源问题，但是，无论是中国还是放眼世界，地下埋藏的能源和资源都是有限的，那么，中国越是在加速一次能源的生产，一次能源剩余储藏量越是以加快的速度在减少。就算加上进出口贸易等因素可以在一定程度上缓解中国的能源紧缺的局面，中国的能源紧缺现状仍然很严重，而且，大量进口能源，不但不能从根本上解决中国自身的能源问题，站在全世界的角度上看，这种行为又会加速引发全世界的能源危机。

从能源储量和中国能源消费量的角度，对中国能源的利用年限分析，根据世界统计年鉴，2008 年中国几种主要能源的探明储量为：煤炭 1145 亿吨，石油 46.2 亿吨，天然气 2.46 万亿立方米。按照《中国统计年鉴 2009》，2008 年，中国能源消费总量为 28.5 亿吨标准煤，煤炭的比例为 68.7%，也就是说 2008 年中国消费的煤炭为 19.6 亿吨。假设中国的能源消费结构、利用效率等都不变，那么中国的煤炭资源还可以用 59 年。按照 BP 世界能源统计的数据，2008 年中国消费石油 3.75 亿吨，而中国石油储量为 46.2 亿吨，按照这个消费速度，中国石油只够消费 13 年。按照 BP 世界能

---

① 《中国能源统计年鉴 2008》。

② 《中国能源统计年鉴 2009》。

源统计的数据，2008年中国消费天然气807亿立方米，而中国天然气储量为2.46万亿立方米，照此计算，中国天然气仅仅可以持续31年[①]。

以上的数据分析意味着不久的将来，中国一次能源可能面临着枯竭的境地，这样的能源利用是无法持续的。这种发展模式是与中国的可持续发展战略背道而驰的。近年来，虽然中国在加大能源进口力度，以缓解国内能源紧张的局势，但如果不转变现有发展模式，一味地依靠进口也是解决不了问题的。一来纵观全球，一次能源也并非取之不尽用之不竭，也不能彻底解决世界各国的能源问题；二来伴随着国际能源储量越来越少，能源的重要性越来越高，国际能源交易价格也会越来越高，这样，为了维持中国这样巨大的能耗生产，中国需要花费巨额资金，甚至有可能在能源越来越贵的未来，中国经济建设的成绩会被进口能源所需花费的资金所抵消；最后，过分依靠进口能源，会造成中国的能源安全危机，使中国的工业以及经济越来越受控于其他国家，能源安全又是国家经济安全和社会安全的重要方面，它直接影响到国家安全、可持续发展及社会稳定。所以，依靠能源进口不仅不是解决中国能源短缺的办法，甚至还会引起更加难以解决的问题。由此可见，要想改善中国能源短缺现状，要想彻底解决能源危机问题，中国必须贯彻可持续发展战略，大力执行节能减排的产业改革，也就是走低碳经济路线。

2. 发展低碳经济有利于中国产业结构的优化和升级

首先，需要理清低碳和产业结构之间的内在联系。发展低碳经济，从自身原因来讲是因为气候因素和经济因素。在经济因素中，一方面需要改变能耗过大的现状，一方面要降低产品成本，从福利经济学的角度来提高效率。气候因素需要降低二氧化碳排放与经济因素中需要降低能耗这两方面的要求是同向的，也就是说降低能耗，既能满足降低成本以提高效率的要求，又能满足降低温室气体排放的需求。而在中国现阶段，降低能耗和提高效率，受到现有产业结构的严重制约，以至于不进行产业结构的转型和升级，就无法在节能减排上取得质的进展，无法做到温室气体排放实质性的降低，更无法从根本上解决过度排放温室气体所带来的各种问题。同时，如果中国从减少温室气体排放这一角度出发，对电力、钢铁等高能耗行业技术改造和结构优化，不仅有利于降低二氧化碳的排放，从长远角度

---

① 周志强：《中国能源现状、发展趋势及对策》，《能源与环境》2009年第6期。

看，更能降低这些行业的资源和能源消耗，降低产品成本，使企业对外更具有竞争力，对内则更有生命力。这就是低碳经济和产业结构之间的内在联系。

在进行中国碳排放产业结构与低碳经济关系的分析之前，先要了解中国碳排放的来源。中国工业部门占 GDP 的比重较大，其二氧化碳排放量占中国碳排放总量的 84% 以上，并且工业部门的单位 GDP 排放强度要高于农业和服务业。按照中国内部通行的行业划分，在工业内部，电力、供热、钢铁和石油加工等行业的二氧化碳排放量所占整个工业排放量的比重超过了 75%，所以，这是本文分析讨论的重点，同时也是中国减排政策应当关注的重点。

新中国成立 60 多年来，中国的工业化进程取得了突破性的进展，但进程中所隐藏的问题也日益凸显了出来，其中一个很严重的问题就是中国工业能源利用效率不高，利用结构不合理。目前，中国每吨煤的产出效率只相当于美国的 28.6%，欧盟的 16.8% 和日本的 10.5%，能源综合利用效率仅为 33%，比发达国家低 10 个百分点；机动车油耗水平比欧洲高 25%、比日本高 20%；单位建筑面积采暖能耗相当于气候条件相近发达国家的 2~3 倍[①]。这说明在中国，要生产相同数量的产品，所需要投入的能源是美国、日本和欧盟等发达国家和地区的数倍，机动车和建筑面积采暖方面，消耗的能源和排放的二氧化碳等温室气体也远远高于发达国家。导致这种结果的原因，一是中国企业自身的技术条件不够，急需提高科研投入，提高工业企业内部生产的技术水平，以提高能源和资源的利用效率，降低单位产品成本，同时降低了温室气体排放。第二个问题是中国的企业与企业间，行业与行业间的比例和布局不够完善，相关行业之间的联动性不够强，尤其是地区间的产业分布很不合理，地域优势没有得到充分发挥，导致产品在流通环节停留过长，运输能耗过大，这样也降低了能源的使用效率，提高了单位产品投入成本的同时增加了温室气体的排放。

除以上原因之外，导致中国工业能源利用效率不高、利用结构不合理的原因还有很多，但以上两条原因最为关键，是解决中国气候问题，能源问题，优化中国产业结构，提升中国企业竞争力和生命力的关键。从国际

---

① 中华人民共和国 2009 年国民经济和社会发展公报 [EB/OL] http：//www.gov.cn/gzdt/2010-02/25/content_1541240.htm。

上低碳经济的实践经验和生产力发展的客观规律看，产业调整和技术创新必将成为低碳经济发展的两大支柱，同时二者又不可分割地交织在一起，技术创新会导致一系列新的产业的出现，而新产业的正确选择又会对技术创新提出更高的要求，每一次创新浪潮的核心都有一种关键投入，它与众多的通用创新一起，彻底改变了企业所面临的相对成本结构，推动着经济社会不断向新的范式转变[①]。第一，发展低碳经济，将积极推动符合低碳目标的新兴产业、高技术产业发展，主要是推动环保产业、生物产业、新能源产业等的发展，因为许多低碳技术都与其息息相关。第二，发展低碳经济，将积极推动传统产业的升级改造。发达国家的实践证明，传统产业的高技术化过程能使传统产业创造出更大的附加值，从而取得良好的经济效益。第三，发展低碳经济，将促进国家建立创新体系，支持产业调整与技术创新。低碳经济的发展需要政府、企业、大学、研究院所、中介机构之间为寻求一系列共同的社会经济目标而相互合作，并将创新作为变革和发展的关键动力，通过国家创新体系的建立，推动符合低碳目标的产业调整与技术创新。第四，发展低碳经济，将促进碳金融产业的发展与碳交易技术的创新。碳金融产业和碳交易技术是低碳经济发展实践过程中的一项制度创新，它源自《京都议定书》规定的两种二氧化碳的减排方式，即"技术减排"和"市场减排"。我国发展低碳经济，应将碳金融产业和碳交易技术与其他技术有机结合起来。因此，发展低碳经济，将十分有利于中国相关产业结构的优化和升级。

（三）国际贸易和竞争，迫使中国走低碳经济发展路线

应对气候变化以及加快产业结构优化和升级，是决定中国走低碳经济发展路线的内在动因。除此之外，伴随着经济全球化的快速进行，中国越来越离不开国际贸易，而在低碳经济这一大背景下，掌握国际话语权的发达国家，正在逐渐将"碳排放"作为国家之间博弈的一颗棋子。作为发展中国家，中国如果不实行低碳经济，则在既定的和即将形成的游戏规则下，将在发达国家面前处于劣势，这是中国必须选择低碳经济的外在动因。

1. 当今国际贸易中，低碳逐渐成为一项竞争手段

从历史排放上看，发达国家在发展过程中过度消耗了地球的资源，这

---

① 〔挪〕赖纳特、〔中〕贾根良：《穷国的国富论——演化发展经济学论文选》，高等教育出版社，2007。

是造成气候变化的"元凶"。从发展现状上看，发达国家无论在技术上还是舆论上都提前的做好了向低碳转型的准备，但这并不意味着发展中国家能够回避低碳经济。一方面，气候问题无国界，防范全球变暖，需要国际合作；另一方面，发达国家很早就开始利用它们在国际贸易中的优势以及国际交流中特殊的话语权，将发展中国家卷入了低碳经济之中，力争让发展中国家尽可能替它们承担责任。于是，任何一个发展中国家，都无法回避来自国际的压力。

发达国家与发展中国家围绕碳排放的博弈，首先表现在发达国家向发展中国家进行污染转移和转嫁风险。随着经济全球化，很多发达国家的工业企业转移到了发展中国家，通过进口商品来满足国内的消费需求，在转移了能源和资源消耗及环境污染的同时，没有作出合理的补偿。中国的贸易顺差由2004年的320亿美元到2007年的2620亿美元，三年间增长了8倍左右。然而60%左右的中国出口都来自外国资本在中国的合资企业或独资企业。英国廷德尔气候变化研究中心的研究表明，2004年中国净出口了约占中国总排放1/4的二氧化碳，是英国当年排放总量的两倍以上。这些由出口造成的二氧化碳，既增加了中国在国际社会中所面临的减排压力，也加剧了中国能源供应的紧张，还造成了严重的环境污染。很明显，在这样不公平的国际交易模式下，中国付出了巨大的代价。中国牺牲了自己的环境，消耗了大量的能源，生产的产品却被发达国家消费，而没有得到应有的补偿。要想扭转这一不公平的交易局面，减少国际交易中中国在环境和能源方面的牺牲，一方面中国需要争取更强的话语权，另一方面则是需要改变当前的经济发展模式，走低碳经济路线。而对于争取话语权这一方面，主要决定因素是中国的经济实力和综合国力的成长，走低碳经济路线，有助于提高中国出口产品的利润率，提升中国企业竞争力，也有助于相关行业科技进步，增强中国综合国力，进而增强中国在国际交易中的话语权。综上所述，发展低碳经济，是中国改变当前国际中的不利地位，提升话语权，保护本国资源和环境，避免发达国家对中国进行污染转移和风险转嫁的重要途径。

中国面对的来自国际方面的压力，主要体现在自2007年12月3日开始的一系列气候大会。2007年12月3日，联合国气候大会在印尼巴厘岛举行，12月15日正式通过了一项决议，决定在2009年前就应对气候变化问题新的安排举行谈判，制订了应对气候变化的"巴厘岛路线图"。"巴厘岛路线图"确定了今后加强落实《联合国气候变化框架公约》的领域,为进一步落实该公约指明了方向。该"路线图"为2009年前应对气候变化谈判的关键议题确立了明确议程,其核心就是进一步加强《联合国气候变化公约》和《京都议定书》的全面、有效和持续实施,重点解决减缓、适应气候变化以及技术资金问题,同时,要求发达国家在2020年前将温室气体减排25%~40%。2009年7月8日,G8峰会提出,到2050年,发达国家温室气体排放量至少减少50%。为实现这个目标,全球经济就必须转型到低碳经济。这预示着从现在到2050年的40年,低碳经济将是国家竞争力和企业竞争力的重要体现,各国都将围绕低碳经济在技术上、贸易上展开角逐。2009年12月7日召开的哥本哈根国际气候会议,就未来应对气候变化的全球行动签署新的协议。哥本哈根会议涉及世界各国从高碳排放的工业文明向低碳消耗的生态文明的革命性转型,这是继《京都议定书》后又一具有划时代意义的全球气候协议书。虽然这次会议的成果将会对地球今后的气候变化走向产生一定的影响,但这次会议并没有成为人们期待的那样的"拯救人类的最后一次机会"的会议。由于发达国家不肯放弃它们在国际交往中的优势,而坚持将责任推向发展中国家,而发展中国家明显没有实力也没有兴趣为发达国家制造的恶果埋单,所以,这次会议本质上又成为一次多方力量角逐的聚会,而且,作为最有影响力的美国,其始终没有在《京都议定书》上签字,这不能不让世界怀疑发达国家拯救世界环境的诚意。但是,不管是出于对世界环境负责、对本国生态负责,还是出于积极应对国际交往中新的挑战,中国都用自己积极的态度作出了表态,这是哥本哈根会议上的一大亮点。

2. 中国对发展低碳经济的决心以及对世界的承诺

中国,作为世界上人口最多的国家,也是受气候变化和自然灾害影响最严重的国家之一。中国出于对本国发展考虑,同时也出于对世界生态和资源的负责,中国从很早就开始了低碳的行动,通过建立相应的机构,制定有关政策,中国不仅在国内实施了具体可行的减排措施,还积极参与到应对气候变化的国际谈判当中,将和平、发展、合作的理念真正落到了实处。

早在1992年,中国就签署了《联合国气候变化框架公约》,1993年全国人大常委会批准了此公约;1998年,中国签署了《京都议定书》,并在2002年批准了《京都议定书》,《议定书》的生效是人类社会在防范全球气候变暖国际合作中的一个重要里程碑；2006年3月中国的"十一五"规划纲要提出了两个主要约束性指标，即：到2010年单位GDP能耗比2005年降低20%、主要污染物排放总量减少10%，同年12月，中国发布了《气候变化国家评估报告》，该报告明确提出：积极发展可再生能源技术和先进核技术，以及高效、洁净、低碳排放的煤炭利用技术，优化能源结构，减少能源消费的二氧化碳排放，保护生态环境并增加碳吸收率，走低碳经济的发展道路；2007年8月，国家发改委发布《可再生能源中长期发展规划》，可再生能源占能源消费总量的比例将从目前的7%大幅增加到2010年的10%和2020年的15%；2008年10月，中国发表了《中国应对气候变化的政策与行动白皮书》，全面介绍了气候变化对中国的影响，中国加快应对气候变化的政策与行动，以及中国对此进行的体制机制建设，成为中国气候变化的纲领性文件。

进入2009年，中国加快了应对气候变化的步伐。5月，中国政府公布了"落实巴厘岛路线图"的文件，阐述了中国关于哥本哈根会议落实巴厘岛路线图的立场和主张；8月，继制定《可再生能源法》、《循环经济促进法》后，十一届全国人大常委会高票通过了关于积极应对气候变化的决议；9月，胡锦涛主席在联合国气候变化峰会上，提出了中国今后应对气候变化的具体措施：一是加强节能、提高能效，争取到2020年单位GDP的二氧化碳排放比2005年有显著的下降，二是大力发展可再生能源和核能，争取2020年非化石能源占一次能源消费的比重达15%左右，三是大力增加森林碳汇，争取到2020年森林面积比2005年增加4000万公顷，森林蓄积量比2005年增加13亿立方米，四是大力发展绿色经济，积极发展低碳经济和循环经济，研发和推广气候友好技术；11月25日，国务院总理温家宝向全世界公布了我国2020年低碳强度的目标，即到2020年，单位国内生产总值二氧化碳排放比2005年下降40%～50%，作为约束性指标纳入国民经济和社会发展中长期规划，并制定相应的国内统计、监测、考核办法；12月18日，国务院总理温家宝在哥本哈根气候变化大会闭幕式上，提出中国应对气候变化问题上的四个原则：一是保持成果的一致性，二是坚持规则的公平性，三是注重目标的合理性，四是确保机制的有效性。

以上行动，是中国应对全球气候变化的举动，是中国发展低碳态度的决心。虽然受到来自国际的压力，但是中国政府确定减缓温室气体排放的目标是中国根据国情采取的自主行动，是对中国人民和全人类负责的，不附加任何条件,不与任何国家的减排目标挂钩,中国言必信、行必果,将会坚定不移地为实现、甚至超越这个目标而努力。这是中国对本国发展积极的态度,也是对世界的承诺。

(四) 中国用实践和成果证明发展低碳经济的可行性

中国发展低碳经济,不仅仅是必要的和紧迫的,而且也是可行的。自中国开始针对气候变化展开行动以来,取得了一系列积极的成果,这说明了当前中国在资金和技术方面都具备了发展低碳经济的条件,同时,中国国情决定其具备发展低碳经济的潜力。

1. 积极发展循环经济

自 2008 年 8 月《循环经济促进法》实施以来,中国已有 26 个省市开展了循环经济试点工作。钢铁、有色金属、电力等行业,以及废弃物回收、再生资源加工利用等领域也展开了循环经济的试点工作,从企业内部、企业间、产业间或工业园区,以及社会层面看,循环经济模式初步形成。2008 年,中国回收利用废钢铁 7200 万吨、再生有色金属产量 520 万吨、回收塑料 1600 万多吨,均居世界第一位。另外,为推动秸秆综合利用,国务院办公厅印发了《关于加快推进农作物秸秆综合利用的意见》,支持一批综合利用重点项目;"十一五"前三年,共安排中央预算内投资 13.1 亿元,支持了 179 个资源综合利用重点项目;利用工业废渣 3546 万吨,回收利用废旧金属等再生资源 172 万吨;利用林木"三剩物"233 万吨,节约木材资源 373 万立方米。

2. 大力提高能源效率

根据国务院办公厅《关于印发 2008 年节能减排工作安排的通知》,各部门、各地区强化了节能降耗问责制,加强了节能统计体系、监测体系、考核体系建设,在重点行业和重点领域淘汰了一批生产能力落后企业,有效推进了节能减排工作,最终实现单位 GDP 能耗持续下降,降幅首次超过五年平均节能目标。2008 年,中国主要高能耗行业单位能耗持续下降,万元国内生产总值能耗比 2007 年降低 4.59%,从 2006 年到 2008 年,中国单位 GDP 能耗累积下降了 10.1%,节能约 2.9 亿吨标准煤,相当于减少二氧化碳排放 6.7 亿吨。同时,中国不断加大淘汰落后产能力度,2008 年中央财政共安排 62 亿元资金用于支持企业职工安置、转产等,全年关停 325 家电厂,淘汰落后水泥产能 5300 万吨,炼钢产能 1400 万吨,电石产能 104 万吨，2008年以来，仅火电淘汰落后产能就相当于减少二氧化碳排放0.5亿吨。另外，中国尤其重视经济激励手段，推广节能产品。2008年，中国利用财政补贴资金推广节能灯6200万只，预计每年可节电32亿千瓦时，减排二氧化碳320万吨，2009年，中国通过财政补贴方式对能效等级在1级或2级以上的空调、冰箱、洗衣机、平板电视、微波炉、电饭煲、热水器等10类产品进行推广。另外，下调了小排量乘用车消费税税率，鼓励购买低能耗汽车；出台了《节能与新能源汽车示范推广财政补助资金管理暂行办法》，支持北京等13个城市在公交、出租、公务、环卫和邮政等公共服务领域率先推广使用节能与新能源汽车，对购买节能与新能源汽车及建设相关配套设施给予补助。

3. 优化能源结构

中国政府重视可再生能源、新能源、天然气等无碳和低碳能源的发展，积极推动能源结构优化。2008年以来，中国公布了《风力发电设备产业化专项资金管理暂行办法》、《金太阳示范工程财政补助资金管理暂行办法》、《太阳能光电建筑应用财政补助资金管理暂行办法》、《秸秆能源化利用补助资金管理办法》、《可再生能源建筑应用城市示范实施方案》、《加快推进农村地区可再生能源建筑应用的实施方案》及《关于完善风力发电上网电价政策的通知》等财税激励政策，大大推动了我国可再生能源的迅速发展。截至2008年底，中国新增水电装机容量2700万千瓦，水电装机总容量达到1.72亿千瓦，年发电量5633亿千瓦时，占到发电总量的16.3%，水电装机和发电量多年居世界第一。风电规模连续三年成倍增长，仅2008年就新增装机容量614万千瓦，风电装机总量达1217千瓦，位列全球第二。

4. 中国低碳模式的发展潜力

对整个中国而言，工业化、城市化过程在未来仍将继续。随着经济增长、城市化进程加快、生活水平提高，与能源和碳排放相关的需求将不可避免地上升。由于中国的人均GDP尤其是农村地区的人均GDP还处在较低的水平，为了满足改善生活水平的需求而产生的温室气体排放仍将上升。考虑到中国各个区域的发展差异，中西部地区的排放将在更长一段时间内保持增长。但同时也应看到，如果充分把握机会，后发优势也有可能使中西部地区更快实现低碳增长，在推动社会经济发展的同时减轻碳排放的影响。

国际和中国国内的经验都表明，人类发展水平的提高不必然导致温室气体排放量的增加。2009年麦肯锡的研究表明，中国东部发达地区经济发展已经开始与能源消费相对脱钩①。尤其是"十一五"期间实行的能源强度目标和即将实行的碳强度目标，更体现了中国在寻求低碳发展上的努力。低碳投资、能源效率提高、高附加值工业部门的发展以及服务的崛起，都将构成推动增长和向低碳社会转型的强大动力。能源利用技术水平的提高，低碳城市交通体系的发展和低碳消费观念的确立，也为未来的温室气体减排提供了潜力。在实现经济增长方式转变的基础上，中国将力图实现从高碳密集型人类发展模式向低碳密集型人类发展模式的转变。

气候变化、自然灾害、能源危机、经济因素，以及来自国际的压力决定了中国发展低碳经济的必要性和紧迫性，而中国多年努力的成果以及发展低碳经济的潜力则说明了中国发展低碳经济的可行性。所以，中国作为最大的发展中国家，也是当今世界上最负责任的大国之一，她将坚持履行自己对世界的承诺，积极应对低碳经济发展路线上的各种挑战，继续从多个角度入手，吸收借鉴国际成功经验，为提高工业素质，降低温室气体排放，应对全球气候变化和能源问题做出努力。

三 低碳经济发展的国际动向和实践以及与中国的互动

或许能源危机针对不同的国家，影响程度尚有不同，但气候变化的影响则没有国界。面对日益严重的气候变化问题，各国政府纷纷采取手段，从本国现状积极入手，利用相应的利好政策来推动低碳经济的发展。针对国家的不同现状，各国政府纷纷建立了特色鲜明的低碳发展模式。

（一）低碳经济立法

为了保障低碳经济政策的顺利实施，各国政府纷纷采取立法手段来保障相关经济政策的顺利实施，通过立法强化发展低碳经济的决心，使低碳的思维模式深入民心，为企业执行低碳政策提供尺度，从而保障低碳发展模式得到实现。

---

① 麦肯锡：《"节能减排的坚实第一步——浅析中国'十一五'节能减排目标"》，2009，2010年3月18日访问。

1. **英国低碳经济立法现状**

英国是最早提倡低碳经济发展模式的国家，在低碳事业上一直走在世界前列。2008年，英国颁布实施《气候变化法案》，成为世界上第一个为温室气体减排目标立法的国家。该法案为英国制定了一个清晰而连贯的中长期减排目标：到2020年，将英国的二氧化碳排放量在1990年的水平上减少26%~32%，到2050年，在1990年的水平上削减至少60%；制订了碳收支5年计划新体系和未来15年的碳收支计划；成立具有法律地位的气候变化委员会；引入新的排放贸易体系；建立新的温室气体排放报告机制，对温室气体减排进展情况进行监督。

2. **日本低碳经济立法现状**

日本属于资源匮乏的国家，提高能源利用率历来为各界政府所重视。日本在节能减排过程中先后制定了《节约能源法》、《合理用能及再生资源利用法》、《废弃物处理法》、《化学物质排出管理促进法》等法案，通过严格的法律手段，全面推动各项减排措施的实施，严格控制各行业能源需求的增长。日本近年数次修订《节约能源法》，设置电器产品等的节能标准，引导日本企业将节能视为企业核心竞争力的表现，重视节能技术的开发。同时，建立对企业执行国家节能环保标准的监督管理的四级管理模式。

3. **德国低碳经济立法现状**

德国本土能源较为缺乏，石油、天然气严重依赖进口，为开发新能源，德国政府出台的《可再生能源法》规定新能源占全国能源消耗的比例最终要超过50%。2009年3月，德国政府通过了《新取暖法》，扶植重点逐渐向新能源下游产业转移。

4. **美国低碳经济立法现状**

美国虽然是世界头号工业大国，但是始终未曾签署《京都议定书》，但为了争夺对于全球经济发展的主导权，自奥巴马上台以来大力推行新能源计划。为降低能耗，美国先后颁布了《国家节能政策法规》、《国家家用电器节能法案》；在减少污染排放方面，美国先后颁布了《清洁水法》、《清洁空气法》、《固体废弃物处置法》等法律法规。这些节能与环保法规可操作性强，为节能减排提供了可靠的法律保障。

5. **中国低碳经济立法现状**

中国在近几年的发展过程中大力重视经济发展模式的转变，对于低碳经济的发展尤为关注，先后通过《节约能源法》、《可再生能源法》、《循环经济促进法》以及《清洁生产促进法》等相关法律。通过立法保障我国又好又快的经济发展方向,从而促进低碳经济的发展。但在法规层面上,同时存在 20 多部能源行政法规和规章,使得立法体系琐碎繁杂,且存在很多制度上和结构上的重复或空白,同时存在立法结构不清,体系化程度低,能源监管职能分配不明确等问题[①]。

(二) 低碳财税政策

当前世界各国纷纷采取各种手段来刺激低碳经济发展,低碳经济的发展主要还是依靠政府推动。在政府推行低碳经济的过程中,直接使用财政手段进行宏观干预无疑是最为有效也最为迅速的发展手段,这些手段在发达国家的低碳化道路上起到了显著的作用,为其他国家作了良好的表率。

1. 英国低碳财税政策

2000 年,英国政府针对能源供应商制定了新的税收政策,决定于 2001 年开始针对能源供应商征收"气候变化缴款"。"气候变化缴款"的计税依据是煤炭、油气及电能等高碳能源的使用量,如果使用清洁能源则可获得税收减免。该税的征收目的主要是用来减少雇主所承担的社会保险金和用于提高能源效率及可更新能源的开发、使用。在可再生能源利用率上,英国在欧盟国家中排名最低。为了赶超其他欧盟国家,完成欧盟 2020 年可再生能源目标,英国出台了一系列可再生能源补贴政策。2008 年颁布《能源法案》决定针对可再生能源进行补贴,根据此法案,小型太阳能发电系统家庭用户每年可获得 900 英镑补贴,补贴年限为 10~25 年不等。同时,英国政府还公布了"可再生能源供暖补贴"政策,该政策规定从 2011 年 4 月起,每户采用可再生能源供暖的家庭平均能获得 1000 英镑的补贴。

2. 日本低碳财税政策

在日本,太阳能发电是非常普及的。同时,为了在家庭方面也能够普及太阳能发电,1994 年日本实施了家用太阳能发电设备的补贴政策,但 2005 年该政策的终止导致日本国内的家用太阳能发电设备销售量大幅下降。金融危机爆发后,为了制造新经济增长点,力争主导世界环境话语权,日本政府决定于 2009 年恢复已中断 3 年的家用太阳能补贴政策,对安装太阳能设备的用户发放 70000 日元/千瓦的补贴,使安装家用太阳能发电设备的

---

① 朱全宝:《法伦理视阈下的低碳经济》,《成都行政学院学报》2010 年第 2 期,第 35~37 页。

费用在今后 3 年至 5 年内减半。此外，从 2009 年开始，日本政府向购买清洁柴油车的企业和个人支付补助金。经济产业省希望通过这一举措推动此种环保车辆的普及，并逐渐增强日本清洁柴油车生产企业的国际竞争力。

3. 美国低碳财税政策

美国多年来一直对于低碳领域采取不作为手段，但自从奥巴马政府上台以来，极力推动新能源产业、绿色经济的发展。2010 年初开始，美国联邦政府便不断公布多项节能优惠政策，鼓励民众过上节能的生活。美国联邦国税局指出，截至 2010 年 12 月 30 日，购买节能的生物质炉、暖气、通风设备、空调、热水器等，最多可享受 30%，最高至 1500 美元的减税；截至 2016 年 12 月 31 日，购买燃料电池并且使用于日常住所（不包括度假屋）的家庭，参与抵税金额为产品总价的 30%，但不得超过每 0.5 千瓦容量获得最多 500 美元抵税的上限；截至 2016 年 12 月 31 日，如购买及安装地热设施、太阳能板、太阳能热水器、小型风能设备四类产品，可享受年终抵税。抵税金额为每家庭购买节能设备总价的 30%，抵税金额不设上限。同时美国新能源政策规定，当油价高于 80 美元/桶时，将对美国国内石油采掘公司征收高额税收，这部分税收除用于新能源技术的研发外，一部分还将补贴给消费者[①]。

4. 中国低碳财税政策

中国目前正处于经济发展模式转变的关键时期，中国政府正倾力促进高碳经济向低碳经济转变，在 2008 年新增的 4 万亿刺激经济投资计划中，共有 5800 亿元用于节能减排、生态工程、调整结构、技术改造等与应对气候变化相关的项目，其中直接用于节能减排、可持续发展方面的资金达 2100 亿元人民币，用于自主创新和产业结构调整的资金达 3700 亿元人民币。当前，由于中国的清洁能源产业在全球具有较领先地位，财政政策对于新能源产业给予较大的优惠措施，主要以项目补贴以及相应的税收优惠为主。但我国对于新能源投资项目的补贴面相对较窄，额度、比例都较小，一般不到投资额的 10%（发达国家一般在总投资额 40% 以上）；目前可再生能源发电已实行强制入网、全额收购、差价在全部电网分摊的政策，政府优先收购的价格也普遍高于普通能源发电。但问题是可再生能源价格优

---

① 陈新平：《低碳经济发展模式下的财税政策——发达国家的经验及启示》，《宏观经济管理》2010 年第 4 期，第 39~41 页。

惠形成机制有待完善，同时税收优惠政策也无法得到贯彻实施，从而不能保证清洁能源的成本领先。

（三）各国的低碳金融创新

伴随着当前如火如荼的低碳经济热潮，关于低碳的相关金融创新也不断浮出水面，通过将低碳和金融有机地结合起来便造就了更加光鲜明亮的碳金融。随着气候峰会的召开，低碳概念深入人心，低碳产品也层出不穷，各方对于碳金融的关注也更加深入，各国纷纷利用金融杠杆来助推低碳经济的发展，促进节能减排事业的进程。目前的碳金融主要围绕碳交易、碳基金以及绿色信贷等方面进行展开。

1. 碳交易

碳交易，全称是二氧化碳排放权的交易。根据《京都议定书》，二氧化碳排放权可以作为一种商品，利用市场机制进行碳交易可以有效解决温室气体减排的问题。合同的一方通过支付另一方获得温室气体减排额，买方可以将购得的减排额用于减缓温室效应从而实现其减排的目标。

碳交易一般分成两大类：其一是基于配额的交易，其二是基于项目的交易。碳交易市场还可以分为强制市场和自愿市场两种。前者是由一些国家和地区性的、强制性的减排指标所产生的；而后者则是一些国家或组织自己确立的减排体系，参与者自发作出减排承诺并出资抵偿其超额的排放量。当前由于CDM清洁能源发展机制得到了广泛的共识，因而CDM成为国际碳交易市场上的主要交易品种[1]。

到2008年，活跃在CDM交易市场的买家主要来自欧洲和日本、加拿大。市场上最活跃的买家来自英国，其次是意大利。目前许多发达国家已通过碳交易取得了显著的环境和经济效益。如英国通过"以激励机制促进低碳发展"的气候政策来提高能源利用效率，降低温室气体排放量；德国通过碳排放权交易管理，做到了经济与环境双赢；美国堪萨斯州农民通过农田碳交易，获得了新的农业收入来源；日本则把碳排放权交易看做是"21世纪第一个巨大商机"，通过在世界各地大量购买和销售碳排放权，获得了巨大的经济收入。此外，印度、泰国等发展中国家和地区也看到了全球变暖带来的商机，陆续进入全球碳交易市场"淘金"。

---

[1] 陈波、刘铮：《全球碳交易市场构建与发展现状研究》，2010年第42卷第3期，第22~26页。

表5-2 全球碳交易市场分类

市场或机制	以项目为基础的市场		以配额为基础的市场				
^	清洁发展机制（CDM）	联合履行机制（JI）	强制市场		自愿市场		
^	^	^	国际排放权交易（IET）	欧盟排放交易体系（EU-ETS）	区域性温室气体减排立法提案计划（RGGI）	芝加哥气候交易所（CCX）	新南威尔士温室气体减排计划（NSW GGAS）
交易工具	CERs	ERUs	AAUs	EUAs	RGGAs	CFI	NGACs

中国是全球第二大温室气体排放国，虽然没有减排约束，但中国被许多国家看做是最具潜力的减排市场。联合国开发计划署的统计显示，截止到2008年，中国提供的二氧化碳减排量已占到全球市场的1/3左右，预计到2012年，中国将占联合国发放全部排放指标的41%。因此，虽然我国的碳交易数额巨大，却仍然算不上是碳金融市场的主要参与者。2006年至2008年，是我国CDM项目的发展初期，由54%的全球CDM占比率提高到84%，2009年在金融危机的影响下，碳交易价格大幅回落，我国CDM的毁约率有所上升，但我国的CDM项目注册率却呈现了跳跃性发展趋势，已注册项目共计503个，相对2008年的150个注册项目，涨幅高达235%。目前，我国已成立三个碳交易市场：北京环境交易所、上海环境能源交易所和天津排放权交易所，武汉、深圳等城市也将在未来几年内成立环境交易所，研究碳交易制度和减排规则①。

2. 碳基金

所谓碳基金（Carbon Funds），是指由政府、金融机构、企业或个人投资设立的专门基金，致力于在全球范围购买碳信用或投资于温室气体减排项目，经过一段时期后给予投资者碳信用或现金回报，以帮助改善全球气候变暖。碳基金是《京都议定书》下为促进"低碳经济"发展而新衍生出来的金融"工具"，是国际碳市场投融资的重要工具，如世界银行碳基金、欧洲企业碳基金、英国碳基金、日本碳基金等。目前，世界银行已经设立了10个碳基金，总额高达20亿美元。

世界银行是碳市场中的先锋。它的碳基金业务始于1999年建立的1.80

---

① 曹佳、王人飞：《我国碳金融市场的现状分析与展望》，《经济论坛》2010年第7期，第154~157页。

亿美元的原型碳基金（PCF）。目前，世界银行管理着总价值超过20亿美元的10个碳基金和融资机制。英国碳基金是由政府投资、按企业模式运作的独立公司，成立于2001年。主要资金来源是英国的气候变化税。碳基金的资金用于投资方面，主要有3个目标，一是促进研究与开发，二是加速技术商业化，三是投资孵化器。碳基金用于投资性的项目，额度一般是150万英镑；用于研究性的项目，额度一般在5万~25万英镑。德国和日本的碳基金相似，都是由本国投资银行、政府和企业出资建立的，碳基金的资金主要用于购买《京都议定书》规则下的减排量，以完成本国的减排目标[①]。

中国碳基金的发展目前仍处于引进探索阶段。从实践看，中国目前有一个碳减排证卖方基金，总部设在荷兰，其核心业务是为中国CDM项目的减排量进入国际碳市场交易提供专业服务，特别是为欧洲各国政府、金融机构、工业用户同中国的CDM开发方之间的合作和碳融资提供全程服务，欧洲用户通过中国碳基金采购碳减排证。2007年，中国成立中国绿色碳基金，该基金设在中国绿化基金下，属于全国性公募基金，是用于支持中国应对气候变化的活动、促进可持续发展的一个专业造林减排基金。

表5-3 世界主要碳基金概览

基金发起方	基金名称	资金规模
世界银行	原型碳基金	18000万美元
世界银行	社区发展碳基金	12860万美元
世界银行	生物碳基金	5380万美元
世界银行和国际货币基金组织	荷兰清洁发展机制碳基金	4400万欧元
世界银行和国际货币基金组织	荷兰欧洲碳基金	18000万美元
世界银行和意大利政府	意大利碳基金	8000万美元
丹麦政府和私人部门	丹麦碳基金	7000万美元
西班牙政府	西班牙碳基金	17000万欧元
德国复兴银行	德国碳基金	6000万欧元
日本政府	温室气体减排基金	14000万美元
英国政府	英国碳基金	6600万英镑
企业和政府	欧洲碳基金	20000万欧元

---

① 黄海沧：《国际碳基金运行模式研究》，《广西财经学院学报》2010年第23卷第5期，第95~98页。

3. 绿色信贷

绿色信贷起源于世界银行制定的"赤道原则"（即《环境与社会风险的项目融资指南》）。该原则要求金融机构在进行项目投资时，要对该项目可能对环境和社会的影响进行综合评估，并且利用金融杠杆促进该项目在环境保护以及周围社会和谐发展方面发挥积极作用。目前，国际上绿色信贷政策的实践主要集中在英国、日本、美国、加拿大、德国、荷兰等发达国家。

英国的绿色信贷政策以政府担保为主，通过政府担保帮助中小企业实现最高可达 7.5 万英镑的金融贷款，这种政府担保型的贷款政策大大刺激了英国民间的中小企业融资。同时银行明确了企业环境违法认定标准，划分了环境风险等级，很好地为银行评估和审核贷款提供支持。

日本与美国的绿色信贷比较类似，都是以银行主导的绿色信贷审核为主。日本银行通过建立了可持续发展部门，并改变了项目融资审批流程。可持续发展部门会对申请贷款客户进行环境资质鉴定，如果客户项目对于环境具有重大潜在不良影响，则会提交专门报告给信贷部门，影响其贷款申请。美国银行业在严格的法律环境下，需要对信贷资金的使用承担相应的环境责任，美国的银行由此成为国际上最先考虑环境政策特别是与信贷风险相关的环境政策的银行。

中国银行业绿色金融实践起步较晚，经验较少，然而近几年发展迅速。目前的绿色信贷措施主要集中于针对企业 CDM 项目的贷款，同时银行在信用评级过程中正在逐步引入环境因素评估，逐步建立绿色环保长效发展机制，部分银行已经引入"环保一票否决"机制来强化绿色信贷流程。

（四）各国对低碳产业所作出的努力

在低碳经济的热潮之下，相关的现代化低碳产业也纷纷崛起，以适应最新的发展模式变化。工业面貌发生了重大变革，伴随着低碳经济的热潮，一批批新兴产业如雨后春笋般崛起，并逐渐成为当今世界经济增长的原动力。产业的变迁正在和高污染、高能耗的高碳模式渐行渐远，向着节能环保、和谐经济的低碳模式前进。

新能源是与传统能源相对的概念，是指技术正在发展成熟、尚未大规模利用的能源，相对于传统能源，新能源具有储量多、污染少、排放低、可再生的特点。在传统能源遭遇存量危机以及高排放双重困扰之后，新能源的开发和利用得到了全球的关注。当前主要的新能源利用模式为：太阳能、风能、核能、生物质能等。

欧盟"环保型经济"的中期规划着眼"绿色"。国际金融危机之后，欧盟委员会公告称已制定了一项发展"环保型经济"的中期规划。其主要内容是，欧盟将筹措总金额为1050亿欧元的款项，在2009年至2013年的5年时间中，全力打造具有国际水平和全球竞争力的"绿色产业"，并以此作为欧盟产业调整及刺激经济复苏的重要支撑点，以便实现促进就业和经济增长的两大目标，为欧盟在环保经济领域长期保持世界领先地位奠定基础。

日本政府重视新能源产业发展的规划，以产业规划引导新兴产业发展。1994年12月，日本内阁会议通过"新能源推广大纲"，日本第一次正式宣布发展新能源及再生能源。1997年12月，日本内阁决议正式通过"环境保护与新商业活动发展"计划，作为政府到2010年实施新能源和再生能源的行动方案。1997年，日本制定了"促进新能源利用的特别措施法"（简称新能源法）。2004年6月，日本通产省公布了新能源产业化远景构想。日本在2009年颁布的《新国家能源战略》中，提出了8个能源战略重点。

美国在奥巴马上台以来，尤其重视新能源产业的发展。2009年2月15日，美国总统奥巴马签署总额为7870亿美元的《美国复苏与再投资法案》，其中新能源为重点发展产业，主要包括发展高效电池、碳捕获和碳储存、可再生能源等。其中，在1200亿美元的科研（含基建）计划中，新能源和提升能源使用效率占468亿美元，可再生能源及节能项目投入为199亿美元。

中国政府将新能源产业发展上升为国家战略。在中国的"十二五"战略规划中，已经明确提出了重点发展新能源产业等"七大战略性新兴产业"。2010年，国家能源局宣布"新兴能源产业发展规划"即将出台，该规划的规划期为2011~2020年。规划对先进核能、风能、太阳能、生物质能、地热能、非常规天然气等新能源和可再生能源的开发利用，总体来看，新兴能源产业规划对转变发展方式、扩大内需、促进就业将会起到重要的推动作用。

四　走适合中国国情的低碳经济之路

低碳经济关乎气候问题，更是发展问题。它是一国乃至全球可持续发展的必由之路。中国的发展已经走到了一个关键的十字路口，一方面面对着气候变化、自然灾害、能源紧缺等众多因素；另一方面，原有的经济增长模式仍将继续为中国带来 GDP 的高速增长，但这种增长将不足以应对新的挑战、需求和压力。面对众多国内外压力和挑战，中国必须作出果断的抉择——走低碳经济路线。事实上，中国早就已经开始了自己的低碳经济探索之路，只是在这条路上中国迈的步子不够大，走的节奏不够快。而现如今，中国政府的态度表明，中国已经开始正视其所面临的责任和义务，中国将积极地、主动地采取相应措施，总结多年来的成功经验，同时加强同国际成功国家合作，借鉴其成功经验，为节能减排，保护生态，应对气候变化做出自己的努力。前景是美好的，而困难是实在的，中国在低碳经济这条道路上，将要应对诸多困难和挑战。

（一）中国发展低碳经济所面对的困难和挑战

中国作为发展中国家，如果像发达国家那样减排温室气体，将可能严重制约其能源工业和国民经济的发展，中国经济和社会发展的长期目标将受到严重挑战。发展低碳经济有助于缓解我国面临的温室气体减排压力和保护资源环境，规避可能出现的"气候壁垒"对我国经济造成的实质损害，实现气候变化背景下我国可持续发展战略目标。但目前我国发展低碳经济却面临着诸多挑战。

1. 中国发展低碳经济面临的经济障碍

以煤为主的能源结构是中国向低碳发展模式转变的长期制约因素。目前全国 85% 的二氧化碳、90% 的二氧化硫和 73% 的烟尘都是由燃煤排放的，大气污染中仅二氧化碳造成的经济损失就占 GDP 的 2.2%。虽然中国基本上已经形成了以煤炭为主、多种能源互补的能源结构，但是一次能源生产和消费的 65% 左右仍为煤炭[①]。而且这种以煤为核心的能源结构在现在以及以后相当长的时期内都很难改变。随着我们经济的发展，中国对能源的需求将越来越大。中国煤炭的消耗会随之大幅度提高，由此带来的二氧化硫、一氧化氮、二氧化碳等污染气体的排放也将进一步增加。

中国目前所处的重化工发展阶段与发展低碳经济之间存在着比较尖锐

---

① 罗冰生：《坚持科学发展观 实现钢铁工业可持续发展》，2008 年 8 月 26 日《中国冶金报》。

的矛盾。目前中国处于快速工业化的发展阶段，中国万元 GDP 能耗从 2001 年开始不断走高；2002 年能源消费弹性系数一改多年低于 1 的局面，达到 1.19；2003 年达 1.66，能源消费增速开始超过 GDP 增速[①]。与国际先进水平相比，中国钢铁企业吨钢能耗仍高出 15% 左右。除宝钢的吨钢综合能耗已达到世界先进国家水平外，其他大中型企业尽管有较大的进步，但仍有相当差距。重化工业发展比较迅速，水泥、钢材、电镀等高耗能的行业含碳量非常高。这也给中国发展低碳经济带来了不小的压力。如何提高这些行业的生产水平和技术并在生产最好的产品的同时使碳的排放量达到最小是今后应该去关注和研究的问题。

能源结构和工业化发展阶段是中国走低碳经济发展路线所面临的最大的经济障碍，这个障碍不但迫使中国在过去和今天发展经济的同时排放大量的二氧化碳等温室气体，同时也是中国走可持续发展路线的最大障碍，所以，这是中国以后必须要加大力度重点解决的问题。

2. 中国发展低碳经济面临的技术障碍

中国整体技术水平落后是制约发展低碳经济的严重障碍。实现低碳经济是保护气候的重要途径之一。但要真正实现低碳经济还需要很多科技的支撑。发达国家的能源战略都将各种新能源的采用、低碳燃料的研发、传统化石燃料的清洁以及先进的发电技术等作为实现低碳经济的关键领域。中国也应注重纤维素乙醇和氢燃料等车用燃料生产技术，清洁煤、核能、太阳能和风能等先进发电技术，先进节能技术，碳捕获和贮存，可再生能源等能源新技术的开发。从最近几年的环评报告中可以看出，新建的重化工项目的能源与资源的利用率有了很大的提高。但相对于发达国家，中国能源强度的下降仍然有很大的空间。目前中国的综合能源效率约 33%，比发达国家低近 10%。例如，精细化工是国家综合技术水平的标志之一，80 年代发达国家精细化工率为 45%~55%，90 年代达 55%~63%，预计 2010 年可达 67%。中国现在为 35%~40%，距发达国家还有一段差距。电力、钢铁、有色冶金、石化、建材、化工、轻工、纺织 8 个行业主要产品单位能耗平均比国际先进水平高 40%；钢、水泥、纸和纸板的单位产品综合能耗

---

① 化工信息编辑部：《发展长尾经济是化学工业发展的战略抉择》，《中国化工信息》2009 年第 4 期。

比国际先进水平分别高 21%、45% 和 120%[①]。虽然中国发展低碳经济面临着一些困难，但同时中国在提高能源效率和节能、优化能源结构、调整产业结构、增加碳汇、提升科技创新能力、改进消费方式等方面具有很大的发展潜力。

目前中国还处于发展低碳经济的起步阶段，因此，提出低碳经济的发展战略，建立有利于低碳经济发展的政策法律体系和市场环境必不可少。另外，加快能源结构和产业结构调整的步伐，同时加强国际合作，充分利用国际机制和国际资源都将有助于中国发展低碳经济，保护环境资源。

3. 中国发展低碳经济面临的体制障碍

除了经济因素和技术因素方面造成的障碍，中国发展低碳经济，面临的更大困难是体制方面的障碍。

（1）没有真正意义的碳交易市场。

中国虽然是全球最大的碳卖家之一，但此前由于缺乏碳交易市场及体系，主要国际买家不得不到欧洲 BlueNext 市场及美国证券交易所上市交易，这就会给中国碳交易市场的健康发展带来非常严重的后果。目前，虽然一些机构相继成立并搭建了碳交易的平台，但是，对于企业而言，这些平台是远远不够的，没有政府明确的法律法规政策，平台起到的作用非常有限，甚至还被欧美国家诟病为中国碳交易不够透明的因素之一[②]。没有完善的碳交易市场，将会严重影响中国在国际碳合作中的话语权，进而严重影响中国的低碳经济发展路线。

（2）缺少碳排放测量系统。

碳排放测量系统主要是以"碳标准"为中心的评价系统，中国在碳排放评价系统的建设进程中还处于起步阶段。一方面，当前中国缺少碳排放量衡量标准建设及相关管理机构的监督。另一方面，不同行业碳排放评价体系还不完善。中国缺乏系统测算技术理论、技术方法与流程，特别是没有针对不同行业建立既和国际接轨又结合中国国情的碳排放评价体系，在建立行业碳排放测量标准时还存在这样或那样的争议。

（3）缺乏完善的碳税制度。

---

① 吴迪：《依靠科技进步节能减排，提高钢铁行业发展的内力》，《黑龙江环境通报》2009 年第 1 期。
② 张沁：《"低碳"背景下中国污染治理及绿色经济发展道路思考》，《价格理论与实践》2009 年第 11 期。

碳税是指针对二氧化碳排放所征收的税。它以环境保护为目的，希望通过削减二氧化碳排放来减缓全球变暖。碳税通过对燃煤和石油下游的汽油、航空燃油、天然气等化石燃料产品，按其碳含量的比例征税来实现减少化石燃料消耗和二氧化碳排放。与总量控制和排放贸易等市场竞争为基础的温室气体减排机制不同，征收碳税只需要额外增加非常少的管理成本就可以实现。

中国现行税制中的税种仅局限在增值税、所得税、资源税和固定资产投资方向调节税等少数几个上，没有形成一个以低碳经济为目标，各税种、税制各要素相互配合、相互联系和制约的相对独立的碳税税收体系[①]。碳税制度相较于另一个广泛实施的总量设限交易制度在实行上具有很大的优势，不仅透明、公开，同时还可以依仗现有的税政体系来执行，此外税收的收益也能更有效补贴到受影响的行业上。但是碳税制度却不是一个容易实施的制度，要设计一个完善的碳税制度，在既保障国民经济快速稳定发展的同时，又能在一定程度上刺激经济发展模式向低碳转型，需要考虑税率、征收对象和范围以及行政法律制度等多方面的因素。

（4）不合理碳排放权分配方式。

中国碳排放权的初次分配采取的是无偿获得方式。无偿取得方式存在很大弊端，导致碳排放权的成本极低，若将这种方式取得的碳排放权进行交易，企业实际上做到了零成本套利[②]。如 EUETS 虽为世界上最为完善的碳排放权交易体系，但因初始分配中的碳排放权大部分采取无偿取得方式授予各企业，事实上导致了碳排放权交易的不稳定。

（二）中国现有政策存在的问题

中国已经对发展低碳经济制定了很多的相关政策，虽然这部分政策取得了很大成功，但还是存在很多障碍减弱了政策的有效性，除非采取强有力的手段，否则这部分政策能发挥的作用是有限的。这些障碍包括部门利益和行政管理条块分割，地方利益和中央意志矛盾，地方制度不完善，地方能力不足，监测和监督薄弱等。

1. 部门利益和行政管理条块分割

由于社会经济正处在转型时期，中国低碳政策的多部门利益特征日益

[①] 赵沛楠：《低碳评估：量化建筑碳排放》，2010年3月22日第23版《中国能源报》。
[②] 孙良：《论我国碳排放权交易制度的建构》，中国政法大学，2009。

突出。权力分割，特别是不同部门之间的权力分割，往往导致各个部门政策法令之间的相互矛盾。中国能源领域立法部门利益色彩浓厚。目前，中国能源领域有四部单行法，即《煤炭法》(1996)、《电力法》(1995)、《节约能源法》(2007年修订)和《可再生能源法》(2005)，四部单行法分别出台于不同时代背景和部门背景，缺乏整体协调。《节约能源法》和《可再生能源法》基本在同一时期制定且立法初衷比较一致，但《电力法》和《煤炭法》都没有具体的减碳节能相关内容，而且其中许多企业利益色彩浓重的条款甚至成为能源安全生产、能源市场化改革和可再生能源发展的障碍。

国家能源局，主要负责能源协调工作，但是没有管理中国能源（电力和石油）和运输（铁路、民航）等领域国有企业的权利。2010年，国务院成立温家宝总理领导的国家能源委员会，其初衷就是为了成立一个权威机构来协调不同部门之间权力和利益的分配。

2. 地方利益和中央意志矛盾

在中国的现行分权制度下，特别是财政分权制度下，地方政府对其地方经济发展承担更大的责任。在分权制度下，中央政府负责立法，地方政府负责最终实施和落实法律。如果没有适当的监督和执行机制，法规和政策的执行往往是无力的。"十一五"以来，中国中央政府"节能优先"和"科学发展"的导向已经十分明确，但是大多数地方和企业对中央的指令仍然置若罔闻，他们认为减排会阻碍其经济发展。目前对它们的政绩评估主要还是基于当地经济发展，而不是低碳政策的执行。为了刺激经济增长、维持地方的财政收入，很多高能耗，高收益领域的低碳政策都很难执行，特别是火电厂、钢铁水泥行业。

在一些创收及就业主要依赖小煤矿的地区，地方利益和中央利益明显冲突。中国共有28000个煤矿，但其中只有2000家是国有的，其生产量占中国煤炭生产量的65%，其余26000个煤矿则是由乡镇或个人所有。小煤矿的扩张引发了生产安全问题以及煤炭资源利用效率低下的问题。据调查，中国国有煤矿的矿井回采率平均为45%，而乡镇和个体煤矿的回采率仅为15%~20%。尽管中央政府多次明确强调要加强资源管理，关闭小煤矿，但是在现实中很难做到。其主要问题在于如何规范管理且不会对生计就业造成很大负面影响。

3. 过于依赖行政手段

目前，中国推动低碳经济和社会的主要战略和政策大多是利用行政手段或者指令性控制手段。行政手段由于具有直接性、强制性和高效性以及易监督性，曾经对中国环境管理、节能和提高能效等各个方面发挥过重要作用，但是市场经济和社会民主发展过程中，行政手段的高成本及缺乏激励的局限性也日益显现。

国家意愿很难转化为地方和企业的自觉行动。以节能减排为例，为了实现"十一五"减排的目标，中央通过节能减排绩效与地方政府考核挂钩来约束地方政府，地方政府用同样的方式约束重点企业。但是，由于地方高能耗企业的生产规模与地方财政收入直接挂钩，缺少相应的落后产能退出机制，企业和地方政府对节能减排并不积极，"数字节能"和"数字减排"的隐患非常突出。中国利用市场手段推动经济低碳发展的长效机制尚处于初建阶段，推动节能减排的价格机制和财税机制也尚不完善。

（三）中国发展低碳经济的政策建议

经济发展是人类步入理想社会的唯一途径，但是一旦损害了自然资源及社会福利，经济发展就会对人类发展无益。古典学派对个体的行为定位是反应性的选择，而重要的是创造性选择。所谓创造性选择，就是预见到当前的选择具有价值，而这种价值只有在未来才能被感知，从而理性地作出选择。发展低碳经济作为一项国策，需要而且能够发挥各方面的创造性。政府可以制定政策协调各方面关系克服外部性，或者使外部性最小化。在政策的规制下，每个个体的合作都是由于他看到了通过这个办法能把他的福利和别人的福利联系在一起而增加他个人的福利，这一过程中没有任何与利益相关的秘密企图，这种情况下，有理性的个体会毫不犹豫地做一番尝试。在未来的若干年里，中国需要寻找一种能够同时实现低碳发展以及人类发展双重目标的发展模式。考虑到当前面临的挑战和机遇，在恰当的时点选择正确的政策是实现低碳发展的关键。

中国已经采取了一系列可行的政策措施来促进低碳经济社会的发展。但这些政策措施，一些因其自身不够完善，一些因其力度不够，所以很多需要强化和改进。以下列出了近期迫切需要采取的优先政策措施：

（1）强化各个政策之间的整体性和协调性，以便让各个政策都发挥最大作用。

（2）建立各个政策之间协调性和整体性的评估标准，以此辅助政策设计，并开展效果评价。

（3）识别能最大限度发展和获得气候变化和环境利益的领域，并将该领域作为投资优先领域。

（4）根据相关各方的社会经济职能、法律地位、能力及其排放行为，以此来明确不同利益相关者在排放控制方面的责任。

（5）彻底改革现有关于国家碳强度指标分配政策。所有利益相关者，包括工业协会、国家、省和市级政府、消费者代表等，都应参与到政策制定过程中。

（6）通过改进现有能源统计和核算方法、建立监督和核查机构、建立国家、地区、行业和企业温室气体核算的信息公开机制，建立一个更加严格和科学的温室气体排放核算体系。

（7）各相关主管部门政策配合，制定低碳导向的激励政策，包括税收政策、财政政策、信贷政策、价格政策等，为中国社会和经济的低碳化发展提供经济激励。

（8）强化知识产权体系，建立低碳经济标准，制定增强创新能力，促进技术发展的政策。

（9）制定促进国际合作以及技术转让方面的政策。

（10）制定促进生活方式转变及提升公众意识方面的政策。

以上是中国在低碳经济道路上，政策方面所欠缺或者说力度不够的方面，也是今后需要重点关注和改进的方面。只有做到政策完善，执行有所保障，在政策覆盖下的各个方面工作才能得到有力的保障。低碳经济不是某个国家单独的责任，而是全人类需要共同承担的责任，低碳经济不是世界某个时间点，或者某个时期一时的潮流，而是从今往后，我们需要长久坚持的发展路线。中国作为世界上最大的发展中国家，也是世界上最负责任的大国，已经做好了全力发展低碳经济的准备。在现今气候变化、能源危机、国内外经济和政治压力双重压迫的背景下，中国将低碳经济纳入国家发展规划，正当其时。

专题六

欧盟国家过度财政赤字的相关分析

一 绪 论

(一) 欧盟与欧元区概述

欧洲联盟 (European Union),简称欧盟 (EU),是由欧洲共同体 (European Communities,又称欧洲共同市场) 发展而来的。在欧盟的形成过程中经历了以下三个阶段:荷卢比三国经济联盟、欧洲共同体和欧盟。欧盟是一个集政治实体和经济实体于一身、在世界上具有重要影响的区域一体化组织。

欧盟的宗旨是"通过建立无内部边界的空间,加强经济、社会的协调发展和建立最终实行统一货币的经济货币联盟,促进成员国经济和社会的均衡发展","通过实行共同外交和安全政策,在国际舞台上弘扬联盟的个性"。

1992 年,欧洲共同体首脑会议在荷兰马斯特里赫特签署了《欧洲联盟条约》(亦称《马斯特里赫特条约》)。1993 年 11 月 1 日《欧洲联盟条约》正式生效。欧盟正式诞生。按照《欧洲联盟条约》的规定,自 1999 年 1 月 1 日起,欧盟开始实行单一货币欧元并在实行欧元的国家实施统一货币政策。1998 年 6 月,欧洲中央银行在法兰克福正式成立。1999 年 1 月 1 日,欧盟当时 15 个成员国中的 12 个成员国:奥地利、比利时、芬兰、法国、德国、希腊、爱尔兰、意大利、卢森堡、荷兰、葡萄牙和西班牙,达到了《欧洲联盟条约》在 1992 年确立的欧洲经济一体化并向欧元过渡的四项统一标准，欧元成为这 12 国的单一货币。1999 年 1 月，欧元进入国际金融市场，并允许银行和证券交易所进行欧元交易。欧元纸币和硬币于 2002 年 1 月正式流通；2002 年 7 月，本国货币退出流通，欧元成为欧元区唯一的合法货币[1]。

2007 年 1 月 1 日，斯洛文尼亚加入欧元区。塞浦路斯与马耳他于 2008 年 1 月 1 日零时加入了欧元区，从而使欧元区成员国从 12 个增至 15 个。由于英国、瑞典和丹麦决定暂不加入欧元区，所以目前使用欧元的国家为德国、法国、意大利、荷兰、比利时、卢森堡、爱尔兰、希腊、西班牙、葡萄牙、奥地利、芬兰、斯洛文尼亚、塞浦路斯、马耳他和斯洛伐克（于 2009 年 1 月 1 日加入欧元区），共有 16 个成员国和超过 3 亿 2 千万的人口。要加入欧元区，欧盟成员国必须达到下面四个标准：①每个成员国削减不超过国内生产总值 3% 的政府开支。②国债必须保持在国内生产总值的 60% 以下或正在快速接近这一水平。③在价格稳定方面，通货膨胀率不能超过三个最佳成员国上年通货膨胀率的 1.5%。④该国货币至少在两年内必须维持在欧洲货币体系的正常波动幅度以内。欧盟对成员国加入欧元区的时间并没有固定要求，每个成员国将根据自己国家的情况，按照自己的时间表加入[2]。

（二）财政赤字及其影响因素

财政赤字是指一年当中财政支出大于财政收入的差额。对国债收入和支出、国债利息支付等计算方式不同，会形成不同的财政赤字口径。目前比较普便的统计方法是不把国债收入和支出计入财政收入和支出，但把国债利息支付作为当期财政支出。基本赤字是指不包括利息支付的财政开支减去财政收入的结果，所以基本赤字也称为"无利息赤字"。基本赤字加上国债利息支付构成了总财政赤字。运用上述方法来计算财政赤字的前提是政府收入和支出在统计上是完整的。

影响财政赤字的因素有通货膨胀、利率的变化和经济的周期波动等，下面我们分别加以说明。

---

[1] Alesina, Alberto (1987), Macroeconomic policy in a two-party system as a repeated game. *Quarterly Journal of Economics*, 102 (3), 651–678.

[2] Balassone, Fabrizio and Maura Francese (2004), Cyclical asymmetry in fiscal policy, debt accumulation and the Treaty of Maastricht. *Banca d'Italia*, Termi diDiscussione del Servizio Studi 531.

第一，通货膨胀对财政赤字的影响。当研究财政赤字对经济的影响时，最重要的理论问题是通货膨胀起什么作用。几乎所有的经济学家都认为，应该按实际值而不是名义值衡量财政赤字和公债，所衡量的赤字应该是公债实际值的变动，而不是公债名义值的变动。

通货膨胀使国家的债务贬值，从而使政府（债务人）需要偿还的债务减轻了。这种没有在政府支出或税收的官方报告中反映的贬值，实质上是对政府债券持有者征收的通货膨胀税。因此，由于通货膨胀，政府不但对货币持有者征收了通货膨胀税，而且对国债持有者同样也征收了通货膨胀税。显而易见，国债规模越大，通货膨胀率越高，政府对国债持有者征收的通货膨胀税就越多。通货膨胀是政府减少自身债务的一种隐蔽方式，像巴西或墨西哥这类具有高通货膨胀率和巨额国债的国家，甚至可以通过这种公债贬值的方法来支付大部分政府支出[1]。

第二，利率的变化对财政赤字产生的影响。根据投资学原理，在未来产生收益（支出）流的资产（负债）的市场价值取决于未来的收益（支出）流和利率水平。因此，当利率升高时，现存的公债余额的市场价值会降低，低于其面值，这将增加财政收入，降低财政赤字；当利率降低时，则发生相反的过程。利率的变化对期限较长的公债的影响要超过期限较短的国债。

需要说明的是，根据著名的费雪方程式，名义利率等于预期的通货膨胀率加上实际利率，因此预期到的通货膨胀本身就会提高名义利率。通货膨胀除了对前期公债余额产生贬值影响外，还通过名义利率的上涨使非指数化的公债的市场价值降低，进一步减少（增加）了财政赤字（盈余）。

第三，经济周期对财政赤字的影响。财政赤字变化中的一部分是作为对经济周期波动的反应而自动产生的。例如，当经济陷入衰退时，收入减少了，个人所得税也相应减少，在实行超额累进所得税的国家这种情况更容易发生；公司的利润减少了，因此公司所得税也相应减少；而政府支出倾向于增加，失业保障支出和政府救济都增加。因此，即使决定税收和政府支出的法律没有任何变动，财政赤字也会增加[2]。

---

[1] Edin, Per-Anders and Henry Ohlsson (1991), Political determinants of budget deficits: Coalition effects versus minority effects. *European Economic Review*, 35, 1597–1603.

[2] Hibbs, Douglas (1977), Political parties and macroeconomic policy. *American Political Science Review*, 71 (4), 1467–1487.

如果决定税收和支出的某些法律改变了,例如立法机关决定提高某种税率或决定增加某项政府支出,情况就有所不同。即使经济始终处于潜在的产出水平,这些措施也会增加财政赤字。

财政政策(至少在短期内)既改变结构性赤字又改变周期性赤字,财政措施在增加(减少)结构性赤字的同时可能减少(增加)周期性赤字。绝大多数经济学家认为,改变结构性赤字的净作用是按同一方向改变现实的财政赤字(萨缪尔森,1992)。在经济衰退期,扩张性财政政策在增加结构性赤字的同时减少了周期性赤字,但结构性赤字的增加额将超过周期性赤字的增加额,净效果是增加了现实的赤字。因此,即使在经济衰退时期,扩张性财政政策(增加结构性赤字、减少周期性赤字)也会增加现实的赤字,这也就进一步增加了国债余额的绝对规模。

第四,除了公众持有的公债外,政府负债也会影响财政赤字。一些经济学家认为,通常意义上的财政赤字具有误导作用,因为它没有包括一些重要的政府负债。公众持有的公债是政府债务中最大的一部分,也是最明确的部分,但公债并不代表政府全部的债务。美国西北大学的教授 Eisner(1986)就因为不遗余力地提倡如下观点而闻名:要想全面地考察政府的财务状况变化以及由此导致的财政赤字变化,必须全面地考察政府所有的资产和负债。

但是如何准确衡量政府的负债却是一个技术上很棘手的问题。例如,政府拥有大量的隐性负债,包括政府为私人企业贷款提供的担保、国有银行的不良资产以及地方政府的借款等,其准确价值很难衡量。政府拥有的大量资产也因为没有交易市场而无法衡量其市场价值[①]。

另外,衡量政府负债更多地牵涉一些概念性的问题。例如,目前法律规定的社会保障体系未来的支付算不算政府债务?在社会保障体系的养老保险中,公众在年轻时把他们的部分收入交给这个体系,并期望在年老时得到养老金。如果这些由法律规定的未来支付的养老金包括在政府的负债中,那么未来的这些负债的现值与目前的社会保障税的差额应该包括在财政赤字当中。

---

① Lindbeck, Assar (1976), Stabilization policy in open economies with endogenous politicians. *American Economic Review* (Papers and Proceedings), 66 (2), 1–19.

(三) 财政赤字对社会经济的影响

财政赤字对社会经济的影响主要是负面的，包括向银行借款弥补赤字而导致通货膨胀，以及通过发行国债来弥补财政赤字而导致政府债台高筑。

第一，为弥补财政赤字，银行增发货币，从而导致通货膨胀。财政赤字对经济的影响和赤字规模大小有关，但更主要的还取决于赤字的弥补方式。出现财政赤字意味着财政收进的货币满足不了必需的开支，其中有一种弥补办法就是向银行借款。可见，财政向银行借款会增加中央银行的准备金，从而增加基础货币。在现代信用制度下，在发生财政向银行借款时，只要银行能控制住贷款总规模，就不会发生货币供给过量的问题。居民个人或企业包括商业银行购买公债，一般说只是购买力的转移或替代，不产生增加货币供给的效应。居民或企业购买公债有两种不同情况：一种情况是用现钞和活期存款购买；另一种情况是用储蓄或定期存款购买。如果是中央银行认购公债，那么在中央银行账户的资产方政府公债项增加，负债方的财政金库存款等额增加，而当财政用于支出时，则中央银行的财政金库存款减少，在商业银行账户上居民和企业存款相应增加，从而商业银行的存款准备金也相应增加。商业银行有了超额储备，就可能用以扩大贷款规模，增加货币供给。

第二，为弥补财政赤字，政府发行国债，导致其陷入债台高筑的恶性循环。一种情况是财政赤字作为新的需求叠加在原有总需求水平之上，使总需求扩张。另一种情况则是通过不同的弥补方式，财政赤字只是替代其他部门需求而构成总需求的一部分。20世纪80年代中期以来，还出现另一种观点，即财政赤字是国民收入超分配的重要原因，这不过是需求过旺成通货膨胀的另一种说法。因为，国民收入超分配实际是指总需求大于总供给、货币供给量大于货币需求量。

第三，财政赤字并不能够扩大总需求，仅仅是改变总需求的结构而已。发行国债是世界各国弥补财政赤字的普遍做法，而且被认为是一种最可靠的弥补途径。但是，债务作为弥补财政赤字的来源，会随着财政赤字的增长而增长。而且，债务是要还本付息的，所以债务的增加也会反过来加大财政赤字。

二 欧盟国家财政政策评析

(一) 欧盟财政政策的主要特点

1993年生效的《欧洲联盟条约》和1997年生效的《稳定与增长公约》(又称《阿姆斯特丹条约》,以下简称《公约》),规定了欧盟财政政策的基本规则。《欧洲联盟条约》对成员国财政政策作出了原则性规定,即从1994年起,欧盟各成员国的财政赤字占GDP的比重(即赤字率)不能超过3%,政府债务占GDP的比重(即债务率)不能超过60%。《公约》在进一步明确《欧洲联盟条约》规定的财政政策原则基础上,确定了欧盟财政政策协调的规则、过度财政赤字的惩罚程序,以及建立预警机制监督各国财政运行状况,以保证各成员国在中期内(从1997年到2004年)实现财政基本平衡或者略有盈余。《公约》被认为是欧盟经济稳定的根本保证,也是欧元稳定的基石。按照《公约》规定,成员国必须确定实现中期财政预算目标的时间表,努力在2004年实现预算基本平衡或略有盈余;欧盟对成员国财政政策的制定及实施进行协调和监督,如果判定某一成员国赤字率可能或已经超过3%,就向该国提出警告并要求其纠正;如果该成员国仍不执行,欧盟就会启动过度赤字惩罚程序。成员国赤字率连续三年超过3%,最多可处以相当于GDP的0.5%的罚款[①]。

欧盟的财政预算只占整个联盟GDP的1%多一点,而各成员国的财政预算(包括社会保障基金)通常占其GDP的50%左右。欧盟预算仅有行政开支和农业开支。《欧洲联盟条约》还规定,只有当某项政策目标在欧盟范围内实行比各国能更好地实现时,欧盟才予以介入。因此,目前欧盟本身基本上不存在社会保障、法律和秩序以及教育等方面的支出。

欧盟对各成员国的财政政策规定主要是条规性的,其特点表现在以下几个方面:

(1) 财政政策是欧盟货币政策的辅助性手段。根据《欧洲联盟条约》第105条的规定,欧洲中央银行的首要目标是保持欧元区物价稳定。从

---

① Nordhaus, William (1975), The Political Business Cycle. *Review of Economic Studies*, 42 (2), 169–190.

《欧洲联盟条约》对各国财政政策提出要求的出发点看，削减财政赤字和控制债务率的目的也是为了保持物价稳定。欧盟粗线条的财政政策实际上是为实现货币政策目标服务的，主要是防止一些成员国放松财政预算约束，引起欧元区通货膨胀，导致欧元币值波动，使经济受到损害。

（2）赤字率和债务率控制指标由各成员国谈判决定，而不是根据科学原理测算确定的。在《公约》草案的讨论初期，德国主张欧元要在国际货币市场上像马克一样坚挺，《公约》对各成员国赤字率和债务率的约束标准应比德国对马克的约束标准更加严格。德国提出，欧元区成员国的赤字率不得超过1%，债务率不得超过50%。德国提出的苛刻条件立即遭到了以法国为首的其他欧盟成员国的反对。经过近一年的谈判，《公约》最终将赤字率控制指标定为3%，债务率控制指标定为60%。可见《公约》提出的控制赤字率和债务率的具体指标是欧盟各成员国谈判妥协的结果，并非一个科学规范的标准。

（3）赤字率指标对成员国具有强制约束力，债务率指标只对成员国具有参考意义。按照《公约》规定，在正常情况下，赤字率超过3%就属于过度财政赤字。一旦确定某国出现过度财政赤字，该国需在1年内予以纠正，如果连续3年存在过度财政赤字，欧盟就会按照规定程序对其实施惩罚。尽管《公约》规定了赤字率和债务率两项指标，但从《公约》提出的过度财政赤字定义和启动惩罚程序的条件看，赤字率指标对成员国具有强制约束力，债务率指标只是参考指标。如1997年《公约》生效时，比利时债务率曾高达122%，2002年也曾高于100%，但由于该国赤字率连续几年低于3%，债务率也呈明显下降趋势，欧盟既没有向比利时提出警告，也没有启动过赤字惩罚程序。

（4）各成员国在遵守赤字和债务规定的前提下有权自主制定和实施本国的财政政策。与欧盟执行统一和具体的货币政策不同，欧盟没有制定成员国统一的财政政策，成员国财政政策由该国在欧盟的有限约束下自主制定和实施。当然，这也是财政政策与货币政策的性质不同所致。也就是说，只要不突破赤字率和债务率控制指标，欧盟各成员国政府可以根据本国经济社会发展需要，自主安排收入和支出项目。欧盟有"共同农业政策"，并相应有对各成员国的农业支出预算，除农业政策和预算支出由欧盟统一管理外，欧盟不干预各国的具体预算制定和执行。

（5）各国降低赤字率和债务率的主要手段是减少开支。按照《公约》规定，各成员国在制定和实施各自的财政预算政策时必须遵循以下原则：

①通过限制预算开支,而不是增加税收,实现减少财政预算赤字的目标。②赤字率和债务率相对较高的国家,必须加快降低赤字率。③预算支出必须提高效率,改革和控制公共消费支出、公共养老金支出、医疗保健和失业补贴、加大国有企业民营化步伐等,争取将更多的政府开支用于基础设施建设、人力资源开发和劳动力市场建设等方面。在财政赤字和公共债务稳定下降后,再减少企业和个人的税收负担。

(二) 欧盟财政政策存在的主要问题

欧盟财政政策存在的问题主要表现为统一的政策与欧盟各成员国具体国情的差异存在矛盾,导致其成员国在陷入危机时使用政策调节的自主性和灵活性较差,具体来说,包括以下几个方面:

(1) 赤字率控制指标的统一性与各成员国具体国情的差异性之间存在矛盾。尽管欧盟是世界经济一体化程度最高的经济区,但由于成员国之间在市场体制、经济基础、经济结构、经济形势、经济周期等方面存在较大差异,财政收支状况特别是财政收入占 GDP 的比重、债务率水平也各不相同。一部分国家因经济比较景气而产生大量财政盈余,另外一部分国家则同时可能因经济低迷而产生大量财政赤字。在各成员国经济发展不同步的情况下,难以保证所有成员国在同一时期内都将赤字率控制在规定水平之内,实力较强的成员国也难以保证在弱经济周期中赤字率不突破限额。也有欧盟分析专家认为,在预算执行过程中,不排除有一些赤字率水平难以达到规定标准的国家,采取增加 GDP 统计水分、虚增财政收入等"预算欺骗"方式,人为地将赤字率控制在3%以内。

(2) 赤字率上限规定限制了各国财政政策的反周期调节作用的发挥。赤字率不能超过3%的限制性规定,不仅影响财政自动稳定器功能的发挥,而且使成员国在经济衰退时不能进行相机抉择,不能通过扩大支出和财政赤字,刺激经济回升。如果按欧盟现有规定削减支出,将使经济雪上加霜。因此,赤字率上限在经济增长的弱周期中束缚了财政政策手段的运用和反周期调节功能[①]。目前,德、法两个核心成员国经济增长疲弱,要么违背《公约》扩大赤字,以刺激经济;要么遵守《公约》,放弃财政政策手段的

---

① Tujula, Mika and Guido Wolswijk (2004), What determines fiscal balances? An empirical investigation in determinants of changes in OECD budget balances. *European Central Bank Working Paper Series*, Working Paper 422.

使用，容忍和放任经济进一步衰退。在这种两难境地中进行权衡，政府可能受到很大的社会压力。如果欧盟对违反赤字规定的国家罚款，那么对其经济的打击将更为严重。

（3）单一财政减支政策面临较大的政治风险。欧盟要求各成员国主要通过减少支出的方式降低赤字率，实际上限制了增税手段的运用。从各国实践看，单一减支政策面临较大的政治风险。在工会势力强大和主张高福利的社会民主主义传统根深蒂固的欧盟国家，减少支出特别是社会福利支出困难重重。成员国政府为争取政治选票和迫于工会的压力，在劳动力市场和社会福利制度改革方面往往行动迟缓。如法国在1995年推出了庞大的改革计划，主要内容是减少社会保险方面的支出，结果引发了大规模罢工，导致前政府下台。目前，法国之所以对社会保险方面的改革非常谨慎，就是为了避免重蹈覆辙。

（4）统一的货币政策难以适应每个成员国的实际经济情况。目前，在欧盟经济不景气，部分成员国出现经济负增长的情况下，要避免出现更大的经济衰退，必须采取扩张性财政和货币政策。但由于货币政策是由欧洲中央银行统一制定的，各国央行只能执行既定的货币政策，货币政策发挥作用的余地不大。同时，由于目前欧元区出现了部分国家通货紧缩，部分国家通货膨胀、总体通货膨胀率达到2.2%（高于欧洲中央银行2%的控制标准）的现象，欧洲中央银行为实现其保持物价稳定的首要目标，仍然决定维持原来利率不变。因此，在一定意义上说，欧盟成员国在经济不景气时期很难自主运用财政政策和货币政策手段刺激经济。统一的货币政策与有约束而分散决策的财政政策影响了欧盟各国两大调控杠杆的效率，这也是造成当前政策运作出现问题的制度原因。

三 欧盟国家过度财政赤字原因的理论综述

有很多学者对欧盟国家财政赤字的原因进行过分析，他们认为经济、政治、制度因素在理解这些赤字的原因上起了重要的作用。以下我们回顾一下相关文献中上述三种因素的具体影响。

（一）从经济因素的角度考虑财政赤字的原因

由经济因素造成的财政赤字的特点是有某种持续性，而且受到公共债务和经济绩效的影响。研究表明一个国家的公共赤字越高,持续时间越长,要改变这种趋势并且形成结构盈余去避免将来债台高筑的难度就越大。

公共债务被认为是造成财政赤字的一个重要因素。Balassone 和 Francese（2004）以及 Mink 和 de Haan（2005）认为公共债务对财政平衡可能有消极的影响。过高的负债率导致利息自动增长,可能导致更糟糕的财务状况。相反,一些学者认为高负债会强迫政府采取措施减少赤字。因此,对于公共赤字的负债率的影响文献里没有统一的看法。

对于宏观经济因素的研究结论是一致的。这些变量主要通过自动稳定器来影响赤字,也就是说通过改变税收或者是失业补助等相关的转移来影响赤字。

影响公共赤字的另一个重要因素是利率。几项研究结果表明高利率对于公共赤字有消极影响,这是由于高利率导致公共债务的利息支出过高。

还有一些学者在论文中谈到通货膨胀率。比如 Perotti 和 Kontopoulos（2002）以及 Tujula 和 Wolswijk（2004）认为通货膨胀率会直接影响政府收入和部分由名义价值计量的支出,这可能迫使政府对利率施加压力并因此对投资和经济增长产生消极影响。相反,其他一些学者认为通货膨胀可能对于公共赤字产生积极影响,因为它削弱了真正的公共债务价值。因此,通货膨胀率对于公共债务的影响方向仍然是不明确的。

（二）从政治因素的角度考虑财政赤字的原因

选举情况、政府的政治立场、政府的类型与结构这几类政治因素被认为是影响公共赤字的重要因素。考虑到公共赤字的政治因素,最初是与政治事件循环的想法相关的。Nordhaus（1975）和 Lindbeck（1976）强调政治家在选举之前有积极的动力去操控经济,以此作为一种再次当选的砝码。这种行为被投票人称赞,因为选举发生在经济扩张期间,而且形成了合适的预期,所以不能预测这种投机行为。另外 Hibbs（1977）强调执政党根据他们各自的政治立场作决定,特别是右翼党派更关心通货膨胀而不是失业率,然而左翼党派更倾向于促进经济发展和解决失业率问题而不是保持通货膨胀稳定。

关于党派方面,Alesina（1987）认为合理预期限制了党派对选举周期的影响。此外,Alesina 认为当左翼党派执政时,传统党派对通货膨胀的关注度更高而对失业率的关注度会更低。

在分析公共赤字的问题中为了探究选举政策循环，一些学者在他们的方程中加入了一些关于选举期间的假设。这些变量背后所包含的思想是，在选举之前，政客可能花费更多，同时减少税收，以增加再选可能性。因此，在选举年份有更高的赤字预期。Tujula 和 Wolswijk（2004）以及 Annett（2006）表明选举导致欧盟国家出现更高的赤字，但是他们的经验证据表明在《欧洲联盟条约》期间，选举投机主义者会下降。在 1999 年至 2002 年期间，通过对 11 个欧盟货币共同体国家的描述性分析，Buti 和 van den Noord（2003）提供证据表明政府在选举之前，意在运行宽松的财政政策，但是，在选举之后他们限制财政政策以达到安全预算，充分远离 3% GDP 的赤字限制。1999 年至 2004 年期间，Mink 和 de Haan（2005）通过使用多元变量模型得到了相似的结果。

根据党派理论，左翼政府历来对经济产生更高程度的公共干涉，他们更加倾向于增加支出减少失业率，因此会导致赤字的产生。

除了考虑投机主义和党派效应，一些研究者在他们的公共赤字分析中强调了政治结构的作用。经济学家通常会批评少数政府、多党派形成的政府和执政期短的政府，因为他们趋于形成更大的财政赤字。在该领域的有影响力的论文中，Roubini 和 Sachs（1989）证明当很多政治党派在进行执政联盟时，赤字会更加普遍。然而他们没有清晰地指出大多数和少数政府的区别以及一党与多党的区别，这一点削弱了他们结论的合理性。正如 Edin 和 Ohlsson（1991），Borrelli 和 Royed（1995），Sakamoto（2001）以及 Perotti 和 Kontopoulos（2002）在他们的研究中所发现的。因此，这些作者尽力通过对政治系统的两方面分别分析来讨论这个问题。

党派主义者认为，政党在议会中的受支持程度是很重要的。在没有议会中其他党派支持的情况下，少数派政党通常不会实施不受欢迎的措施，比如开支减少或者税收增加等。当不存在对这种措施的支持时，这些措施就会中断并且出现高赤字。赤字可能是另一方党派为了获得支持而需要采取的措施的结果。这种情况当多派政党执政时是不会发生的。因为他们可以追求自己的政治立场而不需要获得其他党派的支持。然而，经验证明多数派和少数派政府对于公共赤字影响是不同的。比如 Edin 和 Ohlsson（1991），Volkerink 和 de Haan（2001）以及 Perotti 和 Kontopoulos（2002），这些作者有充足的证据表明多数派政府比少数派政府更倾向于形成赤字。而其他人像 de Haan、Sturm（1994）、de Haan 等人（1999）以及 Woo（2003）发现没有证据表明欧盟，经合组织或者发展中国家是这种情况。Borrelli 和 Royed（1995），Sakamoto（2001）和 Tujula 以及 Wolswijk（2004）表明赤字在少数派政府执政时可能会降低。这种判断依据相同的理由得出了相反的结果：由于多数派政府能够采取不受欢迎的措施去减少赤字而不需要得到议会中其他政党的支持，所以如果他们打算这样做的话，他们也可能比少数派政府更容易导致财政赤字。

De Haan 等人（1999）以及 Perotti 和 Kontopoulos（2002）认为在少数与多数之间的区别可能不能决定最终的决策。相反，他们强调政府决策者数量的重要性。事实上，一些学者认为政府的机构是公共赤字的一个更加重要的来源。Roubini 和 Sachs（1989），Perotti 等人（1998），de Haan 等人（1999），Annett（2002）以及 Perotti 和 Kontopoulos（2002）表明公共支出和赤字在联合政府执政时将更高，换句话说，当政府中政党的数量很多的时候，公共支出和赤字比较高。这些学者认为联合政府更容易形成更大的赤字的原因是，联合政府的各党派代表了不同的利益，而且为了维持联合政府，满足他们的预算，需要符合他们不同的利益需求。因此联合政府有更多的不同观点，而且每个党派都有支出需求，这会导致对于财政赤字的控制更为困难。然而，Edin 和 Ohlsson（1991）以及 Sakamoto（2001）发现没有证据表明政府党派的数量会对政府减少赤字的能力产生消极的影响。

政府任期及政策不稳定性也被认为是影响公共赤字的另一个重要因素。Grilli 等人（1991），de Haan 和 Sturm（1994）以及 Annett（2002）发现当政府收入更高的时候公共赤字更高。Alesina 和 Tabellini（1987）也认为当政治力量在竞争党派之间频繁轮换时，赤字和债务将会越高。然而，Borrelli 和 Royed（1995）以及 Sakamoto（2001）发现没有证据支持该观点。

（三）从制度因素的角度考虑财政赤字的原因

一些制度因素也被认为是影响公共赤字的重要因素。Hallerberg 和 von Hagen（1997），Perotti 等人（1998）以及 Annett（2006）提供的一些证据支持该观点，他们认为将重要的预算权利委派给很强的财政部长，同时重点制定支出和赤字目标可能会帮助政府维持可持续的公共财政。然而，Perotti 和 Kontopoulos（2002）发现没有证据证明这些会对公共赤字产生影响，这是因为预算过程几乎是不随时间改变的。Grilli（1991），Hallerberg 和 von Hagen（1997）以及 Annett（2002）认为代表选举系统，很少有分裂机制的工业民主国家较容易形成更高的赤字和债务。

另外，考虑 1992 年之后欧盟国家强制实行的赤字限制，Tujula 和 Wolswijk（2004）以及 Annett（2006）发现证据表明在欧盟货币一体化的准备阶段，欧洲产生了赤字联盟，但是额外的财政规则看上去在此期间之后有所下降。

尽管关于公共赤字与债务的文献很多，但关于过度赤字的原因在现有文献中的研究相对不足。仅有几篇研究真正分析欧盟国家过度赤字背后的原因：Bayar（2001），Hughes-Hallet 和 McAdam（2003）以及 Hughes-Hallett 和 Lewis（2004，2005）。这些研究将过度赤字定义成一种大于 3% GDP 的赤字，符合欧洲联盟条约下的法定概念。Bayar（2001）将其分析集中在欧盟国家产生或消除过度赤字的经济因素。而 Hughes-Hallett 和 Lewis（2004，2005）更关注在运行欧盟货币共同体中的财政要求的提高是否在欧盟区之外有所持续。Hughes-Hallet 和 McAdam（2003）用另一种方法考察明确的赤字目标是否能够用来减少过度赤字产生的可能性。

通过对 1970~1996 年期间欧盟 15 个成员国进行考察，Bayar（2001）总结为：政府收入与经济增长是国家避免过度赤字可能的重要因素，而主要的支出对于国家产生过度赤字起了关键作用。债务水平也从相反方面影响这种可能性：债务越高，产生过度赤字的可能性越高，相反也成立。

四 欧盟国家过度财政赤字的对策及启示

（一）欧盟国家过度财政赤字的影响

欧盟国家过度财政赤字的影响是很大的，包括引发全球金融市场动荡，拖累世界经济复苏进程以及导致欧盟内部矛盾加深、社会与政治风险加大等。

1. 欧盟国家过度财政赤字引发全球金融市场剧烈动荡

欧盟国家过度财政赤字导致欧洲债务危机加深，最大冲击波首先体现在金融领域，引发全球金融市场剧烈震荡。受过度财政赤字及债务危机影响，2010 年以来国际金融市场再次动荡不已，全球股市连连下挫，美股曾日跌千点，数次跌破万点大关；国际汇市加剧波动，欧元持续走低，兑美元一度跌破 1.20。在过度赤字危机困扰下，又有美评级机构推波助澜，欧元对美元总体呈震荡走低态势，未来很可能跌回起点，即 1 欧元兑 1 美元。

在欧债危机背后，总能隐约看到美国的影子，其中不乏两种货币（美元与欧元）与两种模式（美国的盎格鲁－撒克逊模式和欧洲的莱茵模式）之博弈。另外，欧洲债务危机将使欧美银行再次遭受损失。据统计，英国、德国、美国银行分别持有的西班牙债务是希腊债务的7倍、5倍和3倍。美国银行共持有"PIIGS"（欧洲主权债务危机最严重的葡萄牙Portugal、意大利Italy、爱尔兰Ireland、希腊Greece和西班牙Spain五国的简称）国家1900亿美元债务。如果金融机构为避险再次收紧贷款，可能导致全球信贷再次紧缩。债务危机严重影响欧洲银行业。2010年6月21日，惠誉将法国巴黎银行信用评级从AA下调至AA－。同日，标普调高西班牙银行业的坏账损失预期，2009年至2011年累计信贷损失将达993亿欧元，比之前预期多出177亿欧元。这进一步加剧市场对欧洲银行业的担忧。2010年7月19日，穆迪将爱尔兰的评级从Aa1降至Aa2，主要原因包括该国债务上升、银行救助计划以及增长前景疲弱。2010年7月28日，惠誉公布调查结果称，主权债务危机使欧洲银行发债融资几乎陷入停滞，过去3个月欧洲银行业一直处于资金缺血状态，投资者对欧洲银行业债务展期能力的担忧日增。

2. 欧盟国家过度财政赤字拖累世界经济复苏进程

欧盟国家过度财政赤字给脆弱复苏中的世界经济平添诸多不确定性，再次打压了投资与消费信心。在巨额救援机制背后，从危机中的希腊、葡萄牙和西班牙，到大国德国、法国和英国等，均开始紧缩财政。然而，欧洲是本次世界经济复苏中最薄弱的地区，不少国家经济尚未复苏，一些国家经济虽开始复苏，但主要靠政策支撑。该地区退出政策本应晚于其他地区，但迫于债务危机各国不得不提前收紧银根，加之欧元主导利率已处于历史低位，货币政策几无下调空间，其他复苏动力亦无处可寻。市场普遍担心，财政紧缩将使欧洲陷入"双底衰退"。据世界银行预测，受债务危机和财政紧缩的双重影响，2010年欧元区经济只能增长0.7%，2011年至2012年将分别增长1.3%和1.8%，为全球经济复苏最乏力的地区。据OECD预测，2010年全球经济负增长的国家主要集中于欧洲债务国，包括希腊、西班牙、冰岛和爱尔兰，分别为－3.7%、－0.2%、－2.2%和－0.7%。欧盟委员会认为各国削减财政赤字势必拖累经济复苏。目前的直接影响是，各国宏观经济决策难度明显加大，可能推迟退出政策实施，使未来通胀风险上升。然而综合分析，欧洲过度财政赤字不致导致全球经济"二次探底"，原因包括以下五个方面：①欧洲债务仍是欧洲问题，对其他地区影响可控；②本轮世界经济复苏靠新兴市场牵引，其复苏势头依然强劲；③美国、日本经济复苏明显好于欧洲，且与新兴市场互动性增强；④二十国集团（G20）机制内国际合作能力增强；⑤经济周期性复苏态势依旧。因此，欧洲过度财政赤字使全球发展风险上升，但世界经济"二次探底"可能性较小。

3. 国家过度财政赤字导致欧盟内部矛盾加深

欧元区成立时，部分成员国并未满足经济趋同标准，而是在政治推动下"匆忙上马"，过度财政赤字使各国分化越加严重，"统一货币、不同财政"的经济模式运行难度加大。为应对债务危机而采取的财政紧缩措施，很可能导致一些国家出现更严重的经济下滑和通货紧缩风险。由于工资和福利水平的相对刚性，加入欧元区时就资质不佳的国家可能会出现新的社会和政治局势变化。如果希腊政府迫于民众压力，最终无法执行过于严格的紧缩计划而要求对债务进行重新安排，甚至被迫退出欧元区，欧元体系将受到重大冲击，并产生全球性负面影响。此外，危机使南北欧矛盾加深，且社会与政治风险上升，欧元地位受损，欧盟扩大步伐将减缓。近期，欧洲舆论甚至重提20世纪90年代"小欧元区"（德国、法国、荷兰、比利时、卢森堡5个经济较为趋同的国家）的话题，显示未来内部协调难度加大，结构改革迫在眉睫。

（二）欧盟各国解决过度财政赤字的现实对策

具体来说，欧盟应对过度财政赤字的对策有以下几方面：

（1）急推财政紧缩政策。为解决债务危机，增强市场信心，欧洲各国开始大力紧缩财政。2010年5月6日，希腊议会通过财政紧缩方案，计划3年内紧缩开支300亿欧元，把财政赤字占GDP的比例由2009年的13.6%降至2014的3%以下。5月20日，法国总统萨科齐宣布将改革财政制度，削减预算赤字，并实施养老金制度改革。法国政府还计划修改宪法，将实现公共财政平衡作为政府永久性目标列入宪法。萨科齐承诺，3年内将财政赤字占GDP的比重控制在3%以内。5月27日，西班牙议会通过政府此前出台的150亿欧元财政紧缩方案。6月7日，德国总理默克尔宣布，德国将在未来4年内削减财政开支逾800亿欧元，以遏制预算赤字急剧增长（今年将超过GDP的5%），并为欧盟其他成员国"树立榜样"。6月22日，英国财政大臣奥斯本公布紧急预算案，宣布将通过削减公共开支和增税来减少财政赤字，从本年度到2014~2015财年，每年削减政府开支320亿英镑，从2011年起将增值税税率从17.5%提高到20%，争取在2015~2016财年实现结构性财政平衡并出现盈余，削减财政赤字的80%将通过紧缩财政实现，20%靠增税完成。这是二战后英国最"紧缩"的预算案。7月15日，意大利参议院通过了政府提出的249亿欧元紧缩公共开支预算法案。这项法案设定的目标是将财政赤字占GDP比例2010年减少到5%，2011年减少到3.9%，2012年减少到2.7%。此外，爱尔兰、葡萄牙等国也公布财政紧缩方案。至此，欧洲正式步入"勒紧裤腰带过日子"的"艰苦"时代。

(2) 加强内部经济治理。为防止债务危机升级，欧盟相继出台1100亿欧元希腊救助方案和7500亿欧元欧洲稳定机制，力求希腊不会出现主权债务违约并试图阻止危机在欧元区扩散。但救助方案被指"治标不治本"，市场信心依然不足。对此，欧盟及其成员国又迅速迈出了加强内部经济治理改革的步伐，试图通过强化财政纪律、增进经济政策协调、消除成员国间经济失衡和建立一套永久性的危机应对机制来修正欧元区固有的体制性缺陷，避免危机重演。在2010年6月17日召开的欧盟峰会上，欧盟表示将加强内部经济治理，强化财政纪律和加强对成员国的宏观经济监督，以免债务危机重演。欧盟领导人同意，自2011年开始，成员国预算方案接受欧盟委员会评议，对违反财政纪律的成员国实施惩罚。欧盟领导人还要求拟定一套评判体系以及时发现成员国之间的竞争力差距和经济失衡状况。

(3) 着手经济结构改革。面对日益严峻的宏观经济风险，在削减财政赤字的同时推行结构性经济改革显得日益迫切。2010年5月25日，欧洲理事会常任主席范龙佩、欧盟委员会主席巴罗佐和欧盟委员会负责经济和货币事务的委员奥利·雷恩共同呼吁欧盟成员国将巩固财政和结构性改革并举，因为只有实现经济增长才能实现削减赤字的目标，提高未来欧盟经济增长潜力。世界银行行长佐利克2010年5月31日在英国《金融时报》发表文章警告，不应"一味厉行节约"，还要找到"通往繁荣的可持续道路"，应抓住发展中国家增长提供的机遇，避免步入"失落的十年"。2010年6月17日，欧盟峰会通过未来十年欧盟经济发展规划，即"欧洲2020战略"，要求通过提高欧盟经济竞争力、生产率、增长潜力、社会融合和经济趋同，使欧盟经济走出危机并变得更强大。根据这一战略，未来欧盟经济的发展目标是，实现以知识和创新为基础的"灵巧增长"；以提高资源效率、提倡"绿色"、强化竞争力为内容的"可持续增长"；以扩大就业、促进社会融合为目标的"包容性增长"。为此,欧盟在创造就业、增加科研投入、减少温室气体排放、提高教育普及率和消除贫困等 5 个核心领域确立了量化指标。新战略重在推动结构性改革,消除制约欧盟经济增长的瓶颈,充分挖掘增长潜力,使欧盟经济重回可持续增长轨道。2010 年 7 月 21 日,IMF 发布报告建议,欧元区当前应加强政策协调,制订有力的中长期调整计划,建立财政可持续性,实施结构性改革,促进经济增长,要找出银行体系的薄弱环节,并从根本上进行重组。同时 IMF 建议,欧元区通过实施完善的财政和结构政策,完成地区范围的金融稳定框架,来建立有效的经济和货币联盟。

（4）进行银行业压力测试。为平息市场对欧洲银行业健康状况的猜疑及提高透明度,2010 年 6 月 17 日召开的欧盟峰会宣布对欧洲银行业进行压力测试。7 月 23 日,欧洲银行业监管委员会公布了欧洲银行业压力测试结果。结果显示,欧洲大多数银行"健康状况"良好,有能力抵御可能出现的经济"二次探底"和主权债务危机的双重打击。在参加测试的 20 个欧洲国家的 91 家银行中,绝大多数都顺利过关,只有 7 家不合格,其中除德国地产融资抵押银行外,另有 1 家希腊银行,5 家西班牙地方银行。7 家银行只需注资 35 亿欧元,即可抵御未来可能出现的风险。英国、荷兰、意大利和北欧地区的银行在压力测试中表现出色。91 家接受测试的银行资产规模占欧洲银行业的 65%。欧洲银行业监管委员会称,整体上,这 91 家银行在假定的最糟糕情形下,核心资本充足率虽将从 2009 年的 10.3% 降到 2011 年底的 9.2%,但仍高于测试所设定的 6% 的"安全线",表明欧洲银行业总体依然健康。欧盟委员会、欧洲央行和欧洲银行业监管委员会发表联合声明称,这次压力测试公布的信息将确保外界了解欧洲银行业状况,对恢复市场信心具有重要推动作用。声明强调,这次压力测试所假定的最糟糕情形实际上不太可能发生,但绝大多数欧洲银行仍经得住考验,由此可以证明,欧洲银行业作为一个整体能够抵御可能出现的宏观经济风险和金融冲击。欧盟官方虽对压力测试结果表示满意,但分析人士认为,整个压力测试是一场平复市场担忧的"政治游戏",能否达到预期效果、如愿打消投资者疑虑仍是未知数。

（5）加强金融改革与监管。美国次贷危机爆发后,打击金融市场投机、加强金融监管的呼声就一度高涨,但在过去一两年,西方国家在这方面进展缓慢。最明显的例子包括金融衍生品市场仍无序发展,信用评级机构未能得到有效监管,二者成了欧洲债务危机的"加速器"。对此,欧元区国家领导人再次提到金融市场投机以及信用评级机构的作用问题,并采取了一系列措施。2010年9月2日,欧盟成员国代表和欧洲议会达成协议,同意从2011年起成立三个欧洲监管局,分别负责对银行业、金融交易和保险业进行监管,同时成立一个欧洲系统性风险委员会,对整个金融体系的风险进行监管。在新的监管体系下,三个监管局将有权监督各国监管机构执行欧盟的相关法律法规,并对这些机构发布指令或提出警告。在涉及跨国金融机构管理时,如果各国监管机构之间发生争议,欧洲监管局可以进行调停,调停结果具有法律约束力,监管局还可直接对相关金融机构下达监管决定。此外,欧洲监管局还将有权对特定类型的金融机构、金融产品和金融活动进行调查,评估其给金融市场带来的风险。在紧急情况下,欧洲监管局可以临时禁止或限制某些有害的金融活动或者金融产品,并可提请欧盟委员会提出立法建议,永久性禁止这类产品或活动。至此,欧盟终于建立起对宏观经济政策与系统性金融风险的泛欧监管机制。这是从金融危机与债务危机中得出的最大教训,也是最大收获。可以预见,未来欧洲一体化发展依然不会一帆风顺,但再次爆发如此险峻的金融危机的可能性将会降低,长期发展可能更健康并趋于相对均衡。

(三) 欧盟过度财政赤字对中国财政政策的启示

欧盟过度财政赤字对其自身的财政政策有如下几点启示:

1. 不能完全走政府主导的投资拉动型经济发展模式

希腊经济基础薄弱,加入欧元区后又面临了更大的生存压力,在私人投资不旺的情况下,政府投资成为推动经济发展的主力。借助筹备2004年雅典奥运会的机会,希腊大量举借国内外资金,投向基础设施建设。当长期投资与短期借款的期限匹配出现问题时,债务危机的爆发在所难免。在拉动经济的三驾马车中,投资也一直是我国政府促进经济发展的重要手段,特别是在本轮全球性金融危机爆发后,在进出口大幅萎缩的情况下,增加固定资产投资成为推动经济增长的主要动力。因此,如何降低经济发展对投资和出口的依赖,提高最终消费对经济增长的贡献度,是中国经济均衡发展的关键。

2. 不能忽视房地产市场波动带来的系统性风险

与美国次贷危机、迪拜债务危机以及爱尔兰危机一样,希腊债务危机也蕴涵着房地产泡沫问题。近年来,中国部分地方政府也把房地产业作为支柱产业和财政收入的主要来源，不断刺激吹大房地产泡沫。由于房地产市场与整个金融体系关系紧密，所以必须谨防房价大起大落，抑制房价过快增长。

3. 不能高估地方政府的债务承受能力

欧洲债务危机的根本原因就是政府的债务负担超过了自身的承受范围，从而引发违约风险。从统计数字来看，2009年我国财政赤字与GDP之比低于3%，与总债务之比低于20%（远低于国际警戒线的60%），审慎性优于发达国家，短期不存在爆发主权债务危机的可能。但是，金融危机爆发以来我国地方政府债务迅速扩张，隐藏了不少问题，应该引起高度重视。据估算，目前我国地方投融资平台负债超过6万亿元，其中地方债务总余额4万亿元以上，约相当于GDP的16.5%、财政收入的80.2%、地方财政收入的174.6%。这些借贷资金大部分被使用在自偿能力比较低的基础设施和其他公共建设项目上，给地方留下了隐性赤字和债务负担，形成巨大的财政结构性风险。同时，这些资金中80%以上都来自于银行体系，一旦地方政府债务风险积聚，势必会对银行产生重大的冲击。

4. 不能草率建立或加入亚洲共同货币区

欧元区分散财政政策与统一货币政策之间的矛盾和弊端，在几个不同版本的亚洲区域货币一体化方案中也同样存在，甚至更严重。这些方案都谋求区域货币所带来的一系列货币、金融开放政策，但同时也都强调各国财政政策自主。在这种情况下，一旦实施货币一体化而缺乏相应的财政政策协调，当类似希腊危机的事件发生时，亚洲各国将面临同样的压力和威胁。从目前的情况看，建立"亚元"货币体系的时机还未成熟，各项制度规则都有待进一步探讨和完善。

在对欧盟财政政策作出以上分析以后，我国应借鉴欧盟财政政策的经验和教训，提高我国财政政策的合理性，避免过度财政赤字的发生。

第一，注重财政运行的周期平衡，提高财政政策调控灵活度。针对宏观经济运行的不同态势，适时运用税收、补贴、支出等工具实行反周期调节，是财政政策保障经济稳定运行的要旨所在。在经济萧条时期，财政减收增支因素会不断增多，赤字攀升和债务增加难以避免，客观上应允许赤字率和债务率有一定的浮动空间。欧盟财政规则所规定的3%的赤字率和60%的债务率也只是某个时期政治协商的产物，并非金科玉律，如果一味强调不能突破这两个标准，则可能会限制财政政策工具的有效使用，影响财政调控效果。为了有助于财政政策的灵活运用，对赤字率和债务率的限定标准，应根据经济周期合理把握其上限,即按照预算周期的平均水平而不是教条地要求每个年度都要严格遵守,也许是更为合理的选择。为此建议,一是加强和科学编制财政中长期规划。不仅要注重年度财政预算及其平稳问题,更要注重财政运行的周期性平衡。二是巩固和完善财政收入稳定增长机制。加快改革和优化税收制度,建立规范的非税收入管理体系,形成稳定而合理的财政收入结构,为充分发挥财政调控作用提供更广阔的政策操作空间。三是用好财政增收收入。在财政状况良好和增收较多的情况下,更要科学地统筹安排增收收入,可以考虑建立"稳定调节基金",增强政府战略应急能力。

第二,财政政策定位应着眼于长期社会经济发展。目前,我国进入了全面建设小康社会的新阶段,既面临着加快发展与深化改革的双重任务,也面临着短期经济增长基础缺乏自主性和长期经济增长缺乏可持续性的双重压力。因此,我国财政政策的目标定位既要兼顾改革与发展,又要兼顾短期经济增长与长期经济可持续发展。1998年以来实施的积极财政政策,使我国经济运行环境发生了重大变化,为有效扩大内需和促进经济较快增长发挥了重要作用。但是,这种以刺激短期经济增长为主要取向的财政政策,已经实行了较长时间,积累了相当多的财政风险,更不能作为长期政策频繁使用。对经济起短期调节作用的主要应是货币政策,财政政策应着眼于长期的可持续发展和实现社会进步。保持财政基本平衡和财政政策的基本稳定,对优化宏观经济环境至关重要。

第三,尽快建立符合我国国情的财政风险预警体系。过去我国将欧盟3%的赤字率和60%的债务率作为我国财政预警的参照标准,实际上是一种误解。各国的经济发展水平、财政收入能力和债务资产水平不同,预警定量标准也会有很大差异。为此要建立适应我国国情的财政预警体系。一要合理设置政府债务控制指标。我国财政收入能力低,财政收入占GDP的比重大致为18%左右,只相当于欧盟国家平均水平的50%,经济增长速度虽然高于欧盟国家,经济增长的波动性也较大,而且,我国国债是在短短几年内形成的,增速过快。因此我国财政的抗风险能力应明显低于欧盟国家,赤字率和债务率控制指标也应比欧盟控制指标更为严格。二要按照权责发生制原则全面清理各级政府的债务规模,实行年度报告制度,建立政府债务风险监测和预警机制。同时要规范政府债务管理制度,由各级财政部门统一负责内外债的管理。三要推进国有金融机构改革,改变财政对银行单一的注资方式,防范金融风险转化为财政风险。四要保持合理的债务规模和期限结构，将债务负担率控制在合理界限内，有效防范财政债务风险。

第四，充分发挥财政政策多种手段的组合作用。按照十六届三中全会的要求，要完善财政政策的实现形式。财政政策的作用重在结构调整。试图通过财政资金进行大规模投资来调节经济总量是任何国家财政力所不能及的。政府投资要严格控制在市场所不能的必要范围之内，而且必须首先考虑政府投资的不可替代性和有效性。国债投资在财政可承受的范围之内不能成为投资必要性的理由，更不能成为无效投资甚至损失浪费的依据。财政政策手段不是单一的投资，必须充分发挥税收、财政补贴、财政贴息、转移支付等多种财政政策手段的组合效应，为此要根据宏观经济形势的变化，适时调整积极财政政策的方向和力度，在维持现行赤字规模不变的前提下，适当调减建设国债投资规模，逐步实现中央预算内经常性投资与国债投资并轨。积极调整和完善税制，充分发挥税收政策在刺激内需、激励供给和调整结构方面的作用。完善财政补贴和财政贴息政策，加强对社会投资的引导。进一步增加对中西部地区转移支付力度，提高经济欠发达地区和农村地区的政府公共服务水平。

第五，引入财政中长期规划管理机制。欧盟成员国每年要向欧盟财政委员会和各国议会报送"1+3"财政预算，即下一年度的国家预算及从第二年开始今后三年的滚动预算规划。虽然欧盟和各国议会只审查通过下一年度的预算，但通过分析三年滚动预算规划可及早发现预算编制和执行中的发展趋势和问题，对审查通过下一年度预算有至关重要的作用。我国虽然在2003年试编了财政发展五年滚动计划，各省、自治区、直辖市和计划单列市也第一次试编了财政发展三年滚动计划（2004~2006年），但远未形成有约束力的制度。编制滚动计划应与部门预算改革、国库收付改革和实施政府采购一样，成为并重的财政管理重大改革，这是实现政府宏观调控、公平收入分配、实现财政可持续发展的重要举措。今后编制财政发展滚动计划，要理清财政政策目标和发展趋势，正确分析财政中长期收支变化趋势，增强财政支出的规范性和有效性，并充分反映财政债务风险状况，及时采取措施防范和化解风险。

第六，注重财政与货币政策协调配合，增强宏观调控效果。宏观经济理论研究表明，财政政策和货币政策不能完全独立，如果协调配合不力，则会损害宏观经济运行效率。近年来欧盟成员国财政政策实践的经验教训也证明了两大政策协调配合的重要性。因此，必须加强财政政策和货币政策的协调配合。一是充分发挥两大政策的功能作用，增强宏观调控政策目标的一致性。财政政策侧重于促进经济增长、优化结构和调节收入分配，货币政策侧重于保持币值稳定和总量平衡。二是完善国债管理和加强国库现金管理，拓展两大政策有效配合的渠道。以 2006 年实行的国债余额管理为契机，加强短期国债管理，为财政政策和货币政策提供有效的连接纽带。一方面，中央银行要加强与国债政策的协调，合理把握公开市场操作的节奏和力度，稳定货币市场利率水平；另一方面，要统一国内债券市场，合理调整国债结构，提高国债的流动性，使其成为央行调控货币供应量的有效工具。三是建立有效的沟通机制，完善两大政策协调的制度安排。建立健全部际沟通平台，完善宏观调控决策的协调制度，提高政府宏观调控政策制定及实施效果。

专题七
主权债务危机令世界再添阴霾

一 希腊主权债务危机发生过程的简要回顾

(一) 危机的爆发

2009年12月8日,惠誉将希腊信贷评级由"A-"下调至"BBB+",前景展望为负面;12月16日,标准普尔将希腊的长期主权信用评级由"A-"下调为"BBB+";12月22日,穆迪宣布将希腊主权评级由"A1"下调到"A2",评级展望为负面。2009年12月23日,希腊通过2010年度危机预算案;2010年1月14日,希腊承诺将把年度财政减少145亿美元;1月26日,希腊发售五年期国债筹资113亿美元;2月9日,德国考虑同其他欧元区国家向希腊提供贷款,避免危机扩散;4月11日,希腊终获450亿欧元援助,其中300亿欧元由欧元区国家提供,剩余的150亿欧元将由IMF提供;4月23日,穆迪将希腊主权债务评级下调至"A3",4月27日,标普下调希腊评级至垃圾级别。

希腊主权信用评级遭下调再度引发市场对政府财政赤字管理和风险控制的担忧。

希腊主权债务危机的演变可以分为三个阶段:

第一阶段为2009年12月7日至2010年4月10日。这个阶段是危机酝酿、发育的阶段。核心问题是要不要对希腊提供紧急救助。这一阶段中有两个重要的时间点,我们把它们称为两个分水岭。

第一个分水岭是在2010年2月11日。在国际信用评级机构于2009年年底下调希腊主权债务的信用等级之后,希腊国债的信用违约互换一路看涨，圣诞节前涨到 245.5 个基点。2010 年 1 月中旬，穆迪公司宣布希腊正在走向缓慢死亡之后，CDS 涨到了 328 个基点，1 月份一度探高到 421 个基点。一些债务负担较重和财政赤字较大的欧元区国家（如西班牙、葡萄牙、爱尔兰）也受到了巨大的冲击。与此同时，欧元对美元的汇率一度在 10 天内创下下跌 8% 的记录。欧元正在经受自创建以来的最大考验。2010 年 2 月 11 日，欧盟首脑会议终于做出了一个历史性的政治决定，愿意向有债务危机的成员国提供帮助。虽然帮助的细节没有公布，但至少向外界发出了明确的信号。这一决定表明，欧元区各成员国决心捍卫欧元，打击金融投机，以避免事态进一步恶化。消息传出后，欧元兑美元汇率有所反弹，希腊国债收益率略有下降，但市场对此仍存有疑虑。

第二个分水岭是在 2010 年 3 月 25 日。虽然欧盟首脑会议决定支持希腊，但支持的细节迟迟不能出台，加上德国在支持希腊问题上一直持保留态度，导致了市场对救助希腊决心的怀疑，市场投机预期愈发强烈。3 月下旬，希腊 10 年期国债收益率上升到 6.36%。而惠誉在 3 月 24 日甚至准备下调葡萄牙的主权信用等级。3 月 25 日，欧元区成员国领导人通过了支持希腊的方案。欧元区各成员国与国际货币基金组织联合帮助希腊，为深陷主权债务危机的希腊带来了曙光。在当天出台的方案中，欧元区各成员国领导人没有说明可能为希腊提供帮助的具体数额，也未能确定欧元区各成员国和国际货币基金组织分摊的数额。根据欧元区成员国领导人的声明，欧元区国家将按照各自在欧洲中央银行的资本份额出资。这一救助机制只有当希腊无法从市场筹集到足够资金时才能启动，这其实相当于一笔准备金。如果希腊能够通过正常的方式，在市场上把债券以一个合适的利率卖出去，就没有必要从欧元区国家获得双边贷款。如果希腊的债券卖不出去，或者利率不好，希腊就需要动用双边贷款和国际货币基金组织的资金。

第二阶段为 2010 年 4 月 11 日至 5 月 9 日，是危机的爆发阶段。这一时期面临的主要问题最初是需要多少资金救助希腊，后来随着事态的发展演变成欧元区的保卫战。在这一阶段，欧盟采取了三个措施：一是在 4 月 11 日召开由欧元区 16 个成员国财长、欧洲央行和欧盟委员会代表参加的视频会议，同意在 2010 年必要时与国际货币基金组织一道为希腊提供总额达 450 亿欧元的贷款，利率为 5%，介于希腊所期望的 4% 和 7.5% 的市场利率之间。其中欧元区国家按照在欧洲央行的出资比例，至少出资 300 亿欧元，国际货币基金组织出资150亿欧元；二是在5月2日决定加大对希腊支持的力度，准备提供总计1100亿欧元的为期3年的支持计划，其中800亿来自欧元区成员国的双边贷款，300亿来自国际货币基金组织；三是在5月9日协商推出高达7500亿欧元（折合美元为近1万亿美元）的稳定机制，以期平息市场的恐慌，恢复投资者对欧元的信心。自此希腊主权债务危机转变为欧元区的保卫战。

第三阶段为2010年5月10日至今。7500亿欧元的稳定措施出台后，市场还是处于持续振荡之中，但危机进一步恶化的趋势得到了控制。然而欧元的颓势没有改变。6月9日，欧元对美元汇率下跌至1.1876，这是自2006年3月以来首次跌破1.19。自2010年年初以来，欧元对美元累计贬值18%。欧盟一些成员国纷纷推出紧缩计划，削减政府开支，调整公共财政支出结构，以期尽早回到《欧洲联盟条约》所规定的稳定与增长轨道上来。

（二）危机的蔓延

2009年12月，全球三大评级公司标普、穆迪和惠誉分别下调希腊的主权债务评级，此后欧洲多个国家也开始陷入危机，"欧猪五国PIIGS"（葡萄牙、意大利、爱尔兰、希腊、西班牙）的信用评级被调低，经济下滑，债台高筑，整个欧洲面临严峻考验。德国等欧元区的龙头国都开始感受到危机的影响，因为欧元大幅下跌，加上欧洲股市暴挫，整个欧元区正面对成立11年以来最严峻的考验，有评论家更推测欧元区最终会解体收场。希腊财政部长称，希腊在5月19日之前需要约90亿欧元资金以渡过危机。但是欧洲各国在援助希腊问题上迟迟达不成一致意见，4月27日标普将希腊主权评级降至"垃圾级"，危机进一步升级。

在2010年5月，欧债危机升级，欧美股市全线大跌，引起了极大的恐慌，道指盘中暴跌近千点，"问题债券"恐酿欧洲银行危机，金融股频频失血。

二 希腊主权债务危机的原因分析

（一）国内因素

1. 靠虚拟经济拉动增长的模式难以为继

过去十年，希腊的经济增长较快，年均增长率约为4%，大大高于欧元区2%的平均水平。希腊的高速经济增长使其政府对财政收入的来源抱有较强的信心,继而维持了较高的财政支出。希腊的经济增长更多地由国内需求拉动,消费和房地产投资对经济增长的贡献较大。希腊加入欧元区后,融资成本降低,利率一直保持在较低水平。而过去十年推行的金融部门自由化,提高了金融部门的效率,导致可获得的信贷量迅速增长。较低的利率和宽松的信贷刺激了国内需求的迅速发展。

美国次贷危机的形成和爆发过程已经证明,靠虚拟经济拉动的增长方式是不可持续的。在希腊也是如此。金融领域的泡沫破灭以后,实体经济开始萎缩,从而侵蚀政府财政收入的来源。全球金融危机爆发后,希腊并没有下决心大幅度削减财政支出,低迷的经济自然不能支持其庞大的财政支出。从经济的结构调整看,希腊的产品和劳动力市场僵化影响了经济弹性,加大了经济复苏难度。过去十年,希腊的结构改革政策进行得并不顺利。与其他成员国相比,希腊的就业率和劳动生产率一直处于较低水平。产品和劳动力市场僵化不仅导致其经济长期持续增长的动力不足,而且使希腊在面临外部冲击时表现十分脆弱。一旦受到外部冲击,希腊无法及时有效地通过调节产品和劳动力价格进行应对,从而拉长了经济的低迷期。

在经济低迷时期,一般会采取经济刺激政策。一方面,经济刺激计划通常使得财政支出大幅度增加;另一方面,减税和经济的萎缩导致财政收入收缩。两方面的原因加大了希腊在面临经济危机时的财政压力。

2. 高福利模式造成政府债台高筑

政府高度举债是希腊主权债务危机的直接原因,而欧洲式的高福利模式直接导致了私人部门负担过重。希腊的社会福利政策名目繁多且价值不菲。希腊经济网站的数据显示,每年政府为公务员拨出的款项高达十多亿。希腊的公务员每个月可以享受到5欧元到1300欧元之间的额外奖金,奖金的名目五花八门,比如会使用电脑、会说外语、能准时上班等不一而足。根据希腊的有关规定,甚至就连已经去世的公务员,他们的女儿,不管其是否已婚,都可以继续领取该公务员的退休金。欧盟委员会预计,到2005年,希腊的养老金支出将上升到国内生产总值的12%,相较之下,欧盟的成员国的平均养老金开支还不到国内生产总值的3%。除此之外,希腊失业率相对较高,2001~2008年的平均失业率为9.5%,高出欧元区平均失业率1个百分点,过高的失业率使得希腊政府必须支付较高的社会福利费,保障失业人员基本生活。有关统计指出，2000年希腊社会福利支出占财政支出的比例为33%，2008年上升至42%，升幅达9个百分点；尽管欧元区15国的社会福利支出占比也相对处于较高水平，但多年来基本保持稳定，社会福利支出对欧元区其他国家的财政压力变动不大。

面对如此奢侈的社会保障制度，有专家预测，除非进行大刀阔斧的改革，否则希腊的社会保障体系必会在15年之内崩溃。而希腊的不同政党为了争取选民不断地开出各种高福利支票，也造成了高福利的恶性循环。如果希腊的经济形势良好，那么高福利政策利国利民，皆大欢喜，但作为欧盟内经济最弱的国家之一，希腊的经济发展前景堪忧，政府无力偿债，并采取了以债养债的措施，将债务危机的雪球越滚越大。

3. 财政预算管理不善导致国家财政状况进一步恶化

希腊陷入当前的财政危机是长期财政预算管理不善的结果。自从1993年以来，希腊政府债务占GDP的比例始终维持在90%以上。2001年，希腊在加入欧元区的过程中甚至曾经虚报统计数据，而在经济繁荣时期也未能降低预算缺口，最终导致经济危机来袭后的国家财政状况进一步恶化。

对希腊来说，成为欧元区成员是一个福音。债券市场因而不再担心高通胀或贬值，低利率使其政府能够以更优惠条件为债务融资，净利息成本占GDP的比率在1995年后的十年里下降了6.5个百分点。对信贷繁荣期间违约风险的低估，导致希腊轻易获取较长期的借贷。与此同时，较低利率也有利于刺激消费增长。

在2008年之前，希腊的年平均经济增长率是4%。强劲的GDP增长掩盖了公共财政的潜在弱点。虽然公共债务比率下降，但只是因为以现金衡量的GDP增速要快于债务增速，由此导致大量的预算赤字持续不断。自希腊加入欧元区后便放松了财政控制，希腊在取得欧元区成员资格之后，其主要的预算平衡（不包括利息）便从2003年以来的赤字转为盈余，其经济并没有降温，通胀率远高于欧元区的平均水平，从而影响其竞争力。本国经济越来越依赖于国外贷款，2008年希腊的经常账户赤字扩大至GDP的14.6%。

希腊财政支出

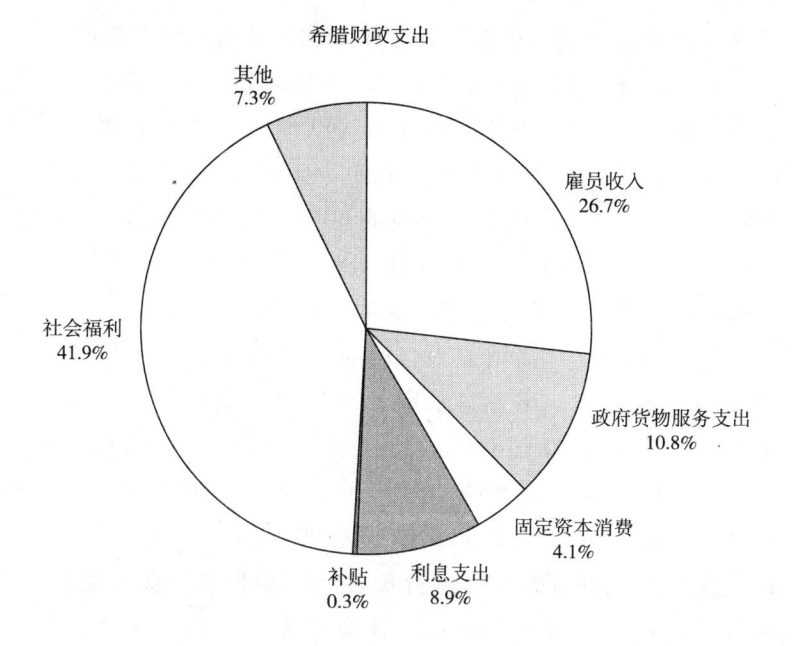

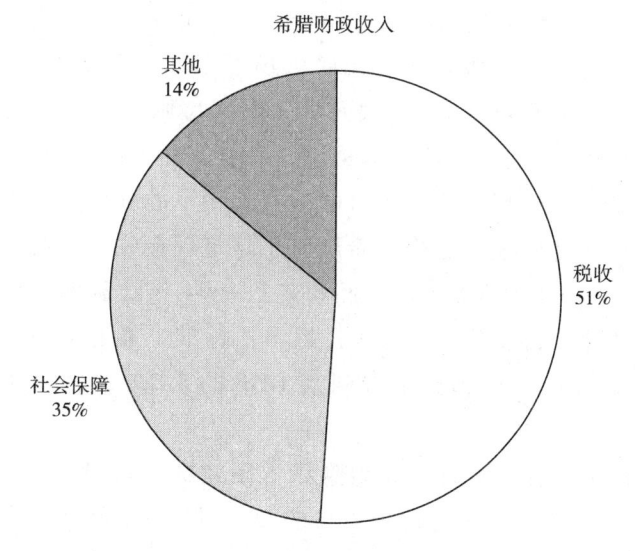

- 其他 7.3%
- 雇员收入 26.7%
- 政府货物服务支出 10.8%
- 固定资本消费 4.1%
- 利息支出 8.9%
- 补贴 0.3%
- 社会福利 41.9%

希腊财政收入

- 其他 14%
- 税收 51%
- 社会保障 35%

图 7-1 2009 年希腊财政支出与收入构成

资料来源：彭博、中金公司研究部。

总之，希腊政府长期财政预算管理不善造成国债负担严重、财政赤字日益恶化，公共财政公信力不足、养老金制度无法持续，从而导致其主权评级遭创下降，最终陷入主权债务危机。

4. 为进入欧元区"债务造假"掩盖了本国经济问题的严重性

早在2001年，希腊刚刚进入欧元区，主权债务危机就埋下了伏笔。根据欧洲共同体部分国家于1992年签署的《欧洲联盟条约》规定，欧洲经济货币同盟成员国必须符合两个关键标准，即预算赤字不能超过国内生产总值的3%、负债率低于国内生产总值的60%。而当时刚刚入盟的希腊远远达不到这两项标准。这种情况对希腊和欧元区联盟都不是好事。尤其当时刚刚问世的欧元还处于贬值状态。这时希腊便花费3亿美元从美国华尔街请来了"天才发明家"高盛，为自己量身订做了一套号称"金融创新工具"的债务隐瞒方案。该方案采用了"货币掉期交易"的方式，为希腊政府掩饰了一笔高达10亿欧元的公共债务，从而使希腊在账面上符合了欧元区成员国的标准。所谓的"货币掉期交易"模式如下：比如希腊政府发行了100亿美元（或日元和瑞士法郎）的十至十五年期的国债，分批上市。这笔国债由高盛投资银行负责将希腊提供的美元兑换成欧元。到这笔债务到期时，将仍然由高盛将其换回美元。高盛的"创意"在于人为拟定了一个汇率，使高盛得以向希腊贷出一大笔现金，而不会在希腊的公共负债率中表现出来。假如1欧元以市场汇率计算等于1.35美元的话，希腊发行100亿美元可获74亿欧元。然而高盛则用了一个更为优惠的汇率，使希腊获得84亿欧元。也就是说，高盛实际上借贷给希腊10亿欧元。但这笔钱却不会出现在希腊当时的公共负债率的统计数据里，因为它要十至十五年以后才归还。这样，希腊有了这笔现金收入，使国家预算赤字从账面上看仅为GDP的1.5%。而事实上2004年欧盟统计局重新计算后发现，希腊赤字实际上高达3.7%，超出了标准。最近透露出来的消息表明，当时希腊真正的预算赤字占到其GDP的5.2%，远远超过规定的3%。

国际金融危机爆发后，希腊政府为隐瞒本国经济问题的严重性，再次谎报统计数字。2009年春，希腊政府公布的2008年与2009年度财政赤字分别为其GDP的5.2%和5.1%。2009年10月，希腊政府将这两个数字分别上调为7.7%和12.7%。

（二）国际因素

1. 希腊主权债务危机是次贷危机的延续和深化

虽然希腊总理乔治·帕潘德里欧称，希腊的债务问题是自身原因造成的，与全球金融危机无关，但不可否认美国次贷危机引发了全球性的金融危机和经济衰退，点燃了欧洲暗藏于风平浪静海面下的巨大债务风险。

希腊财政状况一直不佳，次贷危机后财政赤字与公共债务水平进一步恶化，远高于欧元区平均水平。在这种情况下，如果能在市场上发行新债，就可以在一定程度上缓解债务危机，而一旦无法继续通过发行债券筹集资金，就必然导致主权债务危机。2010年希腊公共债务余额达到3038亿欧元，当年需要筹集530亿欧元（其中4月份和5月份就需要筹集252亿欧元）才能满足财政赤字和偿还债务的需要，但随着惠誉、标准普尔和穆迪都降低了其主权债务信用评级，希腊政府已无法通过发行债券来筹集资金，从而爆发了主权债务危机。

此外，由于经济危机的爆发，希腊的两大支柱产业——船运和旅游业萎靡不振，极大地影响了希腊的GDP。而全球性的产能和流动性"双过剩"又加大了欧洲资本输出的风险暴露。希腊国家银行采取了负债投资策略，从海外（主要是德国）大量借贷并大规模投资于相对不发达的市场，例如，土耳其和巴尔干地区。其中最具代表性的案例是希腊国家银行投巨资收购了土耳其的Finansbank，这笔巨资也是希腊眼下巨额债务的主要构成。

2. 欧元区的体制性缺陷是希腊等国家发生主权债务危机的制度性根源

欧元区的建立对于推进欧洲经济的一体化，促进资源的流动和优化配置起到了积极作用，但在政策和制度安排方面却存在着严重的漏洞，这也是次贷危机后欧元区经济相对落后国家会爆发主权债务危机并迅速蔓延的制度性根源所在。

首先，货币政策与财政政策的分离使得陷入债务危机的国家无法通过灵活的财政政策来缓解压力。货币的统一使得货币政策集中由欧洲中央银行统一制定并执行，但财政政策依然由各成员国政府负责。尽管欧盟对各国财政政策有一定的限制，如规定财政赤字不得超过GDP的3%，公共债务不得超过GDP的60%，否则将对财政赤字超过部分处以一定比例的罚金，如果不能按期改善财政状况，欧盟将没收保证金。不过自2004年起，部分成员国就开始超越这一标准，欧盟在2005年出于对经济增长和就业的考虑，允许成员国暂时超越这一标准，实际上等于放开了对成员国财政政策的限制。货币政策与财政政策的分离使得各成员国在出现双高的财政赤字和经常账户赤字时无法通过灵活的货币政策和汇率政策来缓解财政与贸易的压力，而紧缩性的财政政策又会导致经济衰退，在这种情况下，双赤字只会日趋严重,当政府债务积累到一定程度后就必然会导致主权债务危机。

其次,缺乏相应的金融稳定和危机防范机制。自希腊政府在2009年10月披露政府债务危机问题以来,欧盟一直没有就救助计划达成一致,其原因就在于欧元区没有建立相应的金融稳定和危机防范机制,这主要是出于对道德风险的考虑,担心一旦由欧盟对危机国家提供援助会导致其他国家效仿,从而加重德国、法国等核心成员国的负担,因而欧盟条约第103条第1款明确规定"欧盟和欧元区将不承担成员国政府出现危机时的援助义务"。尽管欧盟条约规定在自然灾害或不可控因素导致成员国出现危机的情况下,欧盟可以向该国提供援助,但这需要欧元区成员国达成一致,因而欧盟没有及时对希腊债务危机作出反应,导致希腊债务危机迅速向财政状况不佳和公共债务负担较重的其他国家蔓延,使更多国家陷入主权债务危机。到欧盟在2010年5月10日达成一项高达7500亿欧元的救助计划以帮助可能陷入债务危机的成员国时,希腊债务危机已经演变成席卷数国的欧元区主权债务危机。

再次,机制的僵化为过高的财政赤字埋下隐患。由于经济差异与多样化,统一财政很难在短期内实现,从而为部分国家过高的财政赤字埋下隐患。货币一体化虽然带来金融市场的一体化,给高失业、低增长的东欧国家创造较好的融资市场,有利于其增长。但在货币政策和财政政策不对称的结构下,各国独立的财政政策有超支的内在动力,因为不必担心本国的货币和物价不稳定的负面影响,而且财政赤字存在溢出效应,不利的后果不必完全由自己承担,即存在道德风险问题。因而对于处在经济境况不好的国家尤其是衰退期的小国来说,财政赤字的诱惑力最大。

欧洲一体化带来小国经济的快速发展,尽管受到《欧洲联盟条约》的约束,但从过去的实际来看,《欧洲联盟条约》和《稳定与增长公约》并没能控制欧元区的财政赤字和债务问题,尤其在危机中,这些条约则成了加重经济衰退的条款。债务赤字的迅速攀升,在金融危机爆发使得GDP失去增长动力后,东欧、希腊、葡萄牙等国的债务赤字问题随即显现(如图7-2)。总体来看,欧元区财政政策和货币政策不统一,加大了成员国之间发展的不平衡。而本次危机只不过是将隐藏的分化显性化。如果这种机制不能从根本上得到解决,未来类似的危机仍不可避免。

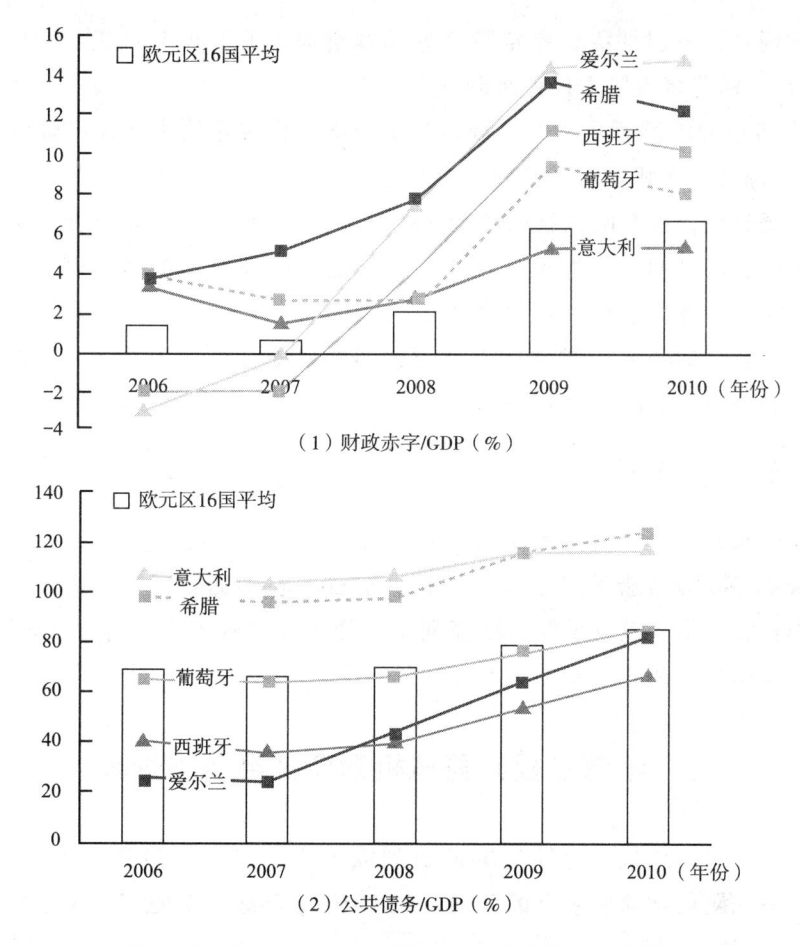

图 7-2　2006~2010 年危机国家政府债券的变化情况

资料来源：欧盟委员会、世界银行、国际货币基金组织，2010 年为预算数据。

3. 华尔街与国际评级机构的推波助澜加速了危机的爆发

首先，高盛落井下石。10 年前，高盛利用希腊急于加入欧元区的迫切心理，通过设计"金融创新工具"，帮助其"修饰"数据，将希腊财政赤字从 3.7% 降至账面上的 1.5%。与此同时，高盛从德国一家银行购买了 20 年期总额为 10 亿欧元的信用违约掉期产品。2009 年底希腊多笔债务即将到期，高盛先是大力唱衰希腊政府的偿债能力，导致其融资能力下降、融资成本迅速上升，然后在 CDS 价格涨到高点时大肆抛售，赚取巨额利润。

其次，国际评级机构助推危机。2009 年 12 月 8~22 日，惠誉、标准普尔和穆迪纷纷下调希腊主权评级。在如此短的时间内，国际三大评级机构全部下调希腊主权评级,令希腊债务问题迅速上升为债务危机。2010年4月27日,标普将希腊主权评级降至"垃圾级"。6月14日,穆迪不顾5月10日欧盟与IMF联手出台的大规模援助方案,也将希腊主权评级降至"垃圾级"。国际评级机构对希腊的步步紧逼,削弱了援助计划的积极影响,加剧了市场恐慌,引起欧洲强烈不满。6月15日,欧盟委员会负责经济与货币事务的委员奥利·雷恩指责评级市场缺乏竞争及透明度,并称欧盟委员会将加速评估评级机构在金融系统中扮演的角色。美国经济学家克鲁格曼也曾在《纽约时报》上撰文抨击"评级机构已沦为受雇于发债方,并为其债券开具合格证明的公司"。

(三) 小 结

总的来看,希腊主权债务危机的出现是各种因素综合作用的结果。但究其根本是因为希腊的经济存在结构性弊端,长期而往,竞争力下降,而政府预算管理不善以及采取的高福利模式导致其财政入不敷出,债台高筑。因此,希腊深陷债务泥淖也是不可避免的结果。

三 希腊主权债务危机对全球经济的影响

从冰岛信用危机、迪拜金融危机到欧洲主权债务危机的大规模爆发,主权债务问题得到前所未有的关注,给2010年全球经济的复苏蒙上了一层阴影。

自2007年4月次贷危机爆发以来,全球经济步入调整期。虽然各国由此之后在金融等各个领域尝试改革,各种国际会议更是层出不穷地接连召开:无论是八国首脑高峰会议,还是二十国集团领导人峰会,抑或是欧盟财政部长的历次特别会议,都未能从根本上取得任何实质性的进展。然而近日来财政赤字或主权债务严重超标的爱尔兰债务危机的加剧,以及对于葡萄牙和西班牙有可能步希腊、爱尔兰后尘,造成危机在欧洲范围内继续蔓延,甚至拖累其他地区经济复苏的担忧,令各方纷纷拉响警报。

希腊主权债务危机的余波还在不断蔓延与扩散,无论是给欧洲地区,还是世界其他主要发达国家乃至广大的发展中国家以及新兴经济体都带来深远影响,令欧洲乃至全球经济复苏的不确定性因素显著增加。虽然各国际组织普遍调高对2010年全球经济增长的预期,但是与前一阶段相比,世界经济复苏的不确定性并没有减弱,反而有进一步增大的势头。

(一) 对欧洲经济的影响

希腊等欧洲国家主权债务危机爆发后,市场恐慌情绪迅速蔓延。特别是2010年2月初,葡萄牙政府称可能削弱缩减赤字的努力及西班牙披露未来三年预算赤字将高于预测,更是导致市场的不稳定,欧元遭到大肆抛售,引发欧洲股市暴跌,整个欧元区面临成立11年以来最严峻的考验。仅2010年2月3~5日这三天时间里,欧洲三大指数累计跌幅均超过3%。

欧洲主权债务危机爆发后,国际社会出于对欧洲国家因日益高涨的财政赤字而产生债务违约风险的巨大担忧,对其政府的信誉和偿债能力的信任度锐减,纷纷减持相关国家的国债,或是买入信贷违约掉期合约(Credit Default Swaps,简称CDS),以对冲债券违约风险。过高的国债利率不仅大大提高了这些主权国家的政府融资成本,而且也增加了原有债务的偿还压力,让其缩减赤字的财政紧缩措施实施起来更加困难。同时,由于一国的国债利率大多与企业债券利率走势一致,如果国债利率大幅飙升,企业的融资成本也将随之上升,从而给实体经济带来强烈的紧缩效应。而企业的困境将进一步传导给金融机构,如果希腊等国家主权债务危机愈演愈烈,发生支付危机,势必拖累诸多欧洲国家和银行机构。因为希腊等国在21世纪发售的国债,要么为各大银行所购买,要么得到了银行或保险公司的担保。在欧洲经济一体化背景下,欧元区债务危机可能引发连锁反应,拖累欧元区各国乃至整个欧盟经济复苏。

虽然希腊主权债务危机愈演愈烈,杠杆效应日渐凸显,并已对全球金融体系产生了较大影响,但由于传导时滞的存在,其对欧元区乃至整个欧洲实体经济的影响尚不明显。

2010年第一季度,欧元区正式进入复苏阶段,其短期复苏态势并未因希腊主权债务危机而发生改变。2010年5月12日,欧元区公布的主要经济统计数据显示,2010年第一季度,欧元区实际GDP同比增长0.5个百分点,结束了从2008年第四季度到2009年第四季度-1.9%、-5%、-4.9%、-4.1%和-2.2%连续负增长的态势,复苏基调得到初步确认。从月度指标来看,3月欧元区工业生产值同比增长7%,增幅大大高于前几个月;第一季度设备利用率从前两个季度的69.6%和71%进一步升至72.3%;4月经济景气指数、经济信心指数、工业信心指数和服务业信心指数较前几月均大幅改善。2010年4月，欧元区CPI同比增长率为1.5个百分点，虽然连续上升但依旧低于2%的温和水平；2010年3月，欧元区失业率为10%，较前几个月有小幅上升。

另一方面，希腊的经济规模较小，因而其对欧盟和全球经济增长的影响是有限的。其主要贸易伙伴是德国、英国、法国、意大利等欧盟核心成员国，这些国家对希腊出口在其全部出口中所占的比重并不高，受到其拖累的可能性比较有限。欧元持续贬值，将有利于欧元区国家扩大对欧元区以外地区的出口，这对实体经济会产生积极影响。如果主权债务危机能够控制在目前的范围内，欧元区国家仍然有可能保持整体缓慢复苏的增长势头。

欧盟作为世界上最大的经济贸易联合体，统一货币有诸多好处，但是，由于缺乏有效的预警机制和退出机制，欧元区的货币政策难以与各国的财政政策有效协调。加之欧元区各国的经济情况差异较大，统一的货币政策未必是各国最好的选择。金融危机和经济衰退对欧元区各国的影响程度不同，市场V型反弹以来，各国的恢复程度也不同。由于经济实力能够承受较高负债率，德国、法国、英国的长期经济增长则可能不会受太大影响。由于希腊等国国内工会力量强大，制约了实施较为严厉的紧缩政策和结构调整的可能性。如果欧洲债务问题进一步恶化，很有可能迫使欧盟中的大国，主要是德国出面救援，但德国是否有足够的意愿提供救援，目前尚不明朗。因此，这次危机爆发之后，市场更有理由认为这种地区的差异是单一货币体系解决不了的。欧盟今后的改革与发展，将对国际政治经济格局的演变带来深远的影响。如果全球范围内的经济刺激政策无法与财政巩固计划有效协调，全球经济二次探底的风险将大幅加大，甚至可能会陷入"滞胀"的困境。

（二）对美国等发达国家的影响

事实上，财政赤字和公共债务严重超标并非希腊所独有，许多国家都存在同样的问题。2010年5月26日，美国的国债余额突破13万亿美元，这已相当于其GDP的90%；2009年财政赤字占GDP之比上升到10.6%；美国地方政府爆发债务危机的风险也日趋凸显。日本的公共债务率历来是发达国家中最高的，随着2009年以来一系列的财政刺激政策的推出，其公共债务率已经上升到近200%的高值。因此，主权债务危机存在向欧洲其他国家以及美国、日本等发达经济体蔓延，并可能导致国际金融危机再度重演，也值得我们予以高度关注。如果美国、日本等其他经济体为了改善日益恶化的财政状况被迫退出扩张性财政政策，将对全球经济复苏和市场需求回升产生更为严重的冲击，不排除全球实体经济因此"二次探底"的可能性。

从美国来看，在欧元持续贬值的背景下，随着美元升值加快，出口拉动型增长的可持续性将面临很大挑战，从而导致外部市场需求增长的不确定性也会产生负面影响。库存增加对经济回升的贡献将会逐渐减弱，就业改善滞后于经济复苏的进程将对消费增长不利，房贷问题和通货紧缩压力仍然难以消除等，以上问题都有可能制约美国经济复苏进程。但是欧元贬值对美国实体经济的影响也较为有限，根据高盛的测算，假设欧元区经济增长放缓1个百分点，且欧元贬值10%，那么其对美国经济增长的直接冲击仅为0.05个百分点。

（三）对中国等发展中国的影响

尽管主权债务危机对欧洲和全球实体经济的冲击十分有限，但是，随着欧洲国家普遍开始实施紧缩的财政政策，占全球GDP约30%的欧盟的市场需求将面临强大的下行压力。这对于以欧洲为主要市场之一的发展中国家来说，带动经济复苏的出口增长将可能放缓。

但是，整体来看，此次主权债务危机对中国经济影响有限。虽然在短期，中国资本市场受到了来自欧洲主权债务危机等利空影响而大幅下跌，而且对欧盟的出口也受到了一定影响，增速下降明显。但从长期来看，主权债务危机的传导性有限，而且目前主要发生国经济占世界比重较小，对世界经济的冲击并不大，更不会演变成又一次金融危机。这次主权债务危机让次贷危机后全球调整期延长，但并没有实质性的改变世界经济格局，甚至从某种乐观层面来看，此次主权债务危机之后必然是欧盟对外保护主义加强，中国出口将被迫多元化并且加速向内外均衡发展模式转变，这对中国而言无疑具有长期积极意义。具体来说，此次债务危机对中国的影响主要表现在以下几个方面：

1. 对中国汇率制度的影响

希腊主权债务危机爆发之后，欧元对美元汇率急剧下滑。由于人民币对美元汇率保持相对稳定的态势，因此，在这场主权债务危机中人民币相对于欧元反而发生了升值，欧元对人民币汇率从危机前的1：10跌到了目前的1：8.4左右的水平。人民币相对于欧元的被动升值在一定程度上缓解了国际社会各方要求人民币升值的压力。欧盟贸易委员卡雷尔·德古特在2010年1月欧洲议会的听证会上曾表示，中国应该通过解决人民币币值等疑难问题来证明自身的责任。但4月底他访华时只字未提人民币升值问题，而是呼吁欧洲各国更好地利用中国经济复苏的良好机会。人民币对欧元的被动升值实际上也为人民币的汇率形成机制改革提供了一次良好机遇，因其可以促使中国改变人民币钉住美元的政策，恢复2005年开始实行而2008年却又暂停的有管理的浮动汇率形成机制。在这次主权债务危机中，人民币对欧元的升值属于短期小幅升值，同时也未尝不可将其看做是欧洲人带给人民币的压力测试并为人民币的汇率形成机制的改革提供了实证经验。

2. 对中国外汇储备管理的影响

中国历来都拥有庞大的外汇储备，其中美元占有很大的比重，欧元是中国外汇储备中除美元资产以外唯一可供大规模投资的选择。欧元汇率的大幅贬值造成中国外汇储备中的欧元资产大幅缩水，这就加大了中国多元化外汇储备管理的难度，但也应理性地看待当前的局势。2008年秋季，匈牙利因遭受国际投机者的袭击而陷入困境。当时匈牙利政府提出建议，希望中国政府能够购买其国债。中国政府相关部门经过审慎考察和论证后认为匈牙利国债风险过高而并未付诸实施。时隔数月之后，2009年5月匈牙利政府债券成功发行，得以重返国际资本市场，而当初匈牙利政府推荐的债券已有相当好的收益。在如何深入理解欧洲经济一体化的问题上，中国还有待进一步思考与研究。国内媒体在报道希腊主权债务危机时，常会援引几位曾经获得过诺贝尔经济学奖的美国人的观点，盲目地认为欧元会垮台。一如中国购买美国国债已经不再是纯粹的经济决策一样，中国购买欧洲主权债务也同样有着深刻而重要的政治含义寓于其中。欧洲是中国的第一大贸易伙伴、第一大出口市场和中国最大的技术来源地，欧洲在中国对外战略中的地位同20年前，甚至10年前已经不可同日而语。近年来中国在欧洲的直接和间接投资也在逐步加大。因此，购买欧洲主权债务也应提高到政治的高度来看待。在作出决策时，不仅需要看华尔街的指标和推荐，更重要的是要看欧洲国家经济的基本面，充分理解欧洲人经济一体化的历史和努力，才能更好地作出决策。

3. 对中国对外贸易的影响

希腊主权债务危机对中国对外贸易的影响主要表现在以下三个方面：

一是危机过后，欧元区不少国家开始实行紧缩的财政政策，纷纷削减公务员工资和政府养老金支出，提高各项税收，以减少政府的债务负担，尽快回到《稳定与增长公约》所要求的轨道上来。这些措施对欧洲的消费市场的进一步发展会起到一定的抑制作用。作为中国的第一大出口市场，欧洲消费需求的疲软会直接影响中国的出口。二是人民币对欧元的被动升值，直接造成了中国制造的产品对欧洲市场出口价格的提升，大大削弱了中国产品一直以来在价格上的竞争优势，并进而影响到中国的出口贸易。当然，中欧贸易中并不是所有的合同都是用欧元结算的，有相当一部分是用美元结算的，因此对出口的总体影响还有待进一步的观察。而与此同时，从欧洲进口的产品价格也将有所下降，这将进一步推动自2009年起中国加大进口欧洲产品的力度。三是中国对希腊和其他一些陷入经济困难的欧洲国家（如西班牙和葡萄牙）的出口会受到影响。但是，这些国家在中国出口贸易中所占比重并不大，因此对这些国家的出口减少不会在整体上打击中国的出口总额和数量。

4. 对中国出口政策的影响

从目前来看，虽然世界经济正在渐渐复苏，但一些国家的失业率仍居高不下，欧洲主权债务危机的爆发可能影响欧盟与美国的经济增长前景，进而影响到这两大经济体的进口需求。美国和欧洲是中国出口的主要市场，这两大市场需求的萎缩将大大减少中国商品的出口。外需可能恶化的前景将加大中国经济出口复苏的不确定性，因而净出口对经济增长的拉动作用可能无法达到市场年初预期的水平。2010年中国国内对房地产业的宏观调控措施也造成房地产投资的下滑，中国经济增长面临的风险增加。希腊主权债务危机所引发的欧洲主权债务危机使世界经济走势更加难以判断，中国在加息方面变得非常谨慎，这将大大影响中国的退出政策。

（四）小　结

欧洲主权债务危机是美国金融危机深化和欧洲经济内部失衡的结果，引发全球性金融危机的可能性较小。从近期演变来看，希腊主权债务危机行至"中点"，而非"终点"。

在风险传染、叠加的过程中，希腊主权债务危机的杠杆效应充分显现：

其一，希腊问题已经上升为欧洲问题，并向全球问题发展；其二，风险构成已经从单纯的主权债务风险向主权债务风险、流动性风险、增长风险并存的复合型风险演变；其三，利益博弈的复杂度进一步加大。随着希腊主权债务危机的近期演化，全球金融风险的结构更趋复杂；全球恐慌情绪迅速积聚，欧元大幅贬值，美元大幅升值，金价上升，油价下降，避险需求激增导致国际金融市场重现"三金异动"态势；国际资金从全球房市和股市流出，资产价格大幅下降，全球股市普遍缩水；在次贷危机的剩余影响尚未完全显现的背景下，希腊主权债务危机的爆发又给国际银行业带来了海外资产质量下降的潜在风险。

四 希腊主权债务危机的解决方案

（一）建立欧洲金融稳定机制

2010年5月10日，欧洲理事会决定建立欧洲金融稳定机制（European Financial Stabilization Mechanism），以维系欧洲金融体系的稳定；此后，根据政府间协议建立了欧洲金融稳定机构（European Financial Stability Facility）。欧洲金融稳定机制和金融稳定机构是由危机促成的又一欧洲经济一体化成果。十多年前，在欧元区成立之初，欧盟决策层和学术界就是否有必要建立货币联盟成员国违约救援机制进行了讨论。当时有观点认为，尽管《稳定与增长公约》约束了成员国的财政纪律，但仍然不能完全消除各国的违约风险，而其他成员国也相应会承担成本高昂的紧急援助风险。还有人认为，组成货币联盟，甚至加大了成员国救援压力。这是因为在货币联盟内各成员国的金融一体化程度提高了，结果各国政府债务分散在不同的成员国里。当一国政府出现债务违约风险，与该国不加入货币联盟时相比，将会影响违约国之外更多的个人与金融机构，其结果是其他成员国将承受更大的紧急援助压力。

欧洲主权债务危机发生的深层次原因尚未明确，解决欧洲主权债务问题仍需要一个过程。短期来看，外来援助将成为缓解危机的关键。欧盟或者欧盟主要发达国家应该对陷入危机的国家提供临时财政支持，以防止短期内市场信心下跌触发更大范围的违约，避免危机进一步扩散和恶化。

事实上，截至2010年底，希腊共需筹集550亿欧元用于偿还到期债务。

为了帮助希腊还债,欧盟与 IMF 已经向希腊提供了一份高达 1100 亿欧元的救援方案,其中欧元区成员国承担 800 亿,IMF 承担 300 亿,目前已经支付了 200 亿欧元。2010 年 1 月 26 日,希腊政府通过发行 5 年期国债筹集到 113 亿欧元,7 月再次发行 3 年期总值 1300 亿国债,还债资金将足以支付到 2012 年底。

但是,希腊援助计划能否成功不仅取决于债务情况,更取决于市场信心能否恢复,取决于希腊的财政调整能否成功。作为交换条件,希腊承诺在 3 年内进行占 GDP 11% 的财政巩固,旨在到 2014 年将财政赤字占 GDP 的比重从 2009 年的 12.7% 削减到 3%;政府支出方面,将在 3 年内产生相当于 GDP5.25% 的节省:削减养老金和薪资,随后将其冻结 3 年;取消季节性奖金;税收措施也将使财政赤字占 GDP 的比重减少 4%。

欧盟和 IMF 的近期援助计划只是暂时平息市场的恐慌情绪,以便为成员国争取必要的时间来改善财政状况和经济增长前景,其目的是维护希腊等国的债务可持续,实质是用牺牲区域资本负债表的方式来缓解成员国的资产负债表困难,只是暂时转移了危机,而没有解决希腊等国的根本经济矛盾。作为援助计划的交换条件,希腊必须对其税收、养老金等财政政策进行调整。从目前的情况看,这将是一个复杂而缓慢的过程,前景不容乐观。

(二) 加强经济体制的改革

欧元区的根本问题在于欧元区并不是一个最优货币区,其成员国之间存在巨大的经济差距,并且缺乏应对国际性危机的有效政策工具。从长远看,只有进行艰难的经济结构改革,促进经济发展,提高区域竞争力,缩小成员国之间的经济差距,才能从根本上解决财政和债务问题。

首先,各债务国必须尽快提出可信的财政整顿策略,逐步削减财政赤字,努力降低主权债务脆弱性 (IMF, 2010)。其次,由德国等上层国家带头,提振国内消费需求,增加对危机国的进口,减少对出口的依赖,恢复欧元区内部总供求平衡和贸易平衡;此外,陷入危机的经济体应减小经济内向化趋势,推进自由化改革,加大市场开放力度,通过发展教育促进人力资本积累、加快技术创新等提高劳动生产率,重新获得国际竞争优势 (OECD, 2010)。再次,改革劳动力市场,降低名义工资,减小欧元区外亚洲低成本国家的冲击,以软着陆的方式实现经济复苏。在此基础上,适时对《欧洲联盟条约》做出调整，增加应对危机的灵活性，并加快区域财政一体化步伐，巩固区域政治一体化成果，才能够保证区域经济一体化进程继续前进。

（三）加强金融监管的力度

欧盟拟加强对金融市场和评级机构的监管和审查力度，提高其透明度，并探索将其经营与维持市场稳定成本挂钩的方法，如对金融部门征收稳定费用等。

在这场危机中，国际信用评级机构起了催化剂的作用。这些评级机构调低希腊主权债务等级，导致市场看空，致使希腊政府融资困难；此后，借口希腊政府融资困难再次下调债务等级，导致市场进一步看空，希腊政府融资更加艰难。在欧元区成员国准备救助希腊之际，一些国际信用评级机构又开始调低葡萄牙、西班牙等国的主权债务等级，造成市场对欧元区的恐慌，危机扩散并迅速放大。这种恶性循环迅速给欧盟和国际货币基金组织的救助增加了难度，同时也给希腊政府带来了额外的还债成本。欧盟负责内部市场与服务的委员巴尼尔（Michel Barnier）5月初在欧洲议会发表讲话时表示，这些评级机构所拥有的权力已经不仅对企业，而且对国家也会产生严重影响，他警告国际信用评级机构要谨言慎行。

针对在希腊主权债务危机中金融衍生品的疯狂交易，德国和法国于2010年5月初共同向欧盟委员会递交了有关加强对金融衍生品的监管的建议，尤其针对信用违约互换（CDS）交易的管理，以期打击金融投机活动。5月19日，德国突然单方面宣布，率先禁止在德国境内对德国十大金融机构、欧元区政府债券的无实体CDS进行交易。当然，由于欧洲最大的金融衍生品交易发生在英国，因此，德国的单方面禁止对该交易的影响有限，但至少德国的这一行动发出了一个明确信号。5月27日，美国财长盖特纳访问德国，在劝阻德国禁止无实体CDS交易问题上无获而返。

五　希腊主权债务危机对中国的启示与借鉴

第一，发展经济要遵循经济金融发展的普遍规律。这些普遍规律包括政府债务规模必须适度、储蓄和投资必须均衡、社会福利政策必须与经济发展阶段匹配等。凡违背这些客观经济规律的经济金融活动，其问题虽可能在一定时期内因各种因素而不被暴露，但从长远看必然会受到客观规律的惩罚。

根据中国财政部公布的数据，2009年中国财政赤字GDP占比低于3%，总债务占比不足20%，远低于国际警戒线的60%；而2010年中国财政预算收支差额大体是10500亿元，财政赤字占GDP比例将控制在2.8%左右，政府债务控制在30%以内，总体可控。短期内不存在爆发主权债务危机的可能。但是，金融危机爆发以来中国地方政府债务迅速扩张，隐藏了不少问题，应该对其高度重视。据估算，目前中国地方投融资平台负债超过6万亿元，其中地方债务总余额在4万亿元以上，约相当于GDP的16.5%、财政收入的80.2%和地方财政收入的174.6%。这些借贷资金大部分被用在自偿能力比较低的基础设施和其他公共建设项目上，给地方留下了隐性赤字和债务负担，形成了巨大的财政结构性风险。同时，这些资金中80%以上都来自于银行体系，一旦地方政府债务风险积聚，势必会对银行产生重大的冲击。

因此，在国际经济谨慎复苏、欧洲主权债务危机不断蔓延的背景下，我们必须未雨绸缪，继续坚持财政收支和债务管理的审慎原则，对全国整体财政及债务状况进行客观、冷静的分析和评估，要认真做好各级债务的测算和偿债平衡工作，切实防范偿债风险，引导地方投融资业务健康发展，在经济刺激和宏观稳定上找准平衡点，稳步推进收入分配改革，同时切实把握好经济刺激政策退出的时间和力度。

第二，发展本国经济必须立足于本国的实际国情。据报道，希腊当年为加入欧元区曾不惜在财政数据上"揠苗助长"，事实上希腊经济发展水平与欧元区其他国家相比有较大差距，因而其当年放弃本国货币政策独立性加入欧元区的时机选择是否合适值得商榷；迪拜为成为全球金融中心，在缺乏实体经济支撑的基础上采取各种优惠政策吸引外资，大力发展房地产并导致房地产价格的高度泡沫，这种发展模式是否符合迪拜的国情，是否是迪拜发展最优的模式，也值得研究和反思。与美国次贷危机、迪拜债务危机以及爱尔兰危机一样，希腊债务危机也蕴涵着房地产泡沫问题。

中国同样不能忽视房地产市场波动带来的系统性风险。近年来，中国部分地方政府也把房地产业作为支柱产业和财政收入的主要来源，不断刺激吹大房地产泡沫，已经远远超出普通百姓居住需求的支付能力。据《中国住房发展报告（2010～2011）》报道：全国35个大中城市平均房价泡沫为29.5%，北京上海等大城市楼市投机成分过重，已经将房价推至无法承受的地步。该报告还指出，中国应警惕经济房地产化的风险，经济房地产化将助长投机心理，吞噬企业家精神，掏空未来30年中国经济增长的基础。

房地产市场与整个金融体系关系紧密，为应对金融危机所采取的扩张性货币和财政政策，以及由于外汇储备的增加导致的大量的被动超发货币成为导致房地产泡沫的主要原因。各种综合因素共同推动房地产资产价格的过快上涨，泡沫的累积而带来了泡沫可能破灭而危及实体经济的隐患，90年代的日本就是前车之鉴。因此，在思索主权债务危机背后的有关经济发展模式的启示时，中国需要综合各方面的因素权衡考虑，尽量实现经济发展的"软着陆"，防止因房地产泡沫破灭而引起长时间的经济衰退。

第三，中国需谨慎考虑人民币被动升值对经济的影响，转变过度依赖出口的经济增长模式。

在主权债务危机的冲击下，随着美元升值，人民币对欧元、英镑升值，人民币有效汇率也跟着升值。人民币对欧元的被动升值，造成了对欧洲市场出口价格的提升，削弱了价格上的竞争优势，进而影响到出口贸易。当然，中欧贸易并不是所有的合同都是用欧元结算的，有相当一部分是用美元结算的，因此对出口的总体影响需要进一步观察。

即便如此，中国也有必要进行经济体制改革，改变过去过度依赖出口的经济发展模式，积极推动内需，实现内需、出口和投资共同拉动的经济发展模式，实现经济的可持续发展。在经济全球化的竞争中，中国的竞争对手主要是其他发展中国家。1997年发生亚洲金融风暴后，发展中国家之间的币值基本上找到了自己所处层次的贸易竞争均衡点。中国发展得比他们快，占了先机。如果中国的产出外销以美元结算，人民币兑美元升值会让其他发展中国家比中国的出口更具竞争力。经验表明，如果人民币兑美元上升10%左右，中国的工业订单就要跑到印度越南等地区去。到那时发达国家的商场，将不再是中国产品的天下。

第四，中国应明确表明维持现在储备资产结构并支持欧元稳定的立场，从而稳定市场预期，防止欧元出现大幅度贬值给我国带来长期化的资产缩水问题，保障我国实现储备资产的增值保值。

近年来，出于促进储备资产多元化和人民币汇率形成机制改革的需要，许多专家建议增加欧元在储备资产和一篮子货币中的比重。这一必要性并不会因目前欧洲金融市场动荡而发生变化。规避高风险欧元资产的投资活动导致欧元贬值和资产价格下降，降低欧元资产增持成本。如果在对未来风险和欧元走势作出科学评估的基础上，有选择地增持部分欧元资产，既有利于稳定欧洲金融市场和投资者信心，同时又有利于为促进中国储备资产多元化和一篮子货币调整等市场机制性建设做好准备。

在经济全球化的背景下，外部经济环境的改变会对国内的经济发展造成一定的冲击。随着欧洲国家主权债务危机的蔓延，预计国际资本市场的不确定性将进一步加大，中国外汇储备投资将面临更复杂的局面，同时由于中国经济优势的再次凸显，境外资金流入中国境内的压力有可能再次加大。这些都要求我们未雨绸缪，及时做好应对准备。

第五，中国在面临加入共同货币区选择时必须保持清醒的认识。亚洲金融危机以来，关于亚洲成立共同货币区乃至设立"亚元"的呼声一度高涨。共同货币区具有降低交易成本、增强外汇稳定、促进资金流动等优点，但同时也存在货币政策独立性丧失、财政政策受制于共同货币政策等问题。根据最优货币区理论，只有成员国在资本和要素流动性、经济开放度、经济互补性、市场一体化、政治文化制度等方面趋同的情况下，加入共同货币区才可能带来最大的福利增进，在条件不成熟时勉强加入可能得不偿失。

欧元区分散财政政策与统一货币政策之间的矛盾和弊端，在几个不同版本的亚洲区域货币一体化方案中也同样存在，甚至更严重。这些方案都谋求区域货币能带来一系列的货币、金融开放政策，但同时也都强调各国财政政策自主。在这种情况下，一旦实施货币一体化而缺乏相应的财政政策与之相协调，当类似希腊危机的事件发生时，亚洲各国将面临同样的压力和威胁。从目前的情况看，建立"亚元"货币体系的时机还未成熟，各项制度规则都有待进一步探讨和完善。

我们在看到主权债务危机给中国的警示的同时，也要看到在危机中可能存在的机遇，并进行积极的应对和把握。

首先，积极参与国际合作与政策协调，将稳定国际金融市场和投资者信用作为对外经济政策的重要内容。2008年以来的经验表明，加强G20等框架下的国际合作与政策协调对于应付国际金融危机的严重冲击发挥了重要作用，同样会有助于防范主权债务危机的进一步扩大和蔓延。近年来，中国在全球经济治理中的作用和重要性日趋上升，尤其是国际金融危机爆发以来，中国经济率先复苏的良好表现和强大的外汇资产储备实力大大提高了中国在解决全球问题方面的话语权和影响力。中国的参与有助于使国际经济形势朝着有利于中国经济又好又快发展的方向转化，我们最终可以从世界经济稳定复苏和外部环境的改善中获得更多的利益。

其次，积极应对主权债务危机带来的压力和挑战，抓住中国对外经济贸易发展的新机遇，做好相应的政策准备。一是应鼓励中国企业走出去，到欧洲市场参与企业并购重组，获取更多品牌、技术、管理、市场营销策略等战略资源；二是保持稳定外需政策的连续性和稳定性，继续完善出口退税、出口信用保险、政策性金融支持等机制化建设；三是大力推进市场多元化战略，加快与新兴市场国家之间的双边和区域多边合作，通过相互之间的贸易便利化措施和商签自贸区协定等方式深化合作层次；四是进一步改善投资环境，为吸收跨国公司投资创造便利条件和制度性保障。

专题八
高盛"欺诈门"的警示与反思

一 引 言

美国高盛集团（the Goldman Sachs Group）被誉为"华尔街最聪明的投行"，1869年创建于纽约，在以合伙人制度经营了130年以后，于1999年5月在纽约证券交易所上市。2010年，经历了美国次贷危机的全球经济尚处于缓慢复苏阶段，而高盛仅在第一季度就取得了110亿美元的赢利，并准备拿出50亿美元向员工发放奖金。但是，在高盛作为一台巨大的赚钱机器快速运转的过程中，其庞大的利润制造渠道和生财方式一直受到公众的关注甚至质疑。

高盛这位华尔街首屈一指的金融大亨为什么会站在"欺诈门"事件的风口浪尖上？它拥有什么样的运作机制？为什么能在次贷危机中逆市生财？美国的金融监管机制应该在高盛"欺诈门"事件、次贷危机以及之后的欧债危机中承担什么样的责任？这是我们需要关注的高盛"欺诈门"事件背后的深层次问题。

高盛"欺诈门"事件对于中国来说是很好的教材。中国的金融市场正处在初步发展阶段，这对于我国金融市场的监管与金融制度的构建有很大的借鉴意义。同时，它警示我国的金融监管机构在全球经济一体化的浪潮中，要谨慎对待金融创新产品及畸形的金融市场环境，在推进金融市场发展的同时更要加以严格监管，防止华尔街悲剧的重演。

二 高盛"欺诈门"事件的回顾

（一）事件描述

1869年，来自德国的犹太人马库斯·戈德曼（Marcus Goldman）在距华尔街不远的下曼哈顿松树街（Pine Street）创立了以自己名字命名的公司，1885年戈德曼结合自己和女婿（Samuel Sachs）的姓氏，将公司更名为高盛（Goldman Sachs）。经历了近一个半世纪风风雨雨的磨炼，高盛已经成为华尔街首屈一指的投行，于1999年5月7日在纽约证券交易所挂牌上市。它拥有雇员3.25万人，2009年的赢利达到133.9亿美元。

就是这个全世界投行精英们都梦寐以求想要加入的地方，如今却站在了风口浪尖上。2010年4月16日，美国证券交易委员会（SEC）向纽约联邦法院提起民事诉讼，指控高盛及其时任副总裁的法布里斯·托雷（Fabrice Tourre）在一项债权抵押证券（CDO）交易中欺诈误导投资者，遗漏关键信息，并对产品做出错误陈述。

该事件要从1994年成立的保尔森对冲基金公司说起。2006年，保尔森公司的掌舵人——约翰·保尔森（John Paulson）十分不看好美国当时风生水起的RMBS（Residential Mortgage-Backed Security，房屋抵押贷款债券，简称RMBS）市场，RMBS是把很多个人房屋抵押贷款打包在一起，组成一个固定收益的债券。而在这些大量的房屋抵押贷款中，即使有一部分没有按期偿还，但只要不是大面积的违约，整个债券的收益就不会受太大影响。保尔森判断这个市场早已超出了可承受的负荷，随时面临崩盘的危险，因此他于2006年创建了保尔森信用机遇基金（Paulson Credit Opportunity funds），专门做空房地产市场，希望从中获取暴利。他利用了近半年的时间来布局投资。其中他所遇到的最大的问题就是：如果要通过做空在RMBS市场崩盘的时候赢利，那么当然就需要有投资者相信这个市场会持续向好而持有多头。

在经历一系列碰壁之后，他找到了高盛，让高盛为他设计结构产品（Abacus 2007-AC1）并主导销售。Abacus 2007-AC1是一款基于次级房屋抵押贷款债券（RMBS）的复合型担保债权凭证（Synthetic CDO）。CDO（Collateralized Debt Obligations）是把几十上百个RMBS打包在一起组成一个大的投资组合，根据不同的信用评级，把这个投资组合分成几个等级的债券。信用评级高的债券回报低但风险小，信用评级低的债券风险大，回报也高。与普通 CDO 不同，Abacus 2007-AC1 不需要实际打包那些 RMBS，而是直接根据相应的 RMBS 投资组合的表现来决定收益。保尔森计划通过与高盛订立 CDS（信用违约互换），以该款 CDO 资本结构中的某几层为标的购买保险，实际上是做空 RMBS 投资组合。但是在挑选投资组合的过程中，他们不能让投资者知道一个重要的做空方，即保尔森，在挑选投资组合时占据了重要的地位。如果该款 CDO 的投资者知道和他们对赌的投资者参与了 RMBS 投资组合的挑选，那么这个 CDO 是不会有人购买的。因此，高盛找到当时业内出名的 CDO 资产管理公司——ACA 资产管理公司来做组合的第三方评价机构和主要投资人。ACA 资产管理公司是一家专业的金融服务公司，专门负责挑选 CDO 投资组合，在 CDO 市场交易上有着丰富的经验，它在 2006 年末管理了 22 个 CDO 项目，涉及资产总额高达 157 亿美元。由于该公司在 RMBS 的信用风险分析方面非常擅长，因此 ACA 公司加入挑选投资组合，会使这款合成式 CDO 受到投资者的普遍认可。

不过在选择 RMBS 组成 CDO 时，保尔森基金占据了主导地位，它坚持三个标准：一是要包含大量高风险的可调整利率按揭贷款（ARMS）；二是借款人信用评级要低；三是基础房产要集中在亚利桑那、加利福尼亚、内华达等房屋刚刚经历价格猛涨的地区。2007 年 1 月 9 日，在高盛、ACA、保尔森公司第一次三方会议后的第一天，高盛把保尔森公司列出的 123 个 2006 年发行的 RMBS 名单发送给了 ACA。紧接着 1 月 10 日，高盛集团副总裁托雷在给 ACA 的电子邮件中表示保尔森是交易发起人，并参与投资 CDO 中风险最大的那部分。一旦 RMBS 出问题，这部分 CDO 首先赔付损失。1 月 22 日，ACA 回信将 RMBS 数量削减至 86 个，其中 55 个是保尔森公司挑选的。随后保尔森公司不断要求添加，ACA 又多次做出筛选。在第二次三方会议时，高盛和保尔森公司已经使 ACA 相信，保尔森公司会在 Abacus 2007-AC1 中投资 2 亿美元，而此时 ACA 还完全不知道保尔森公司的实际用意是要做空 RMBS，如果 ACA 知道的话，它不可能让保尔森参与到投资组合挑选中的，它甚至可能根本不参与这项交易。

最终在 2007 年 2 月 26 日，它们敲定了构建 CDO 的 90 只基础抵押贷款投资。这份名单中，虽然 ACA 也挑选了一些，但大部分是保尔森选出的，最终选取的 RMBS 风险都非常高，而且构成的结构产品 CDO 风险对应也非常高。从以上的一系列活动中，可以看出保尔森基金与高盛联合出售 Abacus 2007-AC1 产品，其实就是一个阴谋。

德国工业银行（IKB Deutsche Industriebank）是一家规模较大的德国银行，总部设在德国杜赛尔多夫，之前的业务主要涉及中小规模公司贷款。在 2002 年左右，IKB 开始经营证券化资产的买卖业务，包括消费信贷风险资产等，之后又扩大到美国的中等或次级抵押支持证券，并成立了专门的抵押业务部，积极参与到 RMBS 作为资产池的 CDO 市场中。2007 年 4 月 26 日，IKB 决定投资 5000 万美元和 1 亿美元分别到 A - 1 等级和 A - 2 等级的 Abacus 2007-AC1。然后，2007 年 5 月 31 日，ACA 的母公司 ACA 资本控股公司也投资了 9.09 亿美元到信用评级为 AAA、风险最小的那部分 Abacus 2007-AC1。ACA 随后把这一投资转移给荷兰银行（ABNAMEO，ABNAMEO 由 Algemene Bank NedeHand（ABN）与 the Amsterdamsche Rotterdamsche Bank（AMRO）合并而成）。2007 年年底，荷兰银行被苏格兰皇家银行（RBS，RBS：The Royal Bank of Scotland Group）为首的银行集团收购。Abacus 2007-AC1 是在 2007 年 4 月 26 日完成的，到 2007 年 10 月 24 日，这款 CDO 中 90 个 RMBS 的 83% 已经被降级，到 2008 年 1 月 29 日，99% 的 RMBS 被降级。IKB 的 1.5 亿美元全部赔付给了保尔森，而苏格兰皇家银行承担了这次交易的最终结果，它损失了 8.41 亿美元。保尔森基金却通过信用违约互换（CDS）保险合同从中获利 10 亿美元，高盛从保尔森基金处获得 1500 万美元佣金。

2010 年 4 月 16 日，美国证券交易委员会（SEC）向纽约联邦法院提起证券欺诈民事诉讼，指控高盛及其时任副总裁的法布里斯·托雷（Fabrice Tourre）在上述交易中隐去关键事实、欺诈投资者。证交会在起诉书中称："高盛有关 Abacus 2007-AC1 的营销材料是虚假和带误导性的，因为其声称 ACA 挑选了参考投资组合，而丝毫没有提到与 CDO 投资者利益对立的保尔森在挑选参考组合中扮演了重大角色。高盛让投资者得到相反的印象：因精明投资观点而广受尊敬的保尔森，打算买进 CDO 的股权，数额高达 2 亿美元。"高盛自始至终都未向投资者披露保尔森对冲基金公司参与了投资组合的挑选，"保尔森"这个名字也从来没有出现在任何给投资者的市场营销材料中。并且高盛在向德国工业银行（IKB）和荷兰银行集团（ABNAMEO）投资者推销金融衍生品 Abacus 2007-AC1 时，并没有向投资者说明参与投资组合挑选的保尔森基金是要做空该产品的。高盛在当天回应，发表声明称证交会的起诉"没有法律根据",并对多项指控做出辩护,表示要维护公司的声誉。高盛极力否认证交会的指控,声称扣除 1500 万美元手续费,它在这项 CDO 上也亏损了 7500 万美元。高盛表示:"我们在该项目中承受了损失,而我们是不会以亏钱为目的去设计任何产品的"。

(二) CDO (Collateralized Debt Obligation)——高盛"欺诈门"事件的始作俑者

1. CDO 交易简介

根据美国债券市场协会 (2004) 的报告,CDO (Collateralized Debt Obligation) 是一个结构性的再打包工具,根据一个资产池(抵押池)发行多种类型的负债。典型的 CDO 交易中,需要创建一个破产隔离的特殊目的工具 (SPV:Special Purpose Vehicle),由其持有抵押物并发行债务,这个 SPV 包含了负债和权益两个部分,如图 8-1 所示。

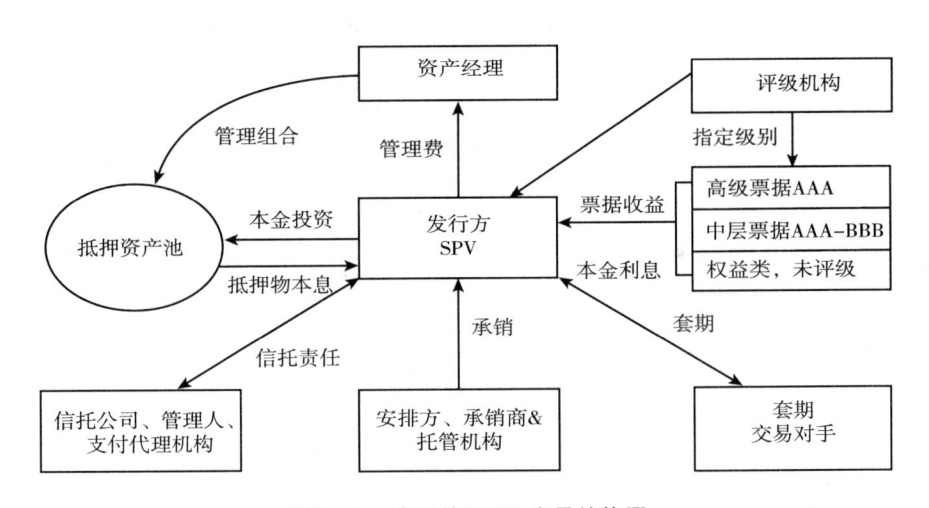

图 8-1 典型的 CDO 交易结构图

资料来源:瑞士信贷第一波士顿,转引自美国债券市场协会相关资料。

在 CDO 交易中,票据的发行方会对潜在的资产池进行打包再组合,并将资产池进行分层处理,票据被分为三个层级,分别是高级票据(获评最高级别)、中层票据(级别在 AAA-BBB 级之间,依然保持投资级别但风险相对较大)、权益类票据(未经评级,一般不予出售)。不同层级的票据处于发行方 SPV 资本结构的不同方位,其债务的偿付优先次序、违约风险和回报率存在很大的差异。由于这种分层技术的存在，使得同一个 CDO 产品中不同的投资者可能拥有不同的赢利性和安全性。这依赖于每个层级证券的优先受偿次序以及相关的风险水平，并在 SPV 与投资者的交易契约中加以明确。因此有较高风险容忍度的投资者可以选择投资高收益、高风险的 CDO 层级；而风险厌恶型的投资者则会选择优先级别更高、收益水平更低的 CDO 层级。也就是说，CDO 技术可以让投资者根据自己的风险回报分布来选择适合的证券。

可以用作 CDO 发行的基础资产有很多种，并随着时间的变化而有所不同，包括传统的资产类型如高收益债券、银行贷款和新兴市场债务，而此后更多的资产进入到抵押池中，包括资产支持证券（ABS，ABS：Asset - Backed Securization）、抵押支持证券（MBS，MBS：Mortgage - Backed Security）、商业抵押支持证券（CMBS，CMBS：Commercial MBS）、私人权益、信托优先证券、中小企业贷款、信用违约掉期、套期基金股份等。表 8-1 列示了一个典型的以杠杆贷款为支持资产池发行的 CDO 结构。

表 8-1　一般的 CDO 资本结构一览

投资者类别	占比	级别	年回报率	增级水平
A 类	74%	AAA	5.5%	26%
B 类	5.0%	AA	5.90%	21%
C 类	8.0%	BBB	6.65%	13%
D 类	6.0%	BB	8%	7%
债务或评级的股份总计	93%			
优先股	7%	不评级	18%	0%
CDO 筹集的资金总额	100%			

资料来源：Merrill Lynch, 2003, CDO Rating Methodologies Review, Fixed Income Strategy (R) 2-29。

对发行方而言，发行 CDO 有两个好处：一是通过抵押资产和 CDO 资产不同的利率水平可以获得利差进行套利，从而获得超额回报；二是发行方可以通过发行 CDO 进行资产负债表管理，从而达到减少监管资本需求、对资产风险进行套期保值、提高资产负债表灵活性的目的。对于投资者而言，购买 CDO 也是一种好的投资方式，如支持 CDO 发行的潜在资产池可能有成百上千个投资级别的信用产品，投资者购买了 CDO 产品相当于投资了多个产品，起到投资分散化的好处；此外投资者还可以根据自身的风险偏好、风险承受度来定制投资，从而获得富有吸引力的投资回报，由于是定制产品，其中的透明性对投资者而言也相对较高。正是基于以上好处，CDO 产品得到了广泛的追捧，并与资产证券化（ABS）一起成为金融衍生品市场上的重要组成部分。

2. CDO 分类及风险

美国债券市场协会（2004）将典型的 CDO 分为三大类，分别是现金流 CDO（cash flow CDO）、市场价值 CDO（market value CDO）和合成式 CDO（synthetic CDO）。在现金流 CDO 中，抵押资产非常重要，通常需要加以积极的管理；而合成式 CDO 中，交易结构中的高风险部分通常通过掉期交易转移给交易对手（常用的交易工具是信用违约掉期，即 CDS），与现金流 CDO 相比具有隔离信用风险、到期日较短、筹资成本较低等多个好处。而市场价值结构（Market Value Structure）与套期保值基金类似。作为一种金融衍生产品，CDO 的风险不言而喻，其主要的风险包括系统性或模型风险、抵押物信用风险、结构性风险、市场参与者风险等。以模型风险为例，最具代表性的是评级机构所采用的统计方法的恰当性，模型中所采用的各个评级机构自己建立的违约和回收数据的准确性与预测能力等，都会影响到不同层级 CDO 的评级结果，进而影响到投资者的利益。次贷危机中对 CDO 级别的调整也成为评级机构被广泛诟病的重要原因之一，事实上不同评级机构对 CDO 的评级存在很大的差异，这也要求投资者在参考评级机构的观点时应保持应有的谨慎，尤其需要对评级模型有一个仔细的检视，对模型所依赖的违约回收率假设、资产组合中的违约相关性假设等有全面的了解。

（三）高盛"欺诈门"事件背后的经济学理论

高盛"欺诈门"事件可以用以下基本的经济学理论来加以解释，这就是描述经济个体从众心理的羊群效应理论，说明经济个体（尤其是政府官员）为了追求特殊利益而将行为扭曲的寻租理论，以及将成本和风险转嫁给社会的外部效应理论。在高盛经营的金融衍生品业务中，高盛俨然成为群羊寻求青草的必经之地；同时它的寻租也是非常成功的；不仅如此，高盛在这种 IPO（IPO：initial public offerings）的游戏中，自己赚足了高出业内平均水平的利润，而把金融的风险转嫁给企业和社会，这不可不说是一种负的外部效应。

1. 羊群效应理论

羊群效应是指领头羊往哪里走，后面的羊就跟着往哪里走。羊群是一种很散乱的组织，平时在一起也是盲目地左冲右撞，但一旦有一只领头羊动起来，其他的羊也会不假思索地一哄而上，全然不顾前面可能有狼或者不远处有更好的草。经济学里经常用羊群效应来描述经济个体的从众心理，从众心理很容易导致盲从，而盲从往往会陷入骗局或遭到失败。

羊群效应一般出现在竞争非常激烈的行业上，而风险投资行业就是一个很好的例子，该领域羊群效应的产生一般是基于委托代理人的名誉。羊群效应提供了基金经理和分析师基于名誉的羊群效应理论。由于投资经理的能力是不确定的，对名誉的担忧就产生了。如代理人 A 在得到"收入为高"的信号后进行投资，由于代理人 B 关心的是他的名声，不论信号如何，都会采取和代理人 A 一样的投资策略。因为如果决策正确，他的名声就得到增加；如果错误，则表明要么两人都是愚蠢的，要么两个人都是聪明的，但得到了同样的错误信号，这并不损害其名声。如果采取不同的决策，委托人就认为至少有一个人是愚蠢的。因此代理人 B 会一直运用羊群策略，而不管他和代理人 A 之间的信号差异。如果几个投资经理相继作出投资决策，每个人都模仿第一个进行选择的投资经理的决策，最终，如果投资是有利可图的，好的信号将占优。私人信息最终将不会体现在投资决策中，因为所有投资经理都会跟随第一个投资经理作出决策。因此这种羊群效应是无效的，而且是脆弱的，因为后面的投资经理的投资行为会因为第一个投资经理所收到的一点信息而改变。

2. 寻租理论

"租"，或者叫"经济租"，在经济学里的原意是指一种生产要素的所有者获得的收入中，超过这种要素的机会成本的剩余。寻租理论的观点：完全竞争理论对偏离竞争所导致的社会福利估计不足，其原因是人们会竞相通过各种疏通活动，争取收入，即寻租；而在竞相寻租的条件下，每个人都认为花费与其所期望的收益相近的费用是值得的。

寻租活动的共同特点：第一，它们造成了经济资源配置的扭曲，阻止了更有效的生产方式的实施；第二，它们白白耗费了社会的经济资源，使本来可以用于生产性活动的资源浪费在这些于社会无益的活动上；第三，这些活动还会导致其他层次的寻租活动或"避租"活动，如果政府官员在这些活动中享受了特殊利益，政府官员的行为会受到扭曲，因为这些特殊利益的存在会引发一轮追求行政权力的浪费性寻租竞争；同时，利益受到威胁的企业也会采取行动"避租"与之抗衡，从而耗费更多的社会经济资源。

3. 外部效应理论

外部效应（Externalities）指的是企业或个人向市场之外的其他人所强加的成本或利益。经济学中的外部效应（外部性）是指，在实际经济活动中，生产者或消费者的活动对其他生产者或消费者带来的非市场性影响。这种影响可能是有益的，也可能是有害的。有益的影响（收益外部化）称为外部经济性，或正外部性；有害的影响（成本的外部化）称为外部不经济性，或负的外部性。外部效应产生的原因主要有产权界限不明晰、权益界限不明晰、政府缺少相应的措施或措施不力。

就高盛而言，大萧条之后的 65 年，高盛日益发展壮大起来，成为美国证券承销业的龙头老大。在西德尼·韦恩伯格的领导下，高盛开辟了 IPO 业务的新纪元，使它成为公司集资的基本手段。1996 年，他们把一个不知名的、财务记录很差的小公司包装上市，那个公司叫做"Yahoo！"。随后高盛被尊为"网络股 IPO 之王"。同样，高盛在中国的投资目标也是通过精挑细选。它曾出资 3500 万美元购买了中国平安保险公司 6.8% 的股份；出资 6000 万美元收购了中国网通 2.4% 的股份；出资 5000 万美元收购了中芯 4% 的股份；出资 2000 万美元完成了粤海企业有限公司的大规模重组；牵手英联等财团共出资 8000 万美元购进无锡尚德 55.77% 的股份等。可以看出，这些企业要么在所属行业中占有非常大的权重，要么具有十分乐观的成长潜力，因此其所能产生的市场影响要大大超过一般性企业。随后，很多企业一哄而起，认为只要经过高盛的包装势必会利润大增，就是在这种大众盲目性下，1997 年高盛操作了 24 家公司上市，其中的 1/3 在 IPO 时还在亏损。1999 年，高盛操作了 47 家公司的首次公开发行。2000 年前 4 个月，他们又把 18 家公司操作上市，其中有 14 家亏损。作为 IPO 大师，高盛在本领域的利润远远高于同行，在泡沫鼎盛的 1999 年，高盛的 IPO 新股价格平均增长了 281%，而同期华尔街的平均水平仅仅是 181%。

三 金融危机前的高盛
——优秀的企业文化和成就辉煌的管理水平

高盛在140多年的发展过程中，虽经历了重重考验，依然屹立不倒，并发展成为业界的翘楚，这与其优秀的企业文化和管理水平密切相关。20世纪80年代初，高盛就曾经立下传承至今的14条家规。其中第二条是这样的"我们的资产就是我们的员工、资本与声誉。这三者任何一个都可能受到损害，尤其是声誉是最难以恢复的；我们要致力于完全遵循规范我们的法律、规定与道德准则的字面含义与精神。我们的持续成功取决于对这一标准的坚定不移的遵循"。从高盛的开创者定下的这条家规可以看出，高盛对于声誉这项资产的无比珍视，坚信并严格遵守"顾客至上"的信条以及公司内部得当的"激励制度"成就了高盛悠久的历史。

高盛的成功得益于它强大的内控系统、合伙文化、全方位的业务、民主的内部决策及严谨的财务纪律。

1. 强大的内控系统

高盛有着庞大的内控部门，工作人员多达1100人。高盛的风险管理部门与交易部门是平级，每一笔交易都要接受并通过风险管理部门的监控。对于任何一个投资项目而言，风险管理部门首先要质问它的风险系数有多大，这种意识从上到下，渗透到每一个人心里，这样就可以保持风险管理主体管理风险的核心能力。在高盛每天下午5点要关门的时候，高盛的员工都会把风险管理模型重新操作一遍，把世界上各种可能发生的负面因素，全部放入电脑模型中，然后观测检验情况样本，如果情况不乐观的话马上修改政策。

2. 合伙文化

高盛成立之初的合伙制经营模式创造了独具特色的合伙文化，虽然1999年5月在纽约证券交易所挂牌交易后，高盛结束了130年的合伙制，但它稳健、团结、协作的合伙文化在新的组织机构中得到了继承和发展，每个人的利益仍服从于公司的整体利益。

合伙制是剩余收益权与剩余控制权对称配置的一种基本方式，它将剩余收益权与剩余控制权结合并落在同一主体上，从而使得决策者承担决策的财务风险。在高盛既定的风险管理理念之下，合伙人的风险态度确定了企业对于风险管理的基本态度。出于对合伙人身份的考虑，高盛员工一方面努力为企业赚得利润，另一方面又对共同利益进行高度监督，从而形成了相互的制约机制。

3. 全方位的业务

高盛在金融市场的业务无处不在：投行、交易与本金投资、资产管理与证券服务。其中，投资银行业务主要包括并购重组财务顾问、承销业务，以及相应的贷款安排、融资服务等；交易业务主要是为客户提供固定收益股票产品、衍生产品的经纪、做市商服务；本金投资是动用高盛自身资金进行的投资，又可分为私人本金投资和公共本金投资；资产管理主要是为机构投资者、富有个人提供资产管理服务；而证券服务则主要为共同基金、对冲基金、养老基金、其他基金以及富有个人提供大宗经纪、融资融券服务。主要利差收入和经纪费收入等多元的业务组合有助于高盛更好地了解经济大势，掌控经济大局，利用组合业务最大限度地降低公司的风险。

4. 民主的内部决策及严谨的财务纪律

高盛内部鼓励下级向上级提意见，各级主管可以提出自己的想法，因此高盛的高级领导层能在第一时间敏感地觉察到风险的存在。当初摩根士丹利正是因为忽略了民主提议，才导致有关次级债产品风险的意见没有反映到决策层上来，从而损失惨重，因此民主的内部决策是很宝贵的财富。在财务方面，高盛为每一个头寸定价都是严格建立在市场交易价格基础之上的，通过这种方法可以对风险进行审慎的管理，既可以清晰地觉察风险、管理市场风险额度、又可以监控信用风险敞口、满足流动性的需求。

四 高盛"欺诈门"的影响及其辐射效应

（一）道德破产导致华尔街遭遇声誉危机

高盛此次被指控欺诈投资者的事件将会使得华尔街的道德和诚信面临巨大的考验。在美国证券交易委员会对高盛提出欺诈指控后，英国首相戈登·布朗（Gordon Brown）抨击这一指控所揭示的情况为"道德沦丧"，这使得高盛面临更大的压力。

诚信与道德观作为企业文化的重要组成部分，已经逐渐成为企业在市场竞争中的一个重要手段。在此次案件中高盛向投资者隐瞒了重要的信息并从中获取利润。如果这些交易是建立在交易双方信息对称的基础之上,由双方根据自己的经验和分析做出的理性选择,那么有赢有亏本来是很正常的现象。不过在这一次的事件中,高盛为了达成与保尔森的交易,在引入ACA的过程中以及向IKB、ABN的推介资料中,隐瞒了保尔森是做空者并且主导了投资组合的挑选这一重要事实,这是对投资者极其不负责任的行为,是对诚信与道德观的一种背离,因此市场参与者将这种行为与道德沦丧联系在一起。如果企业获得的经济利益是建立在欺诈、不公平交易的基础上,那么必然会导致其声誉受到损害,并且非常难以恢复。高盛这座"百年老店"长期以来一点一滴建立起来的道德"牌坊"也会因此而崩塌,这将对企业的长远发展造成巨大的制约和影响。

在2008年的金融危机中,华尔街已经遭遇了声誉危机,外界不断指责华尔街充斥着各种为了金钱而进行的欺骗和肮脏的交易。如今,证交会对高盛的指控,使各界对华尔街的商业模式产生了广泛而深刻的质疑,并将重新审视和拷问其道德与诚信。证交会的起诉给高盛带来的不仅是所谓的数亿美元的和解费,还有可能接踵而至的股东诉讼、投资者集体诉讼。更加让华尔街战栗的是,证交会后续还将对设计和销售金融衍生品的金融机构进行彻底调查,拉开新一轮华尔街审查风暴的序幕。到那时,华尔街可能会受到更多的抨击,并由此引发一系列法律纠纷。

(二)高盛"欺诈门"事件导致投资者信心下降,股票和期货市场遭受重挫

受高盛"欺诈门"事件影响,高盛股价于消息公布当日重挫12.8%,市值瞬间蒸发120亿美元,由于高盛在华尔街举足轻重的地位,致使华尔街投资人的信心备受打击。由高盛被美国证交会起诉一事来看,投资人担心美国政府因此开始加强对整个金融行业的监管和审查力度,因此金融和商品期货类股票被大量抛售,美国股市在银行板块的影响下大幅下跌。截至当日收盘,美国三大交易指数皆出现不同程度下挫:道的琼斯工业平均指数下跌125.91点,跌幅1.13%;标准普尔500指数下跌19.54点,跌幅1.61%;纳斯达克综合指数下跌34.43点,跌幅1.37%。另外,此消息也影响到了欧洲市场,德国、法国、英国主要股指跌幅都在1.4%~1.9%。在商品市场中,主要期货市场此前一直保持着稳中带升的行情,但是此消息公布后,关键合约出现普遍下跌的行情。此次事件对黄金、原油、金属

价格的影响要高于其他商品，其原因一方面是黄金、原油、金属本身就是具备较高金融属性的商品，较其他商品具有较高的风险性，而且目前的市场价位也较高。在此之前，铜价已经是 20 个月以来的高位，铝、锡都是 2008 年 9 月以来的高位，镍价是 2008 年 5 月以来的高位，铅是 3 个月高位。另一方面，高盛在商品市场具有很重要的地位，尤其在黄金、原油、金属期货交易方面关注较多，长期对黄金、原油价格走势发表看法，并会影响市场的走向。因此，在 2010 年 4 月 16 日，纽约原油期货收于每桶 83.24 美元，下跌 2.65%；黄金价格收于 1136.3 美元/盎司，下跌 2.02%；白银价格大幅下挫 4.10%；有色金属市场中除锡价格保持稳定外其他品种普遍下滑，其中伦敦市场铜期货价格下跌 2.33%。此外，棉花期货价格下跌 0.61%，而原糖期货价格大幅下挫了 5.34%，如表 8-2 所示。

表 8-2 高盛"欺诈门"事件对期货市场的影响

	单位	4月15日	4月16日	变化（%）
商品研究局（CRB）指数		279.75	276.29	-1.24
纽约原油期货	美元/桶	85.51	83.24	-2.65
伦敦原油期货	美元/桶	87.17	85.99	-1.35
纽约黄金期货	美元/盎司	1159.70	1136.30	-2.02
纽约白银期货	美分/盎司	1842.40	1766.90	-4.10
LME 有色金属价格指数		3767.70	3688.30	-2.11
伦敦铜期货	美元/吨	7945	7760	-2.33
伦敦铝期货	美元/吨	2472	2434	-1.54
伦敦铅期货	美元/吨	2340	2261	-3.38
伦敦锌期货	美元/吨	2509	2423	-3.43
伦敦锡期货	美元/吨	18970	19200	1.21
伦敦镍期货	美元/吨	27225	26705	-1.91
芝加哥大豆期货	美分/蒲式耳	984	985.25	0.13
芝加哥豆油期货	美分/磅	40.07	39.80	-0.67
芝加哥小麦期货	美分/蒲式耳	480.25	490.50	2.13
芝加哥玉米期货	美分/蒲式耳	363.25	364	0.21
纽约棉花期货	美分/磅	80.50	80.01	-0.61
纽约原糖期货	美分/磅	16.85	15.95	-5.34

（三）高盛"欺诈门"事件折射出公司治理中的重大问题

1. 股东缺位

高盛的股东特别是作为重要相关利益者的中小股东在这次事件中损失惨重，但在前期决策过程中没有发挥出任何监督作用。首先，这是由美国公司制度本身的特点造成的。美国公司股权结构以分散化为特征，据美国法学家马克·J. 洛的观察，在美国最大的 15 家企业中，没有一个机构或集团可以持有其 20% 的股票，无论是通用汽车、埃克森还是 IBM。股权的分散化特征造成了股东监督的间接化，即大多数股东理论上"人人有责"而实际上"人人无责"，小股东们只是借助股票市场上的买卖实现着对经营者的间接制约。这种间接制衡具有一定积极作用，但与直接行使控制权相比效果微乎其微。其次股东大会作用无法发挥也是一个重要原因。公司的股东大会是股东对公司进行直接控制的法定机关。而在现实中，股东大会只有象征意义，变成了一个"一点实际意义也没有、唯命是从的机关，是一个由指挥者演出的，然而观众又是非常少的短剧"。股东虽然理论上可以提名和选举董事，但在实际操作中会遇到管理层设置的种种障碍。

2. 董事会监督职能虚化

在现代公司治理结构中，董事会地位十分重要，既是公司的重要决策机构，也是公司的重要执行机构。因此，有效地构建公司治理结构需要一个有效且受制衡的董事会。高盛董事会在"欺诈门"中的表现令人失望，导致这一局面的原因包括董事不专业、董事会务虚等多方面原因。

3. 管理层控制日益强大

股东缺位和董事会监督职能的虚化，直接导致了股东对管理层监督的进一步弱化，而管理层在现行制度的保障下控制权和私欲日渐膨胀。通过滥用控制权，采用关联交易、担保等方式，侵占公司利益行为的出现也就不足为奇。同时，由于在现行制度下，管理层中 CEO 兼任董事长等情况导致权力过于集中，使得其他董事很难发出独立的声音。

4. 外部董事"花瓶"化

由于公司最高经营者在对外部董事候选人的提名程序中起着重要甚至决定性的作用，这些"外来人"往往与提携他们的经营者关系密切。外部董事的地位和作用被大大弱化，许多公司的外部董事只是董事会因需要而摆设的"花瓶"，这种机制反过来又进一步强化了公司管理层的控制力。

5. 内部管控薄弱

一方面，决策层面制约机制薄弱，对公司领导人独断缺乏制衡，董事会对管理层无法有效地进行约束，股东对经营状况不知情，内部人控制严重。另一方面，执行纠偏约束机制缺失，风险管理体系不健全，审计、合规和风险管理等职能不到位，这些问题导致直接业务部门违规行为频繁发生，管理层我行我素。

6. 缺乏科学的业绩考核机制和激励约束机制

考核目标短期化与公司发展目标长远化之间存在必然矛盾，在缺少必要约束机制和管理层日益强大的背景下，管理层急功近利的短期行为有可能成为一种普遍现象。

五 出台监管法案，加强金融监管

（一）美国政府与高盛的密切关系

受到美国总统 4 年一选、政党轮替执政的政治体制影响，美国政府官员更迭频繁，并逐渐形成了官、学、商角色互换的"旋转门"现象。而高盛集团更是以其独特的合伙人制度、民主的决策体系、崇尚团队合作、对风险的出色监控等，成为美国政府高官的"摇篮"以及培养重要经济机构领导者的温床。如现任财政部长保尔森、白宫办公厅主任乔书亚·博尔顿、纽约联邦储备银行市场事务负责人威廉·达德利、商品期货交易委员会主席杰弗里、外国情报委员会主席弗里德曼、世界银行行长佐利克、纽约证券交易所主席邓肯·尼埃德奥尔等……在 2008 年临危受命到美林收拾该公司因次贷危机造成亏损残局的纽约证券交易所前主席塞恩等均出自高盛。这种多位来自同一企业人员同时在一届政府中担任要职的情况，在美国的历史中极为罕见。这些曾在高盛任职的官员多年受高盛文化的熏陶，在进入政府任职后，一方面把在高盛形成的政策理念贯彻到决策当中，直接影响决策；另一方面将高盛的研究成果输送给政府，间接影响政府决策。

（二）美国证券交易委员会（SEC）起诉高盛带有政治目的

美国政府也并不真的想把高盛扳倒，金融霸权是美国的核心利益，正如美国前财长保尔森所言，资本市场是美国的命根子。以高盛为代表的华尔街寡头是美国金融霸权的执行者,从世界攫取财富和利益。高盛的肢解甚至衰落都将会影响美国的金融霸权,美国政府显然也不愿意看到这个结果。但高盛又是为何会被起诉呢?

美国政府矛头指向高盛具有一定的政治目的。高盛成为美国政府打击对象并不意外,由华尔街引发的金融危机导致许多投资人血本无归,在美国经济陷入深度衰退之际,以高盛为代表的美国投行因政府刺激措施而赢利迅速增长,大量民众还处于艰难失业状态,而华尔街高管的奖金却再次攀升到数千万甚至上亿美元的历史新高。这种强烈的对比激发了美国民众的愤怒,高盛作为投行的代表,成为政府打击的目标就不足为奇。

(三) 出台金融监管法案,推动金融监管改革

美国的金融体系一直被视为典范,被形容为是利于金融创新和富有韧性的金融体系,是美国经济自 1995 年以来保持高速增长的重要原因之一。格林斯潘在《动荡年代》里说:"几个监管者比一个好。"他相信各个监管机构同时存在可以保证金融市场享有金融创新所必备的充分的民主与自由,同时使得每一个监管者形成专业化的比较优势,它们之间的竞争可以形成权力的制衡。应该承认,美国的这套监管机制确实在历史上支持了美国金融业的繁荣。然而,2008 年高盛"欺诈门"事件引发的经济危机却暴露了美国金融监管体系的缺陷,系统性的风险识别和预防引起美国高层的注意。2010 年 7 月 20 日,美国国会参议院以 59 票赞成 39 票反对的投票结果通过了关于金融监管改革的《多德—弗兰克法案》,确定了金融危机后最重要的一项法案。这项新法案的主要内容有以下几点:

1. 新的监管权力

大型金融机构陷入困境并且会破坏系统稳定性的时候,联邦监管部门可予以接管并对其进行分拆,而无须动用纳税人的资金进行救助。建立一套由美国联邦存款保险公司(Federal Deposit Insurance Corp., U.S.,简称 FDIC)负责操作的清算程序。

2. 新的监管机构

金融稳定委员会:将新设一个由 10 人组成的金融稳定监管委员会(Financial Stability Oversight Council),委员会成员均为现任监管部门官员,主要负责监测和处理威胁国家金融稳定的系统性风险。消费者保护机构:新设消费者金融保护局(Consumer Financial Protection Bureau),并赋予其决策

权和部分执行权,对提供信用卡、抵押贷款和其他贷款等消费者金融产品及服务的银行和非银行机构实施监管。

3. 沃尔克规则

新法案规定,将控制大型金融机构的自营业务,但银行可以向对冲基金和私募股权基金进行小规模投资。这些投资的规模不得高于银行一级资本的3%。禁止银行对所投资的基金提供救助。

4. 衍生品交易

法案将首次对场外衍生品市场颁布全面的监管规定,监管范围包括交易行为以及出售产品的公司。要求多种常规衍生品在交易所通过清算中心进行交易。按照客户要求定制的掉期交易仍可在场外市场进行,但必须向中央数据库报告,以便监管部门能够更加全面地掌握市场状况。将在资本、保证金、报告、交易纪录和商业行为等方面对从事衍生品交易的公司实施新的监管规定。

5. 联邦法律优先原则

新法案允许各州对全国性银行实施更加严格的消费者保护法律,州检察长将有权执行消费者金融保护局发布的某些规则。如果州法律妨碍或严重影响了银行的业务能力,这些银行可以依据个案的不同情况逐一向各州申请相关法律的豁免权。

6. 强化美联储权利,强调增强美联储的权威性

总体来看,新法案的特点主要有以下几点:首先,权力的分享和延伸。对监管机构而言,美联储的独立性或被削减,但其权力却大大增强。其次,对投资者进行了更为严格的保护。最后,实行全面监管、集中协调式监管。监管重心从局部性、个体性监管转向对整个金融市场全面监管,尤其强调了对系统性风险的防范和对交叉业务的协调监管;监管范围延伸至几乎所有金融领域;监管方式从分业分散监管向统一集中监管转变,通过成立金融稳定理事会,加强各监管机构间的政策协调和政令统一。

专题九
吉利收购沃尔沃的经济学分析

一 背景分析与事件回顾

2010年3月28日,吉利控股集团宣布与福特汽车签署最终股权收购协议,以18亿美元的代价获得沃尔沃轿车公司100%的股权以及包括知识产权在内的相关资产。此次交易得到中国、瑞典两国的高度重视,中国工信部部长李毅中以及瑞典副总理兼企业能源部长Maud Olofsson出席了签署仪式。作为中国汽车业最大规模的海外收购案,吉利上演了中国车企"蛇吞象"的完美大戏。

2008年,现任吉利集团董事长李书福组织了包括富尔德律师事务所、德勤会计师事务所、洛希尔银行等在内的项目团队,正式开始运作收购沃尔沃项目。

2009年1月中旬,李书福率队赴美与福特董事长、首席财务官、首席执行官就并购事情进行详谈,随后福特邀请吉利进入沃尔沃并购流程。3月12日,吉利按照国际惯例向福特提交第一轮标书。4月,吉利开始对沃尔沃进行历时达四个月的尽职调查。7月30日吉利向福特提交第二轮有法律约束力的标书。10月28日,福特正式宣布吉利集团成为沃尔沃的首选方。12月14日,商务部表示支持吉利收购沃尔沃。12月23日,福特与吉利达成出售沃尔沃框架协议。

2010年3月28日,吉利与福特签署最终股权收购协议。

1999年福特曾以65亿美元的高价购得沃尔沃品牌。然而事与愿违,沃尔沃这个品牌在过去几年里让它伤透了心,2008年沃尔沃税前亏损额高达16.9亿美元。随着金融危机的全面到来,在售出阿斯顿马丁、路虎、捷豹之后，沃尔沃又成为福特剥离的目标。

根据洛希尔综合采用现金流折现法、可比交易倍数、可比公司倍值等估算方法对沃尔沃资产进行的评估，在金融危机最严重时的沃尔沃估值，合理价位在 20 亿～30 亿美元之间。其中，合理收购资金 15 亿～20 亿美元，运营资金 5 亿～10 亿美元。正是根据洛希尔作出的这一估值，吉利提出的申报收购金额为 15 亿～20 亿美元，最终成交价格确定为 18 亿美元。

吉利花费 18 亿美元的代价收购沃尔沃，不到当年福特收购价的 1/3。这是在全球金融危机导致世界汽车行业重新洗牌下的意外收获。从沃尔沃的品牌、已有的供应商和经销商网络以及它的技术来看，我们认为还是物有所值的。被誉为"世界上最安全的汽车"的沃尔沃，其品牌价值和技术含量堪称世界一流。吉利收购沃尔沃抓住了历史性的机遇，是中国汽车企业海外并购的成功典范。

二 吉利收购沃尔沃的经济学分析

跨国并购是指一国企业为了一定的目的，通过一定的渠道和支付手段，将外国企业的部分或全部份额的股份或资产买下来，从而对后者的经营管理实施实际的或完全的控制。国际并购涉及两个或两个以上国家的企业、两个或两个以上国家的市场和两个以上政府控制下的法律制度，其中"一国跨国性企业"是并购发出企业或并购企业，"另一国企业"是他国被并购企业，也称目标企业。这个案例分析中，吉利是并购企业，沃尔沃是目标企业。下文主要结合跨国并购理论和竞争优势理论对吉利并购沃尔沃作经济学分析。

（一）相关理论研究

1. 跨国并购理论综述

此次吉利对沃尔沃的跨国并购属于横向并购，由于中国的国情特殊，此次的并购案是以弱并强的"吸收－构筑"模式，在西方的跨国并购案中并不多见，所以，可用于对这个并购案例分析的并购理论主要有新古典学派企业理论、战略管理理论，以及最近伴随着发展中国家经济崛起而引起学术界关注的技术创新产业升级理论。而较为经典的新制度经济学和对外直接投资理论并不能给予此案例很好的解释。

新古典学派把企业看成一个投入产出的技术体系。他们认为跨国并购是企业追求利润最大化的产物，通过跨国并购的实施，对并购企业可以产生规模经济效应、战略协同效应和市场力量效应。

随着国际市场竞争日趋激烈，跨国公司的经营也处于动态调整中，并且这种动态调整越来越表现出一种明显倾向，即具有现代企业制度特征的跨国公司已成为重要的资源配置和市场竞争的主体。跨国公司的各种最新发展，要求理论研究的重点由跨国公司的存在机制转向其发展机制。战略管理理论从某种程度上满足了这一要求。跨国公司的战略管理研究起源于斯托福（Stopford）和威尔士（Wells）的早期工作。其主要思想阐述的是环境、公司战略和组织结构之间的动态调整和相互适应；跨国公司的战略就是选择或开辟能够发挥其独特竞争优势的环境。波特（Porter）用价值链的概念来描述跨国公司的战略形成和竞争优势来源，认为跨国公司战略实际是公司价值链上各环节经营活动在世界各地区的布局以及它们之间的协调情况的两个战略变量的不同组合。跨国公司采用并购作为首选的对外直接投资方式，主要是为了在经济全球化的背景下重新部署资源，重新协调企业与市场、企业与企业关系的理性反应，含有多重战略动机：①当企业在国外扩张时，速度至关重要，跨国并购通常是实现战略目标最迅速的途径，能够使企业及时拓展市场，实现规模经济。②企业选择并购一家现有企业，很有可能是从外部寻求战略性资产。所谓战略性资产是指企业通过在规模经济、范围经济、设施和系统效率及品牌资产方面投资积累起来的资源，这些资产或多或少的都带有东道国的本土化特征，一般无法在其他市场获得，而且开发耗时，所以跨国并购是最佳的战略选择。③除上述战略性资产外，企业的另一种资源是核心能力，它是难以模仿、独一无二的，是企业在成长环境中逐渐积累起来的。而通过跨国并购可以推动企业在全球范围内进行战略性重组，有助于形成核心能力。④经济全球化和科技环境的新特征，使企业发现新的竞争环境客观要求它们取得的业绩目标与它们依靠自身资源和能力所达成的目标之间存在一个缺口，即战略缺口。战略缺口的存在，限制了跨国公司依靠自身资源的能力取得竞争优势。而跨国并购可以通过强强联合的资本扩张实现规模经济或优势互补，着眼于共同的发展前景与市场利益，在更高的层面上提高企业竞争力。

英国里丁大学的经济学家坎特威尔（Cantwell）和他的学生托兰惕诺（Tolentino）在1990年发表的合写论文《技术积累与第三世界跨国公司》

中，提出了发展中国家技术创新产业升级理论。他们认为，技术创新是企业发展的根本动力和对外投资的重要前提。发展中国家企业技术进步的特点在于，技术能力的提高是一个不断积累的结果，是建立在"学习经验"的基础之上的，主要是掌握和开发现有的生产技术。他们还认为，发展中国家企业的技术能力的提高与对外直接投资密切相关。

综合看来，上述几种跨国并购的理论能够分别从经济学角度、管理学角度以及产业升级角度对跨国并购活动进行全面的分析，尤其对研究发展中国家企业的跨国并购有着重要的意义。

2. 竞争优势理论综述

关于竞争优势的概念有几种不同的表述方法，归结起来，竞争优势就是企业在特定的业务经营中所具有的能够超越或优于竞争对手的方面，其本质在于企业能够比竞争对手更有效地向消费者提供更高的价值。具体表现为，同等价值条件下的低成本或同等成本下的高价值，而且还必须能够保证企业在一定时期内获得的利润水平高于本行业的平均水平。而从动态的角度分析竞争优势，就需要考察企业保持这种竞争优势的持续期。一个企业的竞争优势只能维持到竞争对手能够成功模仿、学习或超越之前的一段时间，因此，竞争优势的持久性虽然表现为很长的一段时间，但这段时间的长短是由竞争对手的学习和复制速度决定的。

古典的竞争优势理论研究主要是从贸易理论出发，而进入 20 世纪 80 年代，有关竞争优势的分析更多的是从战略管理的角度进行。战略管理的核心问题是企业如何获取竞争优势以及如何维持竞争优势。围绕竞争优势的来源与可持续问题，西方学者先后提出了以下几种理论：以 Michael Porter 为代表的竞争优势外生论、以 Wernerfelt、Barney、Prahalad、Hamel 等为代表的竞争优势内生论、将两者结合起来的竞争优势动态综合论以及近年来提出的系统商业生态战略理论。

竞争优势外生论将企业竞争优势归因于外部产业环境。Michael Porter 于 20 世纪 80 年代初提出了基于产业分析的竞争优势理论。该理论认为产业的赢利能力取决于 5 种力量（现有竞争者、潜在竞争者、供应商、顾客和替代品）的共同作用，如图 9-1 所示。产业内企业是同质的，企业的竞争优势来源于企业外部，即产业的吸引力以及企业在产业中的相对竞争地位。因此，战略管理的主要内容一是选择有吸引力的产业；二是在产业中进行恰当的定位，通过战略的制定与实施获取企业的利润与竞争优势。为了分析具体企业竞争地位的确定，同时弥补压力模型的不足，波特引入了价值链分析工具。波特认为"一定水平的价值链是企业在一个特定产业内的各种活动的组合"。虽然同一产业内的企业往往具有相似的价值链，但其竞争对手之间的价值链一定有所不同，这种价值链的差异构成了企业潜在的竞争优势。在一个企业众多的价值活动中，并不是每个环节都创造价值。企业要获取竞争优势就要实施基于价值链的战略，即必须牢牢抓住那些在生产经营活动中真正创造价值的战略环节，而非战略环节则可以分散到市场中去。具体来说，企业获取竞争优势有三种基本战略：成本领先战略（Overall Cost Leadership）、差异化战略（Differentiation）和目标集聚战略（Objectives Focus）。

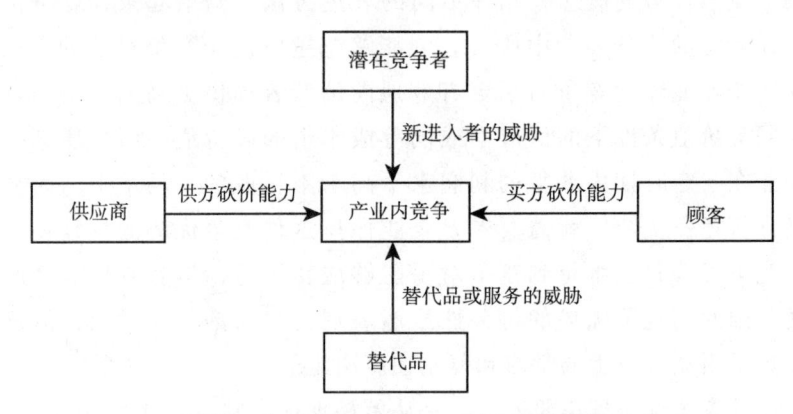

图 9-1 Michael Porter 五力竞争模型

20世纪80年代以来，企业面临着外部环境稳定性日益脆弱的现实，而企业对外部环境的可控性相对较差，这促使研究者从企业自身寻找竞争优势的来源。竞争优势内生理论正是在这样的背景下出现并逐渐成为竞争优势研究领域的主流理论。内生论认为企业是异质的，企业的竞争优势取决于企业内部的资源与能力的差异，内生论认为行业对竞争力的影响不是决定性的，只是全部影响的一部分。即使在缺乏吸引力的行业中，只要企业在长期积累中形成了独特的、不可模仿和替代的资源或能力，同样可以取得竞争优势。美国哈佛大学学者普拉哈拉德和海默于1990年在《哈佛商业评论》上发表了轰动一时的重要文献《公司的核心竞争力》，对企业持续竞争优势之源作出了新的解释，并首次提出了核心竞争力的概念。企业的核心竞争力，又称核心能力或核心专长，是指一个组织中的积累性学识，特别是关于协调不同的生产技能和有机结合多种技术的学识。核心竞争力具有价值性、独特性、延展性三个主要特征。它是一个企业所具有的、在本行业独树一帜的、难以复制和模仿的能力，可实现用户看重的、高于竞争对手的价值，可提供进入广阔多样市场的潜能，从而成为长期利润的源泉。核心竞争力理论认为，企业竞争优势的最根本源泉是企业的核心竞争力。核心竞争力的培育虽然需要经过长期而专注的积累过程，但核心竞争力一旦形成，其所具有的刚性将支撑企业竞争优势的稳定持久性。

企业的外部环境，特别是产业环境是企业赖以生存和发展的社会基础，对企业竞争优势的形成与发展会产生直接的影响。与此同时，企业内部的资源与能力则是企业参与竞争的基础，是形成企业竞争优势的基石。上述企业竞争优势的外生论和内生论对此分别进行了阐述，但任何一种理论都无法成功地单独给出企业获取竞争优势的全部解释。为此有必要将两种理论结合起来，运用系统的、互动的思想将环境与资源、能力及知识等要素整合在一起，形成一个多角度的企业竞争优势分析框架。Teece、Pisano 和 Shuen 从"外部环境－组织能力"的层面，将演化经济学、资源观和核心竞争力理论结合起来，分析了高度竞争环境下企业竞争优势源泉的问题，并提出一个动态能力战略观的分析框架。动态能力指企业整合、建立以及重构企业内外部环境、资源、能力以便适应快速变化的竞争环境的能力。因此，具备很强动态能力的企业才能够使资源和能力随时间的变化而改变，并且能利用新的市场机会来创造竞争优势的新源泉。可以看出，企业只有通过其动态能力的不断创新，才能够获得持久的竞争优势。

（二）吉利成功并购沃尔沃的背景分析

吉利成功并购沃尔沃这一商界大事无疑给全球汽车市场扔下一枚重量级炸弹，人们对名不见经传的吉利集团"蛇吞象"、"平民小子娶公主"式并购的成功感到不可思议。但是，我们却可以从这次并购成功中找到许多符合经济学原理的内在因素。

1. 并购背景与动机

吉利集团于 1997 年正式进军轿车领域，本着"总体跟随、局部超越、重点突破、招贤纳士、合纵连横、后来居上"的发展战略，吉利集团制定了十年中长期发展规划，到 2015 年，吉利汽车将在五大技术平台、15 个整车产品平台上衍生出以左、右舵兼顾，满足各国法规和消费习惯的 40 余款车型；将拥有满足国内外法规要求的汽、柴油兼顾的 6 大发动机平台、10

余款发动机和全系列手动、自动的变速器；将在海内外建成 15 个生产基地，实现产销 200 万辆的目标。

吉利集团投资数亿元建立了吉利汽车研究院，目前已经形成较强的整车、发动机、变速器和汽车电子电器的开发能力，自主开发了 4G18CVVT 发动机，Z 系列自动变速器，EPS，同时在 BMBS 爆胎安全控制技术、新能源汽车等高新技术应用方面取得重大突破。目前拥有各种专利 1600 多项，其中发明专利 110 多项，国际专利 20 多项。虽然与国际大型汽车企业的技术水平相距甚远，但是却可以看出吉利要打造世界级大品牌的决心与努力。

由于近年来经济的发展，国内汽车市场需求非常大，尤其豪华车市场持续火暴，但是由于大多数国产汽车厂商的技术水平和品牌积淀还达不到豪华车标准，所以造成高端轿车市场三雄（宝马、奔驰、奥迪）称霸，而低端市场竞争异常激烈的局面。2006 年吉利汽车在国内市场份额仅为 5.33%，为了争取更多的市场份额，争取更大的利润，就必须打进高端豪华车市场。因此，并购拥有先进汽车制造技术和品牌影响力的企业则是最快的方法。

从 2006 年起，吉利开始在国外寻求更好的发展机会，于 2006 年 10 月购买老牌出租车制造商英国锰铜汽车公司 51% 的股权，2009 年 10 月兼并全球第二大独立变速箱制造公司——DSI 自动变速公司。一个已经成熟的豪车品牌却是吉利集团最想并购的。

吉利集团并购沃尔沃的动机可以总结为以下四个方面：第一，快速占有国内外高端豪华车市场的市场份额，形成市场力量；第二，通过跨国并购产生协同效应，提高效率，形成规模经济；第三，通过并购成熟豪华车品牌培养核心竞争力，获得有效的战略资源；第四，完成战略目标，打造国际汽车品牌。

2. 并购目标的选择

受国际金融危机的影响，欧美汽车产业遭受重创，福特公司的汽车业务更是连年下滑，2008 年亏损达到 146 亿美元，沃尔沃品牌的亏损则达到 14.6 亿美元。为了优化资产，福特公司开始变卖旗下的三个豪华车品牌沃尔沃、捷豹和路虎。沃尔沃是欧洲著名的豪华轿车，拥有"世界上最安全的汽车"的美誉，并且在节能环保方面，有很多独家研发的先进技术和专利。并且沃尔沃是 1999 年福特花了 64.5 亿美元收购的，而卖给吉利只有 18 亿美元，不算美元贬值，都打了三折。沃尔沃拥有的中高端车型及其技术体系能力，正是国内自主品牌汽车所缺乏并梦寐以求的，若能够实现整体收购，吉利自主创新能力和自主品牌价值将得到难以想象的提升。而吉利背后依托的需求巨大的中国市场却恰好能够解决沃尔沃在财务和销售上的困难。

综合看来，吉利选择收购沃尔沃轿车业务对双方来说都是"珠联璧合，优势互补"。从吉利的角度来看，其优势在于中国汽车市场需求巨大、对本国市场的了解、政府对于发展本国高端汽车品牌的支持、节能型汽车成为未来汽车发展的主流。从福特沃尔沃角度来看，享誉全球的著名豪华车品牌；在安全和节能方面的先进技术和人才；全球销售、融资和服务网络。

由上面的分析可以看出，吉利收购沃尔沃业务对于双方来讲都具有积极意义：吉利可以获得品牌、渠道、技术、管理团队、售后服务，迅速实现其梦寐以求的国际化夙愿，并且通过在国内筹资建厂，降低沃尔沃汽车成本，在国内市场赚取高额利润；而福特不但能降低生产成本，专注于开发重点车型等，而且还可以有效回笼资金解决眼前的实际问题。

（三）横向收购理论在吉利收购中的运用

横向收购理论告诉我们，收购的动机是什么；为什么收购能够发生；衡量收购成败的理论依据是什么。下面我们结合吉利的实际情况分析。

1. 从收购成本角度分析

吉利收购是在国际金融危机的背景下发生的，深陷财务危机的福特不得不低价卸掉沃尔沃这个包袱，以获得维系公司增长的现金流。有人对1996年至2006年间24000多笔交易进行分析后得出：在2001年至2002年这2年经济衰退期间或衰退刚刚结束后完成的收购的超额回报率是衰退前的3倍。从这个角度来讲，吉利似乎捡了个很大的便宜，福特以60多亿美元购入沃尔沃，现在以18亿美元卖给吉利，怎么看，对于吉利来讲都是个只赚不赔的买卖，但事情真的如吉利所料吗？沃尔沃在福特的10年间，福特追加了很多投资，甚至建立了福特沃尔沃联合技术开发平台，但却始终未能完成沃尔沃的品牌复兴，致使福特对沃尔沃失去了信心，势单力薄的吉利能够接手这烫手的山芋，对于福特来讲，何乐而不为呢？当然根据投资者对福特的分析，福特手中的沃尔沃的潜力并没有得到全部释放，一是沃尔沃在福特产品中定位模糊。福特自身产品线极其丰富，覆盖了高中低各个档次，因此，福特并没有在目标市场上积极推进沃尔沃，用李书福的话说，福特这几年吸收了沃尔沃的各种专利技术，却并没有给予沃尔沃什么。二是作为 21 世纪汽车消费主力军的新兴市场，沃尔沃始终未能有所斩获。正是基于以上各个原因，吉利收购沃尔沃才有了能够完成沃尔沃品牌复兴的底气：坐拥中国 15 亿人口的汽车市场，吉利可以充分利用其本土优势，推动沃尔沃在中国市场大展拳脚；同时吉利作为一个低端汽车品牌，在迎娶沃尔沃之后，必将对其加倍呵护，采取积极的市场策略。

2. 从兼并的动机角度来分析

横向收购理论告诉我们至少存在三大收购动机：第一，规模经济效应。第二，管理协同效应。第三，市场势力效应。我们不妨从这三方面来分析吉利的胜算。

规模经济效应。汽车行业是规模效应很强的行业，只有拥有一定的规模才能在后续的竞争中通过大规模的 R&D 投入来追赶市场，稳固自己的市场地位。纵观国际车市，汽车领头羊的产销量都在 1000 万辆左右，而国内汽车市场受制于政策法规等历史原因，行业聚集度非常低，各大企业不能正常地达到较大的规模效应，利润始终处于较低的水平。吉利 2009 年产销 32 万辆，尽管其正在经历高速的增长，也远远未达到规模经济最大化的产量，同时，吉利主营入门级产品，基本没有涉足汽车业高利润区的豪华车市场，这也导致其规模结构单一，抗风险能力弱。联手沃尔沃将有望彻底改变这一现状，吉利可以沃尔沃和吉利车为契机，打造覆盖高中低各档次的汽车平台，增强吉利的抗风险能力，并最终实现规模效应，跻身世界一流企业行列。

管理协同效应。当两个管理能力具有差别的企业发生并购后，合并企业将受到具有较强管理能力企业的影响，表现出大于两个单独企业管理总和的现象，其本质是合理配置管理资源效应。建立仅有 10 余年但保持高速增长的吉利，遭遇有着 100 多年历史却步履蹒跚的沃尔沃；有着东方传统的吉利团队，遭遇西方魅力的沃尔沃团队，留给我们太多的可以遐想的空间。毫无疑问，二者在管理能力上存在较大差别，吉利必须抓住机会，充分利用两套管理团队的优势，进行取长补短。譬如，吉利可以利用其 10 余年来开拓中国市场的经验，带领沃尔沃迅速扩大中国市场，而沃尔沃可以利用其国际市场的影响力，携手带领吉利走向国际化；又譬如，年轻的吉利在快速扩张的过程中形成的管理能力和在汽车市场沉淀多年的沃尔沃相比，显然存在较大的差距，吉利可以通过跨国合作、项目合作、海外培训等方式提高原有管理人员的管理能力。最终，在优势互补条件下，实现管理协同效应。

市场势力效应。在这一点上，很难说吉利通过收购沃尔沃的形式，减少了竞争对手，从而具有更强的市场势力。事实是，在群雄割据的中国汽车市场，吉利作为庶出（民营企业）的后来者，还只是个小角色。吉利收购沃尔沃与其说是减少竞争对手，不如说是拉近和竞争对手的差距。但，潜在的市场势力效应增强却不能被忽视。一方面，吉利收购后，品牌认知度得到了很大的提升；另一方面，技术和管理方面的溢出效应都将提高人们对于吉利未来的预期。

3. 从国际化角度来分析

收购沃尔沃给了吉利一个很好的国际化路径。横向对比吉利2006至2009年的财报，与吉利国内市场高速增长相比，国际市场几乎陷于停滞。原因一方面是，我国汽车企业的技术，特别是在环保、安全和节能方面与世界汽车工业强国差距较大，难以满足西方国家的各种标准。另一方面是，世界贸易保护主义的兴起，各个国家都竞相提高汽车关税，这直接导致我国汽车的成本优势不再。在这种情况下，吉利和沃尔沃的联姻，如及时雨一般给吉利提供了更为清晰直观的国际化渠道，一方面，利用沃尔沃的国际化经验，以及其销售渠道，进行国际生产、国际化销售，有效应对贸易壁垒；另一方面，通过沃尔沃学习先进的技术优势，或者与沃尔沃进行零部件合作的方式，提高吉利的技术水平，从根本上消除其国际化障碍。

（四）吉利成功并购沃尔沃对其竞争优势的提升

这次并购中，吉利集团选择的是以弱并强的"吸收—构筑"模式。"吸收—构筑"模式是指弱势企业通过并购优势企业，吸收整合优势企业的资源与核心竞争力，进而提高自己的竞争优势。我们已经分析了吉利并购沃尔沃的整个背景、动机以及并购过程，下面要分析此次并购对提升吉利竞争优势的作用。

1. 吉利从沃尔沃中获得了多种资源

（1）商誉资源——获得沃尔沃品牌及其销售渠道。

此次并购，吉利最大的收获就是100%获得了沃尔沃轿车品牌。国内无名车，中国作为拥有15亿人口的大国竟然连一个驰名世界的汽车品牌都没有，不得不说是一件非常尴尬的事。而吉利通过并购沃尔沃为中国带来了一个豪华车品牌，吉利可以利用自己在中国的销售资源，为沃尔沃的中国市场打开另一片天空。同时，沃尔沃也会通过自己的品牌效应把吉利介绍给全世界的车主。

在客户和销售渠道方面，吉利和沃尔沃有各自的优势。吉利的优势在于拥有国内的客户群和销售渠道，而沃尔沃则在国外拥有庞大的客户群、销售渠道和服务网络。吉利可以借沃尔沃的销售渠道强化市场份额，以更低的价格在更广阔的市场上销售自己的产品，突破北美、欧洲和日本等发达国家的市场。所以对吉利来说，能否在销售渠道上获得竞争优势，关键就在于是否能很好地整合沃尔沃的国外销售渠道，将国内销售渠道同国外销售渠道合并在一起，实现整个市场的销售渠道一体化运行，获得规模效应和协同效应。

（2）技术资源——获得沃尔沃的先进技术和研发能力。

沃尔沃这些先进的专利技术也一并归吉利所有，可谓是大大弥补了以汽车业务为核心的吉利的技术缺陷。

（3）人力资源——获得沃尔沃的研发人才和高级管理人才。

吉利通过并购获得了沃尔沃汽车高素质的研发团队，获得了国际上先进的汽车研发技术，从而在短时间内为企业自身积累了丰厚的创新资源，为企业的后续发展提供了有力的保障。

（4）基础结构资源——学习到沃尔沃先进的管理经验。

吉利始建于1986年，是一家拥有二十多年历史的中国企业，并购前，吉利的业务领域主要集中在亚洲，从来没有管理过跨国品牌，缺乏全球运营的经验。沃尔沃则是一家拥有近百年历史的汽车公司，其在150多个国家开展业务，拥有成熟、先进的全球管理经验和市场运作能力，这对一心想走国际化路线的吉利来说是一个非常宝贵的学习机会。

2. 形成和加强了吉利的核心竞争力

并购交易完成以后，吉利按照其事先制订好的详尽的整合计划对其从沃尔沃获得的资源、能力进行了整合和吸收，形成和加强了自身的核心竞争力。和其他汽车生产商相比，吉利的竞争力主要集中在成本控制、市场、业务模式以及整合能力上。

（1）品牌。

品牌是企业的无形资产，是企业核心竞争力的重要组成部分，可以说一个好的品牌对企业的发展起着决定性的作用。在并购前,吉利这一品牌只是中国市场上的低端轿车品牌,在国际市场上毫无竞争优势和知名度可言。而此次借助并购沃尔沃在国际市场上产生的巨大影响,势必会提升吉利品牌的国际地位和形象,使之获得极广泛的品牌认知和世界性的声誉。一个市值5亿的汽车公司竟然并购市值20亿的高端汽车公司,对吉利品牌的影响是不言而喻的。在国内,社会各界都惊讶于李书福的魄力与实力,无不对其另眼相看;而在国际市场上,从吉利收购沃尔沃轿车的那一刻起,就从一个名不见经传的小品牌变得家喻户晓。而吉利所获得的沃尔沃品牌早已在全球用户的心目中树立了良好的形象。这两个品牌既相互独立又相互影响,使吉利在品牌方面的竞争优势获得大大的提升。可以说,这次并购的象征意义已经超过了实际的利润所得,其品牌传播效应不可小觑。

(2) 市场。

在并购前,吉利的市场主要集中在中国,并购后,吉利获得了沃尔沃庞大的客户和销售渠道,可以巩固强化市场份额,并可以借机打开欧美、日本等发达国家的市场,这是上汽、南汽等国内汽车厂商所难以企及的。经济危机席卷全球,发达国家的汽车销量正在逐步放缓,而中国等新兴市场却空前繁荣。吉利沃尔沃完全可以把握这个时机抢占市场,提升自己的竞争优势。所以无论是对国内还是国外汽车厂商,并购后的吉利在市场方面都具有竞争力。

(3) 并购和整合能力。

在国内,中国企业的跨国并购之路是近些年才开始的,比较著名的案例有TCL并购法国汤姆逊彩电业务和阿尔卡特移动电话业务;京东方收购韩国现代显示技术株式会社(HYDIS)的TFT-LCD业务;等等,这其中既有成功也有失败。弱并强式的跨国并购对于中国企业来说。没有国内成功的经验可以参考,可以说吉利无论在并购还是在其后的整合过程中基本上都在摸索中前进。暂且不论吉利的并购和整合是否成功,在这个过程中积累的宝贵经验对吉利集团以后的发展都是一笔无价之宝。通过并购沃尔沃,吉利在获得了业务增长的同时,也积累了另外一个竞争优势,就是并购和整合的竞争优势。

由上面的分析可以看出,吉利通过并购沃尔沃,不仅获得了战略资源,更重要的是加强了品牌、市场、业务等方面的核心竞争力,形成和提升了吉利在差异化方面的竞争优势,整个传导过程如图9-2所示,而这些又为吉利迅速实现其国际化战略打下了坚实的基础。

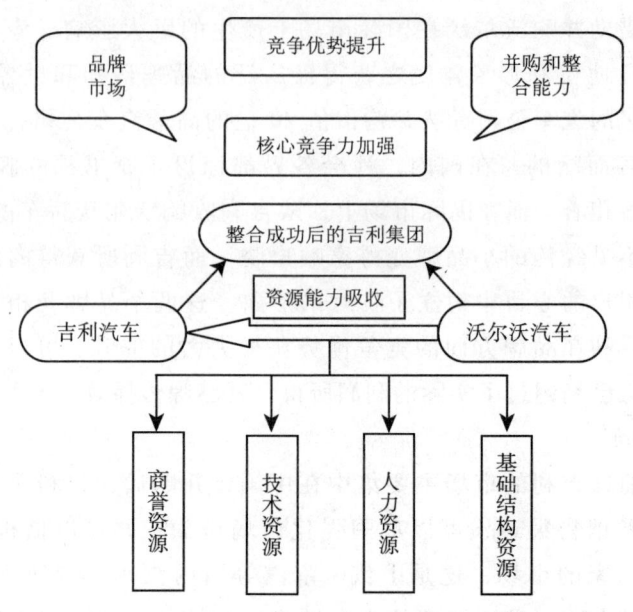

图 9-2 并购后吉利竞争优势提升的传导过程

三 吉利成功收购沃尔沃的产业影响分析

民企吉利完成了对知名跨国公司的收购,这一事实无论对于中国还是国际汽车市场以及对于中国的汽车产业与区域的发展都会产生深远的影响。本章将尝试从以下四个方面就吉利成功收购沃尔沃对于汽车产业的影响进行分析。

(一) 对国内汽车市场的影响

收购成功对于国内汽车市场的影响。中国汽车技术研究中心于2010年9月1日宣布,8月,中国汽车产量120.42万辆,环比下降2.74%,同比增长10.15%;销售121.55万辆,环比增长15.09%,同比增长55.72%。国内汽车业在经历7月销售谷底之后强劲反弹,提前进入销售旺季。1~8月,汽车累计产销量分别为1091.45万辆和945.69万辆,同比累计分别增长35.45%和31.53%,整体发展形势良好。在后金融危机下,中国汽车市场可以说是一枝独秀,这也是吉利之所以收购沃尔沃,李书福进行豪赌的一个很重要的理由。吉利的底气在于无限大的中国汽车市场空间,同时李书福也愿意打造一个中国式的豪华车品牌。对此,除了在中国建厂外,吉利还将通过增加在中国的采购改善其现有运营业务的成本。沃尔沃公司的前20大独立汽车零部件供应商中有16家在中国设厂,通过在中国增设配套工厂,吉利预计5年内可以降低采购成本至少12亿美元。此外,吉利还将在中国建立一个新的研发中心,以降低人力和开发成本。在此,吉利可以吸收沃尔沃的专利和特长技术,以提升吉利的技术实力和开发能力,同时通过沃尔沃来解决自己的品牌短板,以此获得品牌溢价的丰厚利润。

由此我们可以看到,吉利成功收购沃尔沃对于国内车企的影响关键在于以下三方面:

其一,可以提升国内汽车企业的整体技术。由于吉利收购了沃尔沃,可以将后者的核心技术加以利用,而沃尔沃的核心技术在于环保与安全,沃尔沃汽车被称为"世界上最安全的汽车",如若吉利很好地将这两方面的技术加以吸收与运用,毫无疑问,吉利汽车的性能将会跨上好几个大台阶。多少年来中国汽车让人诟病,一味追求价廉而忽视质优,缺乏长期的技术规划,技术更多考虑的是市场化的项目,多数企业技术创新主要集中在非核心技术领域。很多耗时间、费资金,但有利于企业长远发展的技术无人问津。汽车电子技术及其应用、新环保材料、新能源等支撑企业自主创新"脊梁"的基础研究能力非常薄弱,在创新技术层面,中国制造汽车是没有尊严的。而当年福特买下沃尔沃花费64.5亿美元,其后又投入数十亿美元,加之此前积累,沃尔沃以100多亿美元形成了丰厚的技术积淀,吉利的这次收购可以在短时间内完成核心技术的沿袭、创新、突破、应用与开发,打破"模仿"的形象,并且拥有了一个高端品牌。这大大缩短了吉利打造高端品牌的时间,一定意义上和跨国公司平起平坐了。更重要的是,得到沃尔沃这样的企业和产品,对中国汽车技术的提升和企业管理都会起到很大的促进作用。中国汽车企业造出了体面的车,然后让消费者感到坐自主品牌车是一件体面的事,在车子面前平等,同质同价,不歧视自主品牌。

其二,紧接着在吉利汽车技术性能显著提高,而价格却没显著提升甚至下降的情况下,此次并购会使国内其他车企为了巩固市场份额而追风降价。这对于国内这些实力还不是很强大,依靠低价格战略保住市场份额的车企显然是个不小的挑战。会不会爆发像中国彩电业那种价格大战呢,可能性应该很小,毕竟轿车不像彩电,轿车有着自己较高的制造成本与运营销售成本。因此,降价也有自己的一个底线。显然吉利收购成功对于国内汽车价格的下降,会起着极大的促进作用。

其三,吉利收购沃尔沃后,沃尔沃这个品牌的生产、运营、销售显然会得到更大的方便,这不仅仅是国民对于自己品牌的认可,更重要的可能得到政府的优惠政策与扶持。沃尔沃是一个与奔驰以及奥迪等高档车相提并论的豪华轿车品牌,现在中国国内市场购买力主要集中于中低档轿车,而随着中国经济进一步的快速发展以及人们购买力的提高,对于豪华车及高档车的需求会极大提升。这对于吉利而言显然是一个绝佳的机会,而对于国内其他车企而言显然是个巨大的挑战,这预示着其他车企必须考虑自己今后的发展方向,以及是否加大对于高档、豪华车的研究与开发。

(二) 对国际汽车市场的影响

现在分析吉利收购成功对于国际汽车市场的影响。主要讨论的问题在于国内汽车如何从低端方式走出去,转移到中高端方式走出去。与中国出口整体出超相反,在进出口轿车这一块,中国的进口值大于出口值。比如2010年7月汽车进出口的数值显示7月汽车出口环比小幅下滑,进口持续增长,贸易逆差呈扩大趋势。7月,汽车进口7.16万辆,环比增长5.00%,同比增长97.21%;出口5.29万辆,环比下降5.87%,同比增长75.21%。汽车净进口1.86万辆,贸易逆差为19.33亿美元,环比增长6.56%。中国汽车技术研究中心主任赵航认为,从1~7月的汽车产品进出口数量来看,汽车进口增长速度明显高于出口,但出口形势依然向好。1~7月汽车累计净进口15.63万辆,贸易逆差为133.18亿美元。中国出口汽车一般是低档车,价格也相对便宜,而进口的一般都是中高档轿车,价格也较贵,而在国内对于中高档车的需求逐渐增加时,出现贸易逆差也是很正常的,但显然这一局面必须加以控制。吉利收购豪华车代表沃尔沃显然使得中国的轿车进出口形势会有所好转。沃尔沃在国际汽车市场每年的销售额远远大于吉利。这对于改变中国汽车行业整体只出口低档轿车的形象以及对于促进国内其他车企对于中高端轿车的研究与开发,有着很强的正面促进作用。

表9-1是2010年美国市场汽车销售量:

表 9-1　2010 年 9 月份美国市场汽车销量

汽车生产商	9月份（辆）	去年同期（辆）	同比增长（%）	今年累计（辆）	去年同期累计（辆）	累计同比增长（%）
通　用	173031	155679	11	1635339	1536903	6
福　特	160375	114241	40	1469262	1234104	19
丰　田	147162	126015	17	1311316	1296422	1
克莱斯勒	100077	62197	61	820220	715516	15
美国本田	97361	77229	26	912436	884136	3
现　代	76627	53134	44	678071	580787	17
日　产	74205	55393	34	673701	580296	16
大　众	28223	24698	14	267234	220292	21
宝　马	23138	19202	21	192286	179462	7
斯巴鲁	21432	14593	47	193614	158421	22
戴姆勒	21100	17814	18	170233	147963	15
马自达	18580	14234	31	174770	160189	9
三　菱	4961	4712	5	41392	42839	-3
沃尔沃	4152	—	—	8593	—	—
路　虎	3456	3106	11	32037	27059	18
保时捷	1971	1581	25	17688	14310	24
铃　木	1641	1859	-12	16972	33520	-49
萨　博	1127	—	0	2625	—	0
其　他	294	307	-4	2646	2756	-4
玛莎拉蒂	136	130	5	1355	948	43
五十铃	—	—	—	—	165	-100
总　计	959049	746124	29	8621790	7816088	10

可见在世界主要的消费市场之一的美国，主要还是由豪华车型所占据，而沃尔沃也占有一席之地，虽然从数量上说，少于三菱，但是由于其单价较高使得其总值在美国市场上高于三菱。显然，吉利收购了沃尔沃，使得我国也有了一个出口的豪华、高端的汽车品牌。当然这仅仅是成功收购意义重大的一部分，吉利本身可以吸收沃尔沃先进的技术，并加以运用与创新，显然会使得吉利的出口能力大大加强。

（三）吉利成功收购沃尔沃对于我国汽车产业的影响

吉利收购成功对我国汽车产业的影响可以分为两部分，第一部分是对于我国汽车产业会产生正外部效应，第二部分是对于我国汽车产业集中群会产生影响。

1. 吉利成功收购沃尔沃对于中国汽车产业产生正外部效应

收购成功无疑给本来就欣欣繁荣的中国汽车市场又打了一针强心剂，对汽车产业能够产生正的外部效应主要体现在以下三个方面。

首先，吉利收购沃尔沃使中国汽车企业的多品牌战略运作进入实质阶段。曾几何时，我们的奇瑞、吉利就开中国自主品牌的先河建立自己的产品平台，逐步解决用不同车型攻占不同细分市场，但随着平台的增多，同质化的竞争也不可避免。吉利的这次收购完成了实施多品牌战略的原始积累。从原来的以产品为主的网络营销形式向分品牌营销转变，开展多品牌战略布局，形成新的合力。在同一公司内部，不同品牌之间也可以共享一些技术平台，就像帕萨特和奥迪 A6 的共用零件比例相当高，从而有效地降低了制造成本一样，吉利用沃尔沃的平台提升产品质量，沃尔沃吸取吉利的成本控制经验，实现优势互补，然后在各个细分市场推出战略车型，完成多品牌运作的战略布局，提高中国汽车产业的世界影响力和抵御市场风险的能力。自主品牌积极采取多品牌战略，表明中国汽车市场已经广泛进入到多品牌营销的战略时代。而吉利收购沃尔沃对其本身的现实意义就是使其拥有 5 个技术平台、15 个产品平台、40 余款车型分布在全球鹰、帝豪和英伦三个品牌的计划更早实现。

其次，吉利收购沃尔沃是对中国汽车产业"3＋X"布局的挑战。三大集团或许会在吉利收购沃尔沃的带动下，将开展一次新的产业集聚的竞赛。而其他汽车集团势必将被卷入新一轮并购潮中，吉利这样的第二军团完全可以完成第二次并购成为大集团之一，中国这几年将彻底解决国内汽车行业目前的散乱局面，将比预期提前完成冲过汽车产业的规模重组，谁将是中国汽车第一个跻身世界十大汽车集团之列仍是一个谜，但跻身"十大"的时间肯定会缩短。

最后，吉利收购沃尔沃等于完成了一次自主品牌的脱胎换骨，使中国汽车产业由产品竞争拉向品牌竞争。自主品牌对提高自主开发能力来说是必不可少的前提，建立自主品牌是提高我国汽车自主开发能力的必要条件。在过去的十几年里，中国汽车业走了一条'以市场换技术'的道路，在市场被外国汽车品牌瓜分殆尽的同时，换来的技术始终拿不上台面。我们只分享到了汽车工业发展的一小杯羹。这次联姻按照双方的谈判，吉利将100%拥有沃尔沃品牌，收购包括沃尔沃轿车的9个系列产品、3个最新平台、2000多个全球网络、相关的人才和重要的供应商体系。这对于吉利品牌是一次脱胎换骨式的提升，不仅是产品线的延伸、平台的更新、渠道的拓展，更关键的是其高素质的人才的获得，是沿袭专利技术知识，保持产品品质和竞争力的核心所在，也是中国汽车产业适应由产品竞争向品牌竞争潮流之关键。

2. 吉利成功收购沃尔沃对于我国汽车产业集中群的影响

国内汽车产业集群的分布大致可以分为长江三角洲、珠江三角洲、东北地区、京津地区（环渤海地区）、华中地区和西南地区几个区域。长江三角洲主要包括上海、浙江、江苏三省，是全国经济发展水平最高、综合经济实力最强的地区之一。上海市是目前中国最大的轿车生产基地，有全国三大汽车集团之一的上汽集团，有我国最大的中德轿车合资企业上海大众，有投资最大、成长最快的中美轿车合资企业上海通用，有全国种类最齐全、规模最大的轿车零部件工业基地，50多家世界一流的汽车零部件合资企业。上海的零部件配套能力是国内最强的，上海的轿车工业在全国处于领先地位。

珠江三角洲经济区系指珠江入海口附近的平原地区，包括广州、深圳、珠海、惠州、东莞、中山、江门、佛山、肇庆、清远等地，是我国经济比较发达的地区。这些地区汽车企业以及相关企业比较云集的是广州黄埔、广州花都、广州南沙开发区，分布的汽车企业是由广汽集团与日本本田汽车公司合资组建的广州本田汽车公司，由广汽集团、东风汽车公司与日本本田合资组建了广州本田轿车出口基地；有东风汽车公司与日产汽车公司合资的东风汽车有限公司乘用车花都工厂，围绕东风乘用车公司建设的广州花都汽车城，规划涉及整车生产、零配件、物流中心、行政管理、贸易服务、出口加工、汽车文化娱乐旅游、生活区等八大区块；正在规划建设广汽集团与丰田汽车公司的合资项目，主要生产丰田主力车型佳美高级轿车。

东北三省各省都有核心汽车企业，汽车工业对当地经济有强大拉动作用。在吉林长春，有全国三大汽车集团之一的一汽集团；黑龙江省哈尔滨有全国在自主开发汽车产品著名的哈飞汽车集团，有已被一汽集团收购的哈尔滨轻型车厂，还有由6家民营企业联合重组吉林江北轿车厂而组建的吉林通田汽车有限公司；辽宁省沈阳有华晨汽车公司，有由德国宝马与华晨合资建立的华晨宝马汽车公司，还有金杯通用汽车公司。

北京、天津是环渤海经济圈的核心城市，目前，北京汽车工业已形成三大板块：北京现代、北京吉普和北汽福田，三大板块各具特色。天津有天津丰田、天津一汽、一汽华利等核心整车企业。随着一汽集团收购天汽集团，一汽集团与丰田合资合作，日本丰田公司已是天津汽车工业的主要合作伙伴。

华中地区随着2003年9月东风汽车公司总部新址在武汉经济技术开发区奠基，大大提升了武汉在全国汽车工业中的地位，东风汽车公司有望成为未来武汉汽车产业集群的核心企业。

西南地区的重庆是全国最大的微车生产企业——长安汽车（集团）责任有限公司所在地。长安集团拥有长安汽车股份有限公司、长安铃木汽车公司和长安福特汽车公司等子公司。

收购结束后，关于吉利沃尔沃项目营运团队、管理、资金等各方面细节成为各方关注的焦点，其中包括中国工厂的选址，也是大家最为关心的话题。上海嘉定、天津、北京、广州、长沙、杭州等地纷纷伸出橄榄枝，吉利沃尔沃落户的消息满天飞。吉利控股集团董事长李书福一行来成都考察之后，吉利沃尔沃落户成都的消息再次成为新闻，尽管吉利方面没有正面回应，最终确认吉利沃尔沃将铁定落户龙泉。成都市和龙泉经开区两级政府，均对吉利沃尔沃项目的落户表示欢迎和大力支持，并积极配合该项目做好相关服务工作，其中包括新增1000亩土地，用于吉利沃尔沃龙泉基地的建设，位置紧邻原吉利龙泉生产基地。显然吉利选择西部的四川，一方面在于考虑国家对于西部发展的支持，另一方面在于考虑到中国目前的汽车产业集中度。从以上的国内产业集群的概括中我们可以看到，豪华车型主要集中于长、珠三角洲以及环渤海地区，所以选择豪华车型生产能力薄弱，而消费能力又不断成长的四川显然有其深远的考虑；另一个比较次要的原因在于，龙泉原来就是吉利的生产基地。吉利这一举动显然对于平衡我国汽车产业集中度，改变东西分布不均匀的格局具有很重要的影响，也与重庆全国最大的微车生产企业——长安汽车责任有限公司互不冲突，很显然这对于合理提高我国汽车产业的集中度是有益的。当然，由于沃尔沃的车型较多,一个龙泉生产基地还是比较难消化的,但可以预想接下来吉利的选择还是会遵循这一思路的。

(四) 吉利成功收购沃尔沃对于区域经济的影响

吉利成功收购沃尔沃对区域经济的影响主要表现在以下两个方面,一是促进和加强了区域经济合作,二是形成了西南地区的区域产业园区。

1. 加强区域经济合作

吉利收购沃尔沃对区域经济产生影响的主要原因在于吉利收购沃尔沃后对生产基地的选择。吉利将厂址选在位于西部的四川龙泉,选择的原因应该出于西部开发政策以及避免豪华车型扎堆从而引起生产成本上升的考虑,以及与以前吉利的生产基地相邻,从而更加便于管理的考虑。

落户龙泉,必然会带动该地区甚至整个西部的区域经济合作。首先在于对上下游产业的拉动,上游刺激汽车制造原料的需求,如对于矿业的开发,制造汽车零部件的需求等;下游拉动汽车运输以及销售服务等,这些都在前面所讨论的国内其他产业集群地区都得到了很好的印证。如在上海安亭镇上海大众周边,正在规划建设占地63平方公里的上海国际汽车城:一大批汽车零部件配套供应商将在上海国际汽车城汽车零部件园区内建成。此外,还有汽车贸易与营销、汽车展示博览、R赛车场、汽车仓储与汽车物流、汽车检测机构、汽车教育等多种功能于一体的汽车综合产业区。汽车城的集聚辐射效应将日益凸显。在广州花都汽车城已有28家,日资、台资以及合资汽车零部件企业前来落户,产品涉及汽车冲压件、发动机配件、汽车坐椅、减震器、内饰件等。这些区域经济合作的情况也会发生在龙泉、四川,甚至整个西部地区。

2. 加强形成区域产业园区

吉利选择落户龙泉显然有利于形成区域产业园区。这个论题与上面所讨论的加强区域经济合作是密切相关的,简单而言,假如将区域经济合作仅仅局限于一个地区,则就形成了区域产业园区。由于汽车产业这个核心产业的极大拉动力,使得相关产业会在利益驱使下自觉集聚,最终会形成区域产业园区。

中国汽车市场连续多年的强劲增长,几乎激发了所有国内汽车厂商快速抢占市场份额的激情。据不完全统计,国内14家主要汽车企业2010年产能接近1800万辆,而至2013年,各大公司规划产能将变成现实,届时上述

14家公司累计产能将达到2300万辆，加上国内其他公司，预计行业总产能将在2500万辆以上。而要实现如此多的产能，"扩张"成为各大车企的头等重任。合资车企中的东风本田第二工厂、东风日产第二工厂、北京现代第三工厂等等，以及自主车企中的吉利兰州基地、海马郑州基地、长城天津基地、江淮山东基地等数十个新建或扩建项目已经纷纷启动。

在这新一轮的扩张中，新兴的综合性汽车产业园区大有代替传统生产基地的趋势。民营企业吉利汽车的扩张速度不得不令人瞠目，过去10年时间内连续在湖南湘潭、甘肃兰州、浙江慈溪、山东济南、四川成都、广西桂林等地投资建设生产基地，加上在浙江宁波和台州原有的四大产业园，目前吉利已拥有十大汽车产业园，分布在全国各地。加上不久后的龙泉沃尔沃产业园区，吉利将会拥有11大汽车产业园区。目前，在从传统工业基地向新兴的汽车产业园区延伸的进程中，中国汽车工业的区域性特征正在弱化。尽管汽车工业的发展仍然受到区域经济发展不平衡的影响，但中西部地区的汽车消费旺势正在快速形成，而东部和沿海地区的工业基地优势也正在被赶超。在遍地开花的汽车产业园背后，正是源于国内二、三级城市巨大消费潜力的快速集中释放。业内分析人士表示，现在忙于寻求产能扩张的国内汽车企业选择在何处设厂，常常首先考虑生产要素中最重要的两个因素——资金（贷款）支持和土地供应，其次才是"市场和劳动力"。如吉利汽车就明确表示，并不一定非要在产业集群完善的地方投资建厂，像吉利拥有自己的配套商，如果当地政府支持，一旦落地生产，配套商自然会跟进，产业集群就会迅速形成，相应的汽车产业区域经济园区也会迅速形成。

四 吉利成功收购沃尔沃在并购秩序方面的市场启示

汽车行业的跨国并购充斥着太多的失败案例，远有上汽收购双龙的阴影，近有四川腾中收购悍马的失望。而吉利却给我们带来了如此惊喜。本部分将从收购时机、政府作用、团队建设、杠杆融资方面来探索吉利成功的市场启示。

（一）收购时机的把握

随着我国汽车市场的蓬勃发展，国内汽车企业逐渐发展壮大，以吉利、奇瑞等国内汽车企业代表纷纷开拓市场，抓住目前国内汽车市场的巨大需求大肆进行生产扩张。在这个过程中一些汽车企业纷纷与国外汽车巨头合作，引进国外的先进生产技术与经验，提高自己的竞争力。而另一些企业才考虑采用并购的方式，获得外国汽车企业的完全的经营权与汽车生产技术，并以此为突破走向国际化的发展道路。

2009年年初，在国际金融危机的大背景下，许多外国企业的资产价值被严重低估，成为中国企业出手的好时候。而吉利收购沃尔沃，买到的不仅仅是技术、专利等知识产权和制造设施，还获得了沃尔沃在全球的经销渠道。通过海外并购，可以用较低的成本，获取到梦寐以求的汽车国际品牌、核心技术和国际营销渠道。于1997年进入轿车行业的吉利汽车，被誉为中国汽车界的一匹黑马。作为民族自主品牌为数不多的汽车企业之一，吉利迅速起步，靠的是倾力攻克中国低端市场。吉利汽车的客户多为首次购买私家车的消费者，平均年龄在35岁以下，年均收入约为9.64万人民币，对他们而言，价格因素至关重要。然而，低端化的运作，并不足以构筑吉利的品牌形象。于是，无论是李书福本人还是吉利汽车管理层，近几年都逐渐将重心转移至品牌研发及引进，合资、并购等手段也在吉利国际化战略中频频运用。吉利近几年在"走出去"战略上已取得阶段性进展。就出口策略而言，吉利有其清晰的"三步走"战略：第一阶段主要是出口非洲、中东、拉美等汽车技术相对落后的市场；第二阶段则是挖掘相对发达的东南亚和俄罗斯等市场——在马来西亚设CKD工厂正是该战略的一个体现；第三阶段则是最终能打入发达的欧洲和北美市场——吉利在国际顶级车展中选择了法兰克福车展和底特律车展。从合资、并购等国际化模式入手，吉利亦有过一些成功尝试。2006年，吉利与英国本通公司合资，生产英国经典出租车。金融危机时，吉利并购了澳大利亚DSI公司。吉利花了两个月的时间并购了该公司，解决了困扰吉利汽车的重大技术问题，即自动变速箱的研发和制造。如今收购沃尔沃，或可以称作其合资并购的第三次出击。

（二）政府的扶持

吉利收购沃尔沃项目获得发改委审批并没有很大困难，同时吉利沃尔沃并购项目还得到政府的支持和鼓励。例如，吉利董事长曾公开表示，收购资金和后续运营资金共耗资约27亿美元，海外资金和国内资金各占

50%，仅大庆国资委就为吉利收购提供了大约8亿美元的资金。

从国家层面上来看，国家副主席习近平虽未出席签字仪式但坐镇哥德堡。国家工信部部长李毅中和瑞典副首相双双出席了吉利和福特的关于沃尔沃汽车100%最终股权收购协议的签字仪式。这也象征着改革开放以来中国民营企业的壮大，以及国家对其成长的支持。当然，高度关注的深层次原因并不在于此。最近几年中国作为一个高速发展的，但又与众不同的新兴市场，一直被西方世界带着一种既离不开又想遏制的政治心态来对待。就沃尔沃轿车公司的收购案来说，他们从来就不认为一个专门生产廉价汽车，而且2009年销量仅为32.9万辆的中国民营企业有能力提升沃尔沃汽车品牌的价值；也从来不认为一个市值低于沃尔沃的收购价的吉利汽车能够把新公司运行管理好。但是2009年的全球金融危机所产生的恐慌心理，和2008年以来销量大幅下降所带来的一系列亏损，令决策者产生一种壮士断臂的勇气。然而出人意料的是，2009年福特不仅熬过来了，甚至实现了五年来的首次赢利。与此同时，沃尔沃汽车去年销售了33.48万辆，虽然全年亏损，但在第四季度已接近平衡。2010年开局不错，市场增长也很高。对于以64亿美元收购，又用11年时间耗资超百亿美元的投入，现在仅换回来18亿美元的亏本买卖，正是舆论所反映的这笔交易可能会停止的由头。但当时收购事宜都按部就班地进行之时，要想反悔似乎也难，这笔交易最终还是在3月28日签署。这其中国家影响力的因素至关重要，至少中国市场目前规模和未来潜力是促使福特作出最终决定的最大价码。由于众所周知的原因，中国企业海外收购已经不仅仅是一个单纯的商业行为，往往更会成为一个敏感的政治话题。因此吉利收购和运行成功与否，甚至可能会涉及国家形象的问题。

（三）专业团队的建设

并购是个复杂的系统工程，一个项目耗时若干年也十分正常。从2009年10月底福特宣布吉利作为优先竞购方，到2010年3月底双方宣布以18亿美元成交，短短5个月时间完成了有史以来中国汽车企业在海外最大并购的核心工作，这样的效率十分可观。吉利汽车聘请的外部并购团队起了决定性的作用，可以设想，没有这个团队的专业知识、经验和素养，这么大宗的并购交易，不可能在这么短的时间内看到结果。吉利在并购沃尔沃的过程中，聘请了多方顾问团队，包括Rotschild投资银行、德勤财务顾问、富尔德律师事务所、中国海问律师事务所、瑞典 Cederquist 律师事务所和博然思维集团等。

1. 投资银行的作用

洛希尔投资银行作为收购项目的财务顾问,负责对卖方的总体协调,并提供对沃尔沃的估值分析。洛希尔综合采用现金流折现法、可比交易倍数、可比公司倍值等估算方法对沃尔沃资产进行了评估。

投行是并购中的核心团队,起着整个并购的战略、分析、组织作用。一般小规模的并购往往由并购咨询顾问代替,但是大规模的并购交易,非投资银行牵头不可。投行要同并购方一起对并购本身进行战略的思考,分析所在市场的情况、并购的目的、并购产生的协力等,更为重要的是,投行从并购项目一开始就作为第一个外部顾问介入项目,并从各个方面为委托方降低并购的费用,执行委托方的中心思想。这种任务下,对投行的要求就比较高。它不仅要有财务方面的知识,帮助委托人评估目标企业的价值,还要充分了解市场,对并购的效果、市场反应能够做出明确判断,而且同时还要组织整个并购过程中的各个细节工作,包括挑选法律顾问、财务顾问、税务顾问等。

2. 法律顾问的作用

富尔德律师事务所负责吉利收购沃尔沃项目的相关法律事务,完成了知识产权、商业协议、诉讼、雇佣、不动产、进口、海关及关税、经销商及特许经营、竞争及国家援助等方面的法律尽职调查,以及全部交易文件的全面标注。

律师在跨国并购中的地位越来越重要。现代跨国并购交易中,律师已经不再是法律文件的技术处理员,而更多的是并购交易中的法律项目经理。交易双方最初接触,针对交易进行备忘录或者意向书谈判的时候,就需要有律师介入。在这个阶段,律师要能够从项目管理的角度为客户提供相应的咨询,引导客户通过相应的安排使交易能够顺利进行。特别是需要律师能够同投行一起对交易的结构和融资方案等安排进行法律上的评估,如果一个融资安排法律上会遇到障碍,将影响整个交易的完成。所以律师在早期介入交易,对交易的方向把握具有举足轻重的意义。并购交易最初阶段,律师负责对目标企业进行法律上的尽职调查或者叫审慎调查。调查是通过审查目标企业自设立以来所有的法律文件从而发现可能的法律风险。作为项目经理的律师要有组织对所有上述各方面法律文件审理的能力,当目标企业在不同国家有分公司或者子公司的时候（如沃尔沃的企业位于瑞典、比利时、马来西亚等，而且还牵扯到中国法律环境下的审批问题），律师对各个法律管辖区中企业法律文件的管理、审查以及同各个国家律师的协调就十分重要。通过对所有这些文件的审阅以及针对相关管理人的问讯，收购方可以对目标企业的法律状况实现全面理解。尽职调查之后，律师就成为股权转让合同的主要谈判者。在明确了收购方的意图后，根据尽职调查得出的结论，律师将风险在股权转让合同中进行相应安排，同时，律师会协同收购方或者代表收购方同出售方谈判。直到谈判后的股权交割、价款支付，以及谈判后需要处理的法律问题，比如法院登记、相关公证等。大型的并购交易还不可避免地要经过反垄断申请、国家安全审查等程序，也都需要律师的专业服务。

3. 财务和税务顾问的作用

德勤财务咨询服务有限公司负责吉利收购沃尔沃项目的财务咨询。其已就沃尔沃公司的财务、税务、包括成本节约计划和分离运营分析（不含商业分析）、信息技术、养老金、资金管理和汽车金融进行了尽职调查。

并购启动之初，吉利就聘请罗兰贝格对沃尔沃项目展开了为期100天的内部审查。此后，吉利又聘请德勤会计师事务所研究收购完成后的企业整合工作，包括国内市场营销、网点分布、物流及全球联合运营。

财务、税务顾问的作用是协助投行对目标企业进行价值评估，同时对目标企业进行财务和税务的尽职调查。国内企业间并购往往采用净资产值法以确定目标企业的价值，根据这种方法确定的企业价值往往是企业资产的价值，但是企业的赢利能力和经营能力没有被考虑。欧美企业的并购更多采用息税前利润法。这种方法所看重的不是目标企业具有多少资产，而是它有多大创造价值的能力。因为企业的收购首先是一种投资，收购方希望的是未来的回报。息税前利润法基于过去企业创造收益的能力并通过对未来发展的规划和市场的前景确定企业的价值，其评估方法从投资的角度看更为合理。当然，评估的方法不限于提到的这两种，其他几种方法也有使用，比如营业额法、现金流法等。具体哪种方法更符合购买方的需要，要通过财务顾问、投行和收购方的研究来确定。洛希尔综合采用现金流折现法、可比交易倍数、可比公司倍值等估算方法对沃尔沃资产进行了评估。除了价值评估外，财务税务顾问要对目标企业进行全面的财务尽职调查和税务尽职调查。这部分工作主要包括调查目标企业的资产负债表、损益表、经营计划分析、财务状况及风险、资产及投资状况、产品、市场及客户状况、生产和员工等,此外,还要调查目标企业需要缴纳什么税种,过去若干年是否按照规定缴纳,是否同主管税务机关之间就税务缴纳问题有争议等。如果发现目标企业有税务上的风险,在股权收购合同中也要对此作出相应的安排。

4. 公关公司的作用

博然思维集团作为吉利收购沃尔沃项目的公关顾问,负责项目的总体公关策划、媒体战略制定和实施,并对全球范围内的相关媒体报道和公众舆论进行监测。

在大型跨国并购项目中,除了买方与卖方两家的利益外,公司股权的变更也会涉及企业的工会、员工、银行以及政府机构等的利益。大型企业超过一定人数的时候,当地法律往往会赋予工会相当大的话语权,辞退员工、改变经营战略等常常会受到来自工会的阻力。而工会为了保护员工的利益,也会尽量行使法律所赋予的权利。企业并购往往伴之以整合,有的工厂会被关闭,有的生产会被压缩,目标企业(全部或部分)员工就成为并购后的第一个牺牲品。而政府部门为了选举和当地经济发展的需要,往往也会压迫交易的双方作出有利于维护当地就业的承诺。鉴于此,大型跨国并购需要专业的公关公司在所有这些层面以及公共媒体之间进行充分和及时的沟通,以保证并购的顺利进行。沟通不充分往往会给出售方和买方造成很大的社会压力,最终影响双方的决策。公关公司会通过同媒体的沟通和为收购方准备相应的宣传资料和口径,为收购方避免来自第三方的负面影响。例如,欧洲大多数媒体和政府对中国企业的并购行为持怀疑态度,认为中国企业的并购会造成目标企业的关闭、技术的流失以及员工的失业。公关公司可以宣传收购方的真实意图,打消各界的疑虑,保障并购谈判的平稳环境。当然,在吉利收购沃尔沃的交易中,吉利本身希望增加沃尔沃汽车在中国的销售,同时保留瑞典和比利时的生产基地,不削减当地员工数量,这些都是能够安抚当地员工和政府的措施,公关公司的工作难度相对要小很多。

总之,中国企业进行海外并购的道路仍然十分漫长,还有很多经验教训要吸取。吉利通过并购沃尔沃证明中国企业正在适应国际通行的游戏规则,对保障并购最终取得胜利十分重要。尽管如此,我们应当认识到,并购本身不是目的,并购的最终目的是要达到协同效力。吉利进行了很漂亮的一次并购程序,但是,并购是否能够最终成功,还要看几年以后所有吉利人和沃尔沃人的共同努力。

(四) 杠杆融资

许多民营企业由于资金缺乏,从而导致海外收购不成功。我国民营企业资金链的漏洞及缺失容易引发收购后续的成功与否。吉利集团 2009 年上半年净利润为 5.9 亿人民币,根本不足以收购沃尔沃。此次收购所需资金主要为海外筹资,一部分为国内各大银行借款和企业自有资本金。吉利集团通过设立北京吉利万源国际投资有限公司和北京吉利凯旋国际投资有限公司进行融资,而后续整合还需要大约 20 亿美元左右资金,一旦资金链断档就会引发收购的失败。因此,国有商业银行应该为民营企业的海外投资进行优惠的信贷,用于企业资金链运作。同时国家应该对于海外的营业收入减免税收,建立中国海外投资保险制度。此次吉利收购资金有相当一部分是中国银行和国家开发银行的贷款,另外还有一部分地方政府银行优惠授信额度,正是这样,才进行了顺利收购。因此,我们国家应该在政策上对于民营企业的海外投资给予税收优惠,国有商业银行应该继续发挥信贷优惠的支持,从而更好地促使我国民营企业"走出去"进行海外投资。

(五) 并购整合

2000 年以后,我国企业的跨国并购明显增多,但历史数据显示,能够真正成功整合,创造 1+1>2 的超额收益的企业并购只占 30%。汽车行业更是不乏失败的案例,上汽收购韩国双龙以整合失败告终。国际方面,通用收购大宇也最终以失败收场。在并购行业普遍充斥着"大鱼吃小鱼"游戏的背景下,吉利却上演"小鱼吃大鱼"的好戏,然而诸如福特这样的"大鱼"尚不能消化的沃尔沃,小鱼是否会如鲠在喉呢?这需要时间来回答,但我们可以确信的是,吉利收购沃尔沃之后能否顺利地完成整合是至关重要的。

1. 文化整合

每一个企业都有其独特的文化,对于一个成功的企业并购交易而言,文化的兼容性是重要的决定因素。TCL 收购德国施奈德的彩电业务,整合过程中出现了很大的文化冲突:说服一个高傲的民族接受来自发展中国家的建议是困难的,由此而导致的管理效益的低下,直接影响了后续的技术整合。文化的差异直接导致了上汽整合韩国双龙汽车的失败。文化整合的目标是什么呢？如何将代表东西方两种迥然不同的文化风格的企业整合到一起呢？在一个企业整合中至少存在 3 个程度不一的目标：第一，稳定。第二，改进。第三，整合。在文化整合的途径方面企业至少可以通过确定目标公司的权利结构、理解目标企业的感情、确定目标企业文化产生的结构基础、引导目标企业文化进步等方式来整合目标企业的文化。而现在，留给吉利的道路是如何引导沃尔沃的文化改进，将沃尔沃文化与吉利文化进行恰当的融合，从而最大限度地为企业的发展服务。

2. 技术整合

对于吉利来讲，比较有优势的是其 100% 收购了沃尔沃轿车的股权，包括其相关专利技术，这是成功整合的优势，但同时也有如何处理沃尔沃和福特的联合开发产权问题。吉利和沃尔沃签订的技术协议，不能将沃尔沃相关的专利技术直接运用于吉利轿车，这是整合的难点。但毫无疑问，一方面，吉利可以利用沃尔沃的研发人员、设计人员来为吉利轿车进行配套研发和设计，同时吉利也可以通过一定的技术转让措施在一定程度上实现吉利轿车的品质提升。另一方面，吉利可以充分利用沃尔沃已经成形的市场架构、经销网络、采购系统进行国际业务拓展，并且吉利可以循序渐进地从研发、技术、制造、营销完成一个企业对品牌的传承和创新。

3. 人员整合

现代企业的并购，很大程度上是对无形资产的并购，而人力资本无疑是无形资产中重重的一笔。如何能够保持好沃尔沃现有的管理团队和技术团队，从一开始就是李书福重点关注的内容，在沃尔沃成功收购半年之际，我们可以看到，在李书福的高瞻远瞩之下，沃尔沃成功保持了其管理团队和技术团队，下一步，或许该是，如何让现有的两套管理团队更好地合作，创造协同效应。这方面，吉利可以选择的道路有很多，诸如文化分享、跨国文化培训、分享公司的长期愿景、合并高效团队、对现有管理团队和核心技术骨干进行更有效的激励等。当然，也可以利用我国合资企业行业的人力资源溢出效应，聘请拥有相关跨国并购汽车品牌成功的管理经验的高管。

4. 外部沟通

除企业内部整合外，吉利还要面对企业外部的资源整合，这种外部整合主要通过企业外部沟通来实现，外部沟通对象主要是客户、投资者、潜在客户、中间商、零部件供应商以及有影响力的人或组织。吉利需要通过沟通向客户表达公司将在哪些能力上有所提高，以及吉利将如何更好地为客户服务，以便维持客户的品牌忠诚度。从一开始吉利收购就遭遇到投资者的反对，也难怪，谁能相信一个名不见经传的中国小企业，能够带给沃尔沃更高的品牌价值，在此，吉利充分运用了其基于庞大的中国市场这张牌，排除了投资者的担忧。而在潜在客户的开发上，吉利更是拥有立足中国市场，拓展世界市场的雄心壮志和底气，原因很直观，沃尔沃将在吉利手中实现成本的下降，使其在国际市场上更具竞争力。同时，对中国市场的开拓，将提高其在中国豪华车市场的占有率和品牌认知度。

5. 品牌整合

作为连续多年入选世界品牌 500 强的沃尔沃，一直较好地保持了其高端品牌形象。其一百多年的造车历史，不仅积累了丰富的技术基础，更赋予了其悠久的历史文化内涵，这也是沃尔沃汽车拥有持续竞争力的原因。纵观世界车市，不同的汽车都有其不同的竞争力：日本车企以技术称雄，美国车企基于强大的资本市场，服务股东权益最大化，欧洲车企则以产品质量著称。在这点上，沃尔沃也毫不例外。吉利汽车自身有多少技术含量，维护沃尔沃这一世界品牌是事关整合成功的关键因素。作为"世界上最安全的汽车"的沃尔沃有两大纪录：零排放，零事故。吉利要做的是在继续维持这两项纪录的同时，创新出更多优势项目，譬如在动力总成、油耗方面、清洁能源方面拥有更大的突破。然而这一切都有赖于吉利强劲的后续投资上，而目前通过杠杆收购形成高负债的吉利，很难保证有超出预算的大额后续投资。

我们认为，对于吉利而言，虽然挑战巨大，但机会可能大于挑战，吉利成功的机会会多一些。其源于吉利在正确的时间做了该做的事，源于吉利所在的庞大的中国市场，源于吉利对成本的控制和对机会的把握，更来源于吉利的危机感和灵活的民营体制。

五　吉利成功收购沃尔沃对我国汽车行业发展的启示

对于在国民经济中占有重大地位的汽车产业，经历了多年的技术和市场的实践后，远远未能达到当初的设想，市场拱手相让了，真正的先进技术却牢牢地掌握在外资汽车企业手里。吉利 100% 股权收购的成功给我国汽车产业的发展带来了一缕阳光,同时也引发了大量关于在新的条件下,如何发展壮大我国汽车产业的争论。通过文章前几部分的分析,我们尝试着提出一些后吉利收购时代的汽车行业发展改革的相关建议。

(一) 加快产业集中度调整,提高产业集中度

长期以来,中国汽车产业的产业集中度较低。2008年,上汽、一汽和东风三大集团的产量之和仅占全国的48.64%,而美国、德国的产业集中度为90%以上,日本也达到70%。相对较低的产业集中度使资源使用过于分散,阻碍中国超大型汽车集团的形成,不利于中国汽车企业提高自主创新水平和国际竞争力。2008年,上汽和一汽分别生产汽车172.16万辆和150.40万辆,两者之和仍低于本田集团2007年的产量395万辆,而本田是世界汽车产业"6+3"格局中规模较小的企业。目前业内普遍认为,金融危机后世界汽车产业格局将有所变化,中国要想成为汽车强国,迅速形成一家或几家世界级规模的大集团是必要条件。中国汽车产业振兴规划也明确提出,积极推动产业组织结构调整,拟通过兼并重组,形成2~3家产销规模超过200万辆的大型企业集团。综上所述,调整产业结构、提高产业集中度是我国汽车产业未来的重要战略。其目标是通过产业组织调整,使产业集中度提高到60%以上,并至少形成一家产能超过400万辆、可与世界顶级汽车集团相比的大集团、大企业。吉利收购提供了很好的提高行业集中度的途径,政府应该积极支持行业整合,实现更大的规模效应。

(二) 通过集成创新等多种形式创建自主品牌

风起云涌的国内汽车市场,厮杀到最终,取得沃尔沃的居然是自主民营品牌吉利。可见我国汽车产业必然是伴随着自主品牌的协同发展的。自主技术和自主品牌一向是我国汽车产业发展的短板,然而一个强大的汽车产业必须拥有自主核心技术和一系列自主品牌。就目前我国汽车产业的实际情况来看,短期内在自主核心技术上取得重大突破还不现实,还要通过引进技术、自主研发、集成创新等多种方式逐步提高技术创新能力。集成创新是将各个已有的单项技术有机组合起来,构成一种新产品或经营管理方式,其目的是有效集成各种要素,更多地占有市场份额,创造更大的经济效益。只有自主品牌和自主技术的不断增加,逐渐占领国内市场,进入国际市场并获得认可,我国汽车产业才能真正具有国际竞争力。

(三) 大力发展汽车零部件产业

吉利收购后，迫在眉睫的事情就是国产化问题，而对于国产品质的保证又得依靠配套的零部件产品质量。因此，发展我国汽车产业，必须优先发展汽车零部件产业。我国汽车零部件产业的发展始终落后于整车，零部件企业普遍规模较小、配套层次低、产品技术含量不高，大部分企业依赖整车发展，缺乏竞争力。如果长期如此，零部件产业将成为我国汽车产业发展的瓶颈。因此，提高零部件产业整体实力迫在眉睫。首先，要继续扩大零部件产业的整体规模，使之与整车规模相适应，以满足整车产能进一步提升的要求。同时，进一步完善一、二、三级供货商机制，提高零部件配套水平。其次，调整产业组织和产业结构，鼓励大型零部件企业继续扩大规模，抓住金融危机的机遇，进行低成本扩张，在全球范围内吸纳优质资本，形成世界级规模的零部件企业集团；积极引导中小企业形成产业集群，不但在空间上形成产业集聚，更要在软环境建设上形成资金、人才、技术、产品等多个资源共享平台，通过兼并重组、优胜劣汰、广泛合作和良性竞争，形成一批具有良好发展潜质的中小型配套企业。最后，加强零部件企业的自主创新体系建设。当前，全球汽车产业的发展趋势是越来越多的技术创新任务由配套企业完成，而国内零部件企业却普遍缺乏自主创新能力。要整合汽车产业内外的各种创新资源，协助大型零部件企业建立国家级技术研发中心，开发具有自主知识产权的系列产品；积极创建和完善公共创新平台，以技术联盟的方式推动中小型零部件企业的技术进步。

(四) 加快新能源汽车的开发和进程

吉利收购完成，就拥有了多项环保技术，因为沃尔沃甚至能提供零排放的环保车型。未来汽车的发展一定是低碳节能的。这次收购也可以看成是我国自主车企造车力量向低碳节能环保方向转变的契机。

因此，继续大力发展新能源汽车项目，将使我国汽车产业在未来的竞争中处于有利位置。首先，要保证研发资金的投入，每年保证专项的科技经费用于新能源汽车的研发，且逐年增加。其次，制定符合实际的发展规划和具体的阶段目标，确立开发重点，在关键技术和关键零部件的开发上取得突破。以汽车企业为中心，联合高校和科研院所，合理分工、广泛合作，整合各方面研发资源，形成合力。最后，技术开发与市场开发同步进行。充分利用国家对新能源汽车发展的支持政策，积极培育市场，开展产品推广和市场开拓。

　　吉利收购沃尔沃或许代表了我国汽车业未来的一种趋势。中国汽车业发展到如今这个阶段，需要国际品牌，需要利用品牌来增加世界市场的份额，而打造品牌有很多方法，其中直接购买品牌是通行的国际做法。吉利作为中国自主品牌，能够收购沃尔沃，说明了吉利在国际化进程中，具有敢于走出去的底气，值得中国本土汽车企业认真研究思考：除了市场，我们对这些国际品牌还有什么其他的吸引力？中国自主品牌应当如何实现国际化？是完全靠自己的力量打开国际市场，还是通过海外并购的方式走向世界？靠自己的力量可能花费的时间比较长，因为一个品牌的价值和文化需要时间的沉淀。而海外并购可能是一个捷径，先进的技术和成熟的销售渠道或许能够给企业带来较大的进步，但是这其中也存在着各种风险，诸如市场风险、管理风险、经营风险以及财务风险等。两种方式各有利弊，重要的是选择一条适合自己的道路。

专题十
产业振兴计划解析

一 产业振兴计划提出的背景

(一) 金融危机爆发对世界及中国经济产生的重大影响

2007年爆发的美国金融危机引发了一场严重的全球经济衰退。此次危机影响面广，破坏性大。无论是资本主义国家还是社会主义国家，无论是发达国家还是发展中国家，都没有逃脱这场危机的厄运。危机伊始，各国政府的应对措施主要是救助金融机构，防止金融危机进一步恶化。随着金融危机逐步向实体经济扩散和蔓延，政策干预的重点逐步从金融领域转到实体经济，从"拯救金融"变成"拯救经济"。最重要的政策是扶植经济产业，推出新兴产业振兴措施，以此为切入点，恢复市场信心，促使经济回暖。

由于中国比较特殊的金融结构，在这场金融风暴中受冲击比较小，并没有发生金融危机。但是随着金融危机渐渐向实体经济蔓延，中国的经济增长也逐渐感到压力，企业倒闭和失业人员数量不断增加、出口增长速度放缓。中国政府快速反应，及时改变经济运行结构，启动扩大内需、调整宏观调控政策，推出4万亿救市计划，启动以铁路建设为主的政府大规模基础设施建设投资。从严格控制固定资产投资贷款规模，到政府积极启动财政政策，其调整之快出乎预料，"保增长"一时成为最流行的词汇。4万亿救市保增长是经济总量的大盘，具体分派到各个行业就变成产业振兴的范畴。

(二) 从"十大产业振兴规划"到"七大战略性新兴产业"

2009年年初，在国际金融危机冲击和国内经济长期存在结构失衡的背景之下，中国政府推出了"十大产业振兴规划"与"十一五"规划中所制定的长期产业发展目标不同的是，"十大产业振兴规划"更多的是应对当前急剧下降的外需冲击以及内需的结构性调整。因此，产业振兴规划的政策目标，主要是为了确保生产力、经济增长、出口、就业和社会稳定。

根据国务院部署，国家发展与改革委员会等部门制定了振兴钢铁、汽车、船舶、石化、纺织、轻工、有色金属、装备制造业、电子信息以及物流业等十个重点产业调整和振兴规划。十大产业调整和振兴规划的主要任务是扩内需、保增长和调结构。从 2009 年年初国务院通过到二季度陆续公布实施细则，这些规划的实施时间还比较短，其中结构调整方面的效果尚难显现，但是其在扩大内需、促进行业平稳增长方面已经收到明显效果，工业增速加速下滑的局面已被扭转。2009 年 1~7 月，规模以上工业企业增加值累计增长 7.5%，其中 6 月、7 月的增速分别为 10.7% 和 10.8%，已经基本实现了保增长的目标。

1. 十大产业的特点及其在国民经济中的地位

国务院出台的十大产业调整振兴规划，涉及范围之广，政策力度之大，决策效率之高，为新中国成立以来前所未有。从产业类型上看，这十大产业有以下三大特点：

一是属于税源产业。由于税源产业大都属于资本密集型产业，所以这类产业属于强富国弱富民、就业率低的产业。十大产业中规模以上企业上缴税金约占中国税收的 40%。

二是属于支撑 2002 年以来中国经济增长的支柱产业，其中 9 个产业工业增加值占全部工业增加值的比重接近 80%，占 GDP 的比重达到 1/3。

三是属于市场化程度、国际市场关联度较高的产业，它们是目前金融危机受到冲击比较大的产业。

十大产业的这些特点，决定了产业振兴规划战略的三个特点：

一是在战略目标定位上确保经济稳定增长的战略。

二是在战略功能上属于存量战略，这十大产业决定着现有经济存量的稳定与发展问题。

三是在战略类型上属于短周期战略。因为除了电子信息外，都属于传统产业。毫无疑问，这十大产业对于应对危机，确保经济稳定增长具有重要意义。

根据这些特点，我们不难看出他们在中国国民经济中的基础性地位，希望通过鼓励促进这些行业的发展来增强人民群众对经济前景的信心，带动中国经济的稳定增长。

2. 十大产业振兴对于中国国民经济的影响

我们不可否认十大产业振兴给中国国民经济带来的积极作用。但由于各个产业的振兴规划内容各不相同，因此产生的影响也会有所不同。

从短期来看，这些规划将有利于解决这些产业目前遇到的实际问题，降低企业负担，缓冲世界金融危机对中国企业的影响。

从中期来看，在高库存压力减轻以及需求短期释放以后，这些规划产生的作用可能有限。同时，由于产业振兴规划将推动相关产业重新洗牌，对企业来说既是机遇也是挑战。

从长远来看，这些规划对中国产业技术升级改造、结构调整等，肯定会产生深远的影响。整个产业振兴规划，集中体现了中央"出手要快、出拳要重、措施要准、工作要实"的四点要求，其寓意深长。这不仅对十大产业起到振兴作用，而且对其他产业也将产生极大的辐射带动作用。

但是从现在来看，中国的十大产业振兴计划更侧重于中短期影响：产业振兴计划的实施期限是2009年至2011年。"保需求"措施的效果大都集中在中短期以维护稳定上；"调供给"中，推动产业升级和提高国际竞争力的目标效果则大多定位于中长期的产业发展。而引导产能退出、兼并重组、控制原材料流向、拨备技改资金等政策，也能够在中短期内对行业产生影响。

（三）"七大战略性新兴产业"规划的提出及其概述

战略性新兴产业在未来的发展中具有举足轻重的地位，根据国务院总理温家宝同志在2009年11月23日科学大会上的讲话精神，现在一般将其概括为"七大战略性新兴产业"，这七大战略性新兴产业是：新能源产业（包括水电、太阳能、生物质能、核能）、电动汽车、节能环保、新材料、新医药、生物育种、信息产业。把握了这七大战略性新兴产业，就是把握着未来，就是把握着发展的巨大机会。

1. 战略性新兴产业的概念及特点

战略性新兴产业是指那些代表着当今世界科学技术发展的前沿和方向，具有广阔的市场前景，经济技术效益和产业带动效用显著，并且关系到经济社会发展全局和国家安全的新兴产业。

战略性新兴产业具有以下特点：①技术的前沿性和不确定性。战略性新兴产业所采用的技术代表着当今世界科技的前沿，这也意味着其技术正处于研究发展阶段，是尚未完全成熟的，具有不确定性。②战略的不确定性。由于是新兴的产业，没有标准的战略模式，而且企业对于顾客、竞争对手的特点缺乏了解，所以多数企业只能在实践中检验自己的战略策略。③市场前景光明。战略性新兴产业代表着市场未来的方向，或许在当前市场中战略性新兴产业的比重并不大，但随着时间的推移，战略性新兴产业终将在市场中占据重要地位。④关系社会经济全局及国家安全。战略性新兴产业具有极大的战略价值，由于其代表着经济发展的方向和科学研究的前沿，并且极具产业带动效应、与国防安全联系密切，所以它的发展事关国家社会经济全局和国家安全。⑤初始成本高。规模生产小、技术的先进性、对科研的高要求等，使战略性新兴产业在初始阶段面临较高的成本。⑥高效益。战略性新兴产业具有极高的科技准入门槛，掌握技术专利的企业属于相对少数，而随着时间的推移其具有广阔的市场需求，使该产业具有高收益性。

战略性新兴产业与高技术产业、高新技术产业、主导产业、支柱产业、基础产业具有相关性，也有很大差别。它与各产业之间的联系如下表所示：

表10-1 战略性新兴产业与各产业的区别与联系

比较 产业类别	战略性新兴产业与各产业的区别		战略性新兴产业与各产业的相关性
	划分的重点	产业范围	
战略性新兴产业	技术的先进性 战略的重要性 经济的效益性	新能源产业、电动汽车、节能环保、新材料、新医药、生物育种、信息产业七大产业	
高技术产业	技术密集度	航空航天器制造业、电子及通信设备制造业、电子计算机及办公设备制造业、医药制造业和医疗设备及仪器仪表制造业五大产业	要求技术先进；生物制药、电子信息等产业相互重叠
高新技术产业	技术属性	非常广泛	战略性新兴产业包含在高新技术产业的范畴内
主导产业	产值在区域经济中的比重；对其他产业的带动作用	电子信息产业、建筑业等	对一国经济具有重要的战略意义；战略性新兴产业有可能发展成为新的主导产业
支柱产业	产值在区域经济中的比重	建筑业、石化产业等	对一国经济具有重要的战略意义；战略性新兴产业有可能发展成为新的支柱产业

续表

比较 产业类别	战略性新兴产业与各产业的区别		战略性新兴产业与各产业的相关性
	划分的重点	产业范围	
基础产业	其他产业对它的依赖性	石化产业、煤炭产业、通信产业	基础产业是战略性新兴产业发展的基础；战略性新兴产业的发展能促进基础产业的结构升级，强化或削弱其基础地位

2. 战略性新兴产业的选择依据

战略性新兴产业是一国长远经济发展的重大战略选择，它既要对当前经济社会发展起到重要支撑作用，更要引领未来经济社会可持续发展的战略方向。战略性新兴产业选择应遵循以下六大准则。

（1）国家意志准则，即战略性新兴产业要反映一个国家的意志和战略，体现一个国家未来产业重点发展方向和可以率先突破的领域。

（2）市场需求准则，即战略性新兴产业要具有长期稳定而又宽广的国内外市场需求。

（3）技术自主准则，即战略性新兴产业要掌握行业的关键核心技术，具有良好的经济技术效益，否则就会受制于人。

（4）产业关联准则，即战略性新兴产业要具有很强的带动性，能够带动一批相关及配套产业。

（5）就业带动准则，即战略性新兴产业要有强大的劳动力吸纳能力，能创造大量就业机会。

（6）资源环境准则，即战略性新兴产业要具有对资源消耗低。对环境污染少的特点[①]。

3. 实行七大新兴产业规划的必要性

国务院总理温家宝称，发展新兴战略性产业，是中国立足当前渡难关、着眼长远上水平的重大战略选择，其必要性需要从以下几方面看待。

实行"七大产业振兴规划"是培育新的经济增长点的需要。在金融危机的背景下，很多国家都在寻找下一轮经济增长的动力，开始大力关注对国民经济发展和国家安全具有重大影响力的新兴产业。例如，美国、日本

---

① 王忠宏、石光：《发展战略性新兴产业推进产业结构调整》，《中国发展观察》2010 年第 1 期。

等都开始强调新能源等。那么中国在国际的激烈竞争的压力下,也必须寻找适合自己的新兴产业。

实行"七大产业振兴规划"是发展低碳经济的需要。对中国来说,发展低碳经济是中国自身结构调整及可持续发展的要求,大势所趋。而新兴产业大多属于低碳经济,对优化能源结构、保护环境、减排温室气体、应对气候变化等都具有十分重要的作用。

实行"七大产业振兴规划"是"保增长"、"保民生"基础上"调结构"的需要。目前,中国各地在确立增长目标的同时,都把产业结构调整作为基本前提。从选择结构调整的突破口来看,最重要的有三条:一是产品要有稳定并有发展前景的市场需求;二是要有良好的经济技术效益;三是要能带动一批产业的兴起。顺此思路,新兴产业则是其中选择的一个亮点。

实行"七大产业振兴规划"是超常规、跨越式发展的需要。国际经验证明,新兴产业将是一个国家和地区经济崛起和社会发展的重要支撑。新兴战略性产业的编制也是"十二五"的重点。科技部等相关部委随后酝酿相关政策,为战略性新兴产业布局。这些发展新兴产业的政策和措施还会在投资拉动、结构调整和技术进步等方面起巨大作用。国家发改委从这个意义上称战略性新兴产业是推动经济社会发展的革命性力量。

4. 发展七大新兴产业的战略意义

新兴战略性产业已经成为中国经济发展的必由之路,它对中国经济的影响表现在以下几个方面:

(1)战略性新兴产业市场空间巨大,是拉动中国经济增长、扩大就业的重要引擎。根据国务院发展研究中心"重点产业调整转型升级"课题组测算,未来三年新能源产业产值可望达到4000亿元;在拉动经济增长方面,2010年核电投资可以拉动GDP增长0.3个百分点。从增加就业来看,据IBM和中国有关部门的联合分析,如果中国在智能电网、宽带、智慧医疗上投资1000亿元,将带动就业人数超过150万。

(2)发展战略性新兴产业是增强自主创新能力、抢占科技制高点的重要契机。目前战略性新兴产业多处于发展的起步阶段,由于市场潜力巨大,已成为各国角逐的重点。谁掌握了核心关键技术,谁就会在竞争中处于主动。中国在这些领域的研发启动较早,有的与国外同步,甚至先于国外。只要我们战略对头、行动有力,完全可以抓住经济危机带来的产业变革和科技变革机遇，实现跨越式发展。

（3）发展战略性新兴产业是转变经济发展方式、实现内生增长的重要途径。尽管早在"九五"计划中中国就提出了转变经济增长方式，但直到现在，中国经济增长过度依靠资源、资金和物质投入带动的状况没有改变。伴随着外部环境的变化，这种粗放的发展模式已难以为继，必须加强经济结构调整，转变发展方式。战略性新兴产业属于技术密集、知识密集、人才密集的高科技产业。发展战略性新兴产业，将对提升中国产业产品附加值，发展绿色低碳经济，提高经济增长的质量发挥重要的促进作用。研究表明，到2020年新能源利用量如果占到能源消耗的20%，每年会减少二氧化碳排放24亿吨。

（4）发展战略性新兴产业是改善人民生活水平、提高生产力的重要选择。市场需求是战略性新兴产业发展的方向。发展战略性新兴产业，将对满足人民群众日益增长的物质文化需求带来明显的促进作用，并显著提高生产力。以新医药产业为例。它一方面形成新的经济增长点，同时造福于广大群众，提升中国的医疗卫生服务水平。再如生物育种行业，这是关乎中国粮食安全的重要突破口，随着转基因技术在粮食和食品领域的推广应用，这将显著促进农业发展。

二 发达国家实施产业振兴计划的相关经验

如何加快培育我国战略性新兴产业，培育对一个国家经济的长期战略发展具有支柱性和带动性的产业，我们必须要以国际视野和战略思维来选择和发展战略性新兴产业。在这方面，欧美日等国的成功实践或经验，很值得我们学习与借鉴。

（一）美国的"信息高速公路计划"

信息高速公路（Information Highway）是把信息的快速传输比喻为"高速公路"。所谓"信息高速公路"，就是一个高速度、大容量、多媒体的信息传输网络。其速度之快，比目前网络的传输速度高1万倍；其容量之大，一条信道就能传输大约500个电视频道或50万路电话。此外，信息来源、内容和形式也是多种多样的。网络用户可以在任何时间、任何地点，以声音、数据、图像或影像等多媒体方式相互传递信息。

信息高速公路实质上是高速信息电子网络，它是一个能给用户随时提供大量信息，由通信网络、计算机、数据库以及日用电子产品组成的完备网络体系。开发和实施信息高速公路计划，不仅促进信息科学技术的发展，而且有助于改变人们的生活、工作和交往方式。

"信息高速公路"计划的逐步实施，将对美国社会经济产生不可估量的影响。

首先，将使美国的基础设施建设大为改观。根据1993年6月21日国际管理发展研究所和世界经济论坛发表的《世界竞争力报告书》，美国的基础设施水平已从世界第二位落到了第九位，而作为一种体系型产业的信息产业，并不是单纯地追求经济利益，还带有强制的社会基础设施再建的功能，因此，该计划的实施，必然会从根本上改变美国基础设施弱化的状态。

其次，进一步带动美国高技术的全面发展。信息技术离不开诸如微电子技术、激光技术、生物技术、空间技术、海洋工程技术等支持性技术。没有这些支持性技术的发展，信息技术就不可能迅速进步，而信息技术及其支持性技术的基础性技术是新材料、新能源开发技术，没有这些基础性技术的发展，信息技术的更新换代就无从谈起。在"信息高速公路"计划推动下，围绕信息技术这个核心，所有这些相关高技术也必然会得到相应的大发展。

其三，将直接推动美国经济的发展，从而增强其国际竞争力。"信息＋经营＝财富"已是世界各国公司企业发展的一个经验公式。根据西方的当代经济观点，信息交流为国民经济发展的倍乘因子，其关系式可表示为社会净产值＝各部门物质生产（人力十资金）投入总和×信息流量。由于财富已经根据信息传播的情况而增减，因此，一个国家信息获取、处理、传输水平和使用率的提高也就必然会直接推动本国经济的更大发展。而且，对于公司企业来说，随着信息技术的采用，其直接后果是劳动生产率提高，产供销周期缩短，流动资金占有量相对增多，产品成本下降，最终提高在全球经济中的竞争力。

不仅如此，作为信息时代的一个新里程碑，"信息高速公路"计划的实施，其影响绝不仅限于经济领域，它也必将对诸如思想观念、生活方式、社会准则等社会生活的各个方面及全球信息化社会的发展产生广泛而深远的影响。

美国在继克林顿的"信息高速公路"之后，奥巴马政府又提出了"新能源战略",在某种程度上大大增强了社会、行业发展新能源的信心和决心,使新能源产业成为世界资金追逐的对象。

(二) 日本的"产业振兴计划"

日本是世界上最早致力于产业政策制定与产业结构设计的国家,并取得了明显成效。日本的产业结构调整更多的是通过产业政策的引导来实现的。与美国及其他西方发达国家相比,日本政府对产业结构调整的干预程度要强得多,其干预的主要手段就是提出明确的产业政策。日本的产业政策被认为是市场经济国家中独树一帜的宏观经济政策。运用科学的产业政策来推进产业结构的优化升级,是日本经济发展中国家干预的主要表现之一,它为战后日本经济的高速增长做出了巨大的贡献,也使日本在世界各国中成为以产业政策成功推进产业结构优化升级的典范。

日本的产业政策是以促进产业发展为目的,以产业和企业为对象,由政府推行的"产业行政干预"政策的总称,它具体包括为实现政府产业结构调整和贸易结构目标,以发展重点产业为中心而展开的产业结构政策,和以促进企业间竞争力为宗旨,调整企业间关系的产业组织政策。产业结构政策是整个产业政策的核心,它以国民经济各产业(部门)间的资源分配为对象,调整产业(部门)之间的比例,促进产业结构不断优化升级。产业组织政策是整个产业政策实施的重要保障,它在产业发展中使国家干预和市场机制相结合,形成一定的产业组织形式或规章制度,从而实现对产业(部门)内各企业经济活动的有效调整。

日本战后的经济发展大致经过了四个阶段:经济恢复期、产业振兴期、经济高速增长期、石油危机以后。日本政府的产业政策在促进经济发展中起了重要作用,它的政策目标、作用方式、理论依据等都随经济发展而不断演变,在各个阶段呈现不同的特点。

1. 经济恢复期

这段时期是指二战后的时期,从1945年到1959年。日本政府在工业生产能力仅存战前的1/3,通货膨胀严重,物资极度匮乏,对外贸易中断,国内唯一可开发的资源只有煤炭的情况下,采取了"倾斜生产方式",就是集中力量生产煤炭,把生产出来的煤炭重点用于钢铁生产,所生产的钢铁又集中投入煤矿业,以此推动二者循环增产,以重建煤、钢两项基础产业为突破口来带动经济恢复。倾斜生产方式的主要手段是国家实行物资统配,对煤、钢等重要产品的收购价和销售价实行国家定价，并由政府给予价差补贴，成立"复兴金融金库"向重点产业发放低息贷款。

2. 产业振兴期

这段时期是指20世纪50年代。这段时期日本产业政策的目标是实现日本经济自立。对此，50年代前半期，日本政府采取了产业合理化政策，主要目的是通过更新设备、引进技术、提高质量、降低成本、改善经营等来提高企业素质和增强其国际竞争力，重点是煤炭、钢铁、电力、造船、化肥等基础产业。50年代后半期，在经济全面超过战前水平、基础产业得到较大加强的基础上，以振兴机械工业为中心，重点扶植和振兴包括合成纤维、石化、电子等一批新兴成长型产业，为经济高速增长准备了条件。这一时期建立了财政投融资制度和政府金融系统，采取了租税特别措施，形成了在市场机制基础上，综合运用财政、税收、金融、行政指导等手段的间接干预为主的产业政策实施机制。产业政策是以对各个特定产业分别制定专门法律、计划和政策的方式展开的。

3. 经济高速增长期

这段时期是指20世纪60年代至70年代初。这段时期是日本经济持续高速增长的时期，当时日本所处的国际环境和地位发生了急剧变化。日本从1960年开始实行贸易自由化，1964年自由化率达到93%，同年起日本相继加入了国际货币基金组织、关贸总协定和经济合作与发展组织（OECD），1967年开始分步骤进行资本自由化。到60年代中期，日本经济发生了质的变化，可以说完成了战后以来的过渡时期，跨入世界工业发达国家行列。产业政策目标是实现产业结构高度化、重化学工业化和建立为适应开放经济的新产业体制。通过企业合并、联合，提高规模效益，展开有效竞争，增强企业的国际竞争力，成为这一时期产业政策的主要内容。到1970年重化学工业在制造业中的比重达到62%以上；外贸出口显著扩大，到60年代后半期，国际收支成为稳定黑字。60年代也是日本产业政策的重要转折点。这一转折体现在两个方面：第一，在制定产业政策的方法和理论上，从制定对个别产业的专门政策发展到从产业整体结构上进行构想，将"收入需求弹性标准"和"生产率上升率标准"两个标准运用于战略产业的选择，在当时几个重要的经济计划和《60年代的产业结构展望》中，从理论上和政策上确立了产业发展的重化学工业化方向。第二，实施产业政策的手段从直接、间接的政府干预开始转向政府引导为主的方式。尽管通产省提出用政府、产业界、金融界之间的"官民协调"（实际上是保留了较多的政府干预）的方式来进行产业调整，并在一些行业得到了实际运用，甚至有人认为 60 年代是日本政府对产业干预最强的时期，但当时贸易自由化和资本自由化的大趋势，事实上已经大大缩小了政府直接干预经济的权限。作为集中体现了通产省政策思想的《特定产业振兴临时措施法》三次提交国会，终因金融界和产业界不堪政府干预过多，强调自主经营和自主协调而未获批准，这一事件可以说是日本产业政策的内容和机制开始转换的重要标志。如果说，当时的通产省官员们对这一点还没有足够意识的话，那么，以后发生的东京高等法院对"石油卡特尔"一案的关于不允许进行限制竞争的行政指导的判决，使这一转变明朗化了。

4. 石油危机以后的时期

这段时期产业政策的内容从原来主要是工矿业和经济振兴的范畴，扩大到了信息、社会服务等第三产业和环境、人口、国民生活、地区开发等社会事业领域，产业政策的作用机制从以往对特定产业提供补助、低息贷款、优惠税收为主的"硬"政策，逐步转变为向社会发布经济展望、向企业提供信息引导为主的"软"政策。

（三）芬兰的"战略性新兴产业"

芬兰是位于北欧斯堪的纳维亚半岛的一个小国，人口有 530 万，面积为 33.8 万平方公里，且 1/4 的国土处在北极圈内，气候条件较差。19 世纪中期，芬兰属于欧洲偏远落后的贫困地区。在二次大战结束后的半个多世纪里，芬兰已由一个以发展林木加工、金属加工为主的二流经济国家，迅速成长为一个高新技术产业支撑的强国。2000 年以来，芬兰多次被世界经济论坛评为世界最具竞争力的国家；2007 年，芬兰的人均 GDP 已达到 45020 美元，富裕程度超过了美国和日本。

芬兰的强国之路，已经引起世界各国的关注和研究。我们认为，芬兰在战后经济发展的各个阶段，都把选择和发展战略性新兴产业放在首位，这应该是其成功的重要原因。自 20 世纪 50 年代开始，芬兰选择和发展的战略性新兴产业主要有以下几方面：

（1）20 世纪 50 年代，芬兰把发展现代造纸业和造纸机械产业放在了首位。芬兰政府为了改变原来靠林木加工和传统造纸的落后状况，主要依托技术创新，推动林、浆、纸一体化发展，使其现代造纸技术及其机械制造水平得到整体提升，在全球造纸自动化和技术创新领域一直扮演着领导角色。目前，芬兰仍然是世界上第二大纸张、纸板出口国，第四大纸浆出口国，其造纸和纸浆机械占到国际市场的70%；全球每4台造纸机就有一台产自芬兰，世界上最大的新闻造纸机就是由芬兰设计制造的。

（2）20世纪60至70年代，推动了向现代造船业和先进装备制造业的跨越。芬兰的地理环境决定了其经济发展及产品出口主要依赖于海运，所以，发展现代造船业及先进装备制造业成为其工业化的优先选择。目前，全球最大的豪华邮轮和先进的南极考察船大多为芬兰制造，世界上使用的破冰船中每10艘就有6艘产自芬兰；全球最大马力的船用发动机（超过10万匹马力）也由芬兰设计制造。芬兰还是全球电梯和自动扶梯设备的最大供应商之一，其电梯的节能技术在世界领先，自动扶梯销量世界第一，升降梯销量世界第三。除此之外，芬兰在港口起重装备、伐木自动化装备、金属制造装备、化工生产装备等领域，也拥有了自主创新的先进技术和制造能力。

（3）20世纪70至80年代，加快了现代电信产业的发展与技术创新。芬兰是一个电信业发展很早的国家，早在1876年贝尔发明电话后，第二年电话便在芬兰出现了。70年代末期，芬兰已基本完成了第一次工业化，对工业的投资开始在国民经济中下降，对电信服务产业的投资迅速上升，使芬兰成为欧洲乃至世界上最早推进电信技术创新的几个国家之一。如1978年芬兰就开始采用数字电话交换机，第一个在欧洲采用了电传技术；1979年成为北欧第一个采用光纤电缆的国家，1980年其电话网就实现了全部自动化；1981年在世界上第一个采用数字PABX，1992年又在世界上第一个采用GSM。目前，无论从哪个方面衡量，芬兰的电信发展在欧洲或世界上均名列前茅。芬兰的有线电话和移动电话的普及率，位居世界第一位。同时其电信资费也是国际上最便宜的5个国家之一，其数据传输和移动电话费只有OECD各国平均水平的40%~50%。

（4）20世纪80至90年代，实现了向信息通讯业为代表的高新技术产业的跨越。80年代初，芬兰就开始确立发展高新技术及产业的战略方向，集中人力、物力发展电子通信、办公自动化设备、科学仪表等高科技产业。90年代开始，芬兰的高科技产业以惊人的速度发展，1991~1996年的电子通信产业年均增长了168.9%，高科技产品产值年均增长32%，在工业总产值中的比重由1991年的4%上升到1996年的11.5%；1999年3月，芬兰成为世界上第一个发放 3G 服务执照的国家。目前,芬兰已经跃升为信息与通信技术的生产和消费大国,并掌控了信息和通信行业最尖端的技术市场。

(5) 进入 21 世纪后,又确立了发展新能源和节能环保产业的战略目标。芬兰是个无煤、无油、能源资源匮乏的国家,能源消费的 70% 要靠进口。为了改变这种状况,芬兰政府制定并出台了能源多元化政策,鼓励开发和利用核能、风能、太阳能、生物气体等新能源。到 2005 年,芬兰的可再生能源已占其整体能源消耗的 28.5%,其中生物能源又占到可再生能源的 90%。另外,芬兰十分重视节能环保新技术的开发,在能源效率、清洁工艺、水资源保护、废物管理和环境监测等方面拥有全球领先技术,而且已有超过 60% 的芬兰企业所提供的产品、技术和服务均属于清洁技术范畴。2008 年 11 月,芬兰又提出了国家气候和能源战略规划,到 2020 年要使能耗水平与 2008 年接近,也就意味着芬兰将逐步实现能源消费零增长。通过对芬兰战略性产业的分析,我们发现它在不同的阶段会采取不同的策略,但是这些战略之间却是有很紧密的联系的,是逐步递进的,在某个阶段也起到了一定的刺激作用,中国与芬兰的国情有很大不同,中国不可能、也不应该完全照搬芬兰的经验,但是,分析芬兰发展战略性新兴产业的许多成功做法或经验,仍然给予了我们很多重要的启示,值得我们研究和吸取。如我国在以后发展战略性新兴产业的过程中,一定要抓住产业发展的历史机遇,不能停留在加工生产环节而且要有利于产业间的融合推进,同时必须要掌握关键核心技术。

(四) 后危机时代美欧日韩的产业振兴

在当前"后危机时代",主要发达国家和经济体选择不同的新兴产业作为突破口。美国奥巴马政府十分强调新能源、干细胞、航空航天、宽带网络的技术开发和产业发展,期待以新能源革命作为整个工业体系更新转换的驱动力。同样,欧盟重在提高"绿色技术",希望在这些领域能够达到全球领先水平。欧盟决定在 2013 年之前,投资 1050 亿欧元用于"绿色经济"的发展。法国政府宣布将建立 200 亿欧元的"战略投资基金",主要用于对能源、汽车、航空和防务等战略企业的投资和入股。在亚太地区,日本政府在 2009 年 3 月就出台为期 3 年的信息技术发展计划,重点发展环保型汽车、电力汽车、低碳排放、医疗护理与太阳能发电等,为配合第四次经济刺激计划推出新增长策略,制定"技术创新 25"并加以实施,成为日本的长期发展战略和科技政策指南。韩国制定《新增长动力规划及发展战略》，将绿色技术、尖端产业融合、高附加值服务等三大领域共 17 项新兴产业确定为新增长动力。

根据美日欧的先进经验，中国在实行十大产业和战略性新兴产业规划的时候，应该直接或者间接地通过法律强制、财政支持、税收优惠、融资鼓励等多种措施创造适于新兴产业发展的良好环境。同时应该注重自主创新，大力拓展我们的国外市场，加强中国新兴产业人才的培养。

三 中国新兴产业的特点及优势分析

如前所述，七大战略性新兴产业分别是新能源产业、电动汽车、节能环保、新材料、新医药、生物育种和信息产业。下面以新材料产业为例进行分析。

新材料与新能源、信息和生物技术一起构成了现代文明社会的四大支柱，新材料产业化水平和规模已成为衡量一个国家经济建设、科技进步和国防实力的重要标志。按照应用领域和研究性质把新材料分为，电子信息材料、新能源材料、纳米材料、先进复合材料、先进陶材料、生态环境材料、新型功能材料（含高温超导材料、磁性材料、金石薄膜、功能高分子材料等）、医用材料、高性能结构材料、智能材料、新型建筑及化工新材料等。

（一）新材料的产业优势

新材料产业，作为七大战略新兴产业的重要组成部分，其发展对于拉动中国国民经济具有十分重要的意义。经过多年发展，我国在新材料产业上已经具备了一定优势。主要体现在：

1. 国家政策和资金大力扶持，促使新材料获得较快发展。

中国政府长期以来对新材料产业的发展提供了持续而稳定的资金和政策支持。"八五"攻关成果以及 863 计划实施的新材料项目成果为我国新材料产业的发展打下了良好的基础。"九五"期间，我国新材料产业的发展方向选择军工配套关键新材料（专项）、汽车用新材料、电子信息材料、建筑新材料、能源与环境材料为研究开发目标。按我国目前经济发展趋势预计，新材料需求增长速度将高于经济增长速度，经过"十五"期间的发展，

2006 年我国的新材料产业规模增幅达到 43.64%。

与此同时，国家在新材料产业技术创新方面也加大了支持力度，中国逐步形成了比较完整的新材料产业与创新体系。在国家 863 计划的支持下，光电子材料与器件技术、特种功能材料技术和高性能结构材料技术等前沿性、前瞻性课题和热点问题得到重点攻关，取得跨越式发展。在半导体照明材料与器件，12 英寸硅单晶高清晰度平板显示技术功能、陶瓷片式元器件、高性能稀土永磁材料、低成本高性能锂离子电池、高温超导电缆超高强度钢和高性能碳纤维等方面取得了一批成果，将对国民经济发展、国防建设和社会发展产生重要影响。

中国政府的政策导向表明中国政府将继续推动新材料产业的进步和发展。在推出七大战略新兴产业振兴计划之后，温家宝总理在 2009 年 11 月 4 日发表题为《让科技引领中国可持续发展》的讲话中指出："我国发展新兴战略性产业，具备一定的比较优势和广阔的发展空间，完全可以有所作为。"又指出："新材料产业发展对中国成为世界制造强国至关重要"；"必须加快微电子和光电子材料和器件、新型功能材料、高性能结构材料、纳米材料和器件等领域的科技攻关，尽快形成具有世界先进水平的新材料与智能绿色制造体系"。

2. 新材料发展已经初步实现规模化。

首先，中国在新材料所涉及领域的广度不断扩大，为带动各产业的发展打下了坚实的基础。国家相继批准并组织实施的项目有 125 个，共投入资金 12.151 亿元，同时带动地方和企业投入资金，投资总额达到 126.75 亿元。这 125 个项目分布于 11 个行业或领域，包括新型高分子材料、新能源材料（主要是电池材料）和电子信息材料、生态环境材料、稀土磁性材料和纳米粉体材料等，有力地推动了我国具有自主知识产权的新材料产业的发展，在电子信息材料、先进金属材料、电池材料、磁性材料、新型高分子材料、高性能陶瓷材料和复合材料等领域形成了一批高技术新材料核心产业。

其次，以新材料产业基地为依托，中国区域经济的发展不断加速，区域经济规模不断壮大。在国家和地方政府的支持下，我国出现了众多的新材料产业基地、长江三角洲、珠江三角洲、环渤海地区的新材料产业基地。主要是依托市场优势，如江阴新材料产业带、宁波新材料成果转化及产业化基地等。随着西部大开发和振兴东北老工业基地等政策的推行，东北和西部也涌现了一批依托资源优势和产业优势的特色材料产业基地，如营口的镁质材料，蒙西的稀土材料等。

最后，推动中国新材料产业发展的资金规模不断扩大。由于近年来我国新材料高新技术企业取得了长足的发展，借力资本市场，一些企业纷纷上市。这些企业主要分为化工新材料信息材料、新型金属材料、新型建筑材料，以及从事多种新材料生产的综合性企业等几大类。化工新材料类主要有烟台万华、南京中达、时代新材等14家企业。信息材料类主要有中科三环、铜峰电子、天通股份等12家企业。新型金属材料类主要有安泰科技、宝钛股份、大西洋等8家企业。新型建筑材料类主要有北新建材等8家企业。其他类主要有力元新材、海龙科技等6家企业。新材料产业上市公司具有业绩优良、赢利能力强、市场潜力大等特点，平均主营业务利润率高于全部上市公司的平均值并且在整个行业中处于中上水平，已经成为我国新材料发展的产业尖兵。

3. 中国已经具备了较为完整的材料工业体系。

由于中国政府长期以来对于材料业发展的支持，中国已经具备了较为完整的材料工业体系。2008年6月，国家发改委批准在新材料产业发展具有优势和特色的宁波、洛阳、大连、宝鸡、广州、连云港等7个城市成立了8个具有区域和行业特色的高技术新材料产业化示范基地，重点支持能源、信息、生物、航空航天和节能环保等领域内的新材料产业。

在基础材料上进行科技创新是新材料产生的重要方式之一，中国的雄厚材料工业体系必将为材料业长久的发展提供不懈的动力和基础。2010年，我国在培育新兴产业方面投资力度不减，意味着在培育包括新材料在内的新兴产业方面，国家将有针对性地加大对高技术产业的投入。在新材料领域，将重点支持微电子和光电子材料和器件、新型功能材料、高性能结构材料、纳米材料和器件等领域的科技攻关，尽快形成具有世界先进水平的新材料与智能绿色制造体系。

4. 中国材料产业已经在部分领域具备了一定市场优势。

中国在材料业所具备的市场优势主要体现在：第一，部分新材料市场占有率不断提高。激光晶体Nd：YVO4，中国产品占据了50%左右的国际市场。锂离子电池占世界总产量的20%，打破了日本产品一统天下的局面。中国已经成为NdFeB磁体的生产大国，年产量占世界总量的40%，位居世界第一，并进入到长期被日本、欧美等发达国家垄断的计算机、硬盘驱动器、音圈、电机、汽车电机、核磁共振成像仪领域，开始争夺高端应用市场。第二，中国拥有一部分具有重大影响力的新材料的专利及关键技术。在磁性材料、人工晶体、能源材料等产业领域，国内企业依靠技术引进和自主创新，产业规模不断扩大，产品结构不断完善，不但满足国内发展的需求，在国际上也占据重要地位。中国纳米材料的基础和应用技术一直处于世界前列，纳米材料相关产业正在逐步形成规模并形成了自己的特色。在半导体照明领域，氮化镓基功率型芯片从无到有填补了国内空白，器件封装达到了国际先进水平，改变了外延及芯片全部依赖进口的局面。中国光纤产业已有数千万公里的拉纤能力，近年来一些企业在光纤预制棒拉制方面也取得重大进展。第三，中国部分材料相关产业成长性好，潜力巨大。一大批产品或企业开始对全球的产业产生重大的影响，如非线性光学晶体LBO，中国拥有国际专利。随着中国新材料科技水平的提高和市场需求的扩大，超导材料、纳米材料、半导体照明等新材料产业从无到有逐步建立起来。这些产业拥有自己的知识产权并基本与世界发展同步，打破了国外企业对国内市场的垄断，缩小了与国外的差距。2004年中国超导材料及其应用取得重大突破，高温超导电缆挂网运行成功和超导滤波器系统在移动通信基站现场应用成功。

5. 中国材料产业在研发方面取得了一定进展。

在政府的支持下，以高校和研究所为主体的新材料研发力量不断扩大。据不完全统计，全国从事新材料研究的科研单位有300多家，研究人员超过10万人；新材料生产形成规模的企业超过1000家，在国家所属的普通高等学校中有200多所大学设有材料学院或材料专业，与之相关的毕业生数量与美国相当。近10年来，国家发改委和科技部建设的旨在促进科研成果产业化的工程技术研究中心204个，与材料相关的占40%以上，形成了一批新材料产业化基地。

与此相适应的研发团队的研发能力也在逐步提高。近十年来，在国家的大力扶持下，新材料研发取得了长足发展，已经具备了相当实力和比较优势。在材料方面发表的论文已居世界第二，材料领域的发明专利从2008年开始已居全球第一。而高校和研究所为新材料产业的发展做出了举足轻重的贡献。

(二) 新材料产业对经济、技术等方面的带动作用

1. 新材料对经济的带动作用。

新材料产业对于经济发展具有强大的带动作用,主要原因在于它的涉及范围极广,渗透于国民经济的方方面面,主要表现在:

一方面,众多新材料由基础材料衍生发展而来,将对传统行业发展产生极大的推动作用,为经济增加新的增长点。近几年来中国新材料产品市场需求平均年增长率都在20%左右。在其产品需求不断增强的发展态势之下,其带动汽车、通信设备、家电、IT产业、房地产等也都获得7%以上的较快发展速度,成为目前经济的主要支柱产业之一。从生产方面来说,生产资料是工业生产的食粮,材料对于实体经济的重要性不言而喻。新材料在生产领域的应用可以帮助生产者能够生产出更多高质量,新性能的产品。例如耐高温材料,超导材料,超硬材料等,新材料的应用使得许多曾经不能实现的生产活动变为现实。从消费方面来说,过去不存在的具备特种功能的材料已经不断走进人们的日常生活,如新型绝缘材料、合金钢、不沾水材料、纳米材料在生活中起到重要作用,如合金建材、不沾油的锅、液晶电视、变色玻璃、节能电灯、无氟冰箱、纳米化妆品、竹炭服装等。这些日常用品中都应用了新材料,新材料不断地促进着各种商品的更新换代,这些商品的庞大需求量决定着新材料对于经济的推动作用是十分巨大的。

另一方面,新材料的发展将促进许多新产品的发明,和新的产业的发展。新材料,包括新发现的特种材料以及新合成的特种材料可能导致某些生产脱离旧的产业而发展成为新的产业。例如人工骨骼,人造牙齿推动了医学领域大踏步前进的同时也推动了,相应的经济活动。与此类似,新能源产业的发展离不开新材料的开发,在国家政策和资金不断倾斜的情况下,其产业规模不断扩大,终将成为整个经济结构中不可或缺的重要组成部分。

2. 新材料对技术的带动作用。

新材料的技术带动作用较为明显。基础性和关联非常强的特点使其能够广泛应用于各个领域,其发展可以带动汽车、航空、通信设备、家电、IT行业,以及房地产、交通运输、城市建设等诸多领域的技术进步。

一方面,新材料技术可以带动各个基础学科的同步发展。新材料的研发需要众多学科的支持才能够取得成功。为了达到新的特殊功能,在新材料的试验过程中需要具备光、电、磁、声、热和力学、数学等多专业的学科基础

作为后盾。新材料的出现是在众多学科的交叉作用下孕育诞生的。而新材料在经济中的重要地位，决定了其发展具有强大的社会需求力量的支持。而其发展为众多基础学科带来新的问题，这些问题不断解决，不仅是材料技术自身的发展，也是相关基础学科不断挑战极限获得自身发展的良好机遇。

另一方面，新材料技术水平的提高能够大大增强一个国家的国防军事实力。一个国家军工水平在新材料发展程度上有重要体现。例如，航天飞机的耐高温材料，超导材料，反辐射材料，特殊功能的磁体材料，战斗机上的吸波材料，为减轻重量的特种合金材料，潜艇上耐高压的特种钢，坦克的抗击打装甲等。材料业的发展程度是制约一个国家军工发展的瓶颈之一，决定了其是否能够实现武器装备的研发自主化，生产自主化，以及其装备的性能。

四 我国战略性新兴产业发展面临的主要问题

我国战略性新兴产业发展虽然取得较大的进展，但是仍旧处于起步阶段。替代品表现出强劲的占有市场的能力，产业内的研发竞赛愈演愈烈，所以新兴产业必须在产业政策扶持的襁褓中继续培育参与市场角逐的资源和能力。以新材料和新能源汽车为代表的七大战略性新兴产业面临的问题主要有以下几方面：

1. 科技创新能力不够强，技术水平有待进一步提高

在新材料领域，虽然中国在个别种类方面已经达到了世界领先水平，但是还远没有达到从点形成面的程度，很多方面还要受制于人。例如，稀土是我国的优势资源，我国是稀土材料大国，但相关专利权掌握在日本手中，成为制约我国稀土新材料发展的最大瓶颈。由于长期以来，中国"拿来主义"作风较为严重，也一定程度上打击了相关研发人员的积极性。一些高校的成果不能够得到应用，而企业却青睐于购买外国技术。由于新材料产品跟踪仿制多，缺乏有自主知识产权的新材料产品及技术，使我国新材料产品在高端产品方面缺乏国际竞争力，在一些关系到国防建设、国民经济发展和国计民生的关键新材料方面开发能力有待增强。一些高附加值新材料依赖进口部分产品及核心技术受制于人，成为相关产业发展的瓶颈，如植入体内技术含量高的生物医用材料产品约80%为进口产品，航空用的关键材料受制于人，制约了整个航空工业的发展。总体来说，中国以企业为核心，高校等研发机构为支撑的合理市场体系还不够成熟，阻碍了中国在新材料行业方面取得全面优势的步伐，在科技主导的时代，材料产业发展的形势依然严峻。

中国新能源汽车技术水平还比较低，在电池系统集成技术、大规模生产工艺设计、生产过程质量和成本控制等方面，与国外先进水平仍有较大差距，特别是电池、电机、电控等核心技术缺失，致使国产关键零部件与进口产品的性能差距较大，电力驱动系统效率低，电池充电时间长，使用寿命较低。

2. 科研成果转化困难，与现实需求相脱节

科研成果转换难的原因并不是短期形成的，而是中国的相应体制长期作用的结果。一方面是由于高校研究的盲目性与社会需求脱节，另一方面是由于成果转化中介的缺失。由于高等院校、科研单位的科研成果常常停留在实验室阶段，与企业发展需求相脱节，而且，科研人员普遍"重学术、轻技术，重成果、轻转化"。另一个明显不足之处是科研成果转移的中介机构专业性不强，其效率非常有限，还没有专业化的科研成果转移机构，为科研成果的市场化和产业化提供很好的支撑。因此，虽然中国拥有强大的人才资源，这些人才也给我们带来了大量的科研成果，但是从产、学、研的顺利对接上，普遍存在较大问题。科研人员在实验室里盲目地搞研究，而不是根据社会的需求和企业的需求进行研究，造成人员和资源的浪费。并且一方面是企业很难找到合适的科技人才解决产业发展中遇到的困难。除此之外，产学研脱节还表现在高等院校、科研单位的科研成果转化机制的不健全。

3. 单个企业竞争力相对较弱，企业投入力度明显不足

中国材料产业总体上已经达到了相当规模，但是对于单个企业来说，其竞争力仍然相对较弱。新材料产业对内转移日益加快，对外合作明显加强。面对全球化和激烈的国际竞争，世界著名材料企业正根据各国市场、劳动力资源、科技水平等状况，进行产业的国际调整和转移。中国作为新材料市场需求大，综合优势好的发展中国家，成为国际新材料巨头产业转移的重要地区。BASF、拜耳、杜邦、GE、道康宁等纷纷开始其在中国的战略布局、通过在国内设立独资或合资公司，建设大型材料项目，不断加大在中国的投资力度，其在我国新材料产业占有一定的地位，如国内多层陶瓷电容器MLCC企业前4名中只有风华集团是中国国有控股企业，其他3

家都是外资或合资企业，国内一些实力较强的企业也在借助国际力量来提升竞争水平，如安泰科技收购了台湾的海思公司，中科三环持有日本、上海爱普生磁性器件有限公司70%股权。企业规模小，导致企业不能很好的实现规模优势来降低成本，以维持其长期稳定发展。新材料的开发要具备相当的研发能力，企业规模小，决定了其抗风险能力较弱，不能够长期稳定地提供稳定的资金来进行新材料、新产品的研发。另外，大部分企业与研究型高校的合作还不够成熟，因而不能长期保证背后有强大研发力量做支撑。面对世界材料业巨头的冲击，单个企业的竞争力较弱是急需解决的一个问题。

中国新能源汽车还处在制作"样车"的水平，要使其成为广大用户满意的主流商品，无论整车还是零部件都还有大量后续开发工作要做。但有的企业不是加紧研发、积累自主知识产权，而是购买国外的电池、关键部件和控制系统进行拼装。虽然业内许多企业都跃跃欲试，但只是借机炒作，虚张声势，还处在观望和等待的状态，实际行动十分迟缓。有的整车厂甚至借国家控制新能源汽车整车厂的市场准入之机，以出让整车生产资质获利，这完全是只顾眼前，不思进取。

4. 产业链不够完善，各个参与主体之间的协调效率低下

产业链不完善主要表现为从研发到生产，再到销售等环节缺乏连贯性，以及弱势环节的存在。制约材料业发展的一个很重要因素就是中国的技术工艺和设备相对落后。制作工艺落后不仅仅是材料业，也是整个制造业所面临的问题。产业链条的断裂无形中为新材料行业的发展增加了不少成本。战略性新兴产业模块化创新系统中存在着多层次的模块化组织。如架构设计师、模块生产商、模块集成商、中介机构、创业投资机构等要形成协同创新体系，首要任务就必须在这几者之间建立一个有效的连接界面。而当前很多创新主体的界面并不是无缝隙连接，而且界面管理也相当低效。其次，战略性新兴产业不仅存在内部的模块生产商之间的锦标赛竞争，而且系统集成商之间的竞争也异常激烈。因而，如何解决创新的浪费和损耗是提升产业自主创新效率的关键。再次，战略性新兴产业的发展也需要相关部门和部门内部的通力协作。但由于目前相关部门之间和部门内部缺乏有效的协调机制，影响了产业创新能力的提升和产业的发展。与许多国家相比，我国新兴产业和科技管理体制的最大问题是多头管理。例如，三网融合涉及工信部、发改委、广电总局、国资委等多个部委，增加了相互协调

和配合的难度，一定程度上也削弱了相关扶持政策的落实力度。

中国新能源汽车产业能力建设比较薄弱，没有建立起从科研、设计到设备制造的比较完备的产业体系，产业链建设有待进一步加强，特别是消费者所必需的充电站等配套基础设施建设严重滞后，新能源汽车有关测试和试验的技术规范不健全，产品认证体系亟待加强，标准化工作进展缓慢，严重阻碍新能源汽车产业的健康发展。

5. 资源浪费严重

新材料产业的发展存在严重的浪费现象。新材料一方面引领了新产业的发展，另一方面其制造、生产、使用、废弃全过程又需要消耗大量的资源和能源。造成资源浪费的原因是多种多样的，包括技术上的不成熟，单个企业生产规模过小难以形成规模经济，地方政府重复建设，资源和产业布局不合理等。面对资源和环境的双重压力，中国新材料产业必须改变高投入、高消耗、高污染、低效益的传统路子，调整产品结构、把生态环保意识贯穿于产品和生产工艺设计中，提高新材料产业资源能源利用效率，降低制造过程中的环境污染。

很多地方积极发展新兴产业主要是想以此拉动投资，创造升级版的GDP，这就造成新一轮的技术大引进、雷同式布局、概念炒作、低层次竞争等诸多问题。政府和企业盲目投资，造成巨大的浪费。概念性的炒作使我们对发展新兴产业的认识产生很多误区，其结果是使我们新兴产业的发展没有一条主线。产业形成产能之后，又会陷入低层次竞争，不是靠技术赢得市场，仍然是靠价格占据市场，很多产业都面临这样的问题。

中国新能源汽车企业大多各自为战，分头研制，行业协会和中介机构的作用没有得到发挥，缺乏必要的资源整合与统筹协调，低水平重复建设较多，资源浪费现象比较普遍。如何充分发挥市场配置资源的作用，有效整合发展新能源汽车的各类要素和资源，在生产者和消费者之间建立起对新能源汽车的良好预期，是中国发展新能源汽车需要解决的一个重要任务。

五 推进新兴产业建设的政策建议

如前所述，中国的新兴产业发展起步较早，得到了国家政策和资金的大力扶持，因此基础较为雄厚。但是，在发展过程中，也存在着科技创新方面"拿来主义"作风严重、产业布局雷同、低水平建设较多等一系列问题，需要通过体制、政策、市场的综合设计，才能实现新兴技术的大规模产业化。

（一）国家层面战略部署，政府发挥主导作用，完善管理和监督体制

1. 在产业发展初期，政府的支持与必要的规制决定新兴产业的发展程度

政策的支持应该既关注研发也重视产业化。要解决产业结构上存在的一系列问题，促进各地协调发展，政府要起到主导作用。政府的引导作用主要体现在统筹规划新兴产业的长远发展。中央政府应当根据地方的特点引导资金的投入，避免重复建设，而地方政府应当在对本省经济特点、科技发展水平和七大新兴产业现状进行充分调研的基础上，统筹考虑整体布局、科技水平、资源开发、资源保护、区域市场定位、国际国内合作、人力资源开发等系统配套性的问题。政府要有超前的战略思维，抓紧编制七大新兴产业的发展规划，看准高新技术发展的方向，选择集中突破的重点领域和产品，从而为产业的发展指明方向，形成系统化的发展思路与措施。

（1）统一标准，规模经营。加强标准制定工作，提高标准质量，坚持国际标准与国内标准同步推进的原则，努力使国内标准与国际标准相融合，进一步确立并扩大我国在战略性新兴产业领域国际标准制定上的发言权，引导企业采用统一标准，促进规模化、商业化经营。

（2）改善体制，促进应用。完善战略性新兴产业发展的组织机制与利益协调机制，完善激励约束机制，统筹协调部门、地区、行业关系，打破部门、地区、行业壁垒，形成发展合力，促进新产业发展和新技术的应用推广。

（3）政策引导培育市场。发挥政府对社会投资的"引爆"作用，加快制定包括财税、采购、投资、信贷、科技创新、资源环境、重大项目建设、空间布局、人才引进、基础设施配套、中介机构、国际合作等在内的完善政策支撑体系，吸引社会资本进入，实现从"以政府投资为主"向以"社会投资为主"的有序衔接，逐步形成成熟的市场化赢利模式。

2. 完善相关管理和监督体制，确保市场有序健康的发展

针对新兴产业发展过程中的新情况和新问题，积极建立切合实际的新兴产业政策和法规制度体系，大胆进行制度创新。新兴产业的内在动力在于知识创新与技术创新，外部动力很大程度上依赖于政府的激励、扶持政策。在科学把握新兴产业发展方向的基础上，设计出切实可行的制度是新

兴产业发展成功的关键。为新兴产业发展提供良好的发展环境，监督资金投入与使用情况，为效益最大化创造条件。通过运用行政、法律及经济手段，建立市场规则，研究扶持新兴产业发展的财政、税收政策，建立有助于新兴产业产业化发展的行政规章并逐步实现法制化。协调、监督和维护市场秩序，规范经营者行为，以达到增强经济效益及实现新兴产业可持续发展的目的。在人力、技术上加大扶持，改善相关的设施条件，鼓励创办新兴产业企业，并协调优化各部门在支持新兴产业方面的举措。

（二）掌握核心技术，重视主流技术的升级

1. 发展新兴产业关键是掌握核心技术

重视主流技术的升级，技术提升与市场应用要良性互动，重视培养。初级市场要利用边缘市场逐步升级，既要防止过于支持低端的市场，因为让低端走进高端，就是劣币驱逐良币，又要防止过于追求高端，技术标准定得过高，会导致国外技术主导本国市场应用进程。

2. 关键技术实现突破

立足国内外资源和瞄准国际科技前沿，加大研发力度，加强产学研合作，组建由政府、上下游企业、科研院所、金融机构、行业协会等组成的产业联盟，加快建立以企业为主体、市场为导向的创新体系建设，完善创新支撑体系建设，努力在关键技术、高端共性技术的研发上取得重要突破。

（三）优化产业结构

1. 完善产业链条，促进研究成果转化

引导、鼓励人才流动，制定吸引国内外科技专家、企业家参与科研、生产和创业的优惠政策，形成开放、流动、人尽其才的用人机制，为优秀人才的脱颖而出创造机会和环境。加强与国内外科研机构以及高等院校的合作，通过优势互补、资源共享等方式，引进智力和成果。加大海外留学人才的引进和扶持力度，吸引留学人员投身新兴产业规模化发展事业。

2. 通过产业补贴和基础设施投入改善新兴产业发展的硬环境

完善通讯、能源、电力、水、交通等公共设施建设。利用政府网站开展面向新兴产业技术企业的信息服务。建立技术服务系统，完善技术交易手段，加快建立技术中介经营体系，推动创新成果进入技术交易市场。建立统一的新兴产业信息网络平台，为新兴产业发展提供全方位技术信息

服务。

3. 在现有的财政体制下，要考虑发挥有限资源的最大效用

采取有力果断的措施，淘汰落后产业，发展新兴产业。按经济规律调节产业结构，构建新兴产业的绿色发展模式，关停和取缔严重浪费资源、污染环境和破坏生态的生产企业，促进新兴产业规模化健康发展。加快新兴产业对传统产业的渗透和改造，提高传统产业技术密集度，适应市场需求和增强国际竞争力，同时使高新技术产业本身迅速发展，促使新兴产业直接面向市场，进一步提高水平及适应能力。孤立企业兼并与合作，以及与外资企业合作，增强企业规模优势、创新研发能力和抗风险能力，进而提高自身整体竞争力。加强跨地区的合作，利用各地资源优势，降低成本，减少资源浪费，以促进共同发展。

专题十一
节能减排
——新一轮结构调整的主线

一 中国产业结构现状及其存在的突出问题

"结构"一词的含义是指某个整体的各个组成部分的搭配和排列状态。它较早地被应用于自然科学的研究中。在经济领域,产业结构这个概念最早使用于20世纪40年代。所谓产业结构是指国民经济中各个产业之间和产业内部各部门之间的比例关系,以及产业和部门之间技术变动和扩散的相互联系,是经济结构的关键组成部分。

具体地说,产业结构有两方面的含义:一是质的方面,是指国民经济中各产业的素质分布状态,即技术水平和经济效益的分布状态,它揭示了各产业部门中起主导作用的产业部门不断替代的规律及其相应的"结构"效益,从而形成了狭义的产业结构理论。它可以从两方面来考察:①从加工深浅度、附加价值高低、资本集约度、高新技术产品产值占该产业的总产值的比重等方面来考察;②从规模效益和国际竞争角度来考察。这两个方面在开放经济条件下均可从进出口结构中得到综合反映。二是量的方面,是指国民经济中各产业之间和各产业内部的比例关系,即产业间"投入"与"产出"的量的比例关系,从而形成产业关联理论,这属于广义的产业结构理论。量的关系至少可以从三个层次来考察:①国民经济中的第一、二、三次产业的构成;②三次产业各自的内部构成,如第二次产业的内部结构主要是指制造业的内部结构;③三次产业内部的行业构成,即产品结构。

(一) 中国产业结构现状

中国产业结构存在的主要问题是由产业的发展方式粗放和发展质量低下引发的。"十一五"以来，中国经济虽然以超过10%的平均速度增长——2006年至2008年的GDP增速分别为11.1%、13%和9%，是世界上增长最快的国家，但是产业结构方面的一些突出问题已经成为中国经济进一步发展的限制因素。根据中国经济研究报告，中国的三次产业结构以及三次产业内部结构，特别是轻重工业结构、制造业结构基本上是合理的，产业结构方面的问题不是各层次产业之间比例的高低，而是由产业的发展方式粗放和发展质量低下引发的相关问题，主要包括：重化工业粗放增长带来的环境、资源和能源压力增大；制造业以高能耗、低技术、低附加值产业为主，高技术产业以原始设备制造为主，处于全球产业链和价值链低端；过度依赖出口并且出口拉动力减弱；资本深化和劳动力数量巨大之间的矛盾，以及高技能的劳动力短缺等。具体来说，中国产业结构存在的问题主要表现在以下几个方面：

1. 资源环境的压力加剧

改革开放以来，特别是近年来，中国对能源和资源性产品的需求快速增长。例如，1990年以来中国石油消费量从11485.6万吨增长到2006年的34875.9万吨，年均增幅达到7.2%，增长速度居世界第一位，远远高于1.3%的世界平均增长速度，成为世界第二大石油消费国。中国对能源和资源性产品需求的快速增长，一是由于经济的快速发展带来的经济规模扩大、城市化快速推进和人民生活水平的提高，这是经济发展一般规律作用的结果；二是在重化工业化的过程中，石化、化学等重化工业快速增长，带动了作为原料和燃料的成品油的需求；三是中国低廉的劳动力和资源、环境成本吸引跨国公司将一些资源、能源高消耗性产业转移到中国。此外，中国工业的能耗以及自然资源的投入均高于发达国家水平，使原本稀缺的资源供应更加紧张。由于中国国内能源和资源性产品的储量和产量有限，中国不得不转向国际市场寻求供应来源，能源和资源性产品的进口量快速增长。2007年，中国矿产品进口额达到1620.82亿美元，占到全部进口额的16.96%，而1994年我国矿产品的进口额仅为55.30亿美元，占当时进口总额的4.78%，净进口额仅为5.16亿美元。中国资源密集型产业的快速发展，不仅推动了国际原材料价格不断上涨并由此导致经济发展成本提高，而且使中国的经济对国外资源的依赖程度不断增强，经济安全面临的风险日益增大。

工业特别是重化工业的高速增长使中国的环境负荷进一步加重。1992年至2006年间，中国工业废气排放总量从89633亿标立方米增加到330992亿标立方米，工业粉尘排放量从546万吨增加到808万吨，工业固体废弃物产生量从61884万吨增加到151541万吨，工业废水排放量也达到了240亿吨。中国的工业规模位居世界第三，但有机水污染物排放量、氮氧化物排放量已经位居世界第一位，二氧化碳排放量居世界第二位。虽然近年来中国的环境保护力度加大，但是由于污染物排放总量大，仍然超过环境的自净能力。一些地区出现虽然单个企业的排放达标，但整体环境质量仍难以达到环境标准的现象，整体环境质量也没有能够根本改观。

2. "中国制造"处于低端的国际分工地位

虽然自改革开放以来，中国工业和制造业的产量提高很快，国际市场份额和国际竞争力不断提高，但是需要看到，中国工业的发展和世界先进水平还存在很大的差距。从总量上看，虽然中国工业和制造业的规模已经进入世界前列，但是从发展的质量上看，中国与世界先进水平的差距表现得非常突出，中国制造仍然处于国际分工体系的低端。从产业结构上看，发达国家的制造业中高技术产业比重较大，而中国低技术产业和资源密集型产业仍占很大比重。例如，2002年美国纺织服装和皮革工业增加值占制造业增加值的比重仅为3.2%，金属及其制品工业占17.2%。从产业内部结构看，中国处于国际价值链的低端。中国出口的制成品仍以初级制成品为主，即使在所谓高技术产品中，中国所从事的很大一部分工作也是劳动密集型的加工组装活动。在表征技术创新能力的许多关键指标上，目前中国都与发达国家存在较大差距。虽然中国的R&D经费及研发人员数均增长较快，但R&D经费占GDP的比重和每百万人中科学家、工程师的数量仍然低于美、日、德、韩等国家。中国的版税和许可费收入较少且小于支出，居民专利权申请数量低于主要发达国家，也少于非居民专利权申请数量。总体上看，"中国制造"在关键技术、关键设备上对国外还有相当大的依赖，核心和关键零部件大部分都需要从国外进口。

3. 过度依赖出口和增长动力衰减

中国经济高度依赖出口，贸易顺差占GDP的比重从21世纪初的2%上升到8%以上，而出口额占GDP的比重则接近40%。2005～2007年，出口对 GDP 增长的贡献率在 20% 左右，投资对 GDP 增长的贡献率接近 40%，二者对 GDP 增长的贡献率合计达到 60% 左右。中国工业结构在发挥低成本比较优势、充分参与国际分工的同时，也形成对出口的高度依赖。

4. 资本深化与就业吸纳能力下降之间的矛盾

在 2008 年上半年之前，中国连续出现"民工荒"的用工困难情况，劳动力的供给已从供大于求转变为供不应求。金融危机爆发后，随着中国出口额的急剧下降，大批从事加工组装的劳动密集型企业因订单减少不得不选择冻结招工、裁员甚至停业、倒闭，在以加工组装产业为主的一些地区表现得尤为突出，而一些劳动力输出地区甚至出现了返乡潮，就业压力重新出现。

中国仍然是一个二元社会，二元性不但表现在城乡差别、东西差别，而且表现在高收入与低收入、高学历与低学历的并存。由于中国人口众多，二元结构的存在一方面使得高收入、高学历居民虽然比重较低，但是总量巨大，能够为企业提供足够规模的消费市场。例如，1978 年至 2007 年，普通高等学校毕业生人数已经超过 3000 万人，为中国发展高技术产业和现代服务业提供了充足的人才。另一方面，由于占绝大多数的低收入、低学历的居民存在，使我们又必须解决他们的生活和就业问题。因此，我国的产业升级方向既要大力发展高技术产业，又不能放弃附加值较低的劳动密集型产业。

5. 产能过剩有所抬头

在 2003 年至 2007 年的经济高速增长过程中，中国经济整体呈现出产销两旺的态势，企业赚钱很容易，只要产品生产出来就不愁没有市场，生产资料特别是原材料价格上涨很快，产能过剩问题并不突出。例如钢铁行业，早在 2003 年国家就因产能过剩出台政策制止其盲目投资，钢铁产量在 1998 年、2003 年、2004 年和 2006 年分别超过 1 亿吨、2 亿吨、3 亿吨和 4 亿吨，但是销售形势良好，全行业的产销率一直保持在较高水平，1998 年以来除 2004 年外，其他各年均超过工业的平均产销率。其中外需的强劲增长吸收了中国大部分过剩产能。随着出口需求的急剧下降，很多产业的产能过剩问题将重新出现。为了扩大内需，国家提出 4 万亿元的投资计划，其中有一些过去不能批或者缓批的项目匆忙上马，如果不能合理引导，很有可能进一步加剧某些产业的产能过剩。

6. 生产性服务业发展滞后

生产性服务业是指生产者提供中间性投入服务的产业。除个别时期外，1987年以来中国生产性服务业一直保持较快增长，特别是近年来随着对生产性服务业重要性认识的提高以及国际生产性服务业向中国转移，生产性服务业的增长加快。但是与发达国家乃至与中国发展水平相当的国家相比，中国生产性服务业的发展仍然相当落后。

（二）中国产业结构调整与升级的目标

如上所述，中国产业结构中存在的主要问题表现为发展模式粗放、发展层次低下、资源环境压力较大等方面。"十二五"时期，中国产业结构调整的目标应该包括以下几个方面：

1. 落实科学发展观

中国的土地、淡水、能源、矿产资源和环境资源有限，工业特别是重工业的高速增长使其面临着非常大的压力，对国外能源和矿产资源的过度依赖也使中国经济面临很大的安全风险。因此未来的经济发展要走科技含量高、经济效益好、资源消耗低、环境污染少、人力资源优势得到充分发挥的新型工业化道路，产业结构调整的重点要放在能够减少中国资源、环境的压力，能够促进经济发展与人口、资源、环境相协调，实现节约发展、清洁发展、安全发展和可持续发展上。

2. 重视充分就业

就业是民生之本，实现比较充分的就业是全面建设小康社会、构建社会主义和谐社会的重要目标。虽然中国一度出现所谓的"民工荒"，但事实上中国的就业形势仍然十分严峻。中国新增劳动力每年超过2000万人，而每年只能提供城镇就业岗位1200多万个，新增劳动力数量庞大的状况将会持续很长一个时期。国际金融危机的爆发造成的出口加工型企业的困境，更加凸显了就业问题的重要性。因此未来的产业结构调整，必须着眼于中国新增劳动力数量庞大这一国情，将充分就业作为主要目标。

3. 推进产业升级

中国产业结构虽然不存在大的失衡，但是在产业内部和产业价值链的国际分工体系中却处于低端，具有投入多、消耗大和回报低等特征。未来产业结构的调整要着重于改变产业内部和产业价值链的结构，推进中国产业结构升级，从而提高产业增长的质量。由于中国区域经济发展存在很大的不平衡性,东部经济发达,中西部相对落后,因此产业升级可以由东部向西部推进,形成产业在国内的梯度转移。

4. 增强竞争优势

处于价值链低端的产业具有很强的替代性,由于以源于低价格要素的低成本为基本竞争力,当成本上升时,很容易被成本更低的竞争者替代。产业结构调整的目标就是要增强产业的竞争优势,一方面要巩固低成本的国际竞争力;另一方面要把竞争优势的来源从劳动力、土地等低端生产要素转移到人才、技术等高端生产要素上来。

二 节能减排目标提出的背景分析与目标解读

(一) 节能减排的含义

节能减排的定义有广义和狭义之分,广义而言,节能减排是指节约物质资源和能量资源,减少废弃物和环境有害物(包括三废和噪声等)排放;狭义而言,节能减排是指节约能源和减少环境有害物排放。"十一五"规划提出节能减排的总体目标是,强化能源节约和高效利用的政策导向,加大节能力度。落实到具体量化指标,规划明确提出了约束性的指标,以 2005 年为基年,2010 年相比 2005 年单位 GDP 能源消耗要减排 20%,主要污染物排放要减少 10%。除此之外,还首次提出要控制温室气体排放的定性目标。尽管没有具体的量化指标,但首次将该目标列入社会经济发展规划,也标志着中国在应对气候变化方面的一个重要突破。

规划强调节能减排的实施途径包括以下三个方面:一是通过优化产业结构特别是降低高耗能产业比重,实现结构节能;二是通过开发推广节能技术,实现技术节能;三是通过加强能源生产、运输、消费各环节的制度建设和监管,实现管理节能。

从重点行业看,规划要求突出抓好钢铁、有色金属、煤炭、电力、化工、建材等行业和耗能大户的节能工作。加大汽车燃油经济性标准实施力度,加快淘汰老旧运输设备。制定替代液体燃料标准,积极发展石油替代品。鼓励生产使用高效节能产品。

从实施主体看,规划力图调动全社会力量,使中央政府、地方政府、大企业、社会公众都能发挥各自的作用。中央政府主导制定出国家目标,随后分解到各省、市和自治区，中央和地方政府签订了"责任状"。同时，将耗能大企业作为落实节能减排目标的关键，鼓励全社会参与建设资源节约型和环境友好型社会。

（二）节能减排目标提出的背景分析

1. 资源与环境问题使"节能减排"目标迫在眉睫

可持续发展这一概念是在环境问题严重危及人类的生存与发展，传统发展模式已严重制约了经济社会进步的背景下产生的。传统发展模式只注重经济的高速增长，而忽略了环境成本问题，从而造成了自然资源的过度开发和浪费，污染物的过度排放，并导致了全球性的资源短缺和环境污染、生态破坏问题。全球变暖、酸雨、生物多样性破坏、资源能源短缺等全球性问题已经为我们敲响了警钟。如果我们继续这样下去，将会严重威胁自身的生存和发展，并导致不可想象的后果。于是国际社会提出了可持续发展这一概念，它最早提出是在1972年的联合国人类环境研讨会上，1987年，世界环境与发展委员会出版的《我们共同的未来》报告中，将可持续发展定义为："既能满足当代人的需要，又不对后代人满足其需要的能力构成危害的发展"。之后这一定义被广泛接受和采用。而中国也于1994年讨论通过了《中国21世纪人口、环境与发展白皮书》，确定了可持续发展战略，并从中国国情出发，提出了经济、社会、资源、环境等相互协调、可持续发展的有关政策和措施。

改革开放30多年来，中国经济可以说是一路狂奔，取得了平稳快速增长，GDP以年均近10%的速度增长。然而在我们为中国经济取得如此骄人的成绩而感到欣喜时，却不得不为中国经济增长所带来的严重的环境问题而感到深深的忧虑。不难发现，中国经济增长其实是以巨大的资源浪费和环境破坏为代价换来的，而这种以大量消耗资源和牺牲环境来保持经济增长的方式是难以持续的。尤其是近些年来，随着中国工业化、城镇化步伐的进一步加快，经济增长与环境之间的矛盾变得越来越突出。发达国家工业化过程中遇到的环境问题在中国30多年的发展中集中地体现了出来，环境问题的复杂性、综合性可想而知。

近些年来中国政府已经越来越重视环境保护问题，提出可持续发展战略之后，又在十六届五中全会上提出了建设资源节约型和环境友好型社会的主张。资源节约型社会是将整个社会经济建立在节约资源的基础上，核心是节约资源；而环境友好型社会是一种人与自然和谐共生的社会形态，核心是人类的生产和消费活动与自然生态系统保持协调可持续发展。加快建设资源节约型、环境友好型社会，将有助于解决经济发展和环境保护之间的矛盾，推动我国经济社会的又好又快发展。为此，中国政府不断加大与环境保护相关的投入力度，2008年环境污染治理费投资总额达到了4490.3亿元，占GDP总量的1.49%，而这一数据2000年仅为1010.3亿元，占GDP的1.02%。其中城市环境基础设施建设投资从2000年的515.5亿元增加到2008年的1801.0亿元；工业污染源治理投资从2000年的234.8亿元增加到了2008年的542.6亿元；增长最为迅速的是建设项目"三同时"环保投资（建设项目"三同时"是建设项目环境管理的一项基本制度，是我国以预防为主的环保政策的重要体现。即建设项目中环境保护设施必须与主体工程同步设计、同时施工、同时投产使用），从2000年的260亿元增加到了2008年的2146.7亿元。

虽然如此，但中国经济增长方式粗放、资源利用率低、环境污染严重的问题并未得到根本性的改变。如果继续这样下去，中国的资源储量和环境容量将无法支撑这种粗放型的经济发展。因此如何在促进经济增长的同时保护好环境和提高资源的利用率，实现经济和社会的可持续发展，仍然是现阶段我们不得不优先考虑的重大问题。

2. 结构调整是转变经济增长方式的核心

结构调整的三个方面：经济结构、产业结构和生产结构中，无疑产业结构是最重要的。产业结构调整包括产业结构合理化和高级化两个方面的含义，产业结构合理化是指各产业之间协调能力的加强和关联水平的提高，是一个动态的过程，具体表现为产业之间的数量比例关系、经济技术联系和相互作用关系趋向协调平衡的过程；产业结构高级化，又称为产业结构升级，是指产业结构系统从较低级形式向较高级形式的转化过程。产业结构的高级化一般遵循产业结构演变规律，由低级到高级演进。

要解决中国经济发展与资源环境不协调的问题，重要的是要转变目前粗放型的增长方式。粗放型的经济增长方式主要表现为落后的生产工艺以及经济结构的不合理性等导致的能源的低效和浪费。经济增长方式要从传统的"高消耗、高投入、高增长"的粗放型增长方式向"低消耗、低投入、高效能、高增长"的集约型方式转变，这是解决我国环境问题的根本途径，也是实现可持续发展的唯一正确选择。而实现这一转变的核心就是要进行结构调整，也就是使产业结构合理化、高级化。产业结构调整是转变经济发展方式的根本途径，发展方式的转变是产业结构调整的必然结果，产业结构不升级优化，高耗能、高污染的现状就不能从根本上得到改善，经济发展方式的转变也就无从谈起。尽管中国从"九五"时期就已经提出了转变经济增长方式、调整产业结构。但一直到"十一五"即将结束，这个转变还是没能实现。

关于经济增长与环境变化的关系问题，经济学上存在一个环境库兹涅茨假说，是由经济学家克鲁格曼等提出的。根据这一假说，经济增长与环境质量之间呈现的是一种"倒U"型关系。具体地说，经济增长与环境变化的一般规律是，在收入较低阶段，经济增长会导致更多的环境破坏问题，也就是说经济和环境之间是一种"两难"的关系；到了一定收入水平时，经济增长对环境的压力会减缓；然后随着收入水平的进一步提高，经济增长会带来环境的改善，这时候，经济和环境会出现一种"双赢"的关系。简而言之，经济增长会带来暂时的环境质量下降，但最终会出现经济增长的同时环境改善的良好局面，即在这个变化中存在着一个拐点。关于经济与环境之间出现这种关系的一种解释是与产业结构密切相关的：在经济发展初期，农业所占比重最大，这时期经济增长对环境的破坏作用不是很大；到了以工业为主导的时期，经济增长对环境的影响加大，环境加速恶化，工业进入成熟期之后，环境压力又会有所减缓；而到了以服务业为主导产业的时期，对环境的压力会进一步减轻。也就是说，产业结构的调整能够减低甚至抵消经济增长所带来的环境压力。

虽然有很多研究表明了环境库兹涅茨曲线的存在，但它仍然只是经济学上的一种假说，并不能将其视为一般规律。而且它更多地被用于研究发达国家的环境问题，对于发展中国家是否普遍适用还有待进一步检验。虽然如此，它对于中国解决经济和环境的关系问题还是有着一定的借鉴意义的。根据该假说，毫无疑问，中国目前经济增长与环境的关系尚处于制约的阶段。因此，我们要想协调好经济增长与环境的关系，就必须要调整产业结构，转变经济增长方式，走可持续发展道路。与此同时，我们也要意识到，一方面减缓经济增长并不一定会带来环境的改善；另一方面经济增长本身不会自发地解决环境问题，所以我们不能走"先污染，后治理"的道路，同时，环境改善的拐点也不会自动地出现，我们不能坐着等待拐点的自动到来，而是要积极采取相关的应对措施。

总之，不加快调整经济结构、转变经济增长方式，资源支撑不住、环境容纳不下，社会承受不起，经济发展难以为继。

3. 结构调整是促进节能减排的重要方式

调整结构，转变经济增长方式，不得不考虑的一个问题是能耗。中国目前是仅次于美国的世界第二大能源消耗国，并预计2025年将超越美国成为世界最大的能源消耗国。由于中国正处于工业和城镇化快速发展时期，能源消费仍处于增长阶段。根据图11-1所示，中国的能源生产总量和消费总量的变化趋势大体相同，除1996年至1998年之间稍有下降之外，其余时期一直是呈现增长趋势，且2003年之后增长速度加快。同时我们还能看出，在1992年之前能源生产总量大于消费总量，而之后一直是消费总量大于生产总量，且两者的差距越来越大。2009年全国一次能源生产总量为27.5亿吨标准煤，比上年增长5.2%，增幅比上年回落0.4个百分比；能源消费总量30.66亿吨标准煤，增长5.2%，增幅提高1.3个百分点。此外，从能源消费的构成中可以发现，煤炭作为中国能源消费主体，占了近70%。这种以煤为主的能源结构以及能源消费量的快速增长，是引起中国资源环境问题的基本原因。中国煤炭消费中大部分是原煤直接燃烧，不仅造成严重的浪费，而且对环境污染严重，影响国民经济的可持续发展。

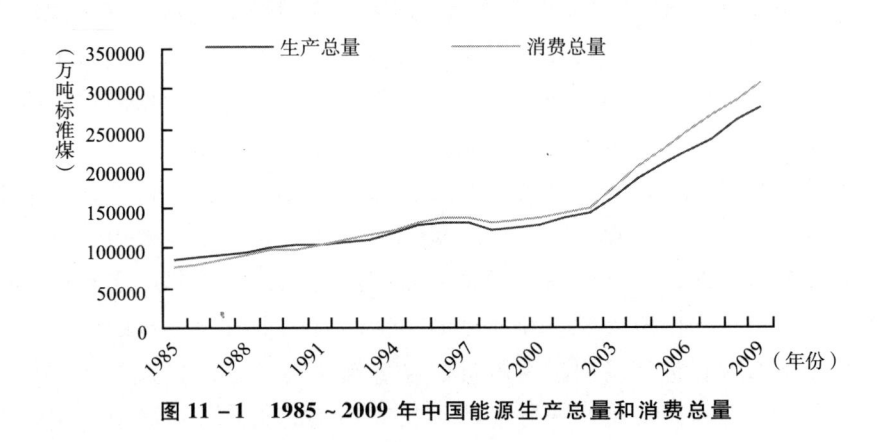

图11-1　1985~2009年中国能源生产总量和消费总量

近年来，为降低经济增长对能源的依赖，国家大力推进各项节能减排政策措施，积极调整产业结构，加快淘汰落后产能，能源消费总量增速总体上逐年放缓，能源消费强度也不断降低，以较低的能源消费增长支撑了国民经济平稳较快发展。但不可否认，中国节能减排的任务依旧非常艰巨。

此外，为应对全球气候变化和国际上的压力，也迫切地需要进一步加强节能减排工作。

节能减排主要是通过结构调整、技术进步和加强管理三种方式来实现。所以一方面我们要依靠技术进步，提高能源的利用效率，同时加强节能减排的相关政策。另一方面，也是最为重要的，要加快结构调整。中国节能减排的压力之所以大，能源消费需求旺盛只是一种表面现象，更为深层次的原因还在于中国产业结构的不合理性，这种不合理性主要表现为三次产业之间结构的不合理和各产业内部结构的不合理。很多地方依然主要依靠高耗能高污染的重工业来推动经济的增长。产业结构作为发展瓶颈，对节能减排的限制作用非常大。因此，优化产业结构，加快调整落后产能是当务之急。

（三）中国"十二五"节能减排目标解析

2009年12月的哥本哈根气候会议上，中国政府做出的承诺是，到2020年我国单位国内生产总值二氧化碳的排放量比2005年下降40%~45%，作为约束性指标纳入国民经济和社会发展中长期规划，并制定相应的国内统计、检测、考核办法。会议还决定，通过大力发展可再生能源，积极推进核电建设等行动，到2020年我国非化石能源占一次能源消费的比重达到15%左右，通过植树造林和加强森林管理，森林面积比2005年增加4000万公顷，森林储蓄量比2005年增加13亿立方米。因此中国"十二五"节能减排任务显得更为艰巨。

发改委能源环境与气候变化中心的徐华清认为，"十二五"期间单位GDP能耗指标可能会达到18%。发改委能源研究所副所长戴彦德认为，单位GDP能耗下降幅度不会高于20%，但也不低于15%。也就是说，"十二五"期间的单位GDP能耗指标会有所下降。因为预计未来10年GDP增速可能会逐步下降，这将导致节能减排的难度加大。同时还有人预计，除了能耗指标，还要提出二氧化碳的减排指标。"十二五"规划是我国首部绿色五年规划。气候变化限制温室气体排放，将成为中国"十二五"期间以及未来发展的最大约束条件。

环保部"十二五"规划已经初步拟订了二氧化硫和化学需氧量（COD：Chemical Dxygen Demand，衡量水中有机物质含量多少的指标）的总量控制目标。到2015年，二氧化硫的排放总量将比2010年减少10%，而COD的排放总量将比 2010 年减少 5%。二氧化硫延续了"十一五"的目标,而 COD 的目标则降低了一半。这是因为,相比二氧化硫,"十一五"期间 COD 的减排难度非常大。其次,"十二五"期间的减排方式,要从"十一五"期间的工程减排为主转化到结构减排为主。所谓工程减排,是指通过电厂上脱硫设施和企业上污水处理设施的应用来减少主要污染物的排放。但是这种减排工程的建设总量和速度已接近极限,"十二五"期间必须寻求新的突破口。而相对于工程减排,结构减排的难度更大,工程减排主要是相关污染处理设施的建设,操作简单且容易在短期内取得成效。而结构减排是一个长期的过程,且牵扯面大,很容易伤筋动骨,因此难度较大。

根据我国政府向国际社会做出的到 2020 年单位 GDP 能耗降低 40% ~ 45% 的承诺,石油和化工行业必须在保持快速发展的同时,保证年均工业增加值能耗递减 4.07%、化学需氧量(COD)下降 8%、氨氮(NH_3-N)排放量下降 15%、工艺过程的二氧化硫(SO_2)排放量下降 5%。"十二五"期间,石化行业将以提高能源利用率、建设节能型产业和企业为目标,以调结构、转方式、推进节能技术进步为根本,有效推进节能工作的深入开展。

"十二五"机械工业的节能减排目标也已初步确定,机械工业万元工业增加值综合能耗由 2009 年的 0.42 吨标准煤下降到 2015 年的 0.31 吨标准煤,年均下降 4.9%。其中,铸造万元增加值能耗减少 0.496 吨标准煤;每吨合格铸件能耗减少 0.1044 吨标准煤;二氧化碳等废气排放减少 120 亿立方米。热处理单位产品能耗减少 150 千瓦时/吨;万元产值能耗减少 200 千瓦时/万元。内燃机争取降低油耗 10%,排放达到与国际水平同步。燃煤工业锅炉的运行效率提高到 85% 以上;工业炉窑运行效率在现有基础上提高 5%;中小电动机的设计能效指标达到 95%。风机的设计能效指标达到 92% ~ 95%。

总之,"十二五"期间中国应该改变依靠行政手段解决节能减排的方式,要立足长效机制,更加重视产业结构升级,大力发展第三产业,坚持走新型工业化道路,提高高技术产业在工业中的比重,加快淘汰落后生产能力,积极推进新兴产业发展。

三 中国节能减排现状、问题及对策

截至 2010 年 5 月,"十一五"临近期末,总的来说,我国节能减排的工作还是取得了一定的成效，实施期间所遇到的问题也必将为"十二五"节能减排目标的实现提供一定的借鉴经验。

（一）中国节能减排的现状分析

据国务院办公厅2009年7月公布的数据显示，经过近3年的艰苦努力，到2008年年底单位GDP的能耗比2005年下降了10.01%，化学需氧量（水体污染的主要指标）的排放量比2005年下降了6.61%，二氧化硫的排放总量下降了8.95%。全国主要污染物的减排已基本实现时间过半、完成任务过半，节能减排取得了重大进展。

"十一五"前四年，我国以能源消费年均6.8%的增速支撑了国民经济年均11.4%的增速，能源消费弹性系数由"十五"时期的1.04下降到0.6，为保持经济平稳较快发展提供了有力支撑。

节能减排工作的实施扭转了我国工业化、城镇化加快发展阶段的能源消耗态势，但"十一五"后三年，能源消耗强度和污染物排放有大幅上升的势头。全国单位GDP能耗上升了9.8%，二氧化硫和化学需氧量排放总量分别上升了32.3%和3.5%；"十一五"前四年全国单位GDP能耗累计下降了15.61%，主要污染物的排放总量减少了10%以上。

2009年与2005年相比，电力行业300兆瓦以上火电机组占火电装机容量比重由47%上升到69%，钢铁行业1000立方米以上大型高炉比重由21%上升到34%，电解铝行业大型预焙槽产量的比重由80%上升到90%，建材行业新型干法水泥熟料产量比重由56.4%上升到72.2%。很明显节能减排促进了结构优化升级。

重点行业主要产品的单位能耗均有较大幅度下降，能效整体水平得到提高。2009年与2005年相比，火电供电煤耗由370克/千瓦时降到340克/千瓦时，下降了8.11%；吨钢综合能耗由694千克标准煤降到615千克标准煤，下降了11.4%；水泥综合能耗下降了16.77%；乙烯综合能耗下降了9.04%；合成氨综合能耗下降了7.96%；电解铝综合能耗下降了10.06%。

根据环保重点城市空气质量监测，2009年好于二级标准292天以上的城市比例由2005年的69.49%上升到95.69%；地表水国控断面劣五类水质比例由2005年的26.1%下降到20.6%；七大水系国控断面好于三类比例由2005年的41%上升到57.1%。可以说在一定程度上，我国的环境质量有所改善。

"十一五"前四年，我国 GDP 年均增长 11.4%，而能源消耗年均增长只有 6.8%。与"十五"时期相比，"十一五"阶段以较低的能源消耗支撑了国民经济的较快增长。同时，通过节能减排提高能效，"十一五"前四年少消耗了 4.9 亿吨标准煤，减少二氧化碳排放 11.3 亿吨，得到了国际社会的广泛赞誉，也体现了我们负责任大国的形象，为应对全球气候变化作出了重要贡献。经初步估算，2010 年前三季度单位国内生产总值能耗同比下降 3% 左右，"十一五"节能目标有望如期实现，而减排目标已提前完成。"十一五"期间，我国推进节能减排的工作异常艰巨，但取得的成效举世瞩目。

结合"十一五"和"十二五"节能减排的规划，六大重点高耗能产业：电力、钢铁、有色、建材、石油、化工，是必须要重点落实的节能减排规划目标的。

1. 电力行业

为建立资源节约型和环境友好型社会，促进经济社会可持续发展，我国大力加强节能减排工作，明确了能源消耗和主要污染物排放总量的控制目标。电力行业作为节能降耗和污染物减排的重点领域，2007 年积极推动实施上大压小、差别电价、节能调度、发电权交易等多种措施，节能减排工作取得明显成效。2007 年电力行业仅通过提高能效（包括降低线损率和供电煤耗）、发展可再生能源发电和加强需求侧管理三项措施，即相当于节约一次能源 6492 万吨标准煤，减少二氧化硫排放约 103 万吨（约占 2006 年电力二氧化硫排放的 7.65%，全国二氧化硫排放的 3.99%），减少二氧化碳排放约 1.8 亿吨。

2008 年，在外部经济环境严重恶化的不利条件下，电力行业的节能减排工作取得了阶段性进展。全国发电生产耗用原煤量 13.40 亿吨，同比增长 4.05%；全国平均供电煤耗为 349 克/千瓦时，比 2007 年降低 7 克/千瓦时。1997~2008 年，我国供电煤耗逐年降低，从 408 克/千瓦时下降到 349 克/千瓦时。2008 年全国发电厂用电率为 5.95%，其中水电为 0.38%，火电为 6.84%，同比略有上升。2008 年，全国电网输电线路损失率为 6.64%，比 2007 年下降 0.33 个百分点。1997 年至 2008 年，我国电网输电线路损失率总体呈下降态势，从 8.20% 下降到 6.64%。2008 年全国关停燃煤、燃油小火电机组 3269 台，共计 1669 万千瓦，超额完成 2008 年度关停 1300 万千瓦的目标。"十一五"前三年，全国累计关停小火电机组 3421 万千瓦，已完成"十一五"期间关停小火电机组5000万千瓦目标的68.4%。

当前电力节能减排正处于从行政手段向市场化方式过渡阶段，前期工作主要由中央政府主导和以行政手段为主，通过层层分解节能减排指标推动地方政府和企业实施，对于快速取得成效、实现短期目标起到了决定性的作用。但电力行业节能减排工作是一项系统工程，需要结构调整、技术创新、政府调控、市场调节、行业自律和加强监管等多方统筹协调、共同推动。

2. 钢铁行业

根据工业和信息化部节能与综合利用司有关负责人统计，烧结工序热电厂排放的二氧化硫约占钢铁生产总排放量的60%以上，根据企业现有和在建生产设施，预计2010年我国粗钢生产能力将达到6.2亿吨，铁5.7亿吨，烧结矿7.6亿吨，球团矿1.5亿吨。根据我国钢铁企业所使用的原燃料含硫情况及排放情况估算，在无控制措施情况下，我国钢铁行业2010年的烧结烟气二氧化硫排放量将达到127万吨。烧结脱硫是钢铁行业实现二氧化硫污染减排的关键，形势严峻，任务紧迫。

由于烧结脱硫投资较大，存在一定的经济和技术风险。目前，我国烧结脱硫装备建设的实例非常少，针对烧结烟气脱硫的专项技术还不成熟。因此，国家已将烧结烟气脱硫列入钢铁行业科技发展指南和科技发展规划的重点开发课题，并在2008年组织实施10台烧结机烟气示范工程，目的是探索如何减轻企业的投资和运行成本压力，如何降低企业技术风险，如何制定有关财税政策，控制钢铁行业烧结二氧化硫增量、消减存量，通过实施示范工程和后评估工作，优化烧结脱硫技术方案，引导和推进钢铁行业二氧化硫的减排工作。

实施原则是指按照选择示范、科学评估、合理筛选、全面推广、分阶段实施的原则，开展烧结脱硫工作。处于两控区、环境敏感区、大中城市及使用高硫原燃料的钢铁企业加快实施烧结烟气脱硫。目标是到2010年钢铁烧结烟气脱硫工程二氧化硫减排总量75万吨，2010年钢铁烧结排放二氧化硫控制到不超过52万吨，促进烧结脱硫快速健康持续开展。

我国的钢铁烧结烟气含硫高，与国外有很大差别，国外的脱硫技术不一定适合我国国情。烧结烟气具有二氧化硫浓度变化大、温度变化大、流量变化大、水分含量大、含氧量高、含有多种污染成分等特点，从而使烧结烟气进行脱硫具有较大难度。

我国国产铁精粉矿含硫率较高，一般为 0.2%～0.7%，是进口铁精粉矿含硫率的 15～20 倍。另外，我国焦炭的含硫也相对较高，所以钢铁烧结烟气二氧化硫排放较大。我国钢铁厂排放烧结烟气中的二氧化硫浓度一般在 400mg/m³～2000mg/m³ 之间，有的企业高达 5000mg/m³。据中国铁伯协会统计，2006 年吨钢二氧化硫外排 2.18kg，2007 年吨钢二氧化硫外排 1.95kg，虽然减少了 10.55%，但还远高于国外先进钢铁企业吨钢排放 0.7kg 的水平。

3. 有色金属行业

我国有色金属工业的能源消耗主要集中在矿山、冶炼和加工三大领域，其中尤以电解铝能耗为最。在我国有色金属品种中，由于电解铝和氧化铝在生产过程中能耗大，加上产量高，毫无疑问是第一能耗大户。2006 年，我国原铝产量 935 万吨，耗电 1371.72 亿千瓦时，占发电量的 4.8% 和全社会用电量的 4.9%。国家进行的千家企业节能行动中，铝企业就有 49 个。氧化铝生产耗能也不小。2006 年我国生产氧化铝 1370 万吨，按照当年氧化铝综合能耗为 893.91 千克/吨计算，共耗能 1224.66 万吨标准煤。同时，2006 年我国铝加工材产量为 815 万吨，当年能耗占全年有色金属能耗总量的 69%。2006 年氧化铝和电解铝产量增长幅度高于全国有色金属产量增长幅度，再加上铝加工方面的能耗，估计整个铝行业能耗占到整个有色金属行业能耗的 75% 左右。除了电解铝和氧化铝之外，锌工业成为第二能耗大户。2006 年我国锌产量为 315.3 万吨，按照当年电解锌直流电耗 3154.6 千瓦时/吨计算，全年共耗电 99.46 亿千瓦时。尽管最近我国主要有色金属单位产品综合能耗呈现总体下降趋势，但目前平均每吨有色金属综合能耗与国际先进水平相比，差距仍然存在，如 2006 年，我国电解铝直流电耗为 13506 千瓦时/吨，而国际先进水平为 13350 千瓦时/吨，我国铜闪速炉冶炼平均单耗为 0.606 吨标准煤，国际先进水平为 0.50 吨标准煤，比国际先进水平高近 20%。

我国有色冶金工业目前呈现出这样的格局：一方面在积极淘汰落后产能，一方面产量却又在急剧增长。这种"跷跷板"式的不平衡发展使我国有色金属工业能耗不仅没有减少，反而出现膨胀。2007 年 1～7 月份迅猛发展的势头表明，全行业节能减排形势并不乐观。分析认为，我国有色金属工业节能减排目前面临五方面的困难：冶炼项目投资继续增加；缺乏行业能耗标准；冶炼生产能力增长过快，带来能耗总量增加，尤其是电解铝产量快速增长给整个行业带来冲击；调整结构推出机制尚未建立，难以有效淘汰落后产能；技术创新能力不足，节能降耗的技术支撑薄弱。

4. 建材行业

建筑材料产业是中国国民经济建设的重要基础原材料产业之一，按照中国现行统计口径，建筑材料主要包括水泥、平板玻璃及加工、建筑卫生陶瓷、房建材料、非金属矿及其制品、无机非金属新材料等门类。作为传统行业的建材行业，一直以来被称为"两高一资"行业。2006年，建材工业能源消耗总量为1.75亿吨标准煤，约占全国能源消耗总量的7%，仅次于冶金、化工成为第三耗能大户。

2007年建材工业万元增加值综合能耗4.88吨标准煤（按2005年价格计算，下同），比上年下降14.54%，下降幅度为2000年以来之最。水泥制造业2007年能耗总量1.43亿吨标准煤，占建材工业能耗总量的73.59%。水泥制造业综合能耗的下降，对建材工业综合能耗的下降有着举足轻重的影响。2007年水泥制造业万元增加值综合能耗11.76吨标准煤，比上年下降7.9%，比2005年下降16.41%。2007年平板玻璃制造业万元增加值综合能耗6.86吨标准煤，比上年下降28.37%。2007年建筑卫生陶瓷制造业万元增加值综合能耗3.09吨标准煤，比上年下降10.22%，比2005年下降14.31%。

2008年，建材工业总能耗为2.09亿吨标准煤，其中煤炭消耗量为2.2亿吨，电力消耗量为2000亿千瓦时；固体废料利用量达到5.70亿吨，二氧化硫排放量为165万吨，烟、粉尘排放量则为230万吨。2009年第一季度建材行业能源消费增长3.32%，建材行业单位增加值能耗降低8.24%。建材工业生产既消耗能源，又有巨大的节能潜力，许多工业废弃物都可作为建材产品生产的替代原料和替代燃料；同时建材产品还可为建筑节能提供基础材料的支撑，一些新型建材产品可为新能源的发展提供基础材料和部件。在能源问题日益制约经济、社会发展的今天，中国政府已作出了建设节约型社会的战略部署，建材工业作为中国国民经济的重要产业和高耗能产业，在节能减排及能源结构调整中大有可为，在中国建设节约型社会中将起重要作用。

5. 石油和化工产业

2009年，石化行业能源消耗量占全国能源消耗总量的15.2%，占工业能消耗量的22.6%，行业节能减排面临着巨大挑战。统计数据显示，自

2000年开始石油和化工行业能源消耗量占工业能源消耗量的比例逐年下降。2009年，石化行业能源消耗量为47192.5万吨标煤，占全国能源消耗总量的15.2%；占工业能源消耗量的22.6%，比2000年下降了4.47%。

2009年，全国石化行业能源消耗主要集中在化学原料及化学制品制造业、石油加工、炼焦及核燃料加工业。其中，化学原料及化学制品制造业能源消耗量达28641万吨标准煤，石油加工、炼焦及核燃料加工业能源消耗量达14866.28万吨标准煤，石油天然气开采业能源消耗量达3275.94万吨标准煤，橡胶制品业能源消耗量达893.12万吨标准煤。

化工行业的化肥制造业、基本原材料制造业和有机化学品3个行业的能源消耗量占全国石化行业总能源消耗量的55%左右。其中，40%的能源用于氮肥、烧碱（含聚氯乙烯）、电石、黄磷、纯碱、乙烯等产品。

自"十一五"以来，石化行业多数重点耗能产品的能源单耗连续下降。与2006年相比，2009年原油加工每吨产品消耗标准油下降了5.31%；乙烯每吨产品消耗标准油下降了5.79%；合成氨每吨产品消耗标准煤下降了3.82%；烧碱每吨产品消耗标准煤下降了13.89%；纯碱每吨产品消耗标准煤下降了17.2%；电石每吨产品消耗标准煤下降了10.78%；黄磷每吨产品消耗标准煤下降了0.52%。

根据节能进展报告，2000年至2009年，全国工业能源消耗量年均递增9.91%，石化行业能源消耗量年均递增7.72%，石化行业能源消耗增长速度低于全国工业能源消耗增长速度2.19个百分点。尽管如此，目前石化行业的能源消耗量仍占全国工业能源总消耗量的1/5。石化行业节能减排面临着巨大挑战。

（二）中国在实施节能减排战略中需解决的主要问题

从"十一五"节能目标实施情况和各行业现状来看，节能减排存在以下主要问题。一是从主观认识看，一些地方政府仍存在将经济增长与节能减排目标相互对立，片面追求经济增长的情况。特别是在受金融危机影响、经济出现下滑的时候，认为经济增长必须靠投资拉动，盲目投资高耗能产业。二是节能目标的制定和实施还缺乏充分的科学依据。"自上而下"确定的节能目标，进行年度分解和各地区目标分解的随意性较强。三是节能目标实施之前缺乏完整的实施方案和政策设计，只能边走边看，政策协调性有待加强。四是节能目标实施过程中，主要以政府行政手段推动节能减排，令行禁止，确保完成节能目标的功效，但也带来了"一刀切"，前松后紧，临时突击，治标不治本等问题。五是节能减排关系到社会经济全局，政府在推动节能减排中发挥主导作用固然重要，但地方政府、企业和民众等利益相关者参与综合决策的渠道和机制还显不足。六是单位 GDP 的能源消耗是一个综合性指标，与经济增长、经济结构、能源结构、技术水平、资源环境等多种因素有关，各地区节能目标分解应该反映地方特色并有一定的灵活性，以适应实际情况的变化。七是节能减排责任重大，但所需能源和排放的统计、报告、核实制度体系尚不健全。

（三）发达国家在节能减排方面的相关经验

近年来，出于应对全球气候变化以及对能源供应安全的担忧，世界上许多国家和地区在发展低碳经济方面，做出了积极探索，取得了实际效果，并在实践中积累了有益经验。

1. 制订规划、明确目标、控制碳排放总量

在应对气候变化、推动低碳经济发展方面，政府的正确引导和管理非常重要。为控制碳排放总量，主要发达国家政府纷纷制订规划或战略，提出总体目标和具体指标，以及相应的政策和措施。

（1）主要工业化国家提出建立低碳经济社会的总体目标。英国于 2003 年 2 月发布《我们能源的未来：创建低碳经济》，其中为低碳经济发展设立的目标是：到 2010 年 CO_2 排放量在 1990 年的水平上减少 20%；到 2050 年减少 60%，建立低碳经济社会。美国在 2007 年 7 月出台《低碳经济法案》，公布《抓住能源机遇：创建低碳经济》，提出创建 10 步计划。日本在 2008 年提出用能源与环境高新技术引领全球，把日本打造成为世界上第一个低碳社会，并于 2009 年 8 月发布《建设低碳社会研究开发战略》，确定温室气体减排的中期目标是 2020 年与 2005 年相比减少 15%，长期目标定为 2050 年比现阶段减少 60% ~ 80%。

（2）《京都议定书》提出发达国家近期平均减排 5% 的具体指标。《京都议定书》是《联合国气候变化框架公约》的补充条款，于 2005 年 2 月 16 日正式生效，这是人类历史上首次以法规的形式限制温室气体排放。《议定书》规定的减排指标是，2008 ~ 2012 年，缔约方所有 37 个工业发达国家和欧盟国家加在一起，要在 1990 年的基础上平均减少 5% 的温室气体排放量。发展中国家没有减排义务。

(3) 哥本哈根协议坚持发达国家要作出减排指标的承诺。《京都议定书》得到了世界绝大多数国家的支持,截至 2009 年 12 月已有 184 个《公约》缔约方签署。目前美国是唯一游离于《京都议定书》之外的发达国家。由于美国等发达国家与发展中国家在遵循"共同但有区别的责任"原则和 2020 年前第二承诺期具体减排指标等问题上的严重分歧,使 2009 年 12 月哥本哈根联合国气候变化大会的谈判进程缓慢。但是在国际社会的共同努力下,会议取得了积极成果,发表了《哥本哈根协议》。该协议尽管不具法律约束力,但坚持了"共同但有区别的责任"原则,表达了国际社会在应对气候变化长期目标、资金、技术和行动透明度等问题上的共识,进一步明确了发达国家和发展中国家分别应当承担的义务和采取的行动,明确了下一步继续谈判的方向。

近年来,世界各国在控制温室气体排放总量方面作出了积极努力。但是数据显示,全球温室气体排放总量仍然呈现逐年增长的态势。2007 年世界 CO_2 排放总量比 1990 年(209.81 亿吨)增加了 38%,年均增长率 1.91%。从国别看,同期 CO_2 排放总量的年均增长率,多数国家在 2%~5% 之间不等,OECD(发达国家)平均 0.95%,非 OECD(发展中国家)平均为 2.83%。总体上,发达国家与《京都议定书》规定的各国 CO_2 排放总量减排的具体指标相比,都有相当大的差距,实现控制温室气体排放总量的目标任重道远。

2. 调整政策、经济鼓励、降低碳排放强度

欧美发达国家发展低碳经济,从对产业、能源、技术、贸易等政策进行重大调整着手,尽力发展低碳产业、低碳能源和低碳技术,优化经济结构,降低 CO_2 排放强度。数据显示,世界及主要发达国家的 CO_2 排放强度呈现着递减的态势。1990 年世界平均 CO_2 排放强度为 8.67 吨 CO_2/万美元 GDP,2007 年降为 7.33 吨 CO_2/万美元 GDP(GDP 按汇率计算,2000 年可比价),年均递减率 0.98%。值得注意的是,由于大力推进发展低碳经济,近几年主要发达国家 CO_2 排放强度年均递减率均有较大幅度的提高。2004~2007 年,德、法、英等国在 3.5% 左右,美国 2.5%,日本和加拿大在 1.5% 左右。主要做法有以下几项:

(1) 优化产业结构——着力发展低碳产业。低碳产业(或称绿色产业),是指一类低排碳、低污染的产业或行业,主要特征是低耗能,是产业结构优化的核心内容。例如,《英国低碳转换计划》提出的核心目标是把英国建设成为更干净、更绿色、更繁荣的低碳经济社会，与其配套并同时公布的是《英国低碳工业战略》、《可再生能源战略》和《低碳交通计划》3个低碳产业发展计划。德国发展低碳产业的重点是发展生态工业。欧盟对本区域的工业产品制定了更严格的节能与排气量指标，引导着新兴低碳经济、环保产业的发展。美国发展低碳绿色经济的政策涵盖节能增效、绿色环保等多个方面，其中新能源开发是核心。日本建设低碳社会促进了节能环保产业的发展，使其成为国民经济的重要支柱之一。

（2）调整能源政策——着力发展低碳能源。面对全球气候变化和生态环境的压力，以及能源需求增长和油价攀升的挑战，工业发达国家都根据各自的国情，加强本国能源立法，调整战略和政策，着力发展低碳能源。一方面，是大力发展新能源和可再生能源。例如，欧盟2008年12月批准的"欧盟能源气候一揽子计划"旨在实现其承诺的"3个20%"：到2020年将温室气体排放量在1990年基础上减少至少20%，将可再生清洁能源占总能源消耗的比例提高到20%，将煤、石油、天然气等化石能源消费量减少20%。美国2009年2月出台的《复苏与再投资法案》把投资重点放在新能源开发上，包括发展高效电池、智能电网、碳储存和碳捕获、可再生能源如风能和太阳能等。另一方面，是能源节约，提高能效。例如，日本严格规定能源标准，通过改革税制，积极鼓励企业节约能源，大力开发和使用节能新产品。《欧盟未来三年能源政策行动计划》（2007~2009年）强调提高能源效率，要求各国明确节约能源的"责任目标"，确定主要的节能领域以便迅速采取并落实措施，以达到欧盟在2020年减少能源消耗20%的目标。

（3）强化技术支撑——着力发展低碳技术。低碳技术遍及所有涉及温室气体排放的行业部门，不仅涉及电力、交通、建筑、冶金、化工、石化等传统产业部门，而且涉及新能源和可再生能源等众多新领域；既包括能源开发技术，又涵盖节能环保技术，是发展低碳经济的支撑。从全球能源资源可持续利用方面考虑，各国把应对气候变化的重点放在研究开发节能技术、第三代核电技术、太阳能、风能等可再生能源的开发利用、氢能、电动汽车等技术开发领域。例如，日本2006年5月公布《新国家能源战略》，一方面，提出了支撑中长期节能的技术发展战略，通过优先设定节能技术领先基准，加大节能推广政策支持力度，实现到2030年能源效率比目前提高30%的目标；另一方面，从2050年以后超长期视点出发，展望未来能源技术,提出到 2030 年应该解决的技术课题,如超燃烧技术、超时空能源利用技术、未来民用和先进交通节能技术、未来节能装备技术等,拟定能源技术开发战略,加大支持力度,探讨有效体制。

(4) 实施灵活机制——推行清洁发展机制。《京都议定书》在确定工业化国家减排指标的同时,确立了 3 个实现减排的灵活机制,即联合履约、排放贸易和清洁发展机制。其中,清洁发展机制(CDM)同发展中国家关系密切,即发达国家帮助发展中国家每减少 1 吨 CO_2 排放,其在国内就可相应多排放 1 吨 CO_2,即多获得 1 吨 CO_2 排放权。推行清洁发展机制是由发达国家向发展中国家提供技术转让和资金,通过项目提高发展中国家能源利用率,减少排放,或通过造林增加 CO_2 吸收,由此而减少或增加的 CO_2 吸收计入发达国家的减排量。

3. 转变观念、戒除嗜好、转向低碳型生活

联合国环境规划署将 2008 年 6 月 5 日世界环境日的主题定为"戒除嗜好!面向低碳经济",是为了促进人们转向低碳经济和低碳生活方式。该主题要求人们戒除以高耗能、高污染为代价的"便利消费"、"面子消费"、"奢侈消费"等嗜好,转变观念,改变那些习以为常的浪费能源、增排污染的消费模式和生活方式,从而不仅在制造业领域加快低碳产业、低碳技术的发展进程,同时在服务业和消费生活领域挖掘节能减排潜力,提倡低碳型生活方式,推进人类低碳型社会的建立。国外在这方面的实践已深入到生活和消费的各个领域。

(1) 构建低碳建筑体系,推进建筑工厂化。发达国家强化了对建筑节能的观念,从关注单体建筑节能向关注住宅小区以至整个城市建筑节能转变,从关注建设施工阶段节能向关注建筑建设全过程(从土地获取、规划、设计、施工、建筑运行直到建筑报废的全阶段)节能转变,从而形成低碳建筑体系,在建筑材料与设备制造、施工建造和建筑物使用的整个生命周期内,提高能源使用效率,降低 CO_2 排放量。例如,欧盟 2008 年 11 月提出的一揽子经济刺激计划中,有多项与节能环保直接有关,其中包括改善建筑的能源效率、发展建筑的清洁技术等,要求用 5 年时间初步形成包括"绿色建筑"在内的低碳产业系统。美国建筑节能的内容包括:节能门窗(能耗占 50%)、外墙保温材料(占 30%)、节能灯具及家电(占 20%)等。美国提出建筑节能减排的目标是,到 2016 年建筑能效提高 60%。为实现低碳建筑,欧美等发达国家正在推进建筑的工厂化和量化生产,即先安排楼梯、墙体、外墙面砖、窗框、卫生间等的标准化批量化生产,然后在现场进行拼装,这是一种新型的房屋开发方式,是建筑节能减排的重要途径。

(2) 倡导低碳生活方式,家庭消费节能化。随着工业化和城市化程度的提高,发达国家能源消费结构中生活用能及其比例明显上升,甚至占主要地位。对此,一些工业化国家针对消费领域特别是家庭消费的节能减排问题,开展了多方位、多层次的对策研究和实践。目前最有借鉴意义的是由美国首创,并在欧盟、日本、澳大利亚等国家推广的"能源之星"计划。它由美国环保署于1992年启动,授予那些节能高效的产品以"能源之星"标志。之后,美国能源部、生产商、零售商、消费者、地方政府、地方公用事业在全国达成共识,共同发起主要针对消费性电子产品节约能源的计划,向消费者推荐节能产品,宣传使用这类产品具有节约开支和保护环境等好处,目的是为了降低能耗、减少温室气体排放。事实证明,美国采取这种由政府主导的"能源之星"计划,提高了消费者及产品生产厂商的能效观念,实现了对市场的有效引导。至今,参加"能源之星"计划的产品已达数千种,由最早主要是电脑、电视等资讯电器,逐渐延伸到电机、办公室设备、照明、家用电器等,后来扩展到了建筑领域;参与美国能源之星计划的国家已扩展到了加拿大、日本、澳大利亚、新西兰、欧盟等。

(3) 发展低碳交通系统,汽车燃料清洁化。主要做法有,大力发展以步行和自行车为主的慢速交通系统,鼓励发展公共交通系统和快速轨道交通系统,提倡有节制地使用私家车或限制城市私家车作为城市主要交通工具等。针对汽车燃油消耗和尾气排放日益增长的态势,发达国家一方面积极开展汽车节能,制定强制性的技术法规,降低油耗,减少污染;另一方面,大力研制和发展节能环保型汽车,特别是新能源汽车。例如,日本政府按照汽车重量进行分类,对汽油和柴油轻型客货车制定了燃油经济性标准;美国政府公布的汽车节能减排的新法规,提出了一套全国统一的燃油效率标准,促使汽车工业向节能转型,同时向开发使用新能源和清洁能源动力系统的方向发展;欧盟早在2000年初就发出汽车燃油标准的指令,并不断提高尾气排放标准,要求各参与国强制执行,目前实施欧Ⅳ排放标准,未来还将实施欧Ⅴ和欧Ⅵ排放标准。

(四) 中国节能减排的对象分析

节能减排事关中华民族的长远利益,应坚持科学发展观,学习借鉴先行工业化国家的经验和教训,充分发挥后发优势,尽力避免后发劣势,立足当前,着眼长远,统筹考虑,深入持久地抓紧抓好,促进经济社会又好又快发展。

1. 转变模式,构建资源节约型、环境友好型国民经济体系

环境与发展是辩证的对立统一,两者互为条件、互相制约、互相促进。节能减排不能只是就能源谈节约,就环保抓减排,而应从国家战略层面和全局高度进行规划、部署,着力构建资源节约型、环境友好型的国民经济体系,完善资源节约的体制,培育资源节约和环境友好的生产、生活方式。一是大力发展第三产业。改变经济增长过度倚重第二产业的局面,加快发展能源资源消耗少、污染排放强度低的第三产业,特别是在国际服务业转移的大背景下加快发展生产性服务业,促使三次产业结构形成新的发展格局;二是切实推进新型工业化。以信息化带动工业化,以工业化促进信息化。加快发展高新技术产业或以高新技术产业改造提升传统产业,加快装备制造业的发展,引导和限制那些能耗物耗高、污染重、产品附加值低的产品的生产与出口,加快淘汰落后生产能力,形成有利于可持续发展的产业分工格局和国际贸易格局;三是加快发展循环经济。全面推进矿产资源综合利用、固体废物综合利用、再生资源循环利用;四是探索发展低碳经济。制订规划,大力推进制度创新和技术创新,逐步由主要依靠化石燃料向主要依靠风能、太阳能、氢能等新能源的转变,创立低碳经济的发展方式,从根本上解决节能减排问题,保持经济社会的可持续发展;五是树立科学合理的消费观念,倡导节约环保型消费方式,建立节约环保型的消费结构,建设相应的经济调控与监督体系。

2. 健全法制,强化节能减排的监督管理

依法治国,建设社会主义法治国家,是我国的基本方略和社会发展目标。国家应尽快组织修订《环保法》,开展《节约能源法》、《大气污染防治法》、《固体废物污染防治法》的组织制定及修订工作。加快民用建筑节能、废旧家用电器回收处理管理、环保设施运行监督管理、排污许可、畜禽养殖污染防治、城市排水和污水管理、废旧轮胎回收利用、包装物回收利用等方面行政法规的制定及修订工作。加强节能及环境保护标准体系建设,颁布高耗能产品能耗限额标准,修订高耗水产品限额标准,制定大型公共建筑能耗限额标准,完善清洁生产审核标准和重点行业污染物排放标准。加大监督检查执法力度。加强电厂烟气脱硫设施运行监管,强化城市污水处理厂和垃圾处理设施运行管理和监督;严格节能减排执法监督检查,加强对重点耗能单位和污染源的日常监督检查,对违反节能环保法律法规的单位依法查处。切实解决"违法成本低、守法成本高"、"执法不严、违法不究"的问题。

加强节能减排的管理。在"十二五"期间,总量减排指标除二氧化硫、化学需氧量外,可在水污染中增加氨、氮、磷,空气污染中增加氮氧化物、二氧化碳,并根据东中西部的发展状况、环境承载能力及各地区的主体功能定位,对节能减排实行分类指导。在新一轮地方政府机构改革中,应遵循大部门制的思路,对有利于节约资源能源、保护生态和减排的管理职能要相对集中,并提高监管能力。

3. 完善政策,形成强有力的激励和约束机制

以最小的资源环境代价发展经济,以最小的社会经济成本保护环境。建立有利于节能减排的价格政策。对于形成有效竞争的能源产品采取市场定价形成机制,并建立合理的能源价格结构,促进替代能源的发展。应理顺发电价格和煤炭价格成本构成机制,取消电煤计划内价格,加快成品油、天然气价格改革;完善鼓励可再生能源发电以及利用余热余压、煤矸石和垃圾发电的政策;合理调整各类用水价格,加快推行阶梯式水价。按照补偿治理成本原则,提高排污单位排污费征收标准,促使业主主动治污减排;建立实施排污权交易制度,提高排污权的使用效能。完善鼓励节能减排的税收政策。及早出台燃油税,研究出台环境税,积极研究低碳经济发展特别是新能源发展的税收政策。要从投资引导向税收调节转移,对浪费资源、污染环境和危害健康的消费品,征收消费附加税,或者提高税率。尽快制定节能、节水、资源综合利用和环保产品目录及相应税收优惠政策。完善对废旧物资、资源综合利用产品增值税优惠政策。

完善相关投资政策。在投资项目选择上,国家应向节能环保的方向倾斜。各级政府应进一步调整财政支出结构,加大财政基本建设投资向节能环保项目的倾斜力度;中央财政应加大对节能减排的投入力度,强化节能减排的政策导向。完善资源开发生态补偿机制;建立跨流域、跨区域的生态补偿机制,增强流域及相关区域污染减排的能力和主动性,促进流域、区域间的和谐发展。建立环境污染责任保险制度,完善绿色信贷机制,鼓励和引导金融机构加大对循环经济、低碳经济、环境保护及节能减排技术改造项目的信贷支持。

完善高能耗高污染行业增长控制和落后产能的退出政策，形成落后产能适时退出、先进技术及时推广、产业结构不断升级的良性循环。

4. 强化科技，提高节能减排技术的创新能力

一是加大节能减排技术的研发力度。把节能减排作为政府科技投入、推进高技术产业化的重点领域，支持科研单位、高校和企业开发高效节能减排工艺、技术和产品，着力增强自主创新能力，解决技术瓶颈。二是加快节能减排技术的产业化。实施节能减排重点行业共性、关键技术及重大技术装备产业化示范项目，推广潜力大、应用面广的重大节能减排技术。培育节能服务市场，推进污染治理市场化，促进节能服务产业和环保产业的健康发展，鼓励引导消费者使用高效节能环保产品。

四 节能减排是进行新一轮产业调整的主线

（一）进行产业结构调整是实现节能减排的内在必然要求

随着经济的发展，工业化和城市化程度不断提高，新兴行业的不断涌现，对能源的需求不断增加。在资源有限的条件下，这必然导致需求无限增长和资源的有限性之间的矛盾。从这个意义上讲，节能减排是实现对资源进行重新分配的一种途径。节能减排通过各种方式提高资源的利用效率，促进生产率的提高和社会分工的合理化，将能源在新兴行业与传统行业之间、第一二三产业之间、城市与农村之间进行重新分配，使有限的资源能够支撑更多的需求。

从商品的投入和产出过程来看，每个企业都是一头连着投入，一头连着产出，整个产业是将各种资源转化为社会产品或服务的中间环节。我们建立一个以单位投入和产业架构为自变量的简单的产出模型，我们将产出看做是与单位投入和产业有关的因变量，那么我们可以得出表 11-1 的结果。经济的增长就是要求产出的增加，节能减排就是要求我们减少单位投入，由表 11-1 中可以看出，要实现这一结果只有通过产业结构的调整来实现。因而资源的重新分配利用必然要求产业结构进行相应的调整。换句话说，资源要实现重新分配，必须通过产业结构的优化调整才能实现。也就是说，产业结构调整是实现节能减排的内在必然要求。

表 11-1　单位投入与产业结构变化对产出的影响

单位投入资源	产业结构的变化	产出的变化
投入数量不变	产业结构不变	产出不变
	产业结构优化	产出增加、经济集约增长
	产业结构不合理	产出下降
投入数量增加	产业结构不变	产出增加、经济粗放增长
	产业结构优化	产出增加、经济集约增长
	产业结构不合理	产出变化不确定
投入数量减少	产业结构不变	产出下降
	产业结构优化	产出不变或增加
	产业结构不合理	产出下降

（二）结构不合理已成为制约推进节能减排的主要因素

中国各种矿物的绝对储量，与其他部分国家相比，本就不算非常富集，如果考虑中国庞大的人口规模，中国矿物资源的状况就更加令人担忧。但中国许多种矿制品长久保持高产，这不能不讲是对矿物资源不计结果的开发。从矿物资源的世界统计数字来看，中国绝大多数矿制品生产量都大大超出储量。比如，中国煤炭生产量占全球总生产量的36.5%，但煤炭储量只占全球总储量的13%；石油生产量占全球总生产量的6.2%，但储量只占全球总储量的2.5%；铁矿生产量占全球总生产量的22.3%，但储量只占13.3%。尽管中国某些矿物资源储量非常大，但平均可采储量只及全球的58%。中国石油总储备寿命，不到世界平均储备寿命的1/4。预计到2010年，中国45种重要矿物资源仅有11种能依靠境内保证供应；到2020年，这个数字将递减到9种；到2030年，则可能只有2~3种。

鉴于我国所处的发展阶段，我国在未来很长一段时间内对资源的需求仍将处于上升阶段。因此在我国需求的无限性和能源的有限性矛盾更为突出。由此可见，我国节能减排的形势更为紧迫，调整产业结构的压力也更大。从1979年第一部《环境保护法》开始，到1997年的《中华人民共和国节约能源法》，再到2004年的《能源中长期规划纲要（草案）》，节能减排工作一直是政府的工作重心之一。节能减排实施三十年来，我们取得了不少的成绩，但是节能减排的形势依然十分严峻。究其原因，就在于产业结构的不合理。我国的产业结构存在的主要问题已成为制约推进节能减排工作的主要因素。目前我国产业结构存在的问题主要分为两方面：一方面表现为产业结构的横向不合理；一方面表现为产业结构的纵向高度不够。

产业结构横向不合理的主要表现是，低水平的重复建设，特别是"双高"行业的投资比例过高。在较短的期间内这种投入能快速增加地方财政收入、扩大就业、促进地方经济发展。但从全国的角度来看，重复建设并没有在品类上丰富社会产品，而是加剧产品的供求矛盾，引起企业之间的恶性竞争，导致产能过剩、资源浪费和环境污染。

产业结构纵向高度不够的主要表现是，我国产业结构过度依赖加工制造低端环节和物质要素投入。改革开放以后，我国抓住国际产业转移的机会，承接发达国家的低端制造业的转移，有效地促进了我国经济的发展。但是低端制造业依靠的是人力资本的优势和资源能源的大量投入，生产效率相对较低，单位能耗相对较高，对我国资源和环境构成了巨大压力。

所以，我们在分析现有产业结构时，调整目标的制定，技术创新方向、相应产业政策制定，实施过程、评价体系的制定与落实都要紧紧围绕节能减排这一主线，将节能减排作为破解产业结构调整难点的切入点和突破口。

（三）在节能减排背景下，产业结构调整面临的新挑战

1. 在国际上以绿色科技为标志的产业科技竞争加剧的条件下，如何发挥国内科技创新对产业结构调整的引领和支撑作用

中国经济增长的未来动力是工业化、城市化释放出的巨大的产业升级和技术进步的生产力能量。从制造业到服务业，从一般制造业到高科技先进制造业将是未来我国产业结构变迁的两大方向。"中国制造"的战略重点已不是过去的加工贸易—轻工业的低端制造，而是占领装备制造业、航空航天等全球战略产业的高端。我们要淘汰落后产能、抑制低水平重复建设、升级产业结构、实现节能减排，最关键的问题还是技术创新。中央光靠行政政策抑制两高产业、淘汰落后产能是行不通的。因为地方政府要解决就业、收入问题，保持经济的增长就不能不投资。但在我国科技创新不能满足需求的情况下，投资的可选项受到了很大约束，想控制不合理的投资是很困难的。因而，科技创新不仅决定了中国工业拓展的深度和效率，还决定了工业拓展的范围，必将对启动新一轮经济增长，改变世界失衡格局具有重大战略意义。

在新的形势下，随着流动性的过剩，通胀压力加大，资源和劳动力成

本面临上涨压力，对我国企业的市场竞争力带来了巨大的挑战。同时我国剩余劳动力丰富的现实决定了很长一段时期内我国不能放弃劳动密集型产业；此外国际金融危机后发达国家的"再制造化"的经验教训，也告诉我们不能简单放弃劳动密集型产业。如果我们能够实现技术创新，掌握一批自己的核心高端技术，就能一方面提高资源的利用率，为企业赢得一定的成本空间，以支持更多的人力资源；另一方面，实现对劳动密集型产业的技术改造，提高产品的技术含量和附加值，走上产业升级的良性发展之路，从而有利于我国实现产业结构横向合理、纵向高度升级的目标。

2. 在低成本比较优势开始减弱，同时发达国家推进所谓"再制造化"的条件下，如何加快培育我们自身的战略性新兴产业

长期以来，"中国制造"的优势主要体现为价格优势，这种建立在初级生产要素基础之上并表现为低价格的竞争优势是非常脆弱的。一方面，随着我国经济发展，劳动力、土地、资金、环境成本会不断上涨，使价格优势不断缩小；另一方面，世界上还存在许多低收入国家，随着这些国家政治经济环境的好转，"中国低成本优势"将面临威胁。因此，当我们自身的成本优势丧失或者有成本更低、产品质量更高的国家进入全球市场后，先前依赖于低成本的制造业出口就会显著下降。目前，我国劳动密集型产品的国际竞争力之所以还能够维持，很大程度上是因为现代制造业的产业链长、配套体系复杂，周边国家尚未形成中国这样完善的产业配套体系。但是中国必须未雨绸缪，及早培育具有国际竞争力的产业和产品。新兴产业由于其成长性、创新性、时代性、战略性、先进性、带动性的特点已经成为各国产业战略的重点发展方向。其中新能源产业更是重中之重。以绿色能源为主导的技术革命正孕育新的产业革命，将催生一批新兴产业。20世纪末，发达国家就开始了大规模的绿色能源技术研究。为应对国际金融危机，一些国家更是通过加大技术创新支持力度，将新能源产业的发展作为重要领域，绿色能源等新能源产业已经成为下一轮产业革命的重点。

3. 在产能过剩压力加大的条件下，如何改变对产业规模扩张的过度依赖

多年来，在我国形成了 GDP 的增长就等于投入增加的粗放式增长的观念。投资需求成为拉动我国经济增长的主要动力之一。但投资需求是一种中间需求，它首先要转换为生产力，最后一定要转化为消费需求，才能对现实的经济增长产生影响。由于投资结构不合理必然导致生产力结构的不合理，也就是产业结构的不合理，最终必将会出现生产结构性过剩和生产结构性短缺并存的问题。

这正是我国的现实情况。我国在几年前已有产品过剩和产能过剩的迹象，而在这次全球性经济危机的冲击下表现得更加明显。在应对金融危机时，政府为刺激经济加大投资，虽然信贷资金主要投向基础设施等与民生相关的产业，但不可避免有部分信贷资金流向产能过剩的行业，盲目投资和低水平重复建设导致部分行业产能过剩的形势更加严峻。绝大多数加工制造行业的产能利用率不到70%，900多种工业产品的产能利用率低于60%，甚至有的低于40%。如钢材产能过剩40%，且粗钢在2008年产能过剩就已经达到53%，焦炭产能过剩200%、电解铝58.4%、电视机90%、家用电器30%、汽车18.75%、服装和纺织业超过100%。另外，值得我们注意的是，近年来在一些新兴行业也出现了产能过剩现象。例如，多晶硅生产线扩建计划总产能达到17.7万吨，相当于目前全球产量的3倍和目前中国产量的150倍；光伏玻璃生产线猛增10倍达到40条，光伏电池产量由3兆瓦上升到2000兆瓦，6年增长600多倍；2008年全国风力累积装机容量达到2000万千瓦，但其中真正并网发电的不到三分之一。

4. 在我国内部实现产业转移的同时，如何避免先污染后治理

随着我国人均收入水平的提高，资源禀赋结构的变化，我国的产业结构布局也面临新的调整，根据大国雁阵模式，表现为一个独立经济体内部地区之间的产业转移和承接。我国现阶段以东部发达地区为转出区域，以中西部地区为主要承接区域的区际产业转移，是区域间资源禀赋、区位、市场、产业配套环境、制度环境等因素的差异所形成的比较优势动态变化的结果。但产业转移与环境风险之间存在着内在的关联机制，随着东部投资和产业转移项目的持续进入，中西部一些地区已经面临着环境恶化的现实压力。因而哪些产业会转移出去，转移到什么地方，以何种方式转移都是事关节能减排发展、事关可持续发展的重大问题。目前关于转移路径大致可以归结为两种，一种是按照"资源、劳动密集型产业—资本密集型产业—技术密集型产业"的顺序先后进行的，为东部产业结构"腾笼换鸟"；一种是利用"后发优势"，走跨越式地区增长模式。不论实施什么样的模式，中西部地区必须将环境风险的防范和化解纳入其产业承接战略中，采取各种积极有效措施，确保随之攀升的污染保持在环境可承受的范围之内。

专题十二
房地产业："馅饼"还是"陷阱"
——从家电业巨头和制造业民企进军房地产业说起

随着我国房价近年来不断升高，房地产业成为国际以及国内资本追求高回报率的主要行业，家电业巨头与制造业民企为追求高利润率纷纷选择投资房地产，这一举措会对其自身发展、房地产市场以及我国整个国民经济带来什么影响，政府又应该采取什么样的政策来趋利避害？本专题对此略作剖析。

一 家电巨头投资房地产的现状及其原因

从2010年4月起国家相继出台了"新国十条"、"新国五条"等相关楼市调控政策，但在高额利润的驱动下，国内部分家电企业还是不断进军房地产业。2010年7月5日，康佳以3.42亿元的价格竞得昆山市周庄镇全旺路南侧地块，用途为旅游设施及商住用地。康佳方面表示，公司将在该地块进行房地产及商业等配套产业开发。2010年7月29日，远大中央空调董事长兼CEO张跃高调宣布，著名经济学家、前高盛亚洲区董事总经理胡祖六已入股远大，共同运作房地产业务。远大将在一年多的时间里完成三期工程，建设1000多万平方米的建筑，营业额将超过300亿元人民币，"远远超过空调主业"。次日，另一个家电巨头TCL集团与万通实业签署协议，加强在工业地产领域的合作，同时做"转型升级"之考虑。而早在2004年，TCL集团就已试水地产领域，先后在惠州和深圳成立了房地产开发公司。

在投资房地产的家电巨头中，具有代表性的是格力、海尔和美的三家公司，它们投资的规模最大，获得的利润也最为可观。

作为家电业巨头的格力集团，2009年成功完成借壳上市。2010年8月底发布的中报显示，在进军地产业后，不足一年，新成立的格力地产就实现营业收入5亿多元，比上年增长913.5%。如今，格力地产已发展成为一家集房地产开发、营销、服务于一身的大型企业，在珠海、西安、重庆等地拥有10余家下属公司，业务范围遍及房地产开发的整个链条。目前，格力地产在建的重点项目包括格力广场、格力香樟、格力海岸、港珠澳大桥、珠澳口岸人工岛等项目。

海尔地产集团是海尔旗下专门从事房地产投资、开发和经营的企业，成立于2002年4月15日。2009年起海尔地产连续实现倍速发展，迅速跻身全国百强行列。2010年海尔地产位列"中国房地产百强企业"第四十八位、"成长性TOP10"第三名，荣获"2010年度中国地产鲁商领军企业"第一名，位居中国房地产品牌价值华北区域第二名。

美的地产发展集团成立于2004年12月25日，隶属于美的集团。发展至今，累计已开发土地面积达120万平方米、建筑面积超过100万平方米。2004年5月，美的地产收购了君兰高尔夫生活村项目，开发高尔夫高端地产。通过此次项目开发，美的地产在赢得高端置业者各方青睐的同时也吸引了诸多行业内人士的关注。凭借集团强大的资金实力和资源整合能力，美的地产之后的发展道路也越走越顺。自2006年上半年起，美的地产又相继成功开发"美的新海岸"、"海岸大社区"、"御海东郡社区"等项目。经过数年的滚动发展和专业沉淀，美的地产已从广东成功走向全国，目前在江苏、湖南、贵州等地拥有多个地产项目，步入专业地产发展集团的行列。

在2010年房地产市场强力调控的情况下，家电背景的地产企业销售成绩也十分出色。下面主要以格力为例分析其利润情况。2009年，格力地产实现营业收入51296万元，比上年增长161.40%；实现营业利润30363万元，比上年增长391.69%；截至2009年12月31日，公司总资产539287万元，比上年增长68.23%。

2010年格力地产第一季度季报显示，期末总资产为696203万元，上年度期末总资产为539287万元，同比增长29.10%。2010年1~3月营业收入为41884万元，营业成本为23390万元，上年1~3月营业收入为151万元，营业成本为93万元，同比分别增长27637.75%和25050.54%，其主要原因是房屋销售面积增加。2010年1~3月营业利润为11164万元,而上年1~3月营业利润为-710万元,巨大的营业利润增长幅度则是由于房屋销售利润的增加。

同样的情况也出现在海尔和美的,房地产的销售利润成为其营业利润的重要来源。

巨额利润是驱使家电业巨头涉足房地产业的最重要原因。除此之外,家电生产成本近年来逐步提高以及家电业自身创新能力较差、后劲不足,也是促使家电巨头从家电业转向投资房地产的重要原因。下面将逐一分析。

(一) 房地产行业的高额利润驱使

可以这样说,大量资金之所以涌入地产业,是因为地产行业的利润较高。大多数房地产的年度净利润,超越家电龙头企业一倍以上。2009年年报显示,家电行业的龙头企业格力、美的和海尔2009年的净利润,分别为29.13亿元、18.9亿元和11.49亿元,而同一时期,中海、万科和保利等房地产龙头企业的净利润分别为65.4亿元、53.3亿元和35.2亿元。家电本身的微薄利润,无法满足企业扩张甚至生存的需求,而地产前几年带来的巨额暴利蛋糕,吸引着靠家电起家的企业大批量地进军地产行业。

目前,从家电构成来看,彩电毛利较低,成本较高,加上库存折旧,各种成本费用加起来上升到8%~12%;空调毛利相对较高达到15%~20%,格力、美的等空调毛利甚至达到25%~30%;冰箱的利润率在25%左右;洗衣机利润率介于空调和冰箱之间。有数据显示,目前我国家电行业的平均利润率仅为2%~3%,远低于国外家电业的平均利润水平。利润微薄的产业现状加快了国内家电企业寻找新的利润增量空间的步伐。为了寻找新的赢利增长点,部分家电企业通过投资房地产等与家电业非关联性产业来追逐资金利益的最大化,这正是对多年来产业利润微薄现状的一种集体反馈。

除了家电行业的利润较低以外,房地产业稳定的现金流、响当当的品牌效应以及借助与地方政府的良好关系而获得的在土地项目审批方面得到的便利条件也是促使家电巨头进军房地产的重要原因。

（二）家电业羸弱的赢利能力拖累了企业自身的创新力度

家电制造的崛起离不开技术创新的推动作用。然而，保持自主创新能力的一个重要条件就是要有强大的科研投入，但家电业羸弱的赢利能力拖累了家电企业的创新力度。

一直以来，国内的家电企业都没有进入高端市场。在与跨国公司的较量中，产品的技术含量、品牌管理水平等方面存在的差距，是有目共睹的。美国的一项调查表明，90%的欧美跨国公司都已经把创新融入了他们的企业战略，80%都建立了全公司的研发中心。大多数企业至少把利润的10%投入到了研发当中，但中国企业能达到这一标准的，可谓少之又少。而在日本，尽管泡沫经济破灭以后，日本经济陷入了长达10多年的低迷之中，但日本企业的科研开发经费投入从1995年开始不仅没有减少，而且还一直在增加，每年投入的科研经费总额达到了168000万亿日元左右，科研经费占国内生产总值的比例也高达3.35%，这一比例堪称世界之最。

我国家电企业在产业核心技术上落后于外资企业，全球产业价值链的高端部分长期被外资把持。正因为如此，在创新方面，中国企业与欧美企业的差距仍在不断拉大，从而使中国企业无法在上游掌握更多话语权，"代工者"的角色难以翻身。在这种情况下，一些家电企业为了能够保持其市场地位，获得一定的发展空间，必然会采用战略性转移的策略，而转移的方向集中指向了房地产业。

（三）劳动力成本的提高导致家电行业生产成本增加

"中国制造"的最大优势就是劳动力，其廉价性和充沛性都在降低。有关调查预测，2014年起中国人口依存度将逐步上升。这就意味着，需要抚养的人口在增多，而能生产的人在减少。这样一来，过去10多年高速发展过程中的人口红利就无法依赖。劳动力的供应减少，导致劳动力成本上升，"瓶颈"就出现了。从2010年开始，跨国公司在中国的投资方向出现了明显的变化：产能开始向中国以外的地方转移，包括东南亚、非洲、东欧以及北美墨西哥、东南美洲。外资企业原来选择落户中国是因为廉价的劳动力成本，如今中国情况出现了变化，它们开始计划转移到成本更低廉的地区。而对于中国的家电企业来说，已经习惯了用低成本作为单纯的手段来参与竞争，当这种优势丢掉的时候，竞争的开始也意味着结束。而对于高度景气的房地产业来说，劳动力成本的提高完全可以忽略，这让长期被劳动力成本上升困扰的家电行业羡慕不已。家电企业开始将其资本的触角伸向房地产这块"迷人"的领地。

二　制造业民企投资房地产的现状及其原因

（一）制造业民企投资房地产业的现状——以雅戈尔为例

雅戈尔集团创建于1979年，经过30多年的发展，逐步确立了以品牌服装、地产开发、金融投资三大产业为主体，多元并进、专业化发展的经营格局，成为拥有员工5万余人的大型跨国集团公司，旗下的雅戈尔集团股份有限公司为上市公司。品牌服装是雅戈尔集团的基础产业，随着2008年集团并购美国KELLWOOD公司旗下核心男装业务——新马集团，雅戈尔更获得了强大的设计开发能力、国际化运营能力以及遍布美国的分销网络，成为全球最大的男装企业之一。

雅戈尔集团的年度报告显示，2009年，雅戈尔集团股份有限公司实现营业收入1227862.22万元，较上年同期增长13.90%。然而，年报披露，该年营业收入增加的主要原因为报告期内房地产业务收入的增加。而其基础产业品牌服装经营在2009年实现营业收入690502.04万元，净利润44496.04万元，分别较上年同期下降3.43%和8.52%。相比在报告期内，雅戈尔实现房地产业务营业收入519545.03万元，净利润119134.30万元，分别较上年同期增长49.88%和53.16%（如表12-1所示）。

表12-1　雅戈尔集团的营业收入及利润表[①]

单位：万元

	2006年	2007年	2008年	2009年
营业收入	612793.91	703389.71	1078031.08	1227862.22
其中：				
服装纺织业务	389635.83	466528.63	715058.92	690502.04
房地产业务	192685.45	205493.74	346633.32	519545.03
其他	30472.63	31367.34	16338.84	17815.15

---

① 文中关于雅戈尔的全部数据来自雅戈尔集团股份有限公司年报。

根据《中国民营企业500家分析》中的相关数据，对象企业中，服装、鞋帽、皮革制造企业的销售净利润率为8.77%，而房地产企业的净利润率达到10.51%。而雅戈尔集团有限公司年报中的有关数据更能揭示雅戈尔集团进军房地产业的原因（如表12-2、图12-1、12-2）。

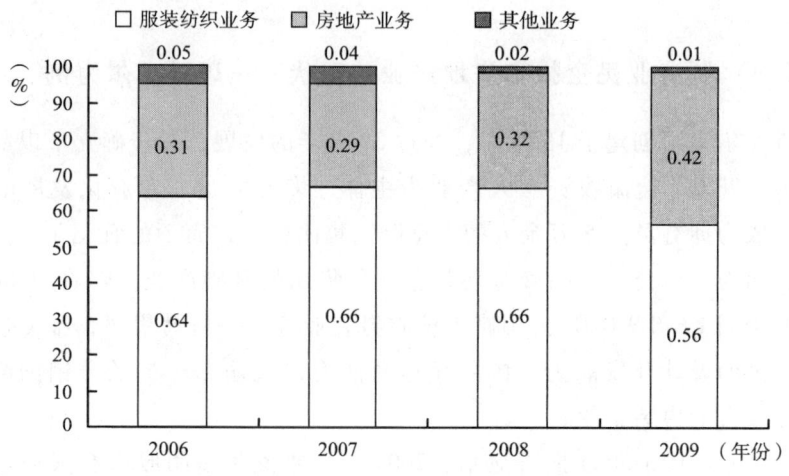

图 12-1 雅戈尔各行业业务收入占总营业收入比例

表 12-2 雅戈尔公司投资额

单位：万元

	2006 年	2007 年	2008 年	2009 年
投资总额	24436.48	528987.56	289747.37	606643.65
其中：				
房地产开发		57750	138800	276500
服装制作加工		16392.54	92523.87	145511.66

雅戈尔集团进军房地产绝非制造业企业的个案。根据"2009年浙江百强民营企业排行榜"的名单，与房地产沾边的企业达70余家。2009年度的浙江民企百强中，制造业销售额度占总量的60%，同比降低24%。上一届的民企百强中，有14家传统制造业企业未能进入本届百强榜。在新的民企百强中，上升最快的行业正是房屋建筑及房地产行业。浙江民企百强中，建筑和房地产企业从2002年的4家，上升到2009年的27家，其中10家房地产企业销售总额达1463亿元，同比增长66%。

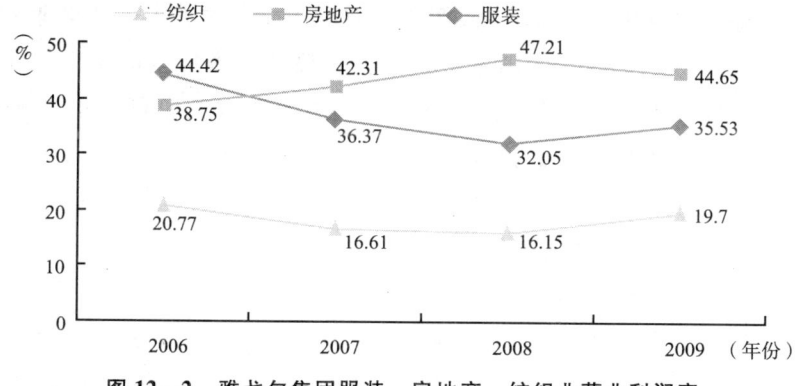

图 12 - 2　雅戈尔集团服装、房地产、纺织业营业利润率

（二）制造业民企投资房地产的原因分析

制造业民企投资房地产的原因与家电企业类似，也是受到房地产业巨额利润的吸引，且自身的利润空间有限；另外，制造业资金规模较大，其闲置资金需要找到出路。公共事业投资多由国家资本掌控，进入门槛过高，在这种情况下，房地产业自然成为制造业民企投资的首选。2009年，尽管金融危机持续蔓延，国家出台多项政策调控房地产，但三大房地产巨头依然获得丰厚赢利。2009年万科实现营业收入488.8亿元，净利润53.3亿元；保利实现营业收入229.87亿元，净利润35.19亿元；金地集团营业收入达120.98亿元，净利润17.76亿元。同年，根据2010年中国民营制造企业100强榜单，前三名的赢利情况分别为：江苏沙钢集团营收达到1463.1亿元，净利润36.8亿元；联想控股集团有限公司实现营收166亿美元，净利润1.29亿美元；江苏雨润食品公司创收451.4亿元，实现净利润26.7亿元。

从收入的角度来看，沙钢、联想、雨润的平均收入高于房企，但比起利润特别是利润率，这三家企业就相形见绌了：三大房企的净利润率最低的为10.9%，最高的接近15.3%，而另三家制造企业净利润率最高也仅为5.9%，最低只有2.5%。

尽管制造业企业利润空间不大，但是庞大的收入规模使他们手中一直掌握着大量的现金流。让这些钱闲置显然不符合企业利润最大化的目标，于是，将闲置资金投入房地产业就成为首选。根据"2010中国企业500强"排名可以发现，排位靠前的企业都是来自石油、石化、电力、通信、银行、保险等行业。尽管国家出台"新36条"鼓励民间资本进入公共事业领域投资，但是这些行业大部分为国家资本掌控，民营资本插足的空间很小，并且政策的实施尚需时日。房地产行业则不同，只要企业拥有足够的现金流，跟当地政府的关系足够好，就能买到地，就能分享到房价上涨带来的投资增值收益。

于是，制造业民企进军房地产市场就成为一种普遍现象。《2010中国民营企业500家分析报告》指出，根据对2009年营业收入前500家的民营企业的调研，房地产业的销售净利润达到10.51%，服装制造业的销售净利润为8.77%，黑色金属及有色金属冶炼行业的净利润率仅为2.95%。2009年民营企业500强中在未来三年拟投资房地产业的企业数为221家，比例达44%。

三 家电业巨头和制造业民企投资房地产业的风险

（一）我国近四年来房地产政策回顾

我国为抑制房地产泡沫，维护经济稳定，保持我国经济正常健康发展，自2003年以来制定了一系列的房地产政策，对于抑制房地产泡沫的扩大起到了一定的积极作用，尤其是从2007年起我国针对房地产价格疯涨的现象从货币政策、财政政策和行政管制等方面密集并有针对性地出台了一系列政策。以下是2007年~2010年我国房地产政策的简要回顾。

2007年，房地产政策以改善住宅供应结构和调整购房需求为主，大力建设住房保障体系。2007年全年央行实施了从紧的货币政策，一年期存款基准利率提高到4.14%，一年期贷款基准利率提高至7.47%，存款准备金率上调至14.5%；1月16日开征了土地增值税；3月16日通过的《物权法》确定了财产所有权的归属问题，规定70年后自动续期；9月27日提高了购买二套以上住房的贷款首付比例及贷款利率；12月1日起限制外商投资房地产业；8月1日，政府提出将加大"保障房"的建设力度，解决好城市低收入家庭住房困难；之后九部委联合发布了《廉租住房保障办法》，对廉租住房制度建设中群众和地方政府普遍关心的问题作出了明确的规定。

2008年，全球经济经历了百年不遇的"金融海啸"。我国也从上半年的防止经济过热、抑制通货膨胀的紧缩型宏观经济政策转变为下半年的以刺激经济增长、防止经济衰退为主要方向的宽松型宏观经济政策。房地产政策紧跟宏观经济政策的大方向，也经历了由紧到松的转变。2008年上半年政策继续从紧，1月3日，国务院颁布《国务院关于促进节约集约用地的通知》，加强了对闲置土地及无偿划拨土地的管理；2月28日建设部发布《关于做好住房建设规划与住房建设年度计划制定工作的指导意见》，明确指出套型建筑面积90平方米以下住房（含经济适用住房）面积所占比重必须达到新开发建设总面积的70%以上；央行继续上调存款准备金率，至6月25日存款准备金率已上调至17.5%；8月27日，中国人民银行和中国银监会联合发出通知再次重申各商业银行不得向小产权房发放任何形式的贷款的规定。但从9月16日起，政策发生转向，央行开始逐渐下调存款准备金率、存贷款利率，并出台了一系列的购房税费减免政策及住房贷款优惠政策；11月5日，温家宝总理主持国务院常务会议确定扩大内需十项措施，2010年底前投资40000亿元，以刺激经济，防止经济形势的恶化。

强化住房保障与稳定市场发展——这是2009年我国房地产政策趋向的两条主线。同时，这也是2008年房地产调控的沿袭、加强和深化。围绕这两条政策主线，2009年初房地产调控政策主要从金融、市场、税收和保障住房四方面进行，表现出政府希望通过刺激房地产市场，使之尽快回暖的态度。2009年初，各商业银行和各地方政府纷纷制定细则，贯彻国办发〔2008〕131号文件。2009年1月3日，四大国有银行宣布，只要2008年10月27日前执行基准利率0.85倍优惠、无不良信用记录的优质客户，原则上都可以申请七折优惠利率。2月10日，继农行出台房贷细则后，工商银行开始执行购房者可享受住房贷款七折的优惠利率细则，随后不久，其他银行的优惠政策细则相继出台，为楼市回暖蓄积了政策基础。各地方政府根据中央精神，也纷纷出台细则促进房地产市场健康发展。5月27日，国务院在《关于调整固定资产投资项目资本金比例的通知》中明确，保障性住房和普通商品住房项目的最低资本金比例为20%，其他房地产开发项目的最低资本金比例为30%，从而预示着紧缩了数年的房地产信贷政策开始"松绑"。2009年上半年采取的积极宽松的财政、税收、金融政策使房地产市场迅速升温，至2009年底，全国主要城市商品住房成交均价创历史新高。

由于2009年房地产市场的过快上涨，2010年政府重拾从紧的房地产政策。2010年1月10日，国务院发布《关于促进房地产市场平稳健康发展的通知》，二套房贷款首付比例不得低于40%。2月20日，银监会正式发布《流动资金贷款管理暂行办法》和《个人贷款管理暂行办法》，打击炒房者和投机行为。3月10日,国土资源部再次出台了19条土地调控新政,即《关于加强房地产用地供应和监管有关问题的通知》,该通知明确规定开发商竞买保证金最少两成、1月内付清地价50%、囤地开发商将被"冻结"等19条内容。3月18日,国资委表示,除16家以房地产为主业的中央企业外,78户不以房地产为主业的中央企业正在加快进行调整重组,在完成企业自有土地开发和已实施项目等阶段性工作后,退出房地产业务。4月2日,财政部下发通知称,对两个或两个以上个人共同购买90平方米及以下普通住房,其中一人或多人已有购房记录的,该套房产的共同购买人均不适用首次购买普通住房的契税优惠政策。4月14日,国务院常务会议要求,对贷款购买第二套住房的家庭,贷款首付款不得低于50%,贷款利率不得低于基准利率的1.1倍。另外,对购买首套住房且套型建筑面积在90平方米以上的家庭,贷款首付款比例不得低于30%。4月18日,国务院发布通知指出,商品住房价格过高、上涨过快、供应紧张的地区,商业银行可根据风险状况,暂停发放购买第三套及以上住房贷款;对不能提供一年以上当地纳税证明或社会保险缴纳证明的非本地居民暂停发放购买住房贷款。

(二) 我国房地产业近四年来的发展状况

2007年,国家针对房地产行业的大幅度波动制定了一系列的政策来引导房地产业正常健康的发展,从图12-3中我们可以看出,房地产业投资指数、综合景气指数以及土地开发面积指数都较为平稳。

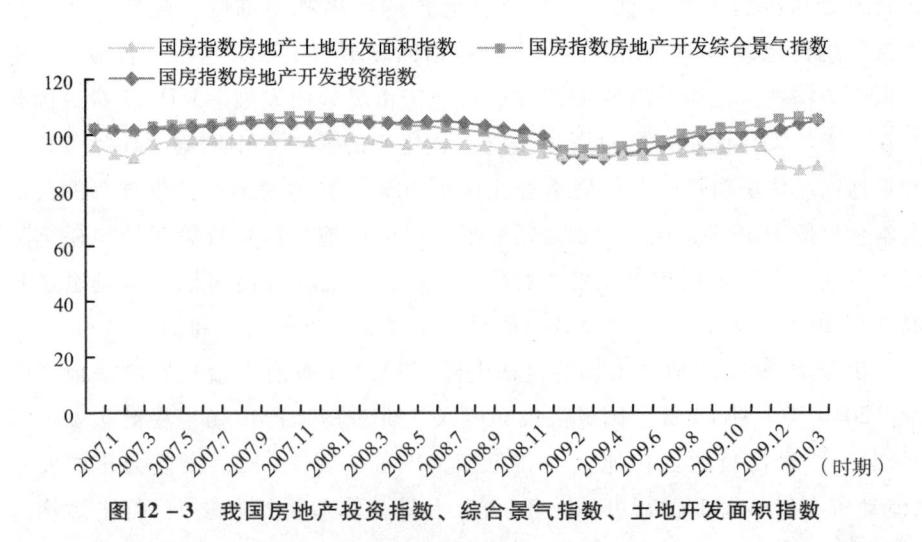

图12-3 我国房地产投资指数、综合景气指数、土地开发面积指数

专题十二　房地产业:"馅饼"还是"陷阱"

从图 12-4 中来看,针对外资投机行为的政策也起到了显著的效果。

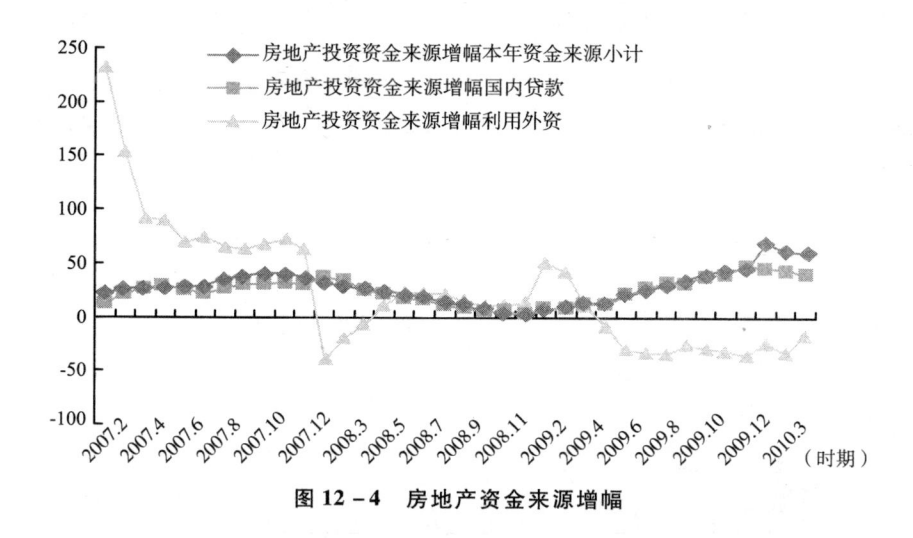

图 12-4　房地产资金来源增幅

但是从图 12-5 中,可以看出近年对于房地产的投资在不断加大。

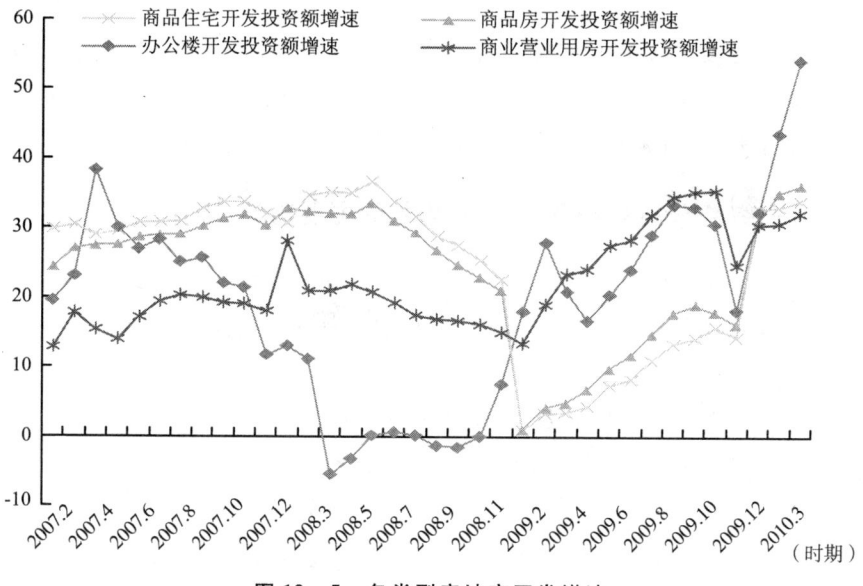

图 12-5　各类型房地产开发增速

投资的主要方向从 2008 年 5 月开始大量转入办公楼、商品房和商品住宅的开发。这样快速的投资增幅并没有推动相应房产的价格大幅度波动。

从图 12-6 中，可以看出各类房产价格的指数都较为平稳。

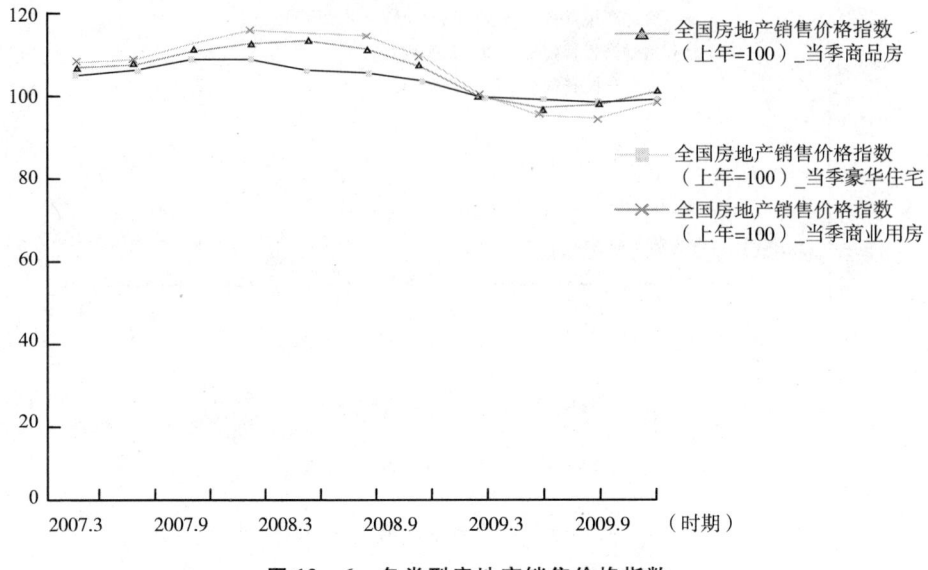

图 12-6　各类型房地产销售价格指数

从以上数据可以看出房地产自 2007 年以来发展相对较为平稳，房地产资金来源由以前的主要依赖外资而逐步转向依赖内资，房地产投资的方向逐步转向办公楼及商业营业房，近年来各类型房产价格相对较为平稳。

（三）综合分析影响我国房地产业的主要因素

与其他市场一样，供给与需求是影响房地产价格走向的基本因素，但是由于我国人口众多而且相对集中于经济较为发达的地区，所以我国房地产市场供需关系的核心因素主要来自于需求。从需求角度来讲，很多人购买住宅从动机上分为居住和投资两种属性。而居住动机反映的是刚性需求，投资动机则反映的是弹性需求。基于我国特殊的文化背景，对于房地产的刚性需求相对其他国家来说更为严重，但随着我国文化与国际文化的不断融合，经济发展的结构性变化带来的人力资源的广泛流动将会减小我国房地产方向上的刚性需求。对于投资动机的弹性需求，其影响因素包括以下几个方面：

（1）存款装备金率和房地产消费信贷。

存款准备金率在我国是最重要的货币政策，它能有效地调节经济体中流通资金的数量。当存款准备金率上升时,银行可放出贷款的比例降低,从而造成整个经济体投资额的缩减,同时银行为增加可放出的贷款额而提高存款利率以吸引更多的资金流入,同时也提高了贷款利率以保证银行基本存贷业务的正常赢利,因而增加了贷款人的贷款成本,也就减少了新项目的投资与开发。另外利率也反映着投资的机会成本,当利率上升的时候,投资的机会成本上升,对于未来收益的净现值减少都导致资金更多地撤出投资市场,从而降低投资需求,但是这一政策针对的不仅仅是房地产,也包括所有的投资类项目。房地产投资信贷则重点针对房地产的投资需求,商业银行通过提高首付比例或者取消贷款优惠的政策而降低房地产投资信贷额度,从而直接影响投资需求。

(2) 人民币汇率。

同一种货币被严重低估的时候,货币作为一种投资品,便会引起外来资本的买进从而使得大量的热钱流入低估货币发行国。我国为吸引大量外资和增加国际货币储备一直控制着人民币汇率在低位,这吸引了大量的外来投资,由于汇率一直处于低位也并没有引起大量游资的进入,但是随着我国2005年的汇率改革以及最近提出的经济发展模式转型都催生人民币升值的预期,目前国际金融机构对人民币升值预期普遍在一年5%的水平,使得大量的游资进入我国,并通过投资股票或通过地下钱庄进入房地产业,从而夸大了我国房地产业的投资需求,催生了我国以房地产为代表的资产泡沫。

(3) 消费心理。

我国2000多年的文化底蕴使我国人民具有其他国家无法比拟的精神财富,但同时也给我国消费者背上了沉重的心理枷锁,中国人宁可省吃俭用存一辈子钱也要买一套房子,尽管从经济学角度来说租房更加合理。正是基于这种心理,使得房地产投资者预期总会有最终的买者从而不断地抬高房价意图获取利润,使得在我国特有国情下滋生的对于房地产的刚性需求催生了投资需求。

如果供给始终是充足的,那么刚性需求并不会引起房地产业的价格非理性上涨,而投机需求在失去了刚性需求的基础以后对于房地产价格的推升也便失去了动力。

下面将从供给方面阐述影响房地产市场价格的因素。

(1) 制度性因素。

由于历史的原因和我国政治体制所遗留的问题,目前仍然有大量的房产不能上市交易。政府正在逐步地促使原来不能流通的房产上市流通，但可以上市交易的二手房由于交易程序烦琐，税务繁多，新建商品房的高价格又催生二手房价格的上升，从而造成我国二手房交易量一直十分低迷。

（2）土地供给。

土地供应是房地产市场供应中最重要的因素，由于我国的特殊国情，我国土地的管理者为当地政府，为了增加财政收入和谋取个人利益，地方政府恶意囤地，抬高地价，从而减少土地供给。我国近两年加强了政府用地的监督和违法占地的处罚力度，逐年放宽土地供给量，但是依旧要做好土地的使用监管，防止投资者或者土地资源管理者出现恶意或者变相囤地、圈地的现象。

（3）保障性住房供给量不足。

地方政府为增加财政收入或者谋求个人利益，将所管理的土地大量用于商业开发，从而使得保障性住房的比例十分低下，保障性住房比例低下和二手房交易量低下使得对于以居住为目的的刚性需求很难与投资于商品住房的投资需求相分离。同时，无法满足低收入人群的住房需求会引发低收入人群聚集地的治安环境恶化，从而导致居住环境恶化，进一步促使城市中心居住环境良好的地区的房价上升，而这种上升反过来又带动低收入人群聚集区的房价进一步上升，从而导致恶性循环。

（四）展望房地产业的前景

1. 长期来看，我国房地产市场将持续繁荣，发展前景良好

（1）宏观经济增长和城市化进程增加购房需求和住宅消费。

从支持商品住宅需求的经济环境来看，目前我国宏观经济已经连续四年保持10%以上的高增长，在此基础上，城镇居民收入有较快的提升，2007年以来，同比增长接近20%。宏观经济的高速增长是支撑我国自1999年以来房地产市场持续繁荣的最根本因素之一。在国际上，住宅需求与人均GDP有着密切联系。一般来说当一个国家人均GDP在1000～4000美元时，房地产业进入高速发展时期；当人均GDP为4000～8000美元时，房地产业进入稳定快速增长期。从2005年开始，中国已经进入了人均1000～4000美元的发展阶段，这个阶段正是房地产发展的黄金阶段，在一定收入支撑下的旺盛消费成为房地产发展恒久的动力。与此同时，我国正处于工业化初期，城市化加速时期，截至2007年末城镇人口比重已经达到

44.9%，政府的目标是到 2010 年城市化率达到 50%，2020 年城市化率达 60%。城市化率大幅提升一直是国内房地产行业赖以蓬勃发展的最为重要的契机。在这一阶段，由于城市人口的快速增长、旧城改造、预期居住面积的增加以及传统文化对于房产的偏好使得城市里大量的人都有潜在购房需求，这将对我国住宅消费起到非常重要的促进作用。

（2）人民币升值导致外来资本涌入房地产市场。

以上是从自住的刚性需求角度考虑，而住房作为一种特殊的商品，它不仅拥有消费品属性，还具备投资品属性。从房地产投机和投资的需求角度看，我国处于长期低息的经济环境下，流动性过剩；汇改以来人民币升值加快，在未来的几年预期也会进一步升值；大量的外来资本会趋利而进入中国，房地产作为投资品尤其在中国现实情况的背景下被认为是在短期内具有较高回报率较低风险的投资品，因此大量外资会通过股票、地下钱庄的方式进入房地产，从而进一步拉高房价。

（3）居民可支配收入增加提升居民的现实消费需求。

国家发展战略转移，提出要发展内需作为我国新的最主要的经济增长引擎，"十二五"目标提出了要将国民可支配收入的增速提高至 GDP 的增长水平，从而增加国民的支付能力，这将进一步提升居住类消费产生的刚性需求，也将促进整个房地产市场的发展。

2. 短期来看，国家要加强调控，平抑房价

（1）调控资本市场，提升房地产业融资结构。

相比起 2009 年政策对于房地产的扶持，2010 年房地产政策面已经偏紧。首先，从目前已经出台的房地产调控政策来看，信贷政策的变化是让市场感到最为紧张的。一方面，2010 年的信贷总量大量减少，不利于资金密集型的房地产行业的发展。另一方面，对市场成交量影响很大的二套房政策也开始全面收紧。政府已经显示出遏制房价过快上涨的决心。政府对房地产开发商自有资金最低比例做了调整，这对房地产企业的资金面也形成了一定的冲击。另外，近期政府在货币政策方面紧缩动作不断，随着央行不断地回收银行体系的流动性，加上证监会也暂缓房地产企业融资申请的审核工作，寻求新的融资之路已经成为房地产企业未来的重要工作之一。目前房地产企业的融资结构不合理，对银行依赖度过高。这样的融资结构对房地产企业来说是非常不利的，同时也导致了资源配置的不合理。随着我国经济体制改革的不断深化，金融制度改革也将进一步深化，这有利于提升房地产业融资的结构，就目前而言，房地产的融资能力在很大程度上受制于银行。

(2) 调控土地市场，降低住房建设成本。

地价是房价的决定性因素，政府2010年对于土地市场的调控是历年来最为严厉的一次。先是出台了"分期缴纳全部土地出让价款期限原则上不得超过一年，特殊项目可以约定在两年内全部缴清，首次缴款比例不得低于50%"的规定，从资金面上遏制开发商圈地的行为；而后国土资源部公布了包括北京、上海等一线城市在内的18宗督办的房地产闲置土地案件，上海等一线城市也将开展闲置土地登记。对未按要求登记、未说明原因的建设单位，土地闲置满一年不满两年的，按照土地出让价款的20%征收土地闲置费；对土地闲置满两年的，将依法无偿收回土地使用权，注销土地登记。从政府之前有关增加住房建设用地有效供给的行为来看，未来除了会加强住宅土地供给之外，还会进一步促进开发商加快开发进度，打击囤地行为。在政府大力整顿土地市场以及购房者观望情绪不断升温的大背景下，未来房地产行业将有可能出现一段时间的调整。

(3) 增加保障性住房，从供给角度抑制房价。

根据国家规划，自2009年起，三年之内，全国将新建200万套廉租房和400万套经济适用房，同时完成约220万户林业、农垦和矿区的棚户区改造。《国务院办公厅关于促进房地产市场平稳健康发展的通知》中也明确提出，要加快推进保障性安居工程建设。而各地也在加紧落实保障性住房的建设，上海首批经济适用房申请受理工作也于近日完成。对于无法支付商品房房价的人群来说，保障性住房的逐渐入市无疑是一种福利。此外，保障性住房的入市将会削弱对于商品房的刚性需求，从而对商品房价格能够起到一定的抑制作用。

需要说明的是，政府调控房地产市场的目的并不是打压，而是抑制房价泡沫，引导房地产市场走向良性健康的发展道路。

(五) 家电业巨头和制造业民企投资房地产的风险

家电业巨头和制造业民企投资房地产市场可以获得高额的利润，但也隐藏着巨大的风险，这些风险主要来自于国家宏观调控所带来的政策风险和国际热钱所带来的金融风险两个方面。

从2007年起中央政府制定了一系列房地产政策用于引导房地产的正常

发展，坚决打击房地产泡沫。从国家房地产政策具体的指向性可以看出，国家在住房供给方面主要针对开发商和地方政府恶意囤地；区分刚性需求和投资需求，加大保障性住房供给量；在政策上引导二套房上市交易；将住房需求不断引向租房需求，增加廉租房供给量，以降低租房价格。在需求上控制投资倾向，减少房贷的同时也在减少银行对房地产行业的支持；稳健提高汇率的同时，引导外来资本流向较容易控制的资产池，从而大幅度减少了外来资本在我国房地产方向的投资。国家政策使得房地产行业稳定资金的流入严重紧缩，并削弱了作为房地产投资需求的基础刚性需求，也使得我国目前出现了有价无市的状态，这是房地产买方与卖方之间博弈的结果，而就目前的国家政策而言是在削弱卖方势力，从而控制房地产价格的非理性增长，以增加社会福利。所以，在国家政策的影响下，房地产在未来一段时间内短期波动将会增加，从而增加了房地产行业的政策风险。

在《新帕尔格雷夫经济学大辞典》中，布伦丹·布朗对"国际热钱"作了如下定义："在固定汇率制度下，资金持有者或者出于对货币预期贬值（或升值）的投机心理，或者受国际利率差收益明显高于外汇风险的刺激，在国际上掀起大规模的短期资本流动，这类移动的短期资本通常被称为热钱。"[①]

我国热钱大多形成于2005年之后，到2007年末就有了5200亿美元，2008年第一季度就增加了800亿资金，达到6000亿美元，数额十分巨大，而且增长迅速。2008年6月，社会科学院报告称进入我国的热钱规模已超过外汇，达到惊人了的17500亿元。

当一个地区或国家的经济结构存在严重缺陷，而经济又发展很快时，国际热钱就会认为有利可图，大量进入，在房市、股市不断兴风作浪，造成房市、股市异常繁荣的假象，这种繁荣就是泡沫。一旦热钱在收获暴利后出逃了，人民就会看到市场的真相，市场的资金大量缺失将使人民恐慌，投资者信心下降，后果就是市场崩溃，经济不振。日本20世纪80年代末和90年代初出现的股市泡沫和房地产泡沫，给日本经济带来了毁灭性的打击，甚至今也没走出衰退的泥潭。90年代日本GDP平均增长率不到1%，出现了经济倒退的现象，这与泡沫发生之前，GDP年增长率超过3%的情况形成

---

① 约翰·伊特韦尔等编《新帕尔格雷夫经济学大辞典》第2卷，经济科学出版社，1992，第724~725页。

了鲜明的对比。可见热钱带来的泡沫对一个国家的经济有多大的危害。

国际热钱主要在两个方面催生房地产泡沫，进而产生金融风险。第一个方面是通过强化"预期效应"来抬高房价。在投机泡沫形成阶段，投机者预期的未来价格越高，其预期资本收益率也就越大，投机者就会增加当期消费，并将购得的资产囤积，以期在未来价格更高时抛售，这就导致随着房产价格的升高，需求量反而增大，进而诱发房产市场表现出虚假繁荣，引起消费者产生对未来房产价格进一步上涨的预期。第二个方面是由于流动性过剩。流动性增强使经济处于产能过剩状态，一些企业和个人不愿投资实体经济，便涌入房地产市场，资金的大肆流入造成房地产价格飙升。而房价的持续上涨对中国经济的平稳增长和人民生活水平的提高均造成了负面影响，一旦热钱撤离房地产市场，或者房地产泡沫过大而急速破裂，带给经济的负面作用将难以估计。国际热钱如果不加限制和管理的话，一旦房价无法支撑，国际热钱迅速撤离，就意味着银行的金融资产受到严重威胁，从而直接威胁到国家金融体系的安全，甚至引发大的社会动荡。

热钱来中国赌人民币升值，进入房地产、股市等领域进行投机，最终目的是获取超额利润。达到他们的暴利目的后，一旦中国发生了突发事件，他们必将毫不留情地改变资本流向，外资流入的突然中断造成的急剧资金短缺将严重地打击国内货币金融市场，给中国的房市、股市以及人民币汇率带来极大的风险。

另外，在我国各商业银行中，房地产开发贷款和个人住房贷款在银行贷款余额中占有相当的比重。房地产泡沫一旦破裂，房价大幅下跌，企业投资难以收回，将直接造成房地产开发贷款难以偿还。同时，房价的迅速下跌致使众多购房者无力偿还住房按揭贷款。所以，银行资本面临严重缩水的风险，以上因素容易引发社会、政治、经济、生活的动荡，甚至引发金融危机。

四 家电业巨头和制造业民企投资房地产的影响

家电业巨头和制造业民企都属于制造业，与其他制造业的不同之处在于这两个行业的产品多为最终消费品，因此这两个行业的流动资金量相对较为充足，有利于其进行投资。然而作为实体经济的家电业和民企制造业，在进行投资的过程中多以投机为目的，而以这种目的而存在的资金流会催生房地产的资产泡沫，从而在短期内加剧房地产行业的波动。尤其是作为行业领军企业的投资行为，会导致该行业其他企业不断跟进，从而造成这种波动的扩大化。

家电业和民企制造业由于有比较充裕的流动资金，因此无须完全依赖金融机构便可以自由投资，从而使银行无法有效地控制其资金流向，由于没有专业的评级机构对行业投资做出适当的评定也增加了投资自身的风险。房地产资金来源于国外资本的增速在下降，国内贷款的增速虽然平稳却依旧低于房地产资金总额的增速。这反映出，有大量的其他资金进入房地产，而且增速非常快。根据房地产开发商投资额度的相关数据，我国国内内资企业合计的投资比例增速由2008年12月的2.3%增长到2010年4月的38.9%。这样的结果导致国家在制定货币政策的时候对房地产行业非理性投资的控制力下降，由于房地产行业涉及多个其他行业，如钢铁业、水泥业等基础建设类行业，将有可能导致家电业和民企制造业对国家经济的反控制，从而加剧整个经济体的短期波动。

家电业巨头和制造业民企投资房地产对自身产业发展起到了促进作用还是抑制作用，应该根据具体情况辩证分析。

房地产业属于高利润行业，对资金周转速度快、存在大量沉淀资金的企业来讲，不失为寻求产业套利的一种有效方式；但对那些经营质量不高、资金流动速度较慢的企业而言，进军房地产业就是"饮鸩止渴"，一旦经济形势发生变动，流动性不足将使家电和地产板块双双陷入尴尬，企业正常经营也就此陷入两难境地。

总的来看，我国家电业和制造业企业进入房地产业的方式分为两种类型：一是剩余资金进入地产战略，即用自身产业创造的正向现金流寻找再赢利的出口，这实际上是制造企业创造的第二个产品——"滞留资金"再赢利。这些企业一般具备资金周转速度快、主业沉淀资金多等特点，他们一般将主业的沉淀资本投资地产板块，寻求利益的最大化。在这一过程中，自身产业板块实际上充当了"银行"的角色，而房地产业则做大了家电市场"蛋糕"。这样，地产板块与自身产业板块形成了一种健康的产融互动，地产优势成为自身产业板块优势的延伸。

第二种类型则是"借贷"豪赌型。这些企业将自身产业板块的资金挪用到房地产行业，通过"借贷"主业资本实现套利。一般而言，这些企业的资金周转速度较慢，沉淀资本也相对有限，他们进军房地产板块只能依靠银行借贷或主业"借贷"。事实上,这一运营模式存在着巨大的运营风险,一旦外界经济形势发生变动,地产板块占用的资金不能及时变现,自身产业与地产两大板块都将面临现金流紧张的状况。从某种意义上讲,"借贷"进军地产板块与在股市上打新股属于同一种类型,风险都比较大。

在家电业和制造业进军地产业的发展逻辑背后,反映出两个产业的部分企业在利润微薄的情况下缺乏明晰的战略突围路径,被迫将地产业作为套利及增利工具,这在某种程度上是企业对产业发展现状无奈的表现。但资金周转速度慢、利用效率相对较低的企业大规模进军地产业,对自身产业的发展将产生不利影响:大量的家电和制造业板块流动资本涌入地产板块,而可供自身产业支配的资本增量将大幅减少,产业总体流动性将大幅减弱。一旦出现诸如全球金融危机之类的经济形势波动状况,这些企业将面临巨大的现金流考验,本来是寻求增利的地产板块将成为妨碍家电主业发展的"毒药"。

总之,家电业和制造业进军房地产业的影响是多方面的。既有对其自身产业的影响,也有对我国整体实体经济的影响,既有正面的影响,也有负面的影响。如果家电业和制造业进军房地产业的资金是其主业之外的沉淀资本的话,这种投资可以说是家电业、制造业和房地产业之间的良性互动,房地产业成为家电业和制造业优势的延伸。但是,如果家电业和制造业进军房地产业是以投机为目的,在自身陷入危机时想通过进军房地产业来改善现状,则无异于"饮鸩止渴",不仅会加剧企业经营的困境,还会对我国整体国民经济带来不利影响。"馅饼"还是"陷阱"需要进行具体的分析。

五 结论和建议

目前我国家电行业的平均利润率仅为2%~3%,远低于国外家电业的平均利润水平,而大部分房地产企业的毛利率应该在35%左右。利润微薄的产业现状加快了国内家电企业寻找新的利润增量空间的步伐。部分家电企业通过投资房地产等与家电业非关联性的产业来追逐资金利益的最大化。正如本文中所述,大量资金投资房地产,在短期内部分企业或许会有一些高额的收益,但是从长期来看,却会面临着巨大的风险。由于缺乏必要的资金投入自身的家电行业,也不会有强大的科研能力,从而缺乏自主创新能力。在这种情况下,国内的家电企业很难进入高端的市场。在与跨国公司的较量中,产品的技术含量、品牌管理水平上的差距,会导致国内的家电业处于竞争的劣势。在长时间的这种恶性循环下,家电业的主营产业势必面临巨大的风险,甚至出现破产。根据"2009年浙江百强民营企业排行榜"的名单,有近七成的企业投资房地产业务。而根据2010年8月29日全国工商联发布的"2010年中国民企500家榜单",进入该榜单的房地产民营企业在迅速增加。从2008年的16家房地产企业增加到26家,另外,根据中华全国工商业联合会经济部发布的《2010中国民营企业500家分析报告》,此榜单的500家企业中,44.2%的企业计划在未来投资房地产业务。在面临实体经济投资环境持续不良的情况下,包括制造企业在内的许多民营企业选择进入了利润丰富的房地产领域。

从企业自身的发展来说,多元化发展确实会带来额外的收益,但也一定会分散企业专注于自身主营业务的精力。

虽然,企业利润在短期内得到了大幅度的攀升,但是投资房地产也伴随着高风险。为了打压房地产市场出现的泡沫,国家不断加大宏观调控力度,房地产市场频繁出现波动。2010年国家出台的加息,频繁上调准备金,"新国五条"、"新国十条"等一系列与楼市相关的政策,使得房贷更加严格。而房地产行业大量的楼房供给尤其是商品房的供给,会导致供过于求的现象,购房者持币待购的心态势必受到影响。家电业大举进军房地产业,势必扰乱资本市场及房地产市场的正常发展,带来巨大的风险。

同时国际游资在国家政策引导下流入其他资产池,在政治和经济上都进一步加大了房地产的短期波动,从长期来看,投资房地产追逐高利润会削弱行业提升自身的核心竞争力,导致其国际市场竞争能力的进一步弱化,失去更多的市场份额和市场话语权,从而进一步推动销售利润的下降,又进一步为获得高利润而使得更多的资本用于投资房地产。这样的恶性循环,会改变行业主营方向,在长期内增加行业风险。

(一) 关于房地产市场调控政策的相关建议

(1) 中央政府可以在地方设立房地产调控机构,从全国或局部地区发展的角度对地方政府制定房地产调控政策施行监督和审批。

(2) 完善税收制度,加大地方政府的税收收入,有效减少偷税漏税的问题,增加地方企业的效益,改善地方产业同构化引发的地方产业无规模经济甚至无市的现状。

(3) 应当制定以全局为观测点的与房地产政策相适应的配套政策,例如改善地方官员升迁考评制度;改善户籍制度;改善教育成本过高带来的人才集中于一线城市的问题;改善金融制度,增强国家对于国内资金和国际资金的引导能力;改善税收制度,加强税收制度在国民经济二次分配中的作用。改善产业制度,提升产业核心竞争力,使企业融入国际经济环境,通过规模经济创造更高的效益,从而增加地方税收。

(4) 区分刚性需求和投资需求,增加保障性住房的供给量,建立针对不同人群的住房保障体系,完善二手房交易制度,利用市场机制调节房地产价格;对于投资需求的商品房,应当在资本市场上进行相关政策的调控。

房地产业作为我国经济发展的重要动力之一,其自身正常健康的发展关系到整个国民经济体系的正常健康发展。因此,房地产政策要针对房地产泡沫的深层次原因制定更长远的政策,加强政策对房地产发展的引导作用,提高民众的可支配收入,减少普通民众维持基本生活的费用;通过教育增强民众理性选择的能力,更有效地发挥市场机制的作用。

(二) 关于家电业和制造业产业结构优化升级的相关建议

家电与制造业是一个国家工业的重要基础,其产业竞争力是一个国家核心竞争力的重要组成部分。增强产业竞争力的关键在于推进产业结构调整和优化升级,使产业结构更加合理化、高级化。

针对上文所指出的家电和制造业民企在自身产业发展方面所存在的问题和不足,我们就推进其产业结构调整和优化升级提出以下几点建议:

1. 国家应加大对家电和制造业的政策和资金扶持力度

国家应根据国民经济的总体布局、上述两产业的自身发展规律对其进行有针对性的政策和资金引导,引导两产业向着有利于自身产业长远发展、有利于提升国际竞争力、有利于改善国民经济整体基础的方向前进。特别是对代表未来产业发展方向的高端家电制造业和高端装备制造业加大政策和资金扶持力度。

2. 家电和制造业自身应加大科研和产业结构调整的投资力度

科技创新和产业结构调整是产业发展的核心动力。我国家电和制造业自身存在着大而不强,多而不精的发展困局。与发达国家的先进同行相比,我国家电和制造业在科技创新方面的投入长期不足,新产品的推出多是靠仿造国外先进产品而来,从而无法掌握核心技术。而在结构调整方面,我国的家电和制造业由于没有核心技术的支撑，长期处于国际产业链的低端，只能靠打价格战生存，而无法进入竞争少、利润高的产业链高端。因此，家电和制造业应加大科研创新投入力度，建立科研创新激励机制、吸引国内外高端人才，为科研创新提供良好的环境；在科研创新的基础上占领产业发展的制高点，引领产业发展的潮流和方向。

3. 加快产业内部整合，提升产业的整体国际竞争力

通过兼并重组等方式加快产业的横向一体化和纵向一体化，整合产业的优势资源，打造具有国际竞争力的全产业链，从而获得可与国际同行相匹敌的竞争优势。

在行业整体需求稳定的基础上，通过政策引导和自身努力增强自身产业的竞争实力才是获取高行业利润的最根本途径。而相比之下，舍本逐末地进入房地产业只能是企业一时的权益之计，还应尽快回归主业，培育企业发展的永久生命力。

专题十三
CPI 创新高的深层次原因探析

一 引 言

2008年发生的金融危机给我国国民经济带来了较大影响，造成了经济的短暂下滑。其中的一个明显表现就是期间CPI指数一路下跌。官方统计数据显示，2009年CPI同比下降0.7%。从公布的数据看，组成CPI的八大类商品价格四涨四落：烟酒及用品上涨1.5%，医疗保健和个人用品上涨1.2%，食品上涨0.7%，家庭设备用品及维修服务上涨0.2%；居住下降3.6%，交通和通信下降2.4%，衣着下降2.0%，娱乐教育文化用品及服务下降0.7%。

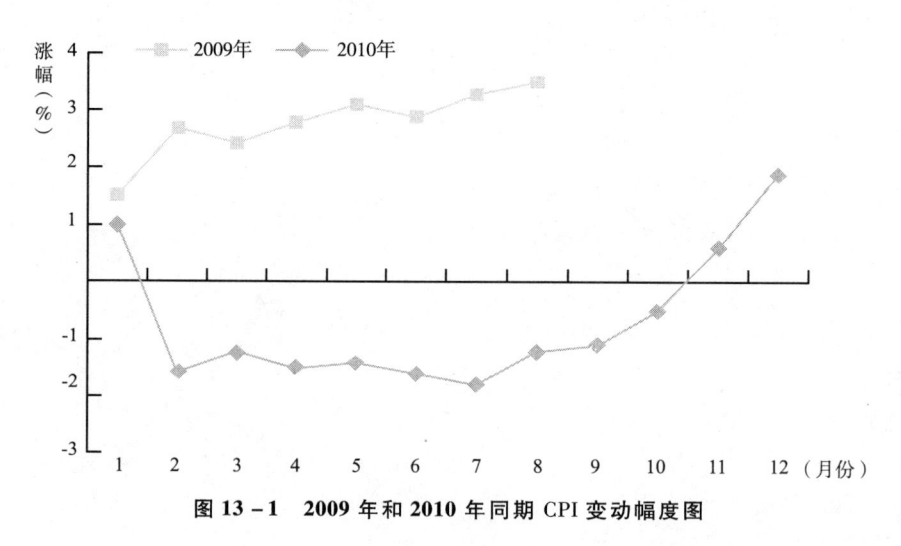

图 13-1 2009年和2010年同期CPI变动幅度图

然而，经历了一年的阵痛，我国经济开始缓慢复苏，2009年底，CPI指数开始增长，进入 2010 年以来，CPI 快速反弹，涨幅不断加大，中国开始面临较大的通货膨胀压力。2009 年与 2010 年同时期 CPI 变动幅度十分明显，如图 13-1 所示。2010 年以来，CPI 的快速上涨引起了专家学者和民众的普遍关注，CPI 已经成为社会讨论的热点经济话题之一。尤其是 2010 年 8 月份，CPI 同比增幅为 3.5%，创下连续 22 个月以来的新高。

从数据上来看，2010 年 8 月 CPI 涨幅比 7 月扩大了 0.2 个百分点，同比上涨 3.5%，环比上涨 0.6%；分类别看，八大类商品价格六涨二降，其中食品价格同比上涨 7.5%，居住价格同比上涨 4.4%，为涨幅最大的两项分类指标。物价飞涨成为人们形容此现象的代名词。

物价快速上涨已经成为最近一段时间中国经济的一个常态，它不仅给中国的经济带来了许多不确定因素，也给老百姓的生活带来了很大的压力。消费品价格快速上涨削弱了居民的购买力，严重影响了居民的消费水平和生活水平，成为民众抱怨和批评的焦点。到底什么是 CPI，它为什么受到大家如此的关注，它与居民生活有着何种联系，它又与通货膨胀之间有着怎样的关系，到底是什么原因使它居高不下？对此，本文将做一些简单探讨。

二 认识 CPI

（一）CPI 的定义

人们的生活离不开衣、食、住、行，离不开柴、米、油、盐、酱、醋、茶，然而随着社会经济的发展、分工专业化程度的加深、市场经济的高度发达，我们生活所需的诸如此类的物品，不再需要自给自足了，而是要用劳动所获得的货币到市场上去交换。在一定的时期里，我们的劳动报酬是稳定不变的，因此我们每一个人都期待着能用手中最少的货币换取最多的生活用品或服务，在满足生活物质需求的同时尽可能提升自己的精神需求。因此，物价自然而然成为人们生活当中最受关注的一个话题，因为它决定了我们每一个人的生活质量。收入一定的情况下，物价越低我们就能拥有更多的商品，或是获得更高质量的商品。对此经济学家与经济决策部门编制了消费者物价指数，以期让公众用严谨、理性的眼光去看待物价水平的波动。

CPI 是 Consumer Price Index 的缩写形式，中文全称为居民消费价格指数，根据国家统计局公布的定义，它是反映一定时期内城乡居民所购买的生活消费品价格和服务项目价格变动趋势和程度的相对数,是对城市居民消费价格指数和农村居民消费价格指数进行综合汇总计算的结果。简单来说 CPI 就是一个数字,一个用来衡量消费品和服务价格的增长程度的数字。CPI 的增长幅度是通过观察一束具有代表性的消费品和服务的购买成本的变化而计算出来的,它是这些具有代表性的物品和服务价格变动的加权平均数,其权数是根据不同商品和服务在这个具有代表性商品和服务束中的相对重要性而给出的。

CPI 的计算公式为:

CPI=(一束代表性商品和服务按当期价格计算的价值/一束代表性商品和服务按基期价格计算的价值)×100%

其中,"基期"是指过去的某个特定的被用做价格计算基础的年份;"当期"则是指当前需计算 CPI 的年份。公式中当期的消费束和基期的消费束是相同的,消费束中各种消费品和服务的相对比重也是相同的。有的经济学书籍中称这个消费束为"一篮子固定物品"。

各个国家根据自己的实际情况,可以选择不同的代表性商品和服务束以及这些商品和服务在各自的 CPI 构成中的比重。根据国家统计局公布的情况,我国现行的 CPI 构成及其权重如图 13-2 所示。

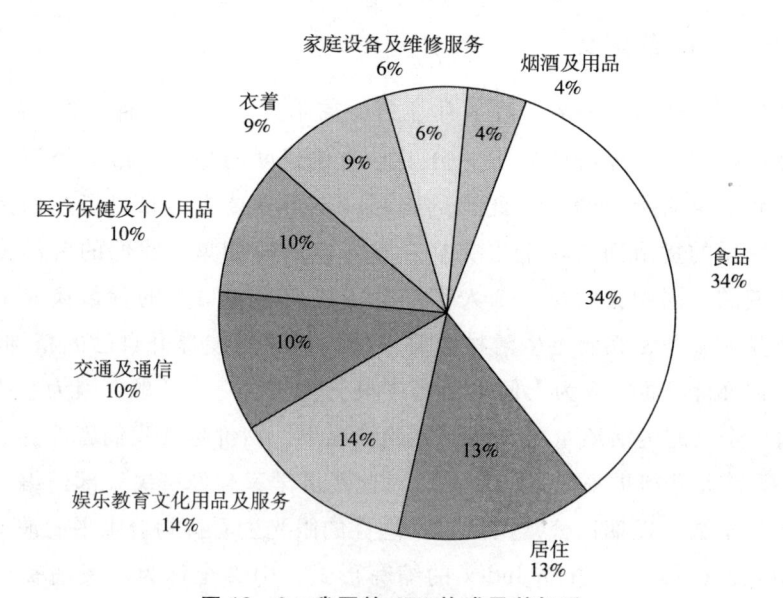

图 13-2 我国的 CPI 构成及其权重

从图中我们可清楚地看出，我国居民消费价格指数所包含的那一束商品和服务按用途划分为八大类：食品（34%）、烟酒及用品（4%）、衣着（9%）、家庭设备及维修服务（6%）、医疗保健及个人用品（10%）、交通和通信（10%）、娱乐教育文化用品及服务（14%）、居住（13%）。

（二）CPI 的作用

通过上面的简单介绍我们对 CPI 有了初步的认识，但 CPI 到底有什么作用，我们透过这个枯燥的数字能发现或是预测到哪些经济现象，这个数字的上下浮动对我们的生活又有什么影响，下面我们作简要分析。

由 CPI 的计算公式我们可以看到，它是反映与居民生活有关的消费品及服务价格水平的变动情况的重要经济指标。

简单地说，CPI 告诉人们的是，对普通家庭的支出来说，购买具有代表性的一组商品，在今天要比过去某一时间多花费多少，例如，若 2005 年我国普通家庭每个月购买一组商品的费用为 800 元，而 2010 年购买这一组商品的费用为 1000 元，那么 2010 年的消费价格指数为（以 2005 年为基期）

$$CPI = 1000/800 \times 100\% = 125\%$$

这时我们说 2010 年物价比 2005 年物价上涨了 25%。而我们最常用的是 CPI 的月同比价格指数和月环比价格指数。其中月环比价格指数，反映八大类代表性商品和服务与上月比较的价格变动。计算方法是先计算该八大类代表性商品和服务中各代表规格品当月价格与上月价格比较的相对数；然后，采用几何平均法计算基本分类月环比价格指数。以大米为例简单说明某年某月八大类代表性商品和服务月环比指数编制的过程及基本方法：

（1）计算代表规格品的平均价格，调查员分别到 3 个调查点采价，每个调查点每月采价三次。代表规格品一级大米各调查点的时点价格如下（采用简单算术平均法计算。以一级大米为例，计量单位为元/每千克）：

表 13-1　一级大米各调查点的时点价格

	调查点甲	调查点乙	调查点丙	调查月均价
第一调查日	3.238	3.248	3.456	3.314
第二调查日	3.667	3.734	3.886	3.762
第三调查日	3.555	3.679	3.816	3.683
调查点月均价	3.487	3.554	3.719	3.586

此例中一级大米的月平均价格为 3.586 元/千克。代表规格品的月平均价格采用简单算术平均法计算，就是把在三个调查点所采的共 9 次价格相加，再除以 9 得出。

$$\frac{3.238+3.248+3.456+3.667+3.734+3.886+3.555+3.679+3.816}{9}=3.586$$

（2）计算出代表规格品平均价后，再计算代表规格品本月平均价与上月平均价对比的相对数。假设 2007 年 1 月大米的一种规格品价格是每公斤 3.314 元，2007 年 2 月份的价格每公斤 3.357 元，相对数为：

$$\frac{3.357}{3.314}=1.013$$

假设大米基本分类共有 5 个代表规格品，在各调查点代表规格品月平均价格的基础上，分别计算 5 个代表规格品的价格变动相对数，再用几何平均法计算该基本分类的月环比价格指数：

例如大米，调查 5 个规格品的价格，即 $n=5$；

规格品一的相对数为 1.013，G1 = 1.013；

规格品二的相对数为 1.015，G2 = 1.015；

规格品三的相对数为 1.023，G3 = 1.023；

规格品四的相对数为 1.035，G4 = 1.035；

规格品五的相对数为 1.073，G5 = 1.073。

由以上计算可知，大米这一基本分类的环比价格指数为：

$$\sqrt[5]{1.013\times1.015\times1.023\times1.035\times1.073}\times100\%=103.2\%$$

根据各代表规格品价格变动相对数，采用几何平均法计算大米这个基本分类 2 月份的月环比指数，基本计算公式为：

$$K_t=\sqrt[n]{Gt_1\times Gt_2\times\cdots\times Gt_n}\times100\%$$

其中：Gt_1、Gt_2、……Gt_n 分别为第一个至第 n 个规格品报告期（t）价格与上期（$t-1$）价格对比的相对数。

月同比价格指数的计算公式为：

某月同比价格指数 =（一束代表性商品和服务按当年某月价格计算的价值/一束代表性商品和服务按上年某月价格计算的价值）×100%

由数学知识可以很容易知道月同比价格指数也可由基期至报告期间各期的月环比指数连乘得到，下面会做具体介绍。

1. CPI 是度量通货膨胀（通货紧缩）的一个重要指标

通货膨胀是物价水平普遍而持续的上升。CPI 的高低可以在一定水平上说明通货膨胀的严重程度。一般说来当 CPI>3% 的增幅时我们称为 Inflation，即通货膨胀；而当 CPI>5% 的增幅时，我们把它称为 Serious Inflation，即严重通货膨胀。

2. CPI 是国民经济核算的重要指标

在国民经济核算中，需要各种价格指数。如消费者价格指数（CPI）、生产者价格指数（PPI）以及 GDP 平减指数，利用这些指数对 GDP 进行核算，从而剔除价格因素的影响。

3. CPI 用于契约指数化调整

例如在薪资报酬谈判中，因为雇员希望薪资（名义）增长能相等或高于 CPI，希望名义薪资会随 CPI 的升高自动调整等。其调整之时机通常于通货膨胀发生之后，幅度较实际通货膨胀率低。

4. CPI 是宏观经济分析与决策的重要指标

一般来说，CPI 的高低直接影响国家的宏观经济调控措施的出台与力度，如央行是否调息、是否调整存款准备金率等。同时，CPI 的高低也间接影响资本市场（如股票市场）的变化。

（三）CPI 发布和编制总体情况简介

正如前面叙述的那样，CPI 的主要用途是监测通货膨胀、国民经济核算以及衡量物价对居民生活的影响。正是由于这些重要的作用，它被社会各界所重视，而且随着社会主义市场经济的发展与完善，其被重视的程度与日俱增。那么如此受关注的 CPI 是怎么发布和编制的呢？

1. CPI 发布时间及内容介绍

CPI 月度数据由国家统计局通过新闻发布的形式统一公布，公布形式包括国务院统一安排的新闻发布会和国家统计局官方网站（www.stats.gov.cn）。国家统计局发布 CPI 的时间，月度一般在月后 13 号左右，季度、年度则延至月后 20 号左右。

消费价格指数公布内容包括：①全国及各省（区、市）CPI；②36 个大中城市 CPI。国家统计局 CPI 月度新闻稿中含有总指数、大类指数及部分中类指数（如食品类中的粮食价格、油脂价格、肉禽及制品价格、鲜蛋价格、水产品价格、鲜菜价格、鲜果价格、调味品价格等）的变化描述。

2. CPI 编制的总体情况介绍

我国的消费价格指数是由国家统计局负责编制，全国按统一的调查方案开展消费价格调查得来的。目前，国家统计局在 31 个省（自治区、直辖市）设立调查总队，各省（区、市）调查总队负责在当地抽选调查市县和价格调查点以进行价格调查，同时还要编制本省的消费价格指数，经过审核后由调查总队在规定的时间内将数据上报到国家统计局。目前我国调查地区样本总数共有 550 多个市县，采价点样本近 3 万个，近 4000 名受过专业培训的价格采集员从事价格收集工作。

如上所述我国居民消费价格指数的商品分类按用途划分为八大类，根据近 13 万户城乡居民家庭（城镇近 6 万户农村近 7 万户）的消费习惯，在这八大类中选择了 262 个基本分类。每个基本分类下设置一定数量的代表规格，目前约有 600 种左右的商品和服务项目的代表规格，作为经常性调查项目。

三 CPI 指数 8 月份高增长原因分析

2007 年一场猪蓝耳瘟疫的发生使得 CPI 进入了人们的视野。在此前数年，中国的物价连续多年保持着稳中有降的态势。政府一直将促进内需和鼓励消费作为经济政策的重要诉求。直到 2005 年，物价才开始掉头回升。但回升的幅度平稳，几乎没有引起人们的注意。一直到 2006 年下半年，粮食和食用油的价格上升开始让低收入的城市居民感到不安。到了 2007 年一场猪瘟使得猪肉出现供应严重不足的情况，导致猪肉价格大幅上涨，大幅提升了人们对通货膨胀的预期，从而点燃了全社会上至国家政府下至普通百姓高度关注 CPI 关注通货膨胀的导火线。政府多方采取措施抑制通胀，最终由于自然灾害、金融危机等的影响，CPI 指数终于在 2008 年末重回警戒线以下，接着 2009 年由于政府一系列紧缩性政策的重拳出击，CPI 终于低调了一阵子，但自 2009 年下半年以来 CPI 又一路走高，终于在 2010 年 7 月份突破年初设定的 3%"红线"并在 8 月份涨幅继续扩大。到底是什么原因使得 CPI 有这么猛烈的涨势？下面进行具体分析。

(一) 翘尾因素是造成 CPI 指数上涨的主要原因

"翘尾因素",是指上期物价变动因素对下期价格指数的延伸影响。下面具体介绍一下翘尾因素的含义:

如以 P_n 表示第 n 个月的同比价格指数,以 P_n^1 表示当年第 n 个月的月平均价格,以 P_n^o 表示上年第 n 个月的月平均价格,则有: $P_n = P_n^1/P_n^o$

如以 P_n^1/P_{n-1}^1 表示第 n 个月与上月,即 $n-1$ 个月的环比价格指数,则当年在任一个月的同比价格指数都是该月之前的 12 个月的环比价格指数的连乘积,即

$$P_n = P_n^1/P_{n-1}^1 \times P_{n-1}^1/P_{n-2}^1 \cdots\cdots P_{n+2}^o/P_{n+1}^o \times P_{n+1}^o/P_n^o$$

可见,在当年的 12 个同比价格指数中,除了 12 月份,其他 11 个月的同比价格指数都可以以年度不同分为两个部分:一部分是从上年第 n 个月开始到上年 12 月为止的各个月环比价格指数的连乘积,另一部分是从上年 12 月开始到当年第 n 个月为止的各个月环比价格指数的连乘积。这个部分的数值就是上年价格变动对当年价格总指数的"翘尾"影响。

通过计算得知 8 月份 CPI3.5 个百分点的构成中,翘尾因素为 1.7 个百分点,新涨价因素为 1.8 个百分点。可见翘尾因素对 CPI 的增幅贡献率达到 45.7%,占很大的比重。

(二) 食品类价格及居住类价格也是拉动 CPI 大幅上涨的主要因素

2010 年 8 月,CPI 指数中八大类商品价格同比六涨二降。其中,食品类价格上涨 7.5%,居住类价格上涨 4.4%,医疗保健及个人用品类价格上涨 3.3%,烟酒及用品类价格上涨 1.5%,娱乐教育文化用品及服务类价格上涨 1.2%,家庭设备用品及维修服务价格上涨 0.4%,衣着类价格下降 1.2%,交通和通信类价格下降 0.6%。从以上统计局公布的数据可以看出,食品价格上涨最为突出,拉动 CPI 上涨 2.5 个百分点,同时居住类价格上涨也是不可忽视的一个拉动 CPI 大幅上涨的因素。我们在第四和第五部分中将对这两方面原因具体进行分析。

四 食品类产品价格上涨的原因分析

"高烧"不退的食品价格无疑是近来 CPI 持续攀升的主要原因。国家统

计局相关数据显示，2010年8月份，粮食同比上涨12%，鲜菜同比上涨19.2%，肉禽也相应上涨。8月份猪肉价格环比上涨了9%，鲜菜上涨了7.7%，蛋上涨了7.5%，这三种农产品的价格在8月份涨幅比较大。综合来看，农产品的价格上涨对新涨价因素贡献了70%左右，因此，8月份CPI涨幅扩大主要还是农产品价格上涨所导致的。

另据新华社全国农副产品和农资价格行情系统监测，2010年4月底与2009年11月1日相比，全国土豆价格上涨了84.8%，部分城市的涨幅接近200%；同时，很多地区2010年5月份绿豆价格也大幅上涨，零售价在12元以上，与上年同期相比涨幅超过了200%；一些地区的大蒜零售价也超过了10元/斤，与上年同期相比翻了几十倍。7月份以来，全国蔬菜价格持续上涨，截至8月18日，监测蔬菜平均价格累计涨幅为17.9%，其中一半以上蔬菜价格涨幅在20%以上，菠菜、生菜、黄瓜、大蒜等部分品种价格涨幅在30%以上。可见2010年二季度以来小宗农产品的价格波动十分剧烈。

我们从以下几个方面来深入探讨农产品价格大幅攀升的原因。

（一）供给不足和需求过盛是造成农产品价格上涨的直接原因

1. 造成供给不足的因素

（1）劳动力、土地、资本等生产资料供给短缺，导致农产品供给不足。

目前，我国农业生产还是单一的劳动密集型产业，农业生产主要依靠农民来完成，但伴随着我国工业化、城镇化的发展，有大批的农民外出务工，农村劳动力出现短缺，必然造成劳动力供给的紧张，从而导致劳动生产力成本的上升，最终导致农产品价格的上升；同时在工业化、城市化进程中，城市的地价节节攀升，使得制造工厂、库房等越来越倾向于往城郊地区转移，这导致农产品种植面积不断减少，再者由于不合理的土地利用方式，如城市近郊大片的良田被用来种植花木，自然也会影响到农产品的生产规模；加之水、电、油等基础性产品和化肥、农药等农资产品的价格上调，长期以来城乡分治的格局，限制了城乡之间资源的双向移动。这样在工业化、城镇化的发展过程中，劳动力、资本、土地资源快速向城市流动，农村的生产资源相对减少，农产品生产机制出现问题，长期制约了农业生产的规模性和经济性，是造成农产品供应不足的基本原因。

（2）自然灾害的频繁发生，使得对自然依赖度高的农业生产大幅减产。

据民政部统计数据，截至2010年7月末，南方洪涝灾害已造成国内农作物受灾面积395.6万公顷，其中绝收面积61.7万公顷。另据中国国家防汛抗旱总指挥部的统计，截至2010年3月16日，中国耕地受旱面积达645万公顷，超过多年同期均值近180万公顷，其中，云南、广西、贵州、四川、重庆五个省区市是重灾区，受旱面积占到全国的83%。2010年上半年，中东部地区气温明显低于往年同期，蔬菜生长缓慢且产量明显下降，"倒春寒"等现象的出现进一步加重了自然灾害的影响，从而导致这些农产品主产区减产严重。

（3）农产品流通体系存在问题，在一定程度上影响了其供应。

目前，我国农产品流通体系还不健全，缺乏统一、规范、合理、有序的农产品流通市场，省与省之间、市与市之间彼此封闭、信息不畅，农产品要经过收购、运输、批发、零售环节最终才能到消费者手上。流通领域的层层倒手批发、层层加价，助推了农产品价格的上涨。调查发现，2009年山东寿光的西红柿由当地农户卖给批发商时每斤仅0.3元，到达北京超市的时候其销售价已上涨到每斤3元，而且每斤上涨2.7元都是合理的。其主要原因是流通环节太多，每个环节的损耗和冷藏、运输费用、人工费用等都不同程度地增加了成本，尽管每个批发零售环节得利并不多，但人为拉长的流通环节上对价格的上涨起到了推波助澜的作用。

2. 造成需求过盛的因素

农民进城打工，从生产者变成消费者，城市新增人口在增加，生产消费比例发生变化；随着我国经济的发展，目前国民的消费结构在升级，消费标准在提高，社会对农产品的需求持续保持旺盛态势；新能源开发造成工业用粮增多，导致居民消费领域粮价上升。在经济发展对石油的刚性需求下，石油价格不断飙升，使得各国都在努力开发新的能源，燃料乙醇等生物柴油产业快速扩张，农产品的工业消费需求不断增加，这会造成世界粮食需求增加，而短期内粮食的供给又不会发生变化，最终使得国际性粮价上扬。世界粮食的供应缺口，进一步加剧了国内粮食供需平衡偏紧的状态，由此拉动国内粮食价格上涨，并带动肉禽蛋等主要副食品价格上涨；另外，高油价还加重了食品的加工成本和运输成本，也间接提高了食品的生产成本，这些都使得国内CPI上升。

（二）囤积居奇和炒作因素导致部分农产品价格短期内急剧上升

为应对国际金融危机，2009年我国各级银行投放信贷资金9万多亿元。

2010 年以来，股市低迷，国家出台一系列政策遏制房地产过热，充沛的资本流动性在部分退出股市和楼市后急于寻找出路。由于我国缺乏完善的投资途径，在实际利率为负的情况下，资本为了保值，就不断寻求有效的投资途径。由于实体经济投资环境不景气，虚拟经济就成为资本争相进入的领域，如股市、房地产、农产品等。一旦发生自然灾害，农产品供给减少，一些投机者就会将大量的资本用于囤积粮食，抬高物价，以获取暴利。由于稻谷、猪肉、食糖等农产品建立了国家储备，而且产量大，游资无力炒作，他们便选择那些季节性生产、产量比较集中、常年消费量稳定、便于储存的农产品进行炒作。而大蒜、绿豆等产品正符合上述条件。于是投机者通过控制上中下游、舆论造势等方式使得一些小宗农产品的价格短期内急剧上升，对 CPI 指数造成了影响。

（三）国际市场主要农产品价格上涨助推国内市场价格上涨

联合国粮食及农业组织 2010 年 9 月 3 日表示，全球小麦因减产而价格上扬，导致 8 月份全球粮食价格比前一个月上涨了 5%，这是自 2009 年 11 月以来月度涨幅最高的一次。受小麦价格上涨带动，国际市场玉米、大米价格也出现小幅反弹。

虽然中国农产品市场相对独立，小麦、玉米等农产品价格走势受国际影响不大。但是国际农产品价格的上涨会通过增加人们对国内农产品价格上涨的预期来助推国内农产品价格的上涨。

国际大宗商品像棉花和石油，对 CPI 的传导是很明显的。由于我国石油对进口依赖度比较高，国际油价的上涨对国内石油价格的影响是很大的。并且石油是生产制造行业的主要能源，石油价格的上涨对国内商品价格的传导是很快的。

五 居住类产品与服务价格上涨的原因分析

住房是人类维持基本生计的必需品，住房属居民消费的刚性需求，是基本支出。构成 CPI 指数基本权重的衣、食、住、行 4 项中，食、住的"刚需"强度，远远超过了衣、行。古今中外，铁的市场定律历来如此：凡是最大"刚需"的生活必需消费品狂涨，必然引发通胀。我国 CPI 中"住房类"项目包括了建房及装修材料、房租、房屋维修费、物业费、自有住房贷款利息、水电燃气以及其他与居住有关的服务等的支出。可见我国的CPI没有计入房价，但不能因此而断定房价的上涨不会推动CPI的上涨，这不是互为因果的关系。

房价的波动性很强，一般而言，房价上涨，房租也会随之上涨，当然房租不会剧烈波动，因为即便房地产价格急速上涨，也很难马上反映在房租上。所以当房价持续上涨时，房租缓速上涨，CPI也会受其影响而有所提高。同时，在将贷款利率计入CPI的情况下，当政府为控制房地产过快增长势头而提高利率时，则不可避免地也会引起抵押贷款利率升高，从而推高CPI。此外，为了满足居住需求，我们需要购买一些配套商品或服务，如装修材料、家具、家电、家政服务、物业服务、维修服务等。当我们购买住房时，这些相关的消费品或是服务同样也需要购买。也就是说，对住房配套设施的需求是对住房服务需求的衍生需求，当对住房的需求提高时，那么对这些配套设施或服务的需求也会提高。因此当房价上升时，其他配套或服务的价格也会提高，这也会带动CPI提高。另外一点，如果房屋的购买是采取抵押贷款的形式，即将房屋抵押给银行后获得购房贷款，再支付购房总价，若房价在购房后上涨，那就表明抵押品的价值也提高了。一些西方发达国家，在这种情况下，银行允许抵押房贷者在房价提高的基础上增加贷款融资。这就会鼓励房屋所有者进一步向银行借款来为消费融资。这被人们称为房价的信贷市场效应。当利率降低时它就会使未来住房服务的贴现值（房价）提高，于是就会产生这种信贷市场效应，它会刺激人们的消费，从而从总体上带动对其他商品的需求，进而影响CPI。

（一）房价与宏观经济的关系

房价是预测未来通货膨胀的有效指标。与其他资产价格一样，在长期内，房价应该等于未来房屋收益现值，即房租资金流的贴现。在一定程度上，房租和贴现因素受宏观经济波动的影响，而这些波动应该反映在房价上。房价波动或许会显著地放大宏观经济的影响，诸如供给、需求或货币政策的波动。房价的非规则性波动或者泡沫，可能会导致经济和金融体系的不平衡。

由于住房符合区域利益，获取价格信息的途径通常非常有限，所以住宅物业市场通常缺乏透明性。因此，与其他商品和资产价格相比，房价对宏观经济波动的反应或许更加强烈，并且房价可能会持续偏离它们的长期基本价值。房价和经济活动之间存在着相当密切的关联，房价大体上引领着实体经济的发展。房价对经济活动和金融领域有着直接的、构成因果关系的影响，因此放大了宏观经济波动，或者成为宏观经济和金融波动的自发起因。

房价的变化影响家庭感知的终身财富。感知的终身财富的变化反过来影响消费和家庭的借款计划，因为他们想在生命周期中进行平稳消费。如果房价的上涨和当前的或未来的租金上涨相关联，那么它不仅会对房东和业主财富产生积极影响，也会对承租人的收入产生消极影响，因为承租人不得不支付更高的租金。住宅房产价格的变化对私人部门财富产生的影响，将会大大高于在商业财产或证券价格方面同样的变化，因此也更可能会影响消费物价。

住宅房地产的价格通过工资影响到了消费品的价格。偏高的房价增加了人们的居住成本，导致他们需要更高的工资。公司或许通过抬高他们产品或服务的价格，从而对更高的工资需求做出反应，最终导致商品和服务的价格上升。

（二）房价与 CPI 关系的实例分析

房价的恶性上涨必然引发高通胀，这是毋庸置疑的事实。事实上，CPI 与房价走势的关系不是简单的利好与利空的关系，其相互影响存在，但并不存在直接的线性对应关系，需要仔细分析 CPI 的背景成因、通胀所处阶段来判断。

CPI 与房价走势的一般性关系如图 13-3 所示：

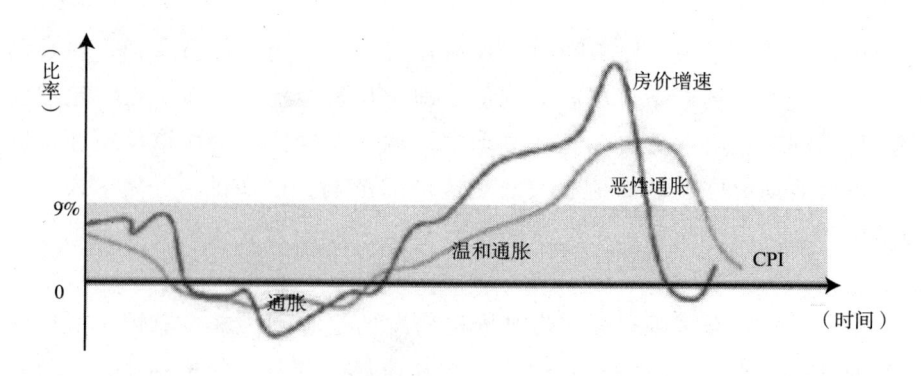

图 13-3 CPI 与房价走势的一般性关系

CPI 为负值区间（或可以简单理解为通缩阶段），房价多处于下降区间。

CPI 在 0～9%，经济处于温和通胀区间，房价增速多高于 CPI 稳定增长。

CPI 在 9% 以上，经济泡沫成分较大，市场处于恶性通胀区间，在 CPI 到达峰值前房价多数处于疯狂状态。

下面我们选取日本、美国在全球前两次石油危机引发通胀前后的房价走势来验证以上结论。

1. 日本 CPI 与房价关系的实例分析

20 世纪 70 年代初期，受第一次石油危机影响，全球通胀明显，而日本在此期间通胀最为严重。1967 年至 1972 年，日本 CPI 在 5%～9% 波动，房价增幅围绕 12% 的年增幅上下波动；1973 年开始日本 CPI 快速上升并超过 9% 进入恶性通胀期间，1974 年 CPI 最高达 23% 以上，直到 1977 年 CPI 才终于回落到 9% 以下。1973 年日本房价增幅最高达 25% 左右，属 10 年来涨幅最高的年份。但后两年房价先于 CPI 回落，1975 年日本房价甚至出现了 -4.4% 的负增长；1978 年后房价逐步恢复，在 CPI 持续下降期间，房价增幅恢复到 4%～9%。

2. 美国 CPI 与房价关系的实例分析

20 世纪 70 年代末、80 年代初是全球第二次石油危机，全球也再次陷入通胀。此期间，美国通胀导致房价受影响最为严重。1978 年之前美国 CPI 运行在温和通胀区间，也即 9% 以下，同期房价年增幅在 10%～15%；1979 年美国 CPI 跨越 9% 进入恶性通胀区间，1980 年 CPI 达最高点 15%，1982 年 CPI 回落到 9% 以下。此期间美国房价增速也出现创新高后的跳水，1979 年美国房价创出 18% 的年增幅新高，1980 年房价增幅快速下降到 2% 左右，1981 年增速略反弹后，1982 年房价增速基本下降为零。此后至今美国没有再出现 CPI 超过 9% 的情况。CPI 基本维持在 0～5%，但房价波动幅度较大，1982 年房价反弹增长，1987 年房价增幅创 22% 的新高，1991 年又出现房价负增长，达 -7% 左右。此后房价波幅缩小，15 年间围绕 5% 的年增幅波动，2007 年爆发次贷危机，房价再次出现深幅负增长。

3. 中国 CPI 与房价关系的实例分析

让我们对中国历史 20 年经济发展、CPI 及房价变动进行回顾。图 13-4 为 1988～2007 年我国 GDP 增速、CPI、商品房价格增速图。

1989 年至 1993 年期间，我国 GDP 快速增长，但 CPI 也自 1990 年开始快速上升，1993年超过9%达14.7%，已经进入恶性通胀区间。这段时期以海南、北海为代表的城市房价被爆炒，1993年全国商品房价格增速一度达到30%。高通胀给国家经济可持续发展带来隐患，政府相关部门通过各种调控手段促使经济"软着陆"。对房地产而言，1993年6月成为市场的分水岭，在政策影响下，海南等房地产泡沫破裂，房价增速先于CPI迅速向下调整。CPI对政策的反应有一定的滞后效应，在1994年达到创出历史新高的24%以后开始下降。

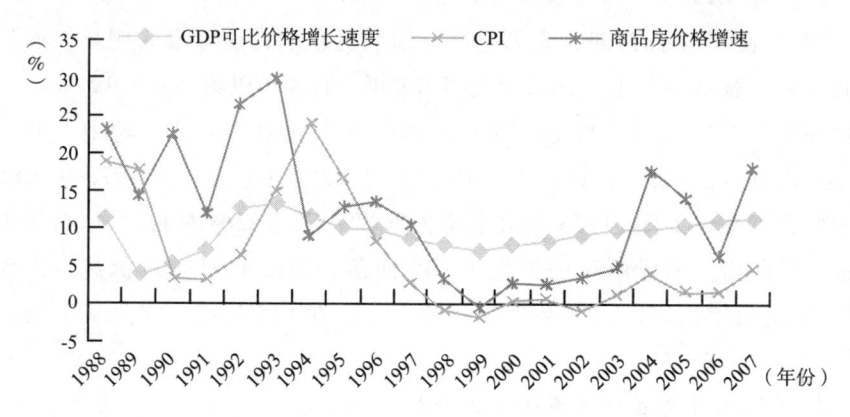

图13-4 我国GDP增速、CPI、商品房价格增速图

1993年至1999年，国家以6年的时间成功实现经济软着陆，GDP增速稳步略降，CPI自1994年后连续快速下降，1998年已降至-0.8%，1999年降至最低-1.4%。房价增速也出现连续下滑，1999年房价出现微降，1999年至2008年我国GDP增长再次提速。CPI也再次抬头，特别是2007年已经快速上升到4.8%，创10年来的新高，同年房地产市场价格再次出现暴涨。为了防止温和通胀演变为恶性通胀，政府再次提出采取紧缩的财政及货币政策，并将抑制通胀、抑制经济过热作为阶段经济发展的重要目标。

总体看，我国房价增幅与CPI变动有一定的同向性，但总体房价增幅还是长期超越CPI指标，房地产起到了很强的抵御通胀的能力，且房价对CPI走向有先行性。

从2009年3月份开始，影响我国房价和CPI上涨有一个共同的因素——货币发行量增大。在2008年9月份金融危机爆发后，2009年初，我国投入了 4 万多亿元人民币，进行基础设施的建设。有了投资，就有了就业；有了就业，就有了收入；有了收入，就有了消费；有了消费，商品的价格自然就不会降下来。而 4 万亿元中的大部分都流到国有企业或一些大型的垄断企业手中，这些企业有很多流动资金，又不急于还贷，就用来建房，并高价囤房，这是 CPI 和房价居高不下的原因之一。

六　政策性因素和结构性因素是造成 CPI 上涨的深层原因

（一）货币供应量超过实际需求量，从而使得 CPI 涨幅过高

通常人们根据通货膨胀的原因将其划分为三种类型：需求拉动、成本推动、结构性通胀。其中结构性通胀是指，在事先没有需求拉动和成本推动的情况下，由于经济结构因素的变动所引起的一般价格水平的持续上涨。在整体经济中不同的部门有不同的劳动生产率的增长率，却有相同的货币工资增长率。因此，当劳动生产率的增长率较高的部门货币工资增长时，就给劳动生产率的增长率较低的部门形成了一种增加工资成本的压力，因为尽管这些部门劳动生产率的增长率较低，但各部门的货币工资增长率是一致的，在成本加成的定价规则下，这一现象必然使整个经济产生一种由工资成本推进的物价水平的提升。也可以这样理解结构性通货膨胀，它是指物价上涨在总需求并不过多的情况下，而对某些部门的产品需求过多，造成部分产品的价格上涨的现象，如钢铁、猪肉、楼市、食用油等。因此结构性通胀可以归为需求拉动或是成本推动中的任何一种类型。再者，对于生产者而言，一些企业的价格就是另一些企业的成本。成本实际上就是物价从生产角度而言的一个代名词。在市场经济条件下，为什么需求会大于供给，为什么生产商能够以成本上涨为由提高商品价格？归根结底是由于人们手中的货币增加了，即货币供应量增加了，这是 CPI 大幅上涨的原因所在。

1. 货币供应量与价格水平间关系的分析

货币供应量是指全社会的货币存量，是全社会在某一时点承担流通手段和支付手段的货币总额。我国目前货币供应量指标划分为三个层次，即 M0、M1、M2，其中：

M0 = 流通中的现钞

M1 = M0 + 企业单位活期存款 + 农村活期存款 + 机关团体存款

M2 = M1 + 企业单位定期存款 + 自筹基建存款 + 个人储蓄存款

物价水平与货币供应量之间的关系理论来源于货币需求理论公式：

$$M \times V = P \times Q$$

其中 M 表示给定年份货币供应量，V 表示给定年份全社会货币流通速度，P 表示一般物价水平，Q 表示给定年份进行交易的总额。根据古典学派理论，V 取决于制度及收入周期，因而在一定时期内看成一个常数；同时，社会商品和劳务总交易量，即 Q 也是一个相当稳定的因素。因此上式中 P 是唯一完全被动的因素，于是，上式也可以表示为

$$P = MV/Q$$

这样，M 与 P 成正比例关系，M 增加，P 也按比例上升，即价格水平的变动源于货币供应量的变动。而现在货币数量理论则更加完整精确地阐述了货币供应量与物价水平之间的关系。在阐明货币需求函数是一个稳定函数的前提下，它提出：在短期内，货币供应量的变化主要影响产量，部分影响物价，但在长期内，产出量完全是由非货币因素决定的，货币供应只决定物价水平。

到底货币供应量与价格水平有没有关系？如有关系，又存在什么样的关系？匕玉平（2008）通过对我国历次出现的通货膨胀进行历史回顾，以及对 1991~2007 年的相关数据进行格兰杰因果检验，验证了货币供应量是 CPI 的格兰杰成因，即货币供应量是 CPI 变化的原因，而价格指数并不影响货币供应量。李谦，杨志柯（2010）采用协整理论考察了 1998 年第一季度至 2007 年第四季度期间我国货币供应量变动对通货膨胀的影响及传递过程，结果表明，短期货币供应量变动对通货膨胀没有影响，长期货币供应量变动对通货膨胀有一定的影响，即长期内，货币供应量的变动在实质上影响着通货膨胀，只是在传递过程中由于滞后效应不能及时表现出来。在没有政策干扰和其他突发事件的影响条件下，滞后期为 2~2.5 年。当然这是在不考虑政策等其他因素的影响下，现实中特别是在政策的影响下滞后期是会缩短的。从 2010 年 1~6 月的 CPI 来看，几乎突破 3% 的通货膨胀界限，我国货币管理层明显看到了 M2 变动的影响，在 2010 年 1 月 12 日，央行宣布上调存款准备金率 0.5 个百分点，2 月 25 日起上调存款类金融机构人民

币存款准备金率 0.5 个百分点，2010 年 5 月 10 日起，上调存款类金融机构人民币存款准备金率 0.5 个百分点，连续几个月的存款准备金变动，主要目的就是防止通货膨胀。

2. 货币供应量过多的原因

（1）高额外汇储备导致货币供应量过多。

20 世纪 80 年代，中国外汇短缺，为吸引外资和积累出口创汇，中国采取了出口导向型的贸易与金融发展战略，逐步开放资本市场，出台各种对外贸易、金融优惠政策，有效缓解了外汇短缺问题。特别是 1994 年中国外汇体制改革以后，外汇储备连年持续增长，到了 2004 年以后，外汇储备大幅激增，至 2009 年底已经达到了 2.40 万亿美元。

随着外汇储备的持续累积，一些负面影响也开始形成。中央银行资产负债表的一种简明形式如图 13-5 所示。

资产	负债
债券	基础
外汇	货币

图 13-5 中央银行资产负债表简明形式

在开放的经济中，中央银行实际上持有两种类型的资产，一种是国内债券，另外一种就是外汇储备，它是一国政府保有的以外汇表示的债券。大量的外国的货币流入中国后，中国的外汇储备增加，为了使资产负债表平衡，中国人民银行就要增加相应量的基础货币，也就是说国内市场上流动的货币增加了。同时，为避免过量的货币供给造成的通货膨胀和其他不利影响，中央银行通过公开市场操作（向公众买卖债券——这是央行改变现代经济中货币量的标准方法，因为容易操作，几乎每天都在进行）、调整存款准备金率（提高商业银行从其吸收的存款中提取的准备金）、调整贴现率（提高央行向商业银行发放贷款的利率）等紧缩性货币政策进行相应的对冲操作。由中央银行供给的货币成为基础货币，它通过现在的银行制度能使流通中的货币量以比其本身更大的程度发生变化，即中央银行每发行一单位基础货币，经济中新增加的货币量大于 1，这个比例称为货币乘数。对冲之后增加的基础货币供给在货币乘数放大效应之后，更大程度增加了广义货币供给。

在外汇储备持续累积的情况下，中国呈现流动性过剩和物价水平攀升现象，国内外不少学者将中国流动性过剩归咎于中国的高额外汇储备。外汇储备与物价水平之间存在什么样的传递机制？宋晓玲（2010）以1994年第1季度至2009年第2季度的季度数据作为样本库，通过建立协整VAR模型，以实证分析的方法，对外汇储备量、广义货币供应量、国内生产总值、价格水平之间的关系进行了研究，结果发现：外汇储备、广义货币供给、价格水平、国内生产总值四个变量之间存在协整关系，这表明从长期来看，四变量之间存在着均衡关系和影响机制，外汇储备持续增长，将影响广义货币供给量和价格水平变化。格兰杰因果检验显示，外汇储备量是广义货币供应量的格兰杰成因，即外汇储备的变动会引起货币供应量的变化；外汇储备量与价格水平互为格兰杰成因，即一方面外汇储备的变动会引起物价水平的变化，另一方面物价水平的变动也会影响外汇储备的变化。从经济学原理来讲，价格水平的变化会影响国际收支水平，从而影响外汇储备；价格水平与广义货币供应量互为格兰杰成因，即一国的物价水平和货币供应量之间相互影响。

（2）积极的财政政策和宽松的货币政策使得货币供应量大增。

自从国际金融危机爆发以来，全球各主要经济体为了使本国经济早日走出危机，纷纷采用了凯恩斯的国家干预办法，采用贷款等形式向本国注入了大量流动性。我国从2008年11月起，在扩大内需、刺激经济的背景下，中国存贷款金融机构加大了贷款的力度。2009年一季度的放贷量就达到了4.85万亿元，二季度累计为7.3万亿元，三季度累计为8.9万亿元。这种流动性的注入给市场上失落的信心和萎缩的需求带来了积极的作用。但这也导致了货币的大量供应，特别是2003~2007年5年间我国GDP增长率一直维持在10%以上的高增长率，从而使人们的投资热情高涨，政府的这种鼓励性行为更是让人们放开了手脚，进一步加大了市场上的货币流通量。

（3）内需不足，储蓄所占比重过大，银行体系资金来源充裕，增加了货币供应量。

据测算，我国总储蓄率20世纪90年代平均为39.8%，2006年上升到49%，上升9.2个百分点。值得注意的是此期间，居民收入的储蓄率大体稳定在30%左右，总储蓄率上升主要是由于政府储蓄和企业储蓄大幅增长。

2006年，居民储蓄、企业储蓄、政府储蓄占国民总储蓄的比重分别为38.5%、42.2%和19.3%。其中，居民储蓄的比重比90年代平均水平下降11.9个百分点；而企业储蓄和政府储蓄的比重分别上升6和5.9个百分点。这直接导致银行体系资金来源充裕，引起货币信贷投放过多。由于投资过度扩张造成一些行业产能过剩，因而又必须依赖出口快速扩张来消化，贸易顺差占GDP的比重从2003年的1.5%上升到2007年的8%，从而进一步加大了外汇储备，引起货币供应量的加大。

多年来GDP保持着10%以上的高位增长，金融危机后国家实施宽松性的货币政策、大力鼓励投资，信息技术的发展提高了信息传播速度、使社会经济主体对信息的掌握越来越迅速和充分，再加上2007～2008年的那场通货膨胀阴影还没有从人们的脑海中消失，自然灾害、热钱炒作使得部分产品价格在短时间内成倍增长，使得本来就浮躁的经济变得更加焦躁不安，从而加剧了人们对通胀的预期。预期对通货膨胀主要有三个传导途径：一是通胀预期使公众不愿意持有货币，从而使得货币流通速度加快，引起通货膨胀；二是通胀预期使得名义利率提高，企业成本上升，为维持利润不变，产品价格提高，从而导致通货膨胀；三是通胀预期使得工人要求提高工资和其他福利待遇，从而提高生产成本和产品价格。为了避免损失，生产者将通胀预期加入合同条款，提前储存原材料，工人要求增加工资，存款人要求加息。慢慢地先是在一些利润空间较大、实力较强的组织里，这些一开始不被接受的要求被渐渐接受，社会上的其他组织机构被迫"紧跟社会发展的步伐"开始酝酿着加薪、提高产品价格。于是物价普遍上涨，最先体现在需求弹性较小的与人们的生活息息相关的食品类上。

（二）经济结构长期不合理是导致CPI大幅上涨的深层原因

从货币供应量过多的原因进行进一步分析，我们看到主要是我国经济结构的不合理，导致了货币供应量过多，从而进一步传导到物价上。为什么这么说呢？

近几年来我国经济快速发展，虽说投资、出口、消费是拉动经济发展的三驾马车，但我们都很清楚我国的经济之所以能够保持高速增长主要依靠的是投资。自2001年以来，中国投资率不断上升，到2008年固定资产投资已经达到了国内生产总值的53.7%，远高于其他国家工业化的峰值水平（日本在1970年、韩国在1991年的产能扩张顶峰时期，投资率也低于

40%)。与此相反，1997~2008年，我国消费率从59%下降至48.6%（与之对应的是中国的储蓄率上升至51.2%），贡献几乎全部来自于居民消费率的下降，居民消费率从45.3%下降至36.7%。这一数据不仅远低于发达国家居民消费率的正常水平（70%左右），甚至也低于一些发展中国家（如印度）的居民消费率（55%）。另外在用支出法计算的中国的GDP构成中，从2001年开始投资和净出口所占的比重逐年上升，而消费所占比重逐年下降。投资产生的产能不断扩大，在内需不足的情况下，主要借助于出口。再加上出口导向的贸易与金融发展战略，导致贸易顺差，且差额越来越大，这也就带来了高额的外汇储备，从而引发货币供应量过多。

可见贸易顺差的出现是由过度投资造成的。我国虽然是市场经济，但是国家的调控是对经济发展风向有着重大影响的因素。政策的作用使得投资这驾马车远远跑在了前头，又由于对外开放、加入WTO等一系列因素的积极作用，使得投资在领跑的同时又带动了出口的快速增长，然而由于收入分配制度、社会保障制度等一些因素的消极影响，消费这驾马车始终得不到动力，从而被远远甩在后面。一方面，我国国民收入分配更多倾向于企业和政府，向居民倾斜不够，没有提高居民的最终消费能力。从各个部门可支配收入在国民总收入可支配收入中所占的比重看，2003~2007年，企业占比从18.2%上升到22.5%，政府从22%下降到20.5%，居民则由59.8%下降到57%。由于企业利润的增长更多地集中在国有企业，因此，实际上国家支配了更多的收入。这种分配格局是造成内需不足、过度依赖外部市场的主要原因。另一方面，我国的养老保险、医疗制度、教育等一些关乎民生的基础性保障制度依然不完善，虽然政府已经采取了很多措施来改善，但仍导致人们倾向于采取保险的储蓄措施来增加自己的安全感，这也是导致内需不足的一个不可忽视的原因。

另外，投资占主导的经济增长方式使中国更易受国际大宗商品价格的影响，从而导致CPI的上涨部分来源于输入性通货膨胀。

从计划经济走向市场经济的过程中，我们一直在摸着石头过河，如今CPI的大幅增长给我们的经济发展模式提出了警告，三驾马车应齐头并进，或至少他们之间的距离应维持在一定范围内，而我国的现状则是消费与投资与出口之间的距离明显超出了这一范围，因此在十二五期间政府应重视内需的拉动，同时兼顾投资与出口。同时加大对农业的补贴，规范农产品交易市场，建立起健全的监督机制。鼓励并支持大学或相关研究、法律、政策等机构，通过网络平台与其所在地区的农户进行交流，根据当地土地状况、种植规模、种植集中度等具体情况教授他们相应的科学种植技术、管理技术同时。加大力度采取有效措施改善当前的医疗、教育、养老等主要影响居民消费储蓄比例的社会问题。加大工商企业的监控力度，使其投向市场产品的可靠性提高，改善消费者的购买环境，提高消费者的消费欲望与满意度。

专题十四

ECFA 框架下的两岸
物流合作前景探索

一 引 言

两岸关系逐步回暖,经贸交流不断加深,经济合作日益深化。时至今日"大三通"已经实现。大陆成为台湾第一大贸易伙伴,每年台湾 30% 的出口流向祖国大陆。海峡两岸的经贸往来不仅惠及两岸间的航运业发展,可能出现的产业集群和产业转移更会对台湾岛内和海西经济区的物流业发展产生积极的推动作用。物流作为一种先进的组织模式和经济管理手段,已经在两地的经济运行中扮演着越来越重要的角色,但是由于受到各种关税壁垒和非关税壁垒等条件的限制,两岸的物流业发展受到了极大阻碍,使得两岸在生产、贸易、延伸产业链条以及发展现代物流等方面都受到影响,从而制约着两岸经济的发展。尤其是国际金融危机爆发后,台湾的经济受到了极大打击。2009 年 1~6 月,台湾进出口总额下降 39.5%,出口贸易大幅下滑 34.2%,岛内失业率为 5.94%(2009 年 6 月)均创下近年新高[1]。同时金融危机对台商来大陆投资产生了较大影响,投资项目大幅下降。2009 年 1~5 月,台湾对外直接投资为 24.93 亿美元,其中对大陆投资 15.5 亿美元,同期下降 62.24%,对其他地区投资 9.43 亿美元,同期下降 56%[2]。在台湾经济面临严重困难的形势下,扩大两岸经济合作无疑对台湾有积极影响,可是

---

[1] 刘雪琴:《两岸经济合作机制对两岸经济的影响》,商务部,http://tga.mofcom.gov.cn/aarticle/subject/hzfzfour/subjectii/200909/20090906506056.html。

[2] 李亚飞:《国际金融危机对两岸经济关系影响分析对策》,《理论动态》2009 年第 9 期。

如何在推动台湾经济复苏的同时达到两岸经济的双赢，带动两岸物流业的发展，是一个不小的难题。《海峡两岸经济合作框架协议》在此时应运而生。2010年6月29日，两岸在重庆签署的《海峡两岸经济合作框架协议》（简称ECFA），确立了"加强和增进双方之间的经济、贸易和投资合作；促进双方货物和服务贸易进一步自由化，逐步建立公平、透明、便利的投资及其保障机制；扩大经济合作领域，建立合作机制"的目标[①]。对两岸产业合作而言，ECFA的签署有利于两岸更好地进行产业要素的优势互补，促进两岸产业的合理布局、双向对接、全面合作和深化分工，为两岸产业的合作双赢提供更大的发展空间，同时也为两岸物流发展带来无限曙光。

ECFA的鉴定，为两岸经济的发展提供了一个全新的合作平台，使得两岸的经济关系有了实质性的飞跃。福建与台湾一水相隔，福建明确提出依托中心城市、产业集聚区、货物集散地、交通枢纽和港口资源，建设物流节点和一批现代物流中心；依托保税港区、保税物流园区，建设联结海峡两岸的现代物流中心。这些举措会明显改善海西经济区的基础设施建设和物流通道，大大便利两岸之间的经济往来。福建除了和台湾之间的物流往来，还北承长江三角洲，南接珠江三角洲，在西岸区域经济发展布局中处于重要位置，物流业的发展还将惠及更大范围[②]。

本专题通过分析当前中国内地与台湾物流合作发展的现状，结合相关理论知识，对ECFA签署后的两岸物流合作的新模式等方面进行研究，进而探讨加快两岸物流业的发展，进一步实现两岸经济双赢。对于物流业来说，ECFA将直接鼓励台湾的企业参与内地物流业的建设和发展，祖国大陆也已经将资本向物流产业集中，以铁路、高速公路、海空港为主骨架主枢纽的海峡西岸现代化综合交通网络正在建设。

二 两岸物流合作的理论基础

（一）区域经济与区域物流的相关理论

探讨区域经济首先要对区域的概念界定清楚，所谓区域是指"有一定空间的地方和景观，是具有特定的政治、自然和经济意义的地区范围"。区

---

① 魏澄荣：《ECFA对深化两岸产业合作的作用》，《亚太经济》2010年第5期。
② 魏家福：《ECFA助推两岸航运物流业更加繁荣》，《中国远洋航务》2010年第5期。

域物流系统中的"区域"为经济区,是"基于地理的、自然的、资源的以及基础设施等多种客观条件为依据"而形成的。但目前区域经济的调控治理,一般以行政区域为基础。各级政府参与物流设施规划设计的重点仍然是行政区,而且更多地体现行政区主体利益,因而也成为区域物流经济协同发展需要关注的方面[1][2]。

区域经济一般泛指一定区域内的人类经济活动,是一个国家经济的空间系统,在一定区域范围内,由各种地域构成要素和经济发展要素有机结合,多种经济活动相互作用而形成的具有特定结构和功能的经济系统。区域经济是具有区域特色的国民经济,区域经济即特色经济。区域经济存在的客观基础,是空间差异和历史演进的统一[3]。

随着时代的进步,区域经济的相关理论得到了快速发展,比较有代表性的是梯度推移理论、增长极理论和产业集群理论(如表14-1)。

表14-1 区域经济主要理论

理论	内容
梯度推移理论	认为产业结构、新技术与生产力等遵循由高梯度向低梯度转移的规律,强调不同的区域存在技术等差距,按综合经济实力选择与自己相适合的产业,而且不同区域之间通过分工与合作,使区域共同发展
增长极理论[4]	称经济发展冲动的地点为"增长极",它以其较强的经济技术实力和优越条件将周围区域的自然及社会经济潜力吸引过来,在其发展的中后期,区域发展水平趋于均衡。作为"增长极"发展及作用基础的产业被称为关键产业,随着关键企业经济的增长,企业所在的整个地区的经济也会增长
产业集群理论	强调在区域经济一体化和信息技术发展的背景下,不同区域在生产网络中所处的地位不同,一些区域成为某个产业的创新中心,集聚了大量相关技术的教育研究机构和企业的研发部门,掌握核心技术与产品创新,把握产业的发展趋势与走向;另一区域则成为生产和加工制造的基地,其技术力量依赖创新中心的扩散

梯度推移理论认为,产业结构、新技术与生产力呈梯度由高向低转移,不同区域按经济综合实力选择产业,分工合作,共同发展;增长极理论描述的是经济发展的冲动地——"增长极"的关键产业的发展带动整个地区的经济增长;产业集群理论则强调在区域经济一体化和信息技术发展的背景

---

[1] 朱春明:《区域经济理论与政策》,湖南科学技术出版社,1991。
[2] 周起业、刘再兴:《区域经济学》,中国人民大学出版社,1989。
[3] 杜肯堂、戴士根:《区域经济管理学》,高等教育出版社,2004。
[4] 张可云:《区域大战与区域经济关系》,民主与建设出版社,2001。

下,不同的区域分别发展成创新中心和加工制造基地的发展模式。

根据中华人民共和国国家标准,《物流术语》将物流定义为物品从供应地向接收地的实体流动过程。根据实际需要,将运输、储存、装卸、搬运、包装、流通加工、配送、信息处理等基本功能有机结合。

结合物流与区域经济的概念,各学者对这一概念的界定略有差异。武汉理工大学的赵习频将区域物流体系定义为区域之间及区域内部的货物运输、仓储、包装、装卸、流通加工、配送以及相关的信息传递等诸要素之间存在有机联系的总体。其特定功能是运用区域经济的思想解决区域物流的各种主要问题,实现区域物流最佳化[1]。系统化、一体化、开放性服务是区域物流的特点。

ECFA 的签署,极大地促进了两岸区域经济的发展,物流作为第三利润源泉必然受到许多企业管理人员的重视,在这一良好的经济发展前景之下,由于区域经济的发展形势决定了区域物流的发展模式和规模,物流行业随着区域经济的快速发展而不断成熟、完善,而区域物流的发展促进区域经济的发展,二者相互促进,加快了两岸经济建设。

(二) 以第三方物流为核心的供应链管理理论

国家《物流术语标准》(2006) 对第三方物流的定义是:"接受客户委托为其提供专项或全面的物流系统设计以及系统运营的物流服务模式。"对供应链管理的界定是"对供应链涉及的全部活动进行的计划、组织、协调与控制"。传统的第三方物流服务范围见表 14-2:

表 14-2 第三方物流的服务范围

常规服务	由常规服务延伸的增值服务
运输	运输方式选择、路线设计、货物跟踪、车辆维护、报关、代垫运费、运费谈判、货款回收与结算
仓储	仓库保管、入库检验、货物分拣、库存控制、堆物货运站、流通加工
配送	集货、分拣包装、配套装备、条码生成、贴标签、自动补货信息配送[2]
装卸搬运	从货架到货架、从起运地到目的地
包装	存储包装、运输包装、创值包装、再包装

---

[1] 赵习频:《基于区域经济的区域物流体系研究》,武汉理工大学出版社,2003。
[2] 刘洪深:《第三方物流发展模式研究》,湖南大学硕士论文 2002 年。

供应链是围绕核心企业，通过对物流、信息流、资金流、商流的全面控制，从采购原材料开始，制成中间产品以及最终产品，最后由销售网络把产品送到消费者手中的将供应商、制造商、分销商、零售商、直到最终用户连成一个整体的功能网链结构模式[①]。

从供应链管理的角度，企业对3PL的服务需求已经不再局限于一些单一的常规服务，一般要求市场计划与预测、供应商库存管理、信息支持、物流延迟等项目为主要表现形式的增值服务。具体来说，供应链管理下第三方物流需求的服务内容如表14-3[②]所示。

表14-3 供应链管理下第三方物流需求的服务内容

服务项目	供应链管理下第三方物流需求
运输与配送	供应链管理需要所有成员之间进行统一运作、协调管理，对货物的时间性要求非常高，需要3PL物流企业能为客户提供实时货物状况信息，并且要求运输作业可靠、准时，从而实现供应链的协调运行
仓储保管	供应链下的仓储保管服务需要第三方物流企业提供准确、全面的货物保管信息，并且要采取合适的保管方法尽可能低地降低仓储成本
包装	要从供应链产、供、销的物流渠道来进行系统化的包装设计，并且根据客户的不同，站在生产企业角度，采取合理的生产延迟策略，进行合理的包装设计
装卸搬运	为了提高供应链的反应速度、降低成本，第三方物流企业需要设计合理的装卸搬运方式、尽可能消除无效装卸搬运、从而提高整体物流运作效率
流通加工	客户对第三方物流的个性化需求需要第三方物流企业进行合理的作业延迟，为客户提供个性化的物流服务
物流信息	供应链下对物流信息的需求不仅表现在物流作业活动的基本信息，还需要第三方物流企业能够整合供应链上下游的信息，为客户提供作业计划、管理决策等信息服务
库存管理	供应链管理下需要第三方物流企业能够运用联合库存管理、供应商库存管理的现代库存管理技术来为客户降低库存水平，提高整体供应链的运作效率
增值服务	第三方物流企业在运输服务基础上延伸出来的增值服务需要3PL物流企业具备协调和利用其他物流资源的能力，从而以合理的成本为客户提供综合的物流服务；实现一体化物流和SC集成的增值服务，如市场调研与预测、构筑物流信息系统、物流咨询与教育

---

① 马士华、林勇、陈志祥：《供应链管理》，机械工业出版社，2000。
② 刘万强：《顾客导向的物流服务质量评价研究》，2007年8月9日《北京交通大学》。

三 两岸物流合作现状及问题分析

台湾与祖国大陆的经济合作主要表现为贸易的合作，台湾与祖国大陆的贸易已成为其对外贸易增长的重要因素。近些年来，台湾对大陆的直接投资不断增长，经济的相互依存关系也在不断加深。物流业作为贸易的依托，也有了实质性的发展。

（一）两岸经济合作的历史问题

20世纪70年代末，祖国大陆实行改革开放政策，台湾工商界冲破台湾当局禁令，通过香港等地开始了与祖国大陆的间接贸易往来，1987年台湾当局调整大陆经贸政策，开始允许一定程度的两岸间接贸易。此后两岸经济关系获得迅速发展。特别是90年代以来，双方贸易更是长足发展，台商来祖国大陆投资大型化、多元化，两岸经贸呈现多种形式的合作。

1. 两岸区域经济的政策促进

区域经济一体化是二战以后世界经济发展进程中一个十分突出的现象和趋势。一方面，区域性国际贸易、投资、能源、劳务等实体经济领域的合作为区域合作提供了前提和基础，而区域经济合作能够有效地降低区域各国之间的交易成本，提高金融资本的配置效率，满足区域经济一体化进一步发展的要求。

2008年以来，随着两岸关系实现历史性转折，大陆不断加大推动两岸经济合作的力度，台湾也相继实施了有利于两岸经济关系发展的政策，双方在"九二共识"基础上推进协商，共同促成了两岸全面直接双向三通，2009年台湾开放大陆资金入台实现双向投资，两岸签署金融监管备忘录等。2009年大陆与台湾贸易额达1062.3亿美元。目前台湾是大陆第五大贸易伙伴、第九大出口市场和第三大进口来源地，同时大陆也是台湾最大贸易伙伴，是台湾第一大出口市场和贸易顺差最大来源地。海峡两岸经贸合作是世界市场形成和经济一体化发展的必然结果，是社会生产力发展的必然趋势。特定区域中的两个或两个以上的国家或地区，为谋求区域内商品和生产要素流动的自由化，可以通过签订经济合作条约、协议，在经济上结合起来形成一个区域性经济联合体。海峡两岸经济关系是在市场经济原则下，两地生产要素基于追求最佳利润或比较利益而进行的相互交流合作。它不仅隐藏着巨大的发展潜力，而且具有明显的发展效能。

2. 两岸经济贸易活动迅速发展

由于台湾当局对两岸经济贸易活动的限制，两岸贸易目前主要还是以香港转口为主的间接贸易。但由于祖国大陆改革开放的不断深入，经济持续发展，使得两岸贸易得以迅速发展。仅 1997 年 1 至 10 月两岸进出口贸易就达 195.51 亿美元，其中台湾对祖国大陆出口 164.07 亿美元，祖国大陆对台湾出口为 31.44 亿美元，较 1996 年同期增长 10.1%。近 20 年来，两岸间接经贸关系发展主要特点：一是两岸贸易额大幅上升。两岸贸易由 1979 年的 0.76 亿美元增到 1996 年的 222.1 亿美元，增幅达 200 多倍，平均年增长率高达 43%，呈高速增长之势。二是两岸贸易从消费型向生产型转变，台湾输往祖国大陆的商品由以家用电器等消费品为主，转变为以机器设备、工业原料和半制成品为主，其中部分为台商到大陆投资所需，而大陆输往台湾的货物以原材料到半成品与制成品为主。三是台湾对祖国大陆出口远大于祖国大陆对台湾出口数量。从 1978 年到 1997 年 10 月，两岸贸易总额累计为 1161.21 亿美元，其中台湾对祖国大陆出口达 981.97 亿美元，而祖国大陆对台湾出口为 179.24 亿美元，大陆对台湾贸易逆差为 802.73 亿美元。祖国大陆已成为台湾进出口贸易顺差的最大来源地。这主要是台湾当局对大陆商品进口的严格限制所致。四是两岸贸易相互依存度加深。随着两岸贸易关系的发展，两岸贸易的相互依存度不断提高。台湾对大陆贸易总依存度从 1979 年的 0.25% 提高为 1996 年的 10.51%，其中，台湾对大陆出口市场的依存度从 1979 年的 0.13% 提高为 1996 年的 17.22%，进口依存度从 0.38% 提高到 2.96%；大陆对台湾贸易总依存度从 1979 年的 0.27% 提高到 1996 年的 8.36%，其中大陆对台湾出口依存度从 0.41% 提高到 2.10%，进口依存度从 0.14% 提高到 15.33%。台湾成为祖国大陆第三大进口市场与第五大贸易伙伴，大陆成为台湾第三大出口市场与第四大贸易伙伴。两岸贸易合作经过近 20 年的发展，已形成相当密切的关系。

3. 台商到大陆的直接投资不断增长

由于台湾当局的限制，到目前两岸投资只是台商到大陆投资。1987 年在间接贸易带动下，台商为寻求资本出路与企业发展开始冲破台湾当局的种种限制以变通的方式赴祖国大陆投资。台商到大陆投资虽起步晚，但发展相当迅速。这主要是两岸同文同种和祖国大陆改革开放所带来的商机及广阔市场等因素使然。台商对大陆投资的主要特点：一是投资总额大幅上升。台商对大陆投资由1987年的80家，协议金额约1亿美元到1996年累计已达3万多家，投资金额300亿美元，是到美投资的6倍，赴港投资者的8倍。二是台湾在大陆投资行业较为广泛。投资行业包括：电子、机械器材、成衣及服装、食品、造纸、纸制品及印刷、塑胶品制造业。90年代以来，特别是近几年来，台湾大财团进入大陆，多为机械、电子、化工、资讯、能源等资本、技术密集型产业。三是投资规模逐渐大型化。迄今为止，台湾100家大财团中已有1/3到大陆投资或计划到大陆投资，其中包括统一、霖园、东帝士、富邦、长荣、永丰余、台塑、新光、远东、华隆、味全、和信、中国力霸、声宝、震旦、正新一等财团。四是投资地点由沿海向内地扩展。台商对大陆投资目前已由沿海向长江三角洲、环渤海地区及内地扩展。此外，20年来，两岸经贸合作除贸易和投资外，在金融、农业、能源、科技等方面的合作也有了新的发展。两岸经贸合作关系呈多样化形态。

（二）两岸经济合作中的物流业发展

联合包裹（UPS）、联邦快递（Fedex）、敦豪环球速递（DHL）……大街小巷上，随处可见国际物流巨头的影子。随着中国物流业的蓬勃发展，2004年以来，不少国际物流公司纷纷加快了抢占中国市场的步伐，让两岸物流业者感到了前所未有的生存压力，最终决定在两岸经济合作中大力发展物流业，特别是20世纪70年代以来，海峡两岸经贸交流与合作开始迅速发展，随着台湾产业升级以及台湾产业陆续向大陆地区转移，两岸加入WTO，紧密的商流给两岸物流业合作提供了一个良好的发展环境。最近几年的实践经验表明两岸物流业得到了迅速发展。尤其是台湾方面积极抓住其高新技术制造业和物流业向大陆转移的机遇，加快两岸产业互动、技术合作和港口联动，积极推动闽台流通行业协会和企业交流合作，构建跨区域的带动辐射能力强的大型货物集散地。

1. 海峡两岸物流业合作模式的发展

海峡两岸物流业合作符合产业分工融合、产业梯度转移和产业链的发展规律。考察结果显示，海峡两岸物流业合作除了传统的航空运输物流业和海运物流业合作模式外，创新特色型、投资密集型和创新支柱产业型港口物流业合作模式同样符合两岸产业链、分工整合及两岸产业的梯度转移模式，同时，这也是两岸物流业合作模式的必然选择。目前两岸物流业合作模式呈现多样化的趋势，两岸物流企业合作模式有在大陆市场实行"内销货主企业+大陆运输业+台湾物流企业"（3PL）的模式；在国际市场实行"在大陆设厂的外销厂商+大陆货代业者+台湾国际物流业者"（4PL）的模式。两岸物流企业合作发展到现在，模式逐渐多样化，出现了一些新的合作模式。例如，两岸"贸易+展示+物流"的新型物流合作模式就是"以展带销、以销促展、物流其中"。其中的海峡两岸名品展销这种具体形式就是要改善"贸易+展示+物流"合作模式的营商环境。

2. 海峡两岸物流业和电子商务的联动发展

台湾物流信息化运作模式，特别是电子商务的发展值得大陆地区物流业学习和借鉴。大陆地区物流业需要以物流企业信息化为起点，积极发展第三方物流，鼓励发展第四方物流，充分学习台湾地区物流业信息化的优势。大陆物流业实现信息化和标准化，才可以实现海峡两岸物流业合作的规模化。据了解，"十一五"期间，福建省电子商务的发展重点包括：建设福建省电子商务运营中心服务平台；建立和完善电子商务应用安全基础设施；建设Internet支付网关，加快建立电子支付体系；重视发展行业电子商务；建立和完善适应电子商务需要的物流配送体系；鼓励发展移动电子商务；开展农村商务信息服务体系建设等。为建立和完善适应电子商务需要的物流配送体系，福建省将整合铁路、公路、水路、民航、邮政等现有基础设施，大力发展物流配送中心，积极发展第三方物流企业，引导企业内部系统的配送中心逐步向社会化发展，采用卫星定位系统、视频技术等先进的技术手段，提升物流配送企业的专业技术含量和服务质量。以厦门、福州、泉州等市和口岸、港口、交通、邮政等行业为重点，推进物流信息平台建设。逐步建立面向所有网上商户的社会化、专业化的物流配送机构，形成覆盖全省的高效物流配送网络体系。同时大力发展与台湾地区实行电子商务与物流业的联动发展。

目前两岸海运直航、空运直航、直接通邮已全面启动，这给两岸物流行业带来难得的发展契机，将极大地促进两岸电子商务及物流配送业务的快速发展。"大三通"中关于通邮、通航的协议条款，对于克服两岸电子商务合作与发展中存在的物流成本高、配送时间长等关键问题，将发挥积极作用。随着电子商务市场与物流的不断开发，电子商务的配送效率将大大提高，大陆2.9亿的网民与台湾约1300多万的网民将成为拉动网络购物市场发展的巨大动力。

3. 海峡两岸区域物流业的发展

海峡两岸区域物流业的发展主要是台湾和福建物流业的发展。根据统计，福建全省有 16960 个物流业法人单位，从业人员 55.66 万人。福建与台湾隔海相望，连接长江三角洲与珠江三角洲，位置十分重要，福州港距上海 480 公里，距香港 450 公里，距基隆港 276 公里，发展物流具有明显的区位优势。而随着海峡西岸经济区建设的全面推进，福建的交通基础设施有了很大发展，初步形成了以海洋运输为龙头，以空港快捷运输为窗口，以铁路运输为骨干，以公路运输为网络和各大型场站为集散枢纽的综合运输体系。福建有三大港口，其中厦门港的集装箱吞吐量在 2005 年位居全国第 7 位，而泉州港在内贸集装箱方面已跃居全国第一。福州港目前正大力开发深水港区，将发展为以干散货运输为主的国家主要港口，在 2010 年前建成吞吐量逾亿吨大港，从而为物流业的发展奠定坚实基础。而台湾在空运方面，开通 8 个城市航点：桃园、高雄小港、台中清泉岗、台北松山、澎湖马公、花莲、金门、台东。这为海峡两岸物流业的发展提供了条件。

两岸区域物流业的发展有着很强的互补性。福建省目前物流产业已有一定规模，但因发展较晚，现代物流观念还未得到有效推广，物流水平与其他国家相比差距还很大。总的来说，福建的物流企业有着多元化的格局，专业程度不够，物流信息网络系统建设步伐落后，资源浪费造成物流投入成本高。而台湾物流业经过多年发展积累了丰富的技术管理经验及雄厚的资金，但岛内物流资源紧张，物流业风险增加，必须寻求新的发展途径，与福建物流业有着一定的互补性。两岸区域物流发展的内部效应在于，物流作为第三利润源泉，推动福建经济的发展；其外部效应是两岸物流合作不仅可以为台湾企业到大陆发展提供有利的条件，为投资者提供极大的机会，还可以为周边物流企业的壮大提供契机，并带动相关产业的发展，为闽台经贸合作的发展创造便利的条件，促进闽台经济扩大来往，推动闽台经济合作的成功。因此，我们在重用本土优势和后发优势加快福建港口建设的同时，应整合台湾的运力、运能，充分发挥高雄港中转枢纽的作用，加强对美洲、欧洲的物流辐射；借助台湾现有的资金、技术、加工能力建设物流基础设施，迅速提高两岸产业的国际竞争力，实现闽台合作双赢。

(三) 两岸物流合作发展中存在的主要问题

1. 两岸物流观念、物流体制和法律体系存在差异

物流管理上,大陆很多企业还停留在原始的纸笔时代,虽然配备了电脑,但还没有形成自己的系统,更没有形成网络,同时在物流运作中缺乏对 EDI、人工智能专家系统、条形码和扫描等先进信息技术的应用和推广。缺乏现代物流理念,没有把物流当做优化生产过程、强化市场经营的关键,而把物流活动置于附属地位,相当多的企业将仓储、运输、装卸、采购、包装、配送等物流活动分散在不同部门,没有归入一个统一管理部门对物流活动进行系统规划和统一运作与管理。而台湾由于受海岛型经济的限制,主要发展两头在外的产业,因此非常重视物流业的发展,把物流看成一个产业,并把"物流产业"的产值在 GDP 中单列,可见其对物流产业的重视程度;此外台湾物流业的民营化管理体系已处于领先水平,市场化运作模式较成功,政府在其中仅起指导和规划作用。此外,物流发展要跨越地区和部门的限制,需要统一化、标准化。但目前闽台还没有统一的物流政策法规和物流信息平台,因而制约了闽台现代物流产业的进一步整合以及集约化经营优势的发挥。

2. 大陆物流人才严重短缺

据有关权威部门统计,目前大陆中高级物流人才缺乏的主要原因在于物流方面的教育还非常滞后,大学研究生层次教育起步较晚;职业技术教育更是参差不齐,通过委托培训方式来提高员工专业素质的企业也不是很多。同时对于适合我国国情的物流理论缺乏深入研究,部分理论研究与实践严重脱节,理论成果的可操作性不强。

3. 大陆物流市场准入门槛过高

2004 年,大陆外经贸部决定在全国八省市中开展外商投资物流企业的试点,允许境外投资者以合资和合作的形式设立物流企业,并可经营国际流通物流业务和第三方物流。但要求注册资本不低于 500 万美元;从事国际流通物流业务的境外投资者股份比例不超过 50%;有固定的经营场所。对于实力相对弱小的台湾物流企业,准入门槛相对较高。

4. 第三方物流企业运作的经济和法律环境并不完善

物流企业延伸服务有两个方向:一是沿供应链顺流而下,即在制造商的产品销售渠道内作为服务供货商。二是沿供应链逆流而上,即在制造商的物料供应渠道内作为服务供货商。如果同时向两个方向延伸，把制造商的物料管理和实物分配都承担下来，就成了所谓第三方物流服务商。

两岸目前对第三方物流企业运作的经济和法律环境并不完善，物流服务供货商的服务能力和服务水平还不高。所以两岸的物流企业在现阶段不能盲目追求第三方物流企业的运作模式，须根据自身的特点为生产制造企业提供阶段性的和有特色的物流服务。例如以大货主为依托，按照委托企业的物流服务要求和标准来改造现有储运资产的结构和功能，并重整业务流程，为特定的生产制造企业或者特定的货种提供专业化的物流服务；或是作为更大的物流系统的子系统提供阶段性的延伸服务，比如与跨国物流公司接轨提供国内的物流服务。

四 ECFA 框架下的两岸物流合作

两岸经济合作框架协议（ECFA）的签订对两岸物流合作起到了积极的推动作用，并产生了相应的经济效应，如加速两岸农产品的流通、提高内地制造业的竞争力、带动海西航空业的升级以及促进其他相关产业的发展等。

（一）ECFA 对两岸物流合作的意义

1. ECFA 简介

ECFA，是暂时英文名 Economic Cooperation Framework Agreement 的缩写，即两岸经济合作框架协议，正式的中、英文名称需要等到以后两岸双方协商后确定，是规范两岸之间经济合作的基本协议。签订两岸经济合作框架协议，是指两岸签署正式协议之前拟定的纲要，其仅是先确定两岸合作的框架和目标。

ECFA 的内容是由两岸双方经过协商确定的，参考了东盟与中国内地全面经济合作框架协定和两岸的需求，不违背世界贸易组织精神，其内容涵盖了两岸间主要的经济活动，包括：早期收获、货物贸易、投资保障、经济合作、争端解决，以及机构安排等。

ECFA 的目标有三个：一是加强和增进海峡两岸之间的经济、贸易和投资合作；二是促进海峡两岸货物贸易和服务贸易进一步自由化，逐步建立公平、透明、便利的投资及其保障机制；三是扩大经济合作领域，建立合作机制。

ECFA 的签订反映了大陆和台湾经济的特点和现状，体现了两岸经济发展的需要，具有极其重要的参考价值。虽然两岸都是 WTO 的成员，但是彼此之间的经贸往来仍有许多限制。ECFA 是两岸协商合作取得的一系列成果的结晶，对实现两岸经济关系正常化，促进经济合作制度化，推动两岸关系和平发展具有重大的意义，能够起到推动两岸经济贸易关系良好发展的作用，促进两岸经贸的往来，有利于两岸共同应对国际金融危机和国际经济激烈竞争的挑战，使两岸逐步走向累积互信、对等协商的新时代。

2. ECFA 对两岸物流合作的意义

（1）推动两岸物流业的优势互补。

海峡两岸地域相连，经济互补性强使得两岸物流业具有良好的合作基础。大陆的物流市场蕴涵着巨大的商机，尤其是庞大的进出口物流需求，而台湾拥有高效率的国际港口和相对成功的运作模式，这些都是两岸物流业合作发展的重要基础。同时，两岸选定的战略性新兴产业与新兴产业有异曲同工之处，而且两岸物流产业的发展有互补共生与互相拉抬的可能。目前，台湾虽然在物流产业的发展水平相对领先于大陆，但是台湾物流业面临着市场需求持续下降和成本不断升高的困扰。

海峡两岸物流企业应该利用 ECFA 互补合作，提高国际竞争力。如果两岸物流业携手合作，充分利用各自的优势，一起竞逐海内外市场，就能产生很好的成效。同时，在 ECFA 的协议下，双方巨大的贸易量可以通过物流合作有效地降低成本，同时还可以解决各自产业发展的困境，实现双赢的局面。在航运物流方面，大陆临近台湾的闽台港口群侧重于内陆与近海运输，而台湾港口群则侧重于远洋运输，ECFA 的签订在一定程度上能够实现港口物流功能互补和整体提升。

（2）促进两岸物流合作的现代化发展。

在 ECFA 下，两岸物流业可以组织行业联盟，整合两岸保税港和自由贸易港的优势，开辟绿色通道，连接国际、大陆和台湾三个市场，从而促进两岸物流的现代化发展。与此同时，ECFA 关于贸易与投资方面的相关协定还有助于从事运输物流业者加大投资，新增服务据点，有效地提升服务质量；ECFA 合作协议含有争端解决机制，可为两岸物流业相互投资提供保障，为进一步交流合作奠定基础。

在落实 ECFA 的基础上，通过整合两岸物流资源，加强物流合作，加大两岸物流基础设施和信息平台建设，加快两岸物流标准、营运法规的对接，鼓励物流企业分工协作，引进并联合培养物流人才，达到促进两岸物流业合作的目的。另据厦门检验检疫局消息，在 ECFA 生效的首月，厦门口岸进境台湾水果数量比上年同期增长近七成，说明两岸贸易量在 ECFA 下有了明显的发展。两岸贸易的结构性特点，决定了两岸航运物流业大有发展前途，而且两岸以航运物流业为主流的格局不易被取代，同时大陆的内需市场能量逐渐释放，将成为两岸航运物流业扩张的重要推动力量。

(二) ECFA 下的两岸物流合作的经济效应

1. 加速两岸农产品的流通

ECFA 签署是两岸经济制度化合作的重要平台与突破。ECFA 涉及的两岸农业合作内容主要为早期收获项目中的大陆对台湾 18 项农产品零关税进口及投资与经济合作议题下的两岸农业投资与合作问题。

农产品贸易是 ECFA 中讨论的重点问题之一，从一开始就颇受关注。大陆充分照顾台湾中小企业和广大基层民众的利益，特别是广大农民的利益，采取了"让利"原则。这种让利主要是通过减免关税以及货物贸易早期收获来实现的。

目前大陆 18 项农产品进口税率为 13.3%，若采取降税措施，预计减税金额达 223 万美元，即台湾农民可直接获得 203 万美元的降税利益。ECFA 的签署可以说将进一步促进台湾农产品对大陆的出口。以台湾最为关注的石斑鱼为例，过去两年来，台湾石斑鱼对大陆出口增长了 50 倍，带动台湾石斑鱼产业的发展，台湾石斑鱼产值高居世界第一。在 ECFA 实施后，台湾期望在 2013 年实现石斑鱼产值倍增目标。不过，由于受岛内政治因素的影响，ECFA 还无法完全有效地规范与促进两岸农产品贸易。为此，海峡两岸需要在 ECFA 框架下与 ECFA 框架外同时推进两岸农产品贸易。一方面在 ECFA 框架内，有效落实 18 种台湾农渔产品的降税行动，促进台湾农产品对大陆出口。另外，为满足民众与市场需要，实现两岸农产品的互通有无及优势互补，需要在市场机制基础上进一步开放政策，加强合作，扩大两岸农产品贸易，以此带动两岸农业的发展，增进两岸农民利益。

2. 提高内地制造业的竞争力

ECFA 的签订将会促进内地制造业的发展，提高内地制造企业的自身竞争力。内地制造企业可以通过对台湾高级机械设备的引进提升竞争优势。目前大陆机械产品以传统品种为主，价格偏低，而机械产业已被列入 ECFA

早期收获清单，未来大陆厂商可以寻求和台湾厂商合作，引进较高级的机械设备；同时台湾中高级产品也会拉大与日、韩产品的价差，随着销量的增多，将有机会取代日、韩在大陆的市场。

内地汽车工业未来五年是大幅成长期，2010年内地汽车销售量已达1500万辆以上。随着内地汽车工业的飞速发展，汽车厂商对汽车传动零部件的需求将不断加大。ECFA签订之后，对台湾泡棉、轮胎、塑料射出成型机、钣金、车架等周边相关产业将产生带动作用，在促进其发展的同时，也对内地汽车企业降低成本，提高质量，提升自身竞争力起到积极作用。同时，大陆企业可以采购台湾的汽车关键零部件，甚至联合研发整车新技术，通过不断加强的合作增强两岸汽车在全球的竞争力。

除了技术接轨之外，大陆资金赴台后，还可以从软实力方面学习岛内企业的管理模式。

此外，台湾放宽大陆企业来台投资限制，更多的内地制造企业将在台投资设厂。台湾的市场潜力很大，内地制造企业也可借此机会开发台湾市场，提升企业的知名度和国际竞争力。

3. 带动海西航空业的升级

海峡西岸经济区，是指台湾海峡西岸，以福建为主体，包括周边地区，南北与珠三角、长三角两个经济区衔接，东与台湾岛、西与江西的广大内陆腹地贯通，具有对台工作、统一祖国，并进一步带动全国经济走向世界的特点和独特优势的地域经济综合体。

对于以集装箱内贸为主的厦门港来说，ECFA的签订肯定会给其业务带来积极影响。此外在航空领域，厦门、福州和武夷山、晋江、连城5个机场构成了民航干支线机场相结合的空港体系。中国民用航空局最新宣布的《关于进一步促进海峡西岸经济区与两岸航空运输发展的七条政策措施》从新增货运航点、增开新航路、机场建设、开放备降等各个角度对两岸直航提供了软硬件支持。

从两岸签订的最新协议规定每周增加的航班数目上看，福建的份额超过了半数；而从公司分配来看，厦门航空公司最受青睐，厦门空港受益最大，对国航、东航和南航收入也会带来不同程度的提升。台资项目到福建投资，必须自成体系，否则，投资成本过高，无形中就弱化了福建省投资项目的吸引力。这其中比较明显的是，福建省基础设施建设缓慢，特别是交通网络发展总体水平仍滞后于经济发展要求。海西经济区的建设，给诸多上市公司也带来了很好的发展机遇。

尤其在两岸三通基础上，除了可以吸引新的一轮台湾产业前往海西经济特区投资之外，又可借此机会学习台湾经验，加速海西经济特区建设。

4. 促进其他相关产业的发展

ECFA 作为国家战略，在早期收获计划中，大陆对台湾开放 539 项，尤其是货物贸易的关税减让和服务贸易市场准入的扩大、市场准入门槛降低，使台湾对大陆贸易和投资立刻受益，台湾在大陆的投资范围和合作对象，都会不断拓宽，投资规模也会迅速增加；两岸产业互补、融合力度加大，相关行业将受益，赢利空间再度被打开。

大陆将对会计、计算机及其相关服务、研究和开发、会议、专业设计、进口电影片配额、医院、民用航空器维修，以及银行、证券、保险等 11 个服务行业扩大开放。对广大台资企业普遍关注的银行业开放，大陆将出台 6 项具体措施，便利台资企业融资，包括允许台湾地区银行在大陆设立营业性机构，建立小企业金融服务专营机构；在大陆开业 1 年以上且提出申请前 1 年赢利的台湾地区银行，可申请经营对大陆台资企业的人民币业务。随着限制的放宽，无疑会加速两岸银行业的发展，使贸易和投资受益。而台湾将对研究与开发、会议、展览、特制品设计、进口电影片配额、经纪商、运动及其他娱乐、航空电脑订位系统以及银行等 9 个服务行业进一步放开，这将极大地促进两岸服务业交流和发展。

ECFA 的签订除了可望提高两岸经济增长率与就业人数外，内地产业可在两岸进行有效分工，有助于产业供应链根留台湾，促进产业发展。中国内地可望增加对台采购及产业竞争力，加速台湾发展成为产业运筹中心。

ECFA 是一个互利互惠的经贸协议。框架协议符合两岸经济发展的客观需要，有利于深化两岸经济合作，建立具有两岸特色的经济合作机制，有利于两岸共同应对日益严峻的全球竞争，最大限度地实现两岸经济优势互补、互利双赢。这个协议的签署不但是两岸经贸关系重要的里程碑，也是两岸各自面向区域经济整合以及全球化发展趋势的关键一大步。

五　ECFA 下的两岸物流合作的政策建议

（一）深化两岸物流园区合作

积极探索合作方式以及运作机制是两地共同发展现代物流业的重点。

由于两地体制背景迥异，合作方式和机制设计比较复杂。而目前物流园区的合作在大陆地区取得了很大的进展，主要体现在物流园区的规划、运营、招商、信息沟通、发展研究、经验交流等方面，对促进园区的健康、快速发展有较大的推进作用。一批热心于物流园区新生事物的专家、企业家为此作出了重要贡献，实现了理论和实践的结合，使我国物流园区的发展速度、规模毫无逊色于发达国家。由于 ECFA 的签署，大陆和台湾的经济联系进一步加强，为了促进两地的物流经济合作，我们可以采用物流园区的合作模式。

1. 物流园区合作可能存在的问题分析

（1）信息和经验的交流不足。

信息和经验的交流是园区间合作的重要方面，物流园区因为地域的差别，分布在各个城市周围。其运作模式、地理位置、招商情况、建设规模、交通条件等信息不易被其他园区了解。一些先行的园区在建设过程中成功的经验和失败的教训，如果能被后来者接受，将会避免很多损失。大陆和台湾实行物流园区的合作，必须加强信息和经验的交流，这样才能避免造成很多损失。

（2）园区的网络化程度不高。

物流是最需要网络化经营的产业。有实力的企业，无不在编织自己的物流网络。运输网络中，货运枢纽、货运中转站、码头、收货站等大大小小的站点成为运输网络的节点，不同的运输方式在这里交汇，大量的货物在这里集散，保证了物流的顺畅运转。但在当前，由于这个节点之间缺乏了解和信任，其功能没有充分发挥出来。每天都有大量货车在空驶和等待，造成了巨大的浪费。德国和日本货运中心的经验值得借鉴。我们可以实行在大陆和台湾建立物流园区网络体系，建立物流信息平台，加强两地的联系，使其物流能够顺畅运转。如目前福州保税物流园区计划通过对接，将台湾的物流、资金和技术优势和大陆的资源、市场优势结合起来。据了解，两物流对接成功后，将可实现"台湾接单、福州加工"、"台湾开单、福州提货"等形式的合作。这样一来，福州港区可以吸引更多内陆物流聚集，也为台湾提供更多转运欧美的转口货源。同时也给台湾航运及港口企业提供到大陆投资的机会。这势必能够很好地促进两岸物流的互动与繁荣。

（3）物流企业信用咨询服务不够完善。

由于当前物流企业散、小、乱情况的存在，使得客户对物流企业资信极为敏感。各物流园区对入园物流企业的情况比较熟悉，可以向客户推荐可靠的物流运营商。浙江传化在这方面做了很好的尝试，但在园区间如何联网、如何相互提供咨询服务，还有待于探索和合作。

（4）园区的经营主体和运营模式多样化，还没有找到深入合作的切入点。

市场主导型的园区，其主要任务是为入住客商提供良好的经营环境，主要收益来自物业收入和土地租赁收入、信息服务收入等，对外合作限于园区管理经验的交流；仓储主导型的园区，入住客户有一定的区域性，很少有在多个园区设点的网络性企业，缺乏开展深入合作的需求；运输主导型的园区最容易开展相互间合作，但这类园区较少、运输企业过小、过散，以车找货的需求远远大于以货找车的需求，因而深层次合作进展不大。

2. 深化两岸物流园区合作的建议

两岸物流园区的合作是物流合作模式的新研究，虽然在物流园区合作中会存在一些问题，但总的发展前景是好的，相信物流园区的合作能够深化两岸物流业的发展。以下是关于两岸物流园区合作的一些建议。

（1）保证物流园区联盟会议的顺利开展。

鉴于两岸物流园区的合作模式，我们可以成立一个物流园区联盟会，每年开好物流园区联盟会议。毕竟，例会是园区间交流合作的重要平台，对园区的发展起到很重要的宣传、引导作用。建议这个例会办精办好：一是会议形式要多种多样，尽可能充分利用代表们的参会时间，扩大接触与交流；二是会议主题要早一些确定，会议内容要多听联盟成员的意见，提出若干专题，参会人员着重收集有关方面的资料和信息，带到会上讨论。比如园区的规划选址、园区的功能安排、土地使用权取得方式及价格、园区与城市建设的关系、园区的管理体制、园区的信息技术应用、政府对园区的调控措施、国外物流园区的新进展等；三是会议发言以交流和研究问题为主，尽可能不要宣传本企业形象，也不要在会议场合招商，减少商业化行为。

（2）每年组织一次或几次调查研究。

可以与年会结合进行，也可以单独组织，调研成果要在联盟内发布。必要时，也可组织对国外物流园区的考察，这种考察的目的在于学习国际物流园区建设和发展的经验，建立与国外同行的联系通道，不能成旅游性考察。

(3) 建设联盟的领导机构。

联盟应选举主席一名，副主席若干名，一年一任，轮流担任。主要负责联盟的会议组织、议题选定、成员意见的收集、园区合作的推进等。领导成员来自于园区，对园区的情况十分了解，故能提出急需解决的问题，也能形成协调一致的意见。

(4) 联盟要收集各成员单位主要信息资料，并向成员单位发布。

联盟要收集各成员单位主要信息资料，内容应包括：园区名称、地址、通讯方式、形态、主要功能、主要设施、运营状况等。一些指标要规范化，比如营业收入是指本园区的营业收入而不是入住客户的营业收入，入住客户的营业收入单独列出；自有车辆、自有库房与外租房、外租车辆分开；占地面积和规划面积分开等。收集完资料以后联盟向成员单位发布，便于增进了解和互相联络。

(二) 相关产业带动物流业协调发展

1. 完善基础设施建设

海峡两岸物流业的发展、物流合作的深化、物流水平的提高都需要良好的物流基础设施的支持，因此要以提高效率、完善网络及相关配套设施的建设为目标，进一步发展海峡两岸现代物流发展的基础设施。沿海集疏运系统、内河集疏运系统、航空集疏运系统、公路集疏运系统、铁路集疏运系统、港口物流合作系统几种方式密切配合，形成高效的多式联运，将港口和腹地紧密联系起来。为适应两岸日益增长的物流合作，应该有计划地增加物流基础设施建设，包括两岸交通设施建设、仓储设施建设、加工配送中心的建设、网络信息平台建设、物流园区的建设等。着力加快道路建设，努力提高通达率和道路等级，确保物流运输的畅通无阻。根据物流量的大小、区位等因素，在货物集中产区，改扩建一批集散功能强、辐射范围广的批发市场。加强产品的规模生产基地建设，为两岸物流企业提供可靠的货源保障，另外，要加强通信网络硬件的基础设施建设，推进多网合用，将邮电网、金融系统网、电视网等合并，使有限的设施得到最大化利用。努力实现生产者、销售者之间的计算机联网，共享资源、共用信息，以实现对物流各环节的实时跟踪、有效控制与全程管理；进一步搞好两岸物流需求的信息处理与发布工作，以及市场信息咨询服务。

2. 保持金融业稳定与市场化

ECFA 的签订对海峡两岸经济合作来说是一个里程碑，对深化两岸金融业的分工，提升两岸金融业的合作水平，具有重大的意义和深远的影响。尽管两岸的金融业仍然受到后国际金融危机的影响，但是伴随着两岸经济制度性合作体制框架的建立，其产生的经济效应和历史意义将更加显著。海峡两岸应共同积极把握这一重大历史契机，开始创建全新意义的两岸经济合作区，努力推进海峡两岸金融业的进一步融合，积极开创两岸金融业互利共赢的新时代。

海峡两岸金融业的交流与合作是经济全球化的必然结果，也是推动两岸金融业向更高阶段、更深层次发展的必然选择。ECFA 的签署使得两岸在金融业和资本市场的开放上更有保障性。之前两岸在金融机构互设及资本市场的开放上存在很多问题。例如，在金融机构互设方面，一方面，因为两岸没有签订金融监管备忘录，使得已在大陆设立代表处的台湾银行不能够升格为分行开展金融业务。另一方面，大陆的金融机构入台设立分支机构更是受到严格的控制。而在资本市场开放方面，台湾当局先前长期严格地控制两岸在资本市场的互通，台湾当局不仅要求投资岛内资本市场须提交不含大陆资金声明，而且限制岛内基金对大陆及港澳股市的投资规模。目前情况下可采用的大陆资本入岛投资的方式，以合作或合资的形式投资台湾是比较安全可行的。此外，还可采取收购或兼并、非股权参与式投资、证券投资等模式。

ECFA 的签署，进一步排除了两岸贸易和投资的障碍，开启了两岸金融合作的新契机。随着两岸关系不断走向和平稳定发展的局面，台湾将广泛吸引大陆企业大规模、多领域、全方位赴台投资，两岸金融关系将形成日益紧密、全面双向的发展格局。2010 年 8 月 1 日至 10 日，台湾当局组织了高规格的"两岸投资交流考察团"，赴北京、天津、武汉等地开展招商活动。台湾大规模组团赴大陆招商，将加速台湾当局开放第二波"陆资赴台"投资项目，加快"陆资赴台"的脚步。

金融业投资门槛的逐步降低，金融业务范围的不断拓宽，也有助于两岸金融服务业的相互投资和产业转移投资，进而带动全面经贸合作。下面我们分别从保险业和证券业来分析。

（1）两岸在保险业的合作将更加灵活。

两岸自 2010 年 6 月 28 日签署 ECFA 以后，金融业合作进展最为显著，其中大陆承诺灵活处理台湾保险业准入门槛，为两岸保险业加强合作开了一扇门。可以预计的是，两岸保险公司未来将能更充分地凭借自身优势，相互合作以推动共同发展。

虽然从长远看，两岸保险业合作前景仍有赖于大陆改革开放的进一步推进与经济的持续发展。但基本发展格局已经由两岸保险业 MOU 与 ECFA 确定下来。从保险业的人才上来看，台湾保险业人才仍将是大陆业者可以借重的重要资源。多年来台湾保险业虽未进入大陆，但其人才早已被大陆保险公司所延揽，且发挥了重要作用，这是台湾经济发展在大陆外溢效果的另一种体现，而双方人才资源的交流也提高了台湾保险业的视野与胆识。通过这些人才在大陆市场的一试身手，从而验证了台湾保险业管理与拓展业务技术的可靠性与有效性，为台湾保险业进入更大规模市场提供了借鉴。

从总体上来看，两岸保险业合作虽受到一些客观条件的限制，但也不断取得进展并实现了共同发展，今后这种合作仍将继续深入发展下去，并将两岸保险服务业推向更高的水平。

（2）两岸在证券业的合作将朝着直接、双向、全面的方向发展。

两岸证券业直接、全面、双向的交流与合作格局将逐步形成。在过去的几十年里，两岸经济合作主要表现为制造业领域的合作。随着未来两岸经济交流与合作的逐步加深，服务业将成为两岸经济合作的重点产业，而其中包括证券业在内的金融业将扮演十分重要的角色。目前，受历史、政策等因素的影响，两岸证券业交流与合作还处于初级阶段，且呈现出单向、间接的特点。但可以预见的是，随着两岸经济关系正常化、制度化与机制化进程的不断推进，两岸证券业交流与合作也将朝着直接、双向、全面的方向发展。

两岸证券业交流与合作形式将日趋多样化。目前，两岸证券业交流合作形式较为单一，主要集中在设立代表处、通过香港等第三地迂回等方式。随着大陆市场对台资券商的重要性与日俱增，台资券商将竭尽所能突破政策障碍以抢占发展商机，从而导致两岸证券业合作形式日益多样化。

3. 带动相关产业的发展

ECFA 的签署意味着开放双方市场，包括人员、投资、技术合作以及金融领域的合作等，两岸货物、资本、技术等生产要素的流动更加便利。通过双方的降税安排，两岸产业链中的加工制造成本将降低。有利于台资企业开拓大陆内需市场，加快机械、石化、纺织、电子等产业在大陆的投资布局；大陆企业则将赢得产业结构、核心技术、企业文化等诸多方面的收获。

ECFA 的签署有助于两岸之间形成合理的产业合作规划。ECFA 签署前，两岸产业合作呈现一种单向、不对等的无序状态。投资大陆的台资企业多以劳动密集型制造业为主。即使在两岸经济合作的高峰时期，台湾具有主导优势的产业资源也基于经济安全的考虑，很少能够参与到大陆的经济合作中来。而大陆经济发展早期主要靠"三来一补"模式，大量引进外资企业，对台资企业更是来者不拒，在一定程度上加剧了两岸产业合作规划的不合理性。ECFA 的签署，将最大限度地实现两岸优势互补，互利双赢。这就要求双方共同进行战略性的产业提升和转型，在众多有合作基础的领域，进行统一的产业规划，进而更加有效地提升资源使用效率，提升产业竞争力，促进两岸之间形成科学、系统的产业合作规划。为此，要加强两岸产业对接的组织协调工作，根据"优势互补、合作共赢"的原则，进行产业合作规划布局。并在产业战略布局上将对方产业作为自己产业体系的重要延伸或产业链深化的重要一环，形成相互支撑、充分发挥各自比较优势的总体格局。要加强投资项目的对接规划，完善两岸产业对接项目的采集、分析、筛选与动态储备制度，促进产业项目对接，形成两岸产业合作的长效机制。

2010 年 6 月 29 日，两岸在重庆签署的 ECFA 确立了"加强和增进双方之间的经济、贸易和投资合作；促进双方货物和服务贸易进一步自由化，逐步建立公平、透明、便利的投资及其保障机制；扩大经济合作领域，建立合作机制"的目标。对两岸产业合作而言，ECFA 的签署有利于两岸更好地进行产业要素的优势互补，促进两岸产业的合理布局、双向对接、全面合作和深化分工，为两岸产业的合作双赢，提供更大的发展空间。

以往，两岸开展合作的产业主要集中在传统或成熟产业领域。ECFA 的签署与实施，将深刻改变既有的两岸关系合作框架和模式。随着 ECFA 的签署，两岸经贸交流与合作的形态也将赢得实质性进步。此前，两岸经贸互动的内容多为加工贸易。ECFA 签署后，随着商品贸易、投资、服务领域的逐步开放，两岸经贸交流的内容日趋丰富和多元化。如随着关税的减免，台湾优势产业将逐渐扩大生产规模，以满足大陆巨大的消费市场需求。

为了进一步促进海峡两岸的产业合作，不仅要加快实施两岸产业合作搭桥计划，还应该大力推动该计划在两岸进行试点和实施。台湾目前极力推动的新能源、节能环保、城市物流等产业,发展潜力巨大,前景可观,应推进两岸对接。而且还要突破服务业合作的"瓶颈",打造以物流和供应链管理为先导的、面向东盟和周边市场的生产性服务业前沿基地,吸引台湾现代服务业,完善集群功能,促进大陆产业集群的内涵式发展。

(三) 相关法律的完善

海峡两岸属于不同的社会制度,60年里形成了与之相关的不同的经济和法律制度。不同的法律制度导致在ECFA推进的过程中,会产生一定的冲突。大陆和台湾的法律制度均深受大陆法系的影响,属于同一法系法域之间的法律冲突。ECFA本质上是"行政区域合作型区际协议",不具有法律效力,而短时间内统一区域法律是不现实的。那么,在ECFA执行的过程中就需要两岸相关法律的完善作为保证。对于大陆的法律制度,有以下建议政策。

1. 物流产业结构法

所谓物流产业结构法律制度,是指国家为使产业结构得到合理调整,扶植和培育新兴产业而制定的产业政策的法律化。它可以被解构为产业扶持政策的法律化和产业调整政策的法律化。出台一个鼓励物流产业发展的纲领性文件,明确中国物流产业发展的方向和主要的政策措施,以引导和促进中国产业的健康发展。鼓励企业和民间资金更多地投入到现代物流产业的发展上,为现代物流企业提供更宽松的市场准入条件以及融资便利,提供更优厚的税收政策,扶持物流配送中心的建立,在土地使用上给予一定的倾斜。并将这些优惠政策用法律的形式固定下来,以保护物流企业的信赖利益。

现代物流业跨越了交通、铁道、民航、内贸、经贸等十几个部门,诸部委各有相关规定,难以统一。例如一家企业想在国内从事铁路、公路、航空、海运货物运输,必须同时向不同部门的审批单位提出申请。在进出口通关问题上,更是手续繁多,无法达到现代国际物流企业的效率要求。因此,现代物流企业多式联运的优点难以施展,抑制了物流的连贯服务,从而影响了运输服务的质量,整体物流成本难以下降。

2. 物流产业组织法

物流市场需要规范,一是靠政府,二是靠中介组织,如协会、学会等。这些协会与学会起着政府不能起到的作用,实施行业自律,规范市场行为。

现代物流行业协会是现代物流产业的非官方自治性组织，在政府职能转化的大背景下，扶持建立物流行业协会有助于培植社会中间力量，实现经济民主。

首先，要明确物流行业协会的性质，解决谁参加，服务谁的问题。即把物流协会办成物流企业及相关企事业单位组成的社会团体法人。与相关行业协会，如交通协会、铁道协会、民航协会、海关协会、船东协会、港口协会、货代协会等相比，物流协会是一个综合性组织，其他的则是一种专业性协会，不能笼统地把这些专业协会都称为物流协会，不然就失去了对不同事物性质的区分。

其次要明确物流行业协会的主要职能，解决干什么与怎么干的问题。物流行业协会应当具有这样一些职能：参与物流业地方规划的制订；对物流行业进行调研，反映企业的心声，向政府提出建议；为行业培训人员，为会员提供信息，维护会员合法权益；参与行业统计，标准制定，制定行规行约，实行行业自律；组织会员进行国际交流与合作等。

最后，要明确政府与中介机构的分工，实行政会分开。政府要把本属行业协会干的事彻底地交给行业协会来办。这当然不可能一下子办到，需要一个过程，但这是方向，是政府职能转变的下一个重要目标。

3. 物流产业行政监管法

物流行政监管法是指调整物流行政监管过程中所形成的社会关系的法律规范，它也是现代物流法律制度的重要组成部分。在构建我国现代物流法律体系的过程中，重点需要完善的是现代物流行政监管主体和物流技术标准两个方面的立法。

物流业发展涉及的面很广，涉及管理的事项繁多，随着物流发展水平和管理水平的不断提高，政府的管理重心从微观、中观管理逐渐向宏观过渡。微观层次交由市场主体通过市场竞争决定社会资源的流动，中观层次由逐渐发展壮大起来的行业协会等社会力量实现对市场秩序的维持，而将政府职能进一步集中在宏观政策的制定和引导上。

现代物流要求一套通行各个相关行业的标准，但现行的标准化体系以部门为主，制约了物流各相关产业间的统一性和协调性的加强。在物流标准化的管理方面，除了国家统一的标准化管理机构外，还有各行业的政府管理部门。各个产业的标准化专业技术组织与科研机构分散在各个政府部门和行业中，导致了在实际运作的过程中，不同部门之间缺乏有效的协调和沟通。标准化水平的高低是区别传统物流与现代物流的重要标志。在我国现代物流迅速发展的过程中，应当全面推进物流标准化体系建设，逐步形成协调统一的现代物流技术标准化体系。

4. 现代物流行为法

物流行为从法律上说其实质是合同行为，但是，发生在物流过程中的合同与普通的民商事合同又不完全相同，尤其是在现代物流活动中，强调物流功能的集成，专门从事现代物流功能集成的现代物流企业参与现代物流活动与其提供服务的用户必须签订第三方物流合同。

5. 物流信用管理法

加快社会信用体系的建设，增强信用观念和信用防范意识，营造良好的信用环境和投资环境，有利于监督和约束物流市场交易过程，保障交易活动的正常进行，促进物流市场的发展。立法保证信息的公开、建立征信企业制度、立法惩戒失信者是建立物流信用管理法的三个重要方面。由于第三方物流的一个重要特点就是物流服务关系的合同化，所以又被称之为合同制物流或契约物流。由于第三方物流合同具有多种特殊性，因此相关部门应当尽快出台选择性适用的第三方物流合同范本及说明，以便于市场主体了解第三方物流合同的特点，维护第三方物流市场主体的合法权益。

六 结 论

国民党主席马英九[①]曾表示："ECFA 早收清单有相当的庶民色彩，因此不论是中小企业、农渔业或县市都可以找到利基项目。"签署 ECFA 是当前促进台湾与大陆经贸朝向正常方向发展最可行的方式，也是彰显两岸关系改善的具体作为。面对区域经济整合的蓬勃发展，台湾如能把握两岸和缓的契机，争取与东盟国家等区域合作组织更多的合作空间，将有助稳固台湾既有优势，以及创造对外贸易与投资更大的利益。物流产业连接着生产与贸易两个端点。促进两岸的物流合作，将使 ECFA 更有效地推进。

从目前来看，台湾对两岸的经济合作仍然抱有十分谨慎的态度。台湾开放的大陆企业投资远远小于大陆开放的台湾企业投资规模和数量。台湾

---

① 谢明辉：《ECFA 签订后两岸经贸大趋势》，《中国金融》2010 年第 17 期。

岛内复杂的政治因素给 ECFA 的后续执行带来了很大的不确定性。在执行中很可能出现台湾方面滞后于大陆的情况。这可能会削弱两岸经济合作的信任度，降低逐步推进合作的耐心和信心。

一直以来，"循序渐进"、"先易后难"是两岸经贸合作的基本原则。推进 ECFA 框架下的两岸物流合作更加不能操之过急。可以以若干港口城市作为切入点，完善农业、金融业、制造业和交通运输业等相关产业的配合机制。并且，创造与现代物流产业相适应的法制环境。在这种情况下，ECFA 的签订，必将带动两岸物流业的发展。而物流业的进步也将带动两岸区域经济的繁荣。

专题十五
城市群
——城市化进程的新探索

一　城市化的发展现状及趋势分析

（一）城市化的现状分析

1. 城市化的定义

城市化是指人口和产业活动在空间上集聚、乡村地区转变为城市地区的过程。城市化是社会生产力发展到一定阶段，农村人口转化为非农村人口，人口向城镇集聚，农村地区转化为城镇地区，城镇数量增加的过程。

2. 我国城市化发展现状

新中国成立 60 年来，我国城市化水平大幅提高，城市个数由新中国成立前的 132 个增加到 2008 年的 655 个，城市化水平由 1949 年的 7.3% 提高到 2008 年的 45.68%。具体表现在以下几个方面：①城市化发展速度合理调整。从 2003 年开始，城市化发展的速度有所放慢，2003 年城市化率比上年提高 1.44 个百分点，2008 年只比上年提高 0.74 个百分点，增长幅度下降近一半，出现这种现象的一个重要原因是城市化发展开始由重点追求速度向重点追求质量转变。②城镇发展开始由数量扩张向品质提升转变。一方面，继续调整城镇数量。建制市数量由最高的 1988 年的 668 个减少到 2008 年的 655 个；建制镇的数量由最高的 2000 年的 20132 个减少到 2007 年的 19249 个，减少了 5.2%。另一方面，单个城镇的规模迅速扩张，2008 年末，中国 655 座建制城市中，百万人口以上特大城市 118 座，超大城市 39 座。2007 年，GDP 超 3000 亿的城市数量有 11 个，2008 年翻了一番，达到

22个。③城市间关系进一步密切。我国在2004年提出了"组团式城市群"的概念，其定义内容是大中小城市"结构有序、功能互补、整体优化、共建共享"的镶嵌体系，体现出以城乡互动、区域一体为特征的高级演化形态。我国正在形成十大城市群：京津冀、长三角、珠三角、山东半岛、辽中南、中原、长江中游、海峡两岸、川渝和关中城市群。

（二）城市化进程中出现的问题

推进城市化是我国21世纪发展的战略选择，是建设现代化城镇的关键举措。近年来，我国的城市化水平不断提高，城镇建设出现了"一年变个样，三年变新样，五年大变样"的景象。然而，在推进城市化的进程中，仍存在着人口集聚慢、城镇特色少、环境质量差等问题，有的已严重影响了城市化的进程和城镇品位的提高，不能不引起有关部门的注意。下面分析城市化进程中出现的几个主要问题。

1. 人口集聚较慢，一定程度上影响了城市化的进程

城市化是人类生产、生活方式由乡村型向城市型转化的历史过程，也是农村人口向城市人口转化的过程，在这个转化过程中，各城镇都采取了一些措施，降低了"入城"门槛，放宽了户口政策，吸纳了一大批人。但由于城镇经济发展水平、人们的生活习惯等原因，农村人口向城镇集聚的势头不是很猛，城镇人口增加也不是很快。究其原因，一是经济发展速度不快，城镇就业岗位有限，未能吸纳大量农村剩余劳动力和外来人员进入城镇，加上城镇还有不少下岗职工需要安置，这是导致城镇人口集聚不快的主要原因。二是住宅商品房价格偏高，影响农民和外来人口入城。城镇中心区的房价，像绍兴这样的中心城市一般在7000元/平方米左右，按这样的价格计算，一套100平方米的住房，建制镇需要30万元、县城需要40万元、中心城市则在70万元左右，这么高的房价普通农民和外来人口是买不起的，这也相应限制了一部分人口进入城镇。三是农民和外来人员在享受教育、社会保障等方面的政策与本城镇居民不同。农民及外来人员的子女在城镇普通学校就读的费用要比城镇居民子女高；有些企事业单位招收员工，不要农村户口的人；农民的养老保险制度还不完善，医疗制度改革也处在探索阶段，农民进入城镇尚有后顾之忧。

2. 区域差距、城乡差距进一步拉大

从区域来看，中国的城市化程度表现出东高西低的特点。西部大部分国土是少数民族聚居的地方，西部发展不仅是经济问题，更是政治问题，关系到民族团结、边疆安定、祖国统一。中国的城市化进程中也使一些地区出现城乡差距拉大的现象。一些地区，例如西部地区的农村，有能力的、欲望强的能人一旦进入城市，大多数不再回去，农村地区势必人才稀疏，而城市的压倒优势日益增强，城乡差距进一步拉大，引发很多社会政治问题。

3. 城市中出现大量贫困人口，给政府带来很大的压力

城市化进程必然导致社会分层和分化，阶级阶层更加复杂，贫富差距悬殊。一些大城市，出现了类似美国的中心商业区、边缘富人居住区。许多城市还出现了"种族隔离现象"，既有专门的富人区，如别墅区，也有穷人聚居区，如经济适用房区。这在一定程度上引起对抗心理，产生社会冲突。

4. 一些地方政府在城市化进程中出现了失当行为

国家提出加快城市化进程目标，有些地方就趁此大搞形象工程，盲目造城，建大广场、大马路，造大办公楼。另外，"开发区热"也热度不减，从而形成资金和资源的极大浪费，造成房地产新的积压，出现新的"城市病"。

5. 城市贫困问题

城市贫困问题的基本表现是在一定时期内，由于各种原因，在城市逐渐出现一部分人和一部分家庭的基本生活处于入不敷出的窘困状态。这些贫困者在短期内很难依靠自身力量摆脱贫困，导致温饱难以维持。城市贫困问题如处置不当，很容易激化，产生一系列社会问题，应该引起政府和社会的广泛关注。城市贫困问题的一个表现就是城市化难以形成对农村社会的强力辐射和正面影响。在农村人口增长、土地资源约束等各种因素的共同作用下，农村剩余劳动力向城市转移、向非农产业转移已成为不可逆转之势。一方面，贫困压迫下的农村劳动力的流动表现出的是一种为求生计而萌发的主动性，推动了城市的发展；另一方面，城市的发展又加剧了农村的贫困。城市对农村高文化素质劳动力的剥夺使农村高素质劳动力严重流失，农业劳动力整体平均素质进一步下降，不利于农村产业结构的调整，也不利于乡镇企业的发展，制约了农村的城镇化进程，使农村更落后于城市，城乡差距进一步扩大。

6. 城市化水平与产业结构不协调问题

我国城市化水平与产业结构的关系不协调的根源在于产业结构本身——工业化水平超前化，第三产业滞后化。2001年、2002年、2003年城市化与工业化率之比分别为0.75、0.78、0.79，远低于该比值的1.4~2.5的合理范围。陈仲常对三次产业吸纳就业人口进行测算发现：中国第二产业结构偏离度为正值，且大于1，这说明中国工业GDP的比重增幅大大高于工业就业人口比重增幅，机器排挤工人趋势十分明显；中国第三产业结构偏离度为正值，且趋于零，说明第三产业的产业结构与就业结构正在趋向于协调化；但由于第三产业本身的发展速度比较缓慢，发展水平比较低，因而创造的就业机会有限。工业化是城市化的核心动力，其主要功能在"量的扩张"上，要实现"质的飞跃"，则主要得靠第三产业的后续动力。第三产业的落后必然带来城市化水平的落后。

（三）城市化的趋势分析

1. 中国城市化的重要发展趋势：城市群和大都市的出现

随着经济全球化的扩展和科学技术的迅速进步，以及世界城市化水平的不断提高，世界各国（包括中国）的城市化出现了一系列的发展新趋势，其中最明显的趋势是出现了城市空间布局的集聚化，包括大都市区和城市群（圈）的出现。大都市区是由一个大的城市人口核心及与其有着密切社会经济联系的具有一体化倾向的邻接地域的组合，它们融为一体，人口密度一般都很高，如英国的"标准大都市区"或称"大都市统计区"。这一空间组织形式一般由三部分组成：中心市、中心集、外围集。

大都市区的出现不仅使城市的地域空间形态与规模发生了重组，而且使人口、资本、产业等要素流动及政治、社会结构发生了新的变化。人口流动呈现郊区化、逆城市化和再城市化趋势，产业发展呈现服务化与集约化趋势。世界城市化发展新趋势的另一个表现是城市集群化，即呈现城市在一定地域内密集分布的空间布局过程。当在一个空间地域内，城市的分布达到较高的密度时即称为城市群（圈）。从经济学的角度说，城市群就是一个城市经济区，是一个或数个不同规模的城市及其周围的乡村地域共同构成的在地理位置上连接的经济区。城市群（圈）一般具有特定的空间地理范围，它是若干个城市的集合体，在有限的地理范围内聚集了一定数量的城市，具有中心性，以一个或几个大中城市为中心，这些中心城市对周围地区的经济社会发展起着组织推动作用。由中心性派生出联系性，即该城市群的不同规模类型的城市之间存在着多方面的经济社会联系，并逐步向一体化方向发展。由于经济全球化的影响和科学技术的进步，以及中国经济的高速发展、经济体制日趋市场化和对外开放的不断扩大，中国的城市群（圈）开始涌现并发挥越来越大的作用。

2008年，京津冀、长江三角洲和珠江三角洲三大都市圈地级及以上城市地区生产总值超过10.6万亿元，占全国地级及以上城市地区生产总值的33%。全国城镇体系规划（2006～2020）中提出，未来中国将培育建设包括长三角重点城镇群、珠三角重点城镇群、京津冀重点城镇群、中原城镇群、关中城镇群在内的17个城市群。由于国际性城市是全球信息网络的节点和枢纽，国际性城市的发展需要强大的区域给予支撑。因此，城镇群将成为中国参与全球竞争的战略空间。建设城镇群有利于走集约型城市化道路：高效、集约利用土地资源；强化大城市的主导作用，促进大中小城市和小城镇协调发展，提高城市的要素集聚能力；促进产业集聚发展，在城市内及城市间形成垂直和水平方向的分工和协作，增强城市和区域的综合竞争力。今后，中国的城镇群将以世界城市、国际城市、区域中心城市等为核心，以高速铁路、轨道交通、通信网络等区域性基础设施"廊道"为轴线，城市之间以农田、湖泊、森林等开敞空间隔离等为主要特征的聚集型城市功能区域。城镇群一般是多中心结构，区域内的世界城市或国际性城市建立与世界的联系，区域内的城市有相对明确的分工，形成政治、文化、科技、交通枢纽等专业化的中心。区域内实现高度的金融、产业、基础设施、生态环境保护、社会服务等方面的一体化，通过城市间网络实现生产、贸易的分工和合作。

2. 分散化与集聚化并存

现代化交通运输网络的发展，以及信息网络对交通运输网络的补充，大大拓宽了城市的活动空间，使城市得以延伸其各种功能的地域分布，使城市化呈现扩散化趋势。扩散化趋势引导了城市产业和人口的疏散，使其部门职能外迁，使城市外围出现了一些新的制造中心，促进了城市郊区化的发展。

另外，城市化发展又呈现集聚化趋势。在全球经济一体化的形势下，信息最大化及传输完善化的地点也是区位条件最好、人口规模最大化的地点，如巨型城市或城市集聚区（如纽约、东京、伦敦、巴黎、香港、洛杉矶、上海等）。这些基础设施、区位条件好的城市自然成为信息节点城市。信息像磁石一样吸引经济向这些节点城市会聚，而通信技术则使得节点城市对信息网络覆盖具有较强控制力，加之信息技术发展与投资之间的互动效益，使得各类高水平管理机构以及各类跨国公司云集此地。为了便于同管理机构联系，由城市分散化分离出来的产业一般分布在交通和通信较为发达的城市外围，或沿交通走廊延伸，因此，城市空间的扩展表现为中心城市高度集聚，并向外呈非连续性用地扩展，而城市集中的地区，各城市与中心城市的联系加强，整个城市群呈融合趋势，这也是近些年来大都市区、都市圈、都市带形成和发展的主要原因。

3. 城市化发展质量不断提升

城市化对经济发展的推动已经不仅仅表现在对城市经济实力和规模的贡献，而是城市功能、城市效益等表现出来的综合效应。在此作用下，城市化空间格局也处于不断变动之中，新的城市空间形态不断出现。

第一，城市化水平快速提高。到2008年底，全国共有655个城市，城市化水平达到45.68%，比1978年提高了27.74%，平均每年增长0.92%。麦肯锡全球研究中心2009年的报告指出：如果保持当前的经济发展势头，到2050年，中国的城市化水平将达到70%，城市人口将超过10亿。与此同时，中国特大城市的极化作用继续加强，中国将有221座超过百万人口的特大城市，其中有23座城市的人口将超过500万，到2025年，城市创造的经济将占GDP的90%以上。在物质建设方面，区域性基础设施的建设将进一步加速中国的城市化进程。今后，中国将建设京沪高速铁路、京广高速铁路、京哈高速铁路等"四纵"、"四横"的高速铁路网，"南水北调"、"西气东输"等区域性供水、能源保障系统，不但把中国的东部、中部和西部地区大多数城市联结起来，还强化了环渤海、长三角、珠三角三个城镇群之间的联系，人流、物流、能源将畅通而高效地流动。在城市软环境方面，中国城市的公共服务质量将得到进一步提升，城市的科学、文化、教育、卫生事业将得到进一步发展，人民的生活水平将得到普遍提高，城市建设更加注重环境品质和文化内涵，走健康城市化的道路。

第二，生态型、个性化、特色化城市的兴起。首先，随着环境意识和可持续发展观念的深入人心，维护城市生态平衡，绿化城市，促进城市和自然更加和谐，已成为各国大中小城市的共同行动目标，在各个领域也形成了相应的概念，如生态型城市、最佳人居环境等。中国城市相应的也开始了"生产型城市—消费型城市—生态型城市"的过渡。城市以工业化为核心和动力,也必然导致趋同化。趋同化包括城市规模扩张趋同化、城市功能趋同化,城市产品、服务、形态、形象无差别化等。趋同化的另一个表现是,对体现城市个性和特色的城市自然历史文化景观不予重视,或者人为地将其破坏,致使城市无特色、千城一面,城市的可识别性缺失。随着现代人生活质量的不断提高,人们越来越注意居住和工作场所的建筑风格多元化,以及体现个性爱好的色彩变换与搭配,城市发展进入了"以人为中心"的个性发展阶段。城市的个性化和独有的历史文化特质不仅要求满足人的个性化需要,而且成为现代城市竞争和发展的新需要。

第三,低碳城市将成为城市可持续发展的重要模式。随着全球气候变暖,世界各国日益重视环境保护,将转变经济增长方式、建设低碳城市作为城市的发展目标。今后,全球将进入低碳发展时代,中国建设低碳城市,将成为应对气候变化、加快生态文明建设的现实需要和应对国际经济危机,推动产业转型,引领世界经济发展方向的重要举措。未来中国将走绿色生态的可持续发展道路,大力发展创新型经济、低碳经济、节能与新能源产业,并加快自主创新步伐,推进产业升级和结构调整。生态城市、低碳城市等模式在中国大范围推广,将极大地提升中国城市化的品质和内涵,并将出现以下趋势:走集中城市化的道路,城市形态更加紧凑,保持较高的密度和功能的混合使用;推广绿色环保的公共交通和步行、自行车等出行方式;注重城市生态格局的维护和公园、绿化的建设,推广绿色建筑和可循环的基础设施系统,提高城市生活的宜居性以及城市交通出行的可达性。

二 打造城市群,加快城市化进程

(一) 城市群的内涵及特征分析

城市群是在工业化、城市化进程中出现的区域空间形态的高级现象,能够产生巨大的聚集经济效益,是国民经济快速发展、现代化水平不断提高的标志之一。对城市群的表述,学者们莫衷一是,但认识逐渐趋于一致,即城市群是由很多城市组成的,彼此的联系越来越紧密,共同对区域发展产生影响的群体。本文的城市群是在特定的区域范围内云集相当数量的不同性质、类型和等级规模的城市,以一个或几个特大城市为中心,依托一定的自然环境和交通条件，城市之间的内在联系不断加强，共同构成一个相对完整的城市"集合体"。

城市群的主要特征表现在以下六个方面：

(1) 功能高端化。城市群往往位于交通通信枢纽，对外联系便利的经济比较发达的区域，人口众多，幅员广大，经济强劲，新技术、新思想活跃，是连接国内、国际要素流动和资源配置的节点以及科学技术创新的孵化器和传输带。城市群多集外贸门户职能、现代化工业职能、商业金融职能、文化先导职能于一身，空间密度程度极高，成为政治、文化、经济核心区，对国家、区域乃至政治经济都具有不可替代的中枢支配作用。

(2) 结构等级化。城市群的空间形态表现出明显的等级结构，至少有一个或多个规模较大、经济发达和辐射功能较强的中心城市，是这些城市群的中心和增长极点。在这些城市的周边分布了大小不等的二级城市和三级城市，并穿插了众多小城镇，还有相当大面积的农业地区和农村。

(3) 分工合理化。城市群的发展使地区经济的要素组织与创新能力加强，区域产业结构与空间布局不断优化。作为有机整体，城市群内部存在着紧密而巨大的交流联系，包括资源、金融、市场、信息以及一些集团公司控制的更广泛紧密的全方位联系在内的各种要素流动，按照市场经济规律合理配置，形成规模的相同产业或一系列配套产业及相应的上下游产业等几种连片分布，形成有特色的劳动地域分工与合作网络，使几个城市优势互补，以实现资源的集约利用与效益的最大化。

(4) 城市一体化。城市群子系统之间存在复杂的空间和非空间相互作用与反馈机制。由于城市功能各异，具有较强的互补性，使得中心城市与周边城市、城市与城市之间以及城市、城镇与农村之间存在紧密的经济联系，特别是现代交换手段与频率的不断翻新，在城市群各个层次上，表现为人流、物流、资金流、信息流等多种流态的集聚与辐射形式，又进一步增强区域内部的互动能力。城市群的聚集包括技术、文化、交通、信息等各方面，尤其中心城市的极化功能较为突出；而辐射则由单一城市向郊区辐射转变为城市群体的网状辐射，中心城市的作用呈现逐级传递特征，即中心城市对区域内其他城市辐射，城市群体再对区域内其他地区辐射。聚集与辐射加强了城市群的整体功能，在整合空间结构的基础上，更注重经济、社会和文化的多层次非实体融合，城乡各种要素统筹配置，公共产品共享，人口自由流动，城乡界限模糊，城市化进程加快。

(5) 交通网络化。现代交通工具与通信技术的飞速发展决定着城市间、城市与区域间物质与非物质流态的方向、速度和频率。随着城市间、城市与区域间的相互作用增强，社会经济联系紧密，交通、信息可达性较高的节点和轴线逐渐成为区域人口和产业的主要集聚区域，城市群一般沿综合交通走廊展开，并随着交通等基础设施的改善而不断扩大。

城市群拥有由高速公路、高速铁路、航道、通信干线、运输管道、电力输送网和排水管网体系所组成的区域性基础设施网络。发达的交通运输、信息等网络构成城市群空间结构的骨架，将大中小城市串联一体，因此，区域性基础设施建设与城镇空间结构相互协调。以不同等级、规模、性质的城市为节点，每个城市都具有一定的聚集和辐射范围，他们相互嵌套，有机结合，共同形成千丝万缕的节点网络城市格局。以往离散型、极核型的城市空间布局向点轴型、网络型演变，日益显示城市群体从线性联系到网络联系的巨系统特征。

(6) 发展动态化。任何城市的发展不但不能脱离区域内其他城市，而且还需要与区域外部发生联系，城市群不是封闭和孤立的，而是一个开放的系统，对内对外都保持着社会、经济、文化和技术等广泛交流，随着生产力发展与市场化水平的提高，不同层次、不同类型的区际联系强度越来越大，导致城市群的范围、结构、性质等发生改变，不断向其高级形态进化。城市群的发展是渐进的连续的过程，既包括区域内多维联系与协调发展，又要考虑与相邻区域互动互进的联合与协作，甚至产生联动效应影响更大范围的区域。城市群的形成和发展始终处于动态变化之中，从简单到复杂，从低级到高级，当期范围、功能、结构、对外联系或其他相关要素发生变化，都会导致城市群内部的连锁反应乃至城市群整体特性的改变。

（二）城市群对城市化的推动作用

1. 城市群推动城市化向高级形态发展

一个国家的经济走向现代化的标志之一是具有竞争力的产业和高度的城市化，而城市群经济正是竞争性产业和城市化的有机结合和统一。城市群的出现是一个历史过程。城市是一个区域的中心，通过极化效应集中了大量的产业和人口，获得快速的发展。随着规模的扩大，实力的增强，对周边区域产生辐射带动效应，形成一个又一个城市圈或都市圈。伴随着城市规模的扩大和城际之间交通条件的改善，尤其是高速公路的出现，相邻城市辐射的区域不断接近并出现部分重合，城市之间的经济联系越来越密切，相互影响越来越大，就可以认为形成了城市群。城市群是城市的"极化效应"和"扩散效应"使产业和人口在空间聚集与扩散运动的结果，是城市化进入高级阶段的标志。通常认为，城市化是经济发展过程中，由于城市具有的集聚效应，并且第二和第三产业通常比第一产业具有更高的要素生产率，大城市通常比中小城市具有更高的要素生产率，因而使得农村向城镇化发展，城市的演化不断从中小城市向大城市发展，单一的城市向城市群和连续的城市连绵带发展。随着经济发展和城市化水平的提高，城市群的形成和扩张是城市化发展的趋势，并在城市化进程中起着越来越重要的作用。从发达国家走过的道路来看，城市化都经历了一个城市由小到大、由若干孤立的城市到城市群的过程。

当今世界每个城市的发展都与外界以及经济全球化的发展趋势紧密联系，不可能是封闭孤立发展的城市，不能关起门来自成体系，自求平衡。城市不能孤立存在，它能够存在的本质就在于它与乡村及其他城市有一种内在联系，地理学家称这种关系为"共生关系"。然而，由城乡间简单的互通有无的交往形成的"共生关系"只是城乡之间协同状态的阶段性特征，它的进一步发展应该是区域城乡一体化。这个过程实际上就是结构变迁的过程。随着结构变革，一个城市地域的生产大循环已不再是只在城市或是在乡村展开，因为城乡及城市之间新的协同状态只有在城市和乡村都被纳入更广阔的经济空间，都成为大的开放系统后，才有可能实现。这样一种协同作用在城乡及城市间所产生的聚合效应，是单独依靠城市或乡村所无法达到的。高密集的城市群是一个庞大的社会经济体系，能产生更大的聚集效应。它既不同于相距较远的松散的城市群，又不同于完全集中的单一大城市，它比之绝对化的聚集，既有集中的优势或超大城市的优势，又避免了过分集中或城市过大的一些弊病，使经济效益、社会效益和环境效益得以较好的统一。而且使三个效益相互促进，由"强相互作用"而"连锁反应"式地产生可持续发展的力量。

城市化是各类规模的城市发育成长的过程，大中小城市和小城镇都有其存在的必然性。在城市化进程中，受经济发展的驱动，在一些发展条件比较好的地域出现了新的城市化地域单元形式——城市群。城市群以其独特的优势迅速发展，对地区乃至国家经济增长的贡献率越来越大，成为参与国际竞争新的地域单元；同时以其日渐增长的对国家经济发展的重要支撑和辐射带动力量而逐渐取代单个城市成长为新的区域经济增长极，从而带动更大区域的经济发展。各国以及我国长江三角洲、珠江三角洲地区小城镇发展的过程证明，在城市群内和在大城市周边的中小城市或小城镇，由于可以分担大城市的某些特定功能，能够较快发展壮大。而远离城市群和大城市的中小城市或小城镇，尽管也可以集聚少数特色产业，或者作为一定区域的公共服务中心，但由于其持续不断地创造更多就业岗位的能力较弱，成长壮大的进程不会很快，有些甚至走向衰落。与单一的城市相比，城市群既可以广泛地进行专业划分和协作，充分发挥规模效益，又可以有效降低特大城市的交通拥堵、环境污染等问题。城市群是区域经济的增长极，可以有效提升国际竞争能力，还可以对周边地区产生更大的带动作用。城市群内总存在一个或两个核心城市作为增长极核。大多数情况下的经济增长都发端于增长极，然后辐射到整个城市群。在这种城市群均衡的主导路径中，增长极进一步发展是轴向扩散。从城市群发展过程看，经济中心总是首先集中在少数条件较好的区位，成斑点状分布。这种经济中心既是区域的增长极，也是点轴开发模式的点。随着经济的发展，经济中心逐渐增加，点与点之间由于生产要素交换的需要，需要交通线以及动力供应线、水源供应线等。相互连接起来，就是轴线。轴线一旦形成，对人口、产业具有强大的吸引力，吸引人口、产业向轴线两侧集聚，并产生新的增长点。点轴贯通，就形成点轴系统。点轴开发是城市群自发形成与演进的主要模式。点轴系统比较完善的城市群，进一步开发可采用网络扩散模式，构造现代城市群空间结构。网络开发是城市群已有点轴系统的延伸和强化，可增加城市群各城市（镇）、各地域之间，特别是城市（镇）与地域之间生产要素交流的深度与广度，促进城市群的一体化发展。而点轴网的形成，亦即点线圈的形成，在城市群的能级增长上将发生几何级数的飞跃，即产生 $1:3:9$ 的能级效应。

  城市群的发展必然是由低级到高级的逐步演进过程；城市群内部城市之间的关系由松散的关联发展到紧密的联系；城市群内部城镇之间的分工合作由不成熟逐渐走向成熟，最终形成合理的劳动地域分工体系；城市群的结构和功能趋于不断的发展和完善之中。具有强大经济实力的城市群，必然会通过经济的推动来加速区域内部和外部的城市化进程。城市群对区域城市化进程的推进有两个主要途径：一是通过整体辐射带动作用促进外围区域的城市化进程；二是通过内部不同等级核心城市的辐射带动作用加速内部的城乡一体化进程，提高区域城市化水平。城市群发展演替的过程表现为：在城市化过程中，首先是单个城镇区域不断扩展、区域城镇个数不断增多并向着核心城镇集中，在空间上表现为城镇的集聚，城市群开始出现；随着城市群区域内城镇的质量优化和数量攀升，城市群的内涵式和外延式扩展持续进行，城市群持续扩张，在空间上表现为城镇的扩散，整个区域城市化水平达到均衡状态；与此同时，在一个较高的起点上区域开始了新一轮的城市化发展。

2. 城市群有利于提升城市竞争力、推动城市化进程

（1）城市群可以使城市资源在更大范围内实现优化配置。

许多研究者都认为城市群的整体发展使单个城市的发展更加完善。城市群的内聚力表现为城市群所具有的吸纳大量人力、物力和财力的能力。城市群的发展演化中，凝结了广大地区范围内的文化、科技、教育力量，强化了城市群的内聚力。城市群能够克服单个城市在资源、幅员等方面的不足，在更大的区域范围内调整资源配置，实现共同增长。事实证明，城市群中的人流、物流、资金流和信息流的运行，通过"发展极"的特殊功能可向周围地区扩散，而在这种传播与扩散中，所有的信息、物质流等都处在一个增值的循环之中。每个城市的发展都不是孤立进行的，它必须与外部发生经济联系。城市群的形成过程实际上也是各城市之间关系越来越密切的过程。发达的交通条件使生产要素和产品流动加速，从而使城市群内各城市能够摆脱自身资源的有限和市场不足的弊端得以更好地发展。一个内部经济发展协调的城市群可以使地理位置、生产要素和产业结构不同的各等级城市承担不同的经济功能，在区域范围内实现单个城市无法达到的规模经济和集聚效益。从我国的现实情况来看，凡是经济发达的大城市或特大城市其所在区域的经济发展水平也比较高。上海地处长江三角洲城市群中，广州、深圳地处珠江三角洲城市群中，上海、广州和深圳经济发达的一个重要原因，是这三个城市都位于我国经济发展水平最高的地区，区域的整体力量对单个城市的发展有着积极的推动和促进作用。

（2）城市群是先进生产力的主要载体。

城市群作为区域最发达的地区，是先进生产力水平的代表，是区域经济增长的主要源泉。大连在辽宁带状城市群中的地位和作用，事实上就是发挥大连对外开放的窗口和龙头作用，千方百计地在各个领域为辽宁带状城市群搞好服务，为辽宁带状城市群的经济振兴创造条件。城市群是连接国内与海外的枢纽，是国家对外经济技术联系的通道。城市群是我国在21世纪全面确立社会主义城市经济框架的试验区，是制度创新的发源地。城市群是我国科技发展领先区域，是21世纪中国新兴产业的重要发展基地。沿海城市群在全国发展格局中的主导地位说明，它们将起到带动中国整体走向繁荣的作用，是21世纪中国发展的火车头。从全球看，目前世界上著名的城市群都是经济发达的地区。如，美国东北部城市群和五大湖地区城市群，日本关西地区城市群，英国中部城市群和德国中部城市群等都是世界上经济最发达的地区。城市群是其所处区域内经济增长速度最快、最具活力、潜力最大的地区，是先进生产力的主要载体。

（3）城市群具有强烈的辐射带动作用。

城市群强调其在区域经济发展中的带动作用。城市群的辐射力包括两个阶段：在城市群发展的初期，其辐射力表现为单个城市的扩散，由市区延伸至郊区，核心是工业项目和基础设施建设，城市用地的外延扩展。在城市群发展的高级阶段，城市间的各种联系（人、财、物和信息）加强，形成区域城市群的网状辐射，以交通线为纽带。中心城市的规模扩大，作用增强，城市群内部不同规模等级的城市数量增加，城市间的联系密度增大。在区域经济发展理论中，弗郎索瓦·佩鲁的增长极理论认为，区域要实现工业化和经济发展，必须建立增长极，通过增长极的自身发展及对其他地区和部门的影响，推动整个地区的经济发展。佩鲁的增长极指的是经济空间，可以是部门，也可以是城市。增长极具有支配效应和创新特征，其吸引作用和扩散作用决定着区域经济不平稳发展的过程。在有城市群的经济区域中，由于整个城市群经济发展水平较高，形成区域增长极，通过辐射效应带动其他地区的经济发展，从而使整个经济整体都得到发展。在城市群内部，多个经济增长极构成网状系统，聚集效应和扩散效应使各个城市和城市之间地区都得到了发展，从而使城市群内各个城市也得到了发展。

3. 城市群有利于不同模式城市之间的优势互补

对于中国的城市化进程和中国的城市发展模式，学术理论界一直有不同的看法。改革开放初期，著名社会学家费孝通倡导和主持了"小城镇"研究，结合中国国情，发展小城镇，不走其他一些发达国家和发展中国家走过的"弯路"，是开展小城镇研究的初衷。费孝通先生说，"从世界范围看，大城市工业扩散是一个趋势，大城市人口密集、土地贵、工资高、污染严重等，已使它的工厂不能再继续发展下去，资本主义国家的工业已向郊区和附近的农村扩展，现在甚至扩散到第三世界国家去了。这种工业扩散曾引起严重的污染扩散后果，但是我们社会主义国家对这种恶果是可以避免的。"他认为小城镇有发展乡镇企业的功能，而只有发展乡镇企业，农村才有出路。小城镇有"储水池"的功能，能把农村产业结构调整中的剩余劳动力吸收进来，储存起来，人们可由农业转为工业，但"离土不离乡"。他认为小城镇是商品集散中心，其商品流通与农村的经济发展之间有互为前提、相互作用的关系。他认为小城镇是农村的服务中心、文化中心和教育中心。费孝通主张发展小城镇，发展乡镇企业，用农民"离土不离乡、务工不进城"的方法实现农村城市化，此后，又有优先发展大城市和优先发展中小城市的主张。主张优先发展大城市者认为，大城市具有明显的经济聚集优势，同中小城市比较起来，大城市在资金、人才、信息、交通、市场、管理、效率等方面，具有更大的优势，这是大城市经济聚集作用的结果。大城市具有社会聚集优势，这里所说的大城市的社会聚集优势是指，大城市的聚集模式对社会生活的作用。大城市的主要特征是人口在一定规模上的高度密集，这种人口的高度集中和密集对现代社会生活是有益的。大城市在城市化中有领头作用和辐射作用，大城市有比较完整的城市化内涵，大城市规模的比较成本低等。而主张优先发展中小城市者认为，中小城市在我国城镇体系中处于中间环节，起到了联系大城市和小城镇的作用，中小城市点多面广，承上启下，联系广泛，规模适中，具有大城市的优点，城市基础设施和产业基础具有一定规模，在住房、交通等方面不像大城市那么紧张，生产力水平及文化科学基础又比小城镇优越，因此，合理发展中小城市对于缓解大城市人口和承载压力及促进小城镇发展都具有十分重要的作用。

  从上述引证和议论中可以看到各种不同的城市模式有不同的特点和优势，在城市化进程中能起到不同的作用。如果从城市群角度看，以一至二个大城市为中心，若干中小城市环绕其间，更多的小城镇星罗棋布所构成的城市群能将大城市、中小城市和小城镇的优势同时发挥出来，实现不同城市模式之间优势互补。比如小城镇可以借助中小城市和大城市在社会聚集方面的优势，满足自身在城市建设和社会事业发展方面的需要。而大城市也可以中小城市、小城镇为依托，实现农村剩余劳动力的梯次储存和有序转移，避免人口向大城市过度集中，减缓大城市的压力。至于在经济上，不同城市模式之间的互补作用更为明显,比如大中型企业可以利用乡镇企业为自己生产初级产品和原材料,乡镇企业亦可借助大中型企业提升自己的技术水平,开辟新的市场。

4. 城市群有利于统筹规划,实现产业结构的调整

"统筹"理念是科学发展观的一个组成部分。《中共中央关于构建社会主义和谐社会若干重大问题的决定》在谈到坚持科学发展观,构建和谐社会时特别提到"统筹",即统筹城乡发展,统筹区域发展,统筹经济社会发展,统筹人与自然和谐发展,统筹国内发展与对外开放。统筹即统一筹划,在科学发展观中它不仅是一种方法论,也是认识论。在统筹理念中,理论与实践、主观与客观、局部与整体、微观与宏观,历史、现实与未来是辩证统一的。以往在经济发展和城市规划方面有一个突出的问题是地方和地方保护主义。无论是何种原因,城市与城市之间,地区与地区之间"森严壁垒","各自为政",缺少"统筹"规划与"统筹"发展的思路与做法,相互独立,搞小而全,重复建设。这样不利于产业结构的调整,不利于整合资源,不利于从整体上发挥地区优势。建立和发展城市群客观上能改变这种状况,使人们能从"统筹"的角度思考问题,在地区与地区之间,城市与城市之间实现统一规划,整合资源,发挥地区优势,调整产业结构。我们以环鄱阳湖城市群为例,在产业结构上,江西支柱产业大多集中在这些城市,如南昌的制造业,九江的石化、纺织、建材、造船业,景德镇的陶瓷、航空、家电业,鹰潭的铜冶炼业,上饶的精密机械加工业等。该地区在产业结构转移方面既有失败的例子,也有成功的例子,位于景德镇的华意和位于南昌的齐洛瓦在 1990 年前后,都是全国名噪一时的冰箱品牌。但由于这两家企业单独作战的耐力不够,市场份额逐渐被海尔、春兰和美菱等蚕食殆尽,如今只能靠给海尔等企业做配套产品生存。假如当初这两个企业能抱团作战,在产业上既密切合作又明确分工;进行你取我舍、共同优化的产业转移,其现状绝不会如此。而位于景德镇市辖区内的昌河集团,已将其发动机和轿车的生产基地迁移到与之相邻,且具区位优势的九江市,此举意义显而易见——此生产基地紧靠昌九高速公路,大大缩短了到南昌和鄂、皖、江、浙、沪等省市的距离。由此不仅降低了生产成本,更为产品增强了竞争力。这个案例,虽为企业的意愿使然,但若景德镇的胸襟不宽广,硬抓住昌河不放,其结果不言而喻。这种城市群内的产业转移,看似此消彼长,当地的 GDP 表面上或短期内受到

了影响，但从长远角度和大局观念看，企业得到了可持续发展。

江西学者认为，现代区域产业转移不仅仅是以地理区位为条件的，而是更依赖于城市化基础上形成的区域经济互补，即首先要求接受产业转移的地区在城市化的基础上，逐渐形成一个统一的经济区域，而不是一个只在行政上统一，经济上联系不密切的区域。只有这样，产业转移在空间上才可能是自由选择的，才有可能最大限度地规避地域风险。其次，要求接受产业转移的区域和转移产业的区域在经济上能形成互补关系，以实现产业转移后的利润最大化。城市群整合的关键在于区域内建立层次和布局合理的产业体系，这就要求区域内城市根据比较优势和竞争优势原理，合理确定自己的主导产业，既要齐步前进，又要相互错位发展。中心城市要充分发挥综合服务功能，成为要素和信息的配置枢纽，次中心城市要改造好传统产业，充当大城市和大企业的加工基地。

无论如何，在中国的城市化进程中，规划和建设城市群已经引起了广泛关注，并进入实际操作和实施阶段。科学发展观中的城市群应当是一个空间结构合理、城市和产业分工明晰、经济实力雄厚、社会经济发展与资源环境相协调的重要增长极。地区城市群的建设必将大大推动我国的城市化进程，成为彻底解决"三农"问题，实现全民"小康"社会和全民和谐社会的重要组成部分。

三　城市群形成对城市化的新探索
——以长三角城市群为例

城市群战略通过区域内城市整合，强化城市间的功能互补和深度合作，能拓宽发展空间，为工业化、信息化提供高效率的环境，挖掘区域经济更为强大的发展功能，从而提高整个区域内各个城市的城市化水平。就我国而言，长三角地区城市群发展是国家区域发展总体战略的重要组成部分，以城市群战略带动长三角区域城市化水平对我国经济，社会发展意义重大。基于此，本文以分析城市群与城市化发展的关系为基础，对长三角城市群的现状进行研究，并提出了以城市群战略促进城市化的发展的思路。

（一）城市群战略内涵分析

城市群又称为大城市圈、大都市连绵区，是指在具有发达的交通条件的特定区域内,由一个或少数几个核心城市(大城市构成)、若干个中心城市(中型城市构成)和众多中小城市(包括城镇等)组成的城市群落。群落内的城市之间在自然条件、历史发展、经济结构、社会文化等某一或几个方面有密切联系。其中,核心城市对群落内其他城市有较强的经济文化辐射和引领作用。城市群是社会发展的城市化进程中出现的一种城市空间组织形式,是高级阶段的城市化。在经济全球化的大背景下,高速的信息流转和发达的交通运输使得资金、技术、人才集中在城市群,城市群成为技术创新的源泉、现代经济增长的驱动中心。城市群的形成与发展是伴随区域内工业化、市场化、现代化而来的。一般说来,先是核心城市形成,带动中心城市发展,再扩散辐射促进周边城镇形成兴起,并进一步调整各城市之间关系,从而形成大的城市群落。

城市群战略将淡化行政区划色彩,强化经济区域功能,以大城市为核心带动周边地区及城市的发展,从而提升区域综合竞争力。从全球来看,20世纪下半叶,美国 GDP 的主要贡献出自大纽约区、大芝加哥(五大湖)区和洛杉矶区,这三大城市群对美国的经济整体贡献率为 67%;而日本 GDP 则主要产出于大东京区、阪神区、名古屋区,这三大城市群对日本的经济整体贡献率超过 70%。

(二) 长三角城市群的现状

我国经历了 20 多年的改革开放进程,城市体系发展已经逐渐走向成熟,尤其是区域经济发展,以城市,特别是大城市发展为代表的,城市—区域空间为主体发展的新格局日益显现。一些区域具有区位、资源和产业优势,已经达到了较高的城市化水平,成为我国经济发展的核心。从目前我国正在形成雏形的三大城市群的情况看,长三角城市群 GDP 已占全国总量的 17%~19%,珠三角城市群占 9% 左右,环渤海城市群占 7%~8%,这三大城市群对中国的经济整体贡献率达 35%,具有巨大的发展潜力。而在这其中,长三角城市群目前在观念上已实现认同,在行动上也已形成协调态势,成为我国城市群发展最快、基础最好的地区。

长三角城市群由苏南、上海和浙东北的 16 个城市构成,包括上海、南京、苏州、无锡、常州、扬州、南通、泰州、镇江、杭州、嘉兴、宁波、绍兴、舟山、湖州、台州(2003 年 9 月加入),面积 10.02 万平方公里,约占全国国土面积的 1%,人口超过 7560 万,约占全国的 6%。长三角城市群

16 城市统计数据显示：2006 年长江三角洲 16 个城市地区生产总值（GDP）逼近 4 万亿元大关，达到 39526 亿元，比 2005 年增加了 5563 亿元，逼近台湾和香港两地 GDP 之和。2006 年长三角城市群 16 个城市增速均值达到 14.7%，继续保持拉动国内经济增长重要引擎地位，上海成为大陆首个 GDP 突破万亿元大关的城市，江苏沿江八市实现 GDP 超过 1.7 万亿元，浙江七市也超过了 1.1 万亿元。长三角地区已经步入经济稳定发展的"快车道"。

从三次产业结构看，2006 年长三角 16 城市三次产业结构由 2005 年的 4.1∶55.0∶40.9 调整为 3.7∶55.0∶41.3。其中第一产业比重下降了 0.4 个百分点，第三产业比重上升了 0.4 个百分点，第二产业比重没有变化。2005 年以来，沪苏浙三地的产业结构在调整中逐步优化，服务业实现增加值 16299.91 亿元，比上年增加 2424.57 亿元，服务业增加值占 GDP 比重达到 41.3%，比上年提高了 0.4 个百分点。从第三产业比重来看，上海产业结构优势明显，第三产业比重超过 50%，达到 50.6%，南京第三产业比重为 47.5%，列长三角第 2 位，舟山为 46.1%，成为第 3 个比重超过 45% 的城市，另外，杭州（44.9%）、宁波（40.1%）均在 40% 以上。16 城市中最低的是泰州，为 32.1%。尽管第二产业比重变化很小，但是内部结构正在不断优化。以介于制造业与服务业之间的生产性服务业为例，2005 年以来，长三角各地如雨后春笋般涌起一批生产性服务业集聚区。

（三）长三角城市群促进城市化的实证分析

长三角城市群，是实施国家区域发展总体战略的重要组成部分。目前，长三角城市群发展已经具有良好的基础。两省（江苏省和浙江省）一市（上海市）已经形成了多层次的区域合作机制，并在交通、科技、环保、能源四大重点领域的合作交流上取得了积极进展。特别是围绕区域大交通体系建设、生态环境治理、自主创新、信息资源共享、区域旅游合作、区域规划、能源开发利用、人力资源合作、诚信体系建设等方面，两省一市深入开展了专题合作研究，取得了阶段性成果。而城市群战略以长三角区域的核心城市为依托，发挥城市群对区域的巨大辐射作用，从而进一步加快长三角区域的城市化水平。

基于上述长三角城市群的现状，要提高长三角区域城市化水平必须以长三角城市群发展为基础。因此，本文从龙头城市的建设、空间发展、产业整合、基础设施建设和协调发展等角度，对长三角城市群在提高区域城市化水平的各个方面进行详细论述。

1. "龙头"城市

所谓"龙头"，就是引导、推动区域经济发展的增长极。上海之所以成为长江三角洲乃至全国经济发展的龙头，一是有区位优势，二是有实力。上海位于太平洋西岸的国际航线上，从上海到东京、汉城、香港、曼谷等城市的航程几乎相等，使得上海成为亚太地区的交通枢纽。同时上海又是中国东部海岸带和长江入海口的交汇点，海陆交通十分方便，具有优越的地理区位和广阔的经济腹地。目前，世界许多跨国公司都把地区总部放在了上海浦东，总数已达 64 家。根据规划，未来几年，浦东每年将吸引 15～20 家跨国公司地区总部，力争到 2010 年累计吸引 150 家左右跨国公司地区总部，成为中国内地跨国公司地区总部最集中、辐射面最广、为全国服务能力最强的区域。此外，上海周边城市的政府管理者也都认为这几年的进步都依托了上海的发展，无论是人才、技术、资金，还是引资开发工作，以及改革的方案设计，都密切关注上海发展的动向，并以此作为自己城市发展战略的思考点。

2. 空间发展

长三角城市群的空间格局将向"轴线 + 圈层"的空间特征转变，形成菱形的城市空间格局。目前，长三角城市群已基本形成沿高速公路展开的三条城市发展轴：第一条是沿沪宁高速和沪宁铁路展开的沪宁城市发展轴，聚集了上海、苏州、无锡、常州、镇江、扬州、南京等城市；第二条是沿沪杭高速和沪杭铁路展开的沪杭城市发展轴，聚集了上海、嘉兴、杭州等城市；第三条是沿杭甬高速和杭甬铁路展开的杭甬城市发展轴，聚集了杭州、绍兴、宁波等城市。三条轴线相互交叉共同构成了长三角以上海为中心，以南京、杭州为副中心的 Z 字形城市空间格局。

未来长三角将进入高速公路和城际轨道交通快速发展的时期：至 2020 年，长三角公路里程将增加到 30 万公里，公路密度接近欧洲发达国家水平，高速公路里程将增加到 1.18 万公里，基本连接 10 万人口以上城市、主要港口及机场；长三角轨道交通里程达到 815 公里。随着交通条件的变化，长三角城市空间格局将发生重大变化。

首先，城市群空间向北延伸，沿海发展轴形成。2006 年 7 月，连接南通、盐城、连云港三市的沿海高速公路江苏段全线贯通，未来上海至南通将建设多条过江通道，这些将大大加速上海产业向北转移及境外资金向北落户，有利于沿海各区域合理组织产业分工和协作，实现共同发展。

其次，城市群圈层结构进一步完善，形成四大圈层。第一圈层指上海这一长三角的中心城市；第二圈层指包括苏州、嘉兴、南通在内、距离上海100公里以内的"一小时紧密都市圈"；第三圈层指南京、镇江、泰州、扬州、湖州、绍兴、宁波、台州在内的、距离上海300公里以内的"三小时都市圈"；第四圈层指包括江苏、浙江的大部分地区，以及逆江而上的安徽芜湖、马鞍山，乃至合肥、九江等市。

再次，随着杭州至南京轴线基础设施建设、杭州湾跨海大桥的建设，杭甬发展轴的作用不断凸显，宁波与上海、南京、杭州一起共同构成长三角未来的菱形城市空间格局。

在长三角城市群的发展过程中，上海、南京和杭州中心城市充当了增长极，起着扩散作用，而沿沪宁、沪杭、杭甬等菱形产业带则充当了增长轴的作用。

3. 产业整合

长三角充分发挥了城市综合优势，以现代服务业为重点，确立了上海在长三角城市群中产业链的核心地位。上海以金融、贸易、航运、信息服务等现代服务业为发展重点，成为长三角城市群的综合服务中心。作为杭州湾V字形的节点，杭州正在建设"一个先进制造业长廊、一条高新技术产业带、五个特色产业区域"，通过大手笔布局环杭州湾产业带发展规划，构建杭州湾最大的制造业基地。作为华东地区重要的能源和重化工基地，杭州湾跨海大桥建成后，宁波将更便捷地满足"金三角"北翼城市对能源、石化、钢铁、水泥、纸张等产品的巨大需求，促进其形成国内最大、世界一流的金山—宁波石化工业基地。同时，浙东经济圈也将利用自身的产业优势，主动承接上海相关产业转移，进入上海的产业链。

江苏各城市则通过错位发展，发挥产业互补效应。南京的石油化工产业规模保持全国领先地位，电子信息、汽车产业总体规模分别迈入全国同行业前列，已形成一批具有国际竞争力的知名企业、著名品牌和重点产品。苏锡常等城市成为IT产品的生产制造基地。目前，苏州已形成了笔记本电脑、显示屏的产业链，笔记本电脑产量占全世界的四分之一；无锡则偏重于通信和PC相关零部件的生产。IT产业链的衔接与拓展都将进一步把长三角城市群推向全球IT产业的领先潮头，成为世界级的IT产业高增长区域。

第三产业以旅游业和专业批发市场为发展重点。旅游方面形成了以古城古迹为主的宁镇扬旅游区、环太湖的苏锡常嘉湖五市的太湖旅游区；专业批发市场方面，长三角城市群带动了各类消费品批发市场、生产资料批发市场、工业品批发市场和农副产品批发市场群的形成，如张家港妙桥羊毛衫商城、绍兴柯桥轻纺城、常熟招商城、吴江盛泽丝绸市场、海宁皮革皮装市场等。批发市场群的建设有利于其市场群的发育与完善，促进了长三角城市群农村剩余劳动力的转化，扩展了城镇的辐射与集聚功能，推动了城市化的发展。

长三角城市群也形成了若干各具特色的产业群落，以一批在国际上具有相当竞争力的企业集团为龙头的产业群落带动整个区域产业地位的提升。在坚持上海作为中心城市的基础上，各地根据自己的优势产业确定城市的发展方向，并要主动协调与周边城市的等级关系。

4. 基础设施建设

统一规划长三角城市群的重大基础设施，如公路、港口、航道、空港、轨道交通，以及重要资源开发，如水资源、岸线开发、能源开发等。加快形成城乡系统配套、相互融合的基础设施，形成包括道路、电力、天然气、给排水、能源、防灾减灾等设施的多方式、多层次、多功能的基础设施服务网络，为长三角城市群的发展创造高效、便捷、安全的综合运输条件。基础设施是发展经济的硬件，在充分发挥长江内河航道能力的基础上，大力发展航空、铁路、高速公路和管道运输，建成合理的现代化集疏运体系。其中，建设上海国际航运中心是长三角城市群基础设施建设的重中之重，应加强统一规划、合理分工协调，整合长江三角洲港口资源，共同形成以上海为中心、浙江和江苏为两翼的组合港，以形成一体化的巨型港口系统。

（四）长三角城市群促进城市化的定量分析

本文尝试给出一套对区域城市化发展水平进行测定的指标体系，并运用主成分分析和聚类分析法对长江三角洲城市水平指数进行测定、评价和分类。

1. 长江三角洲城市群城市化水平指标体系设计

城市化本质上是城市多重目标发展的结果，除经济方面外还包括社会方面、生态方面，具体包括安全、健康、教育、收入和财富分配、就业水平、环境质量等人类生存和发展的其他方面,是一种既包括经济社会内部各方面的健康发展,也包括经济社会与自然环境之间的和谐发展。概而言之,城市化是一个"生产、生活、生态三生协调"的多目标复杂系统,包含经济、社会、人口、资源与环境等要素在内。

(1) 城市化水平指标体系设计的基本要求。城市化水平指标是用来评价城市健康发展的实现程度所采用的标准式尺度。目前,建立城市化水平指标体系有两种思路可采用:一是以环境经济学理论为基础,通过环境资源价值的核算构建一个单项综合性指标,如以绿色国民生产总值等来评价城市化的程度;二是以社会经济统计学原理为平台构建一个指标体系来全面反映经济和谐发展的水平,其指标按性质可分为反映系统实际状况或条件的描述性指标和反映系统间相互联系与协调程度的评价性指标。在具体设计时,应该特别注意以下几个方面:

① 城市化水平指标体系形成的基本方法。对一个区域城市化发展状态进行测定时,主要关注那些具有较强警戒作用的敏感性指标,本文采用分析式展开与结构式展开相结合的方法,即一方面围绕核心指标,从总指标向明细指标逐步展开而形成体系;另一方面研究分析被认识对象所具有的各种因素、成因及各种具体情况取得指标而形成体系。

② 设计指标的名称和含义时,以实质性科学为依据。理论范畴是对客观现象进行定性研究基础上的抽象化,往往不易操作,而统计指标则是应用科学中具有可操作性的概念,因此,所设计的指标在内涵和外延上会与理论有一些差别,这就决定了设计指标的计算范围是极为重要的。

③ 在和谐发展指标体系中,各个指标之间保持协调一致,不能自相矛盾,各指标在口径、时间、空间及计算方法等方面应保持一致性和统一性。

(2) 城市化水平指标体系设计的基本框架。

城市化水平指标体系的具体内容,包括确定的客观指标共分成 8 个一级指标和 26 个二级指标。如表 15-1 所示。

表 15-1 长江三角洲区域城市化水平指标体系

一级指标	二级指标	指标说明
1. 富裕化指数	X11 人均 GDP	衡量经济发展成就的综合性指标
	X12 恩格尔系数	富裕化程度的重要指数
	X13 二产占 GDP 比重（%）	城市第二产业增加值占 GDP 比重
2. 稳定化指数	X21 失业率（%）	反映就业市场稳定性
	X22 通货膨胀率（%）居民消费价格指数	反映货币与物价的稳定性
	X23 房地产价格指数	反映房地产市场稳定性
3. 非农化指数	X31 非农就业人口占总就业人口比重（%）	非农就业人口/总就业人口
	X32 非农业人口占总人口比重（%）	非农业人口/总人口
	X33 非农产值占总产值比重（%）	非农产业增加值/GDP
4. 公平化指数	X41 居民收入基尼系数	反映社会贫富差距
	X42 城乡收入比	描述城乡二元结构的重要指标
	X43 居民人均储蓄存款余额（亿元）	描述城乡居民人居储蓄的重要指标
5. 竞争力指数	X51 R&D 经费占 GDP 比例	反映科技研发投入水平
	X52 高等教育毛入学率（%）	反映教育与人力资本情况
	X53 服务经济占 GDP 比重（%）	反映新经济的发展水平
6. 全球化指数	X61 出口总量与进口总量之比	出口总量/进口总量
	X62 外贸依存度	进出口总额/GDP
	X63 外资依存度	外资占本地 GDP 比例，外资总额/GDP
7. 集约化指数	X71 工业废物综合利用率（%）	包括废气、废水、废渣的利用率
	X72 工业污水排放处理达标率（%）	反映工业污水排放处理达标情况
	X73 万元 GDP 的能源消耗	折算为万元 GDP 的消耗量
	X74 万元 GDP 的水资源消耗	万元 GDP 的新鲜水消耗量
	X75 工业经济效益综合指数	反映工业经济运行质量的总量指标
	X76 全员劳动生产率（元/人）	根据产品价值量指标计算的每个从业人员单位时间的产品生产量
8. 专门化指数	X81 服务经济专门化率（%）	反映城市服务经济专门化程度
	X82 工业经济专门化率（%）	反映城市工业经济专门化程度

2. 长江三角洲城市群城市化发展主成分分析

本部分内容主要运用 SPSS 统计分析软件 Factor 过程对长三角地区 16 个

城市城市化水平相关指数进行主成分分析。之所以选择这种方法，主要基于以下两点：一是各指标的权重从已有研究文献中无法获得，如果通过主观赋权则可能出现主观因素制约，而主成分分析法可以客观赋权；二是样本量有 16 个，基本符合此方法对样本量的要求。通过处理，结果见表 15-2。

表 15-2 长江三角洲区域城市化水平指数主成分值、总指数及排序

城市	第一组成分值	第二组成分值	第三组成分值	第四组成分值	第五组成分值	第六组成分值	第七组成分值	城市化水平指数1	城市化水平指数2	排名
上海	1.87365	1.01093	1.78357	1.13309	0.35803	1.06319	1.32628	0.664	0.980	2
南京	0.90943	0.81831	1.92187	0.78858	0.74063	0.58688	0.22446	0.219	0.447	12
无锡	1.31711	0.90735	0.91962	0.01959	0.32955	1.35297	0.00133	0.566	0.921	3
常州	0.41260	0.59637	0.03843	0.92069	0.48067	0.04014	1.12193	0.043	0.605	8
苏州	1.36279	1.31881	0.85509	0.14663	0.99662	0.77245	0.92537	0.697	1.000	1
扬州	0.79720	0.32664	0.34956	0.12216	0.83891	1.42394	0.07216	0.359	0.363	14
南通	0.96922	0.67156	0.42503	0.79057	0.20193	0.77590	2.68210	0.155	0.673	5
镇江	0.00598	0.51873	0.25251	0.41190	1.45322	0.66229	0.76823	0.236	0.437	13
泰州	1.17615	0.53318	0.74641	0.58321	0.75680	0.69400	0.19054	0.471	0.295	15
杭州	0.68997	0.63367	0.98730	0.51639	1.91567	0.58468	0.03199	0.089	0.633	7
宁波	0.18515	0.31471	0.04981	0.22026	0.10137	2.46611	0.42263	0.135	0.498	10
绍兴	0.45228	0.61606	0.75661	0.22933	1.17510	0.44389	0.09723	0.275	0.745	4
湖州	1.38406	0.37484	0.83620	0.57967	1.88828	0.19802	0.36592	0.104	0.517	9
嘉兴	0.58369	0.62103	1.43504	0.31615	0.10756	0.25003	0.16091	0.136	0.661	6
舟山	0.77918	2.75204	0.78399	0.89006	0.95804	0.85848	0.51182	0.960	0.000	16
台州	0.60293	0.54688	0.83682	3.07881	0.06779	0.29527	1.62462	0.142	0.494	11

依据城市化水平相关指标体系，运用 SPSS 统计分析软件 Factor 过程对长三角 16 个城市城市化指数进行主成分分析，对各地区进行综合评价比较。

结果显示，苏州排在第一位，其他依次为上海、无锡、绍兴、南通、嘉兴、杭州、常州、湖州、宁波、台州、南京、镇江、扬州、泰州和舟山。

3. 长江三角洲城市化水平测定的相关指标的聚类分析

采用 SPSS 统计分析软件聚类分析方法，对长江三角洲城市化水平相关指标进行聚类分析，结果表明：根据城市化水平程度，将长江三角洲城市

划分为四种类型,见表3。

表15-3 长江三角洲区域城市化水平指数聚类分析表

城市	城市化水平指数排名	聚类结果	结果分析
苏州	1	1	城市化发展一类城市(城市化水平高)
上海	2	1	
无锡	3	1	
绍兴	4	2	城市化发展二类城市(城市化水平比较高)
南通	5	2	
嘉兴	6	2	
杭州	7	2	
常州	8	2	
湖州	9	3	城市化发展三类城市(城市化水平中上等)
宁波	10	3	
台州	11	3	
南京	12	3	
镇江	13	3	
扬州	14	3	
泰州	15	3	
舟山	16	4	城市化发展四类城市(城市化水平一般)

聚类分析结果表明,依据城市化水平指数的大小,可以将长江三角洲城市划分为四类,其中苏州、上海、无锡为一类城市,绍兴、南通、嘉兴、杭州、常州为二类城市,湖州、宁波、台州、南京、镇江、扬州、泰州为三类城市,舟山为四类城市。

(1)一类城市城市化水平非常高,其中苏州综合经济实力强,基础设施完善,科技人才汇集;上海是直辖市,是经济、政治、科教和信息中心;无锡市最近几年社会发展水平与经济增长协调迈进,综合指数名列前茅。它们的城市化水平明显高于其他城市,这与它们在长江三角洲地区的地位是相符的。

(2)二类城市的城市化水平比较高,五个城市的城市化水平指数均高于长江三角洲地区的平均水平,且其水平都比较接近。

(3) 三类城市的城市化水平良好,这七个城市中,湖州和谐发展水平最高,城市化水平指数为0.1517,而最低的泰州城市化水平,其城市化水平指数也有0.1295,湖州、宁波、台州的城市化发展水平比较接近,而南京和镇江两市的城市化发展水平也比较接近。

(4) 四类城市的城市化水平比较低,只包括舟山一个城市,其城市化水平指数为0.1。

结论分析:除了舟山外,其他15个城市的城市化水平都比较高。其中最低的泰州,其城市化水平指数也有0.1295。根据相关数据,其城市化水平在全国来看,也是比较高的。因此,我们可得出,长三角整个区域,在城市群发展模式下,促进了整个区域城市化水平的显著提高。

四 区域经济发展与城市群体系的构建

(一) 区域发展规划的出台

十六届五中全会通过的《十一五规划建议》首次提出了城市群的概念,并明确要求"珠江三角洲、长江三角洲、环渤海地区,要继续发挥对内地经济发展的带动和辐射作用,加强区内城市的分工协作和优势互补,增强城市群的整体竞争力","有条件的区域,以特大城市和大城市为龙头,通过统筹规划,形成若干用地少、就业多、要素集聚能力强、人口合理分布的新城市群"。这是对党的十六大关于坚持大中小城市和小城镇协调发展、走中国特色城镇化道路的新发展,是针对近年我国城镇化发展出现的新情况作出的新总结,是根据城镇化发展客观规律进行的新概括。中共中央关于制定国民经济和社会发展第十二个五年规划的建议中提出要完善城市化布局和形态。按照统筹规划、合理布局、完善功能、以大带小的原则,遵循城市发展客观规律,以大城市为依托,以中小城市为重点,逐步形成辐射作用大的城市群,促进大中小城市和小城镇协调发展。科学规划城市群内各城市功能定位和产业布局,缓解特大城市中心城区压力,简化中小城市产业功能,增强小城镇公共服务和居住功能,推进大中小城市交通、通信、供电、供排水等基础设施一体化建设和网络化发展。

河北省在京召开"环首都经济圈规划编制座谈会",启动环首都经济圈规划方案的意见征集。按照河北省公布的环首都经济圈产业发展实施意见,涿州、涞水等13个县（市、区）由于紧邻北京，交通便利，划入环首都经济圈规划范围内。主要措施包括：①创业方面，将提供13万套廉租房。在环首都13个县（市、区）各规划建设一个高层次人才创业园区，每个园区规模不低于5平方公里，从项目扶持、企业培育、产业推进等方面提供配套服务。每个县（市、区）还将建一个总量不低于1万套、以廉租房为主体的"人才家园"，每套房面积在80平方米以上，总计13万套，为北京高层次人才到河北创业提供服务。②蔬菜方面，13个蔬菜基地供北京。在环首都13个县（市、区）分别建设1个高标准的蔬菜发展基地，每个县（市、区）先选择30至50个村，每个村建设不低于1000亩的蔬菜生产标准园。通过政策引导、市场运作等方式，力争经过3至5年努力，河北蔬菜在首都市场的占有率达到60%以上，其中高档蔬菜占到30%以上。③住房方面，建住房吸引首都居民。针对北京生活成本高、住房紧张的状况，瞄准首都住房需求，在13个县（市、区）建设以住房消费为主要内容的宜居生活基地，每个基地的容量不少于5万户，吸引首都居民购房置业。

对京津冀而言，在地理空间上，其实北京、天津、河北基本上处于"你中有我，我中有你"的状态，人员和物流往来极其频繁。近年来，三地就推进京津冀都市圈和环渤海区域经济社会协调发展，形成功能互补、布局合理的区域产业协作体系一直进行着努力，比如，京津城际铁路的建设，使得北京与天津的空间距离只有半小时车程，很多北京人也到河北的燕郊买房置业。但是，在三地人口和物流融合的同时，公共政策还没能大胆跨越地域，起到制度性支撑作用，导致区域一体化建设远远落后于长三角和珠三角等地，在许多方面没有形成协同效应。

形成首都经济圈，是一种经济现象，也是城市化发展的一条规律。首都经济圈作为优质生产要素富集的特殊载体，已成为当今最活跃的区域经济中心之一。加快建设环首都经济圈有利于释放首都优势，促进京津冀区域经济社会又好又快发展。加快建设环首都经济圈也有利于打造河北科学发展、富民强省的增长极。从燕郊、涿州等地的经验看，建设环首都经济圈，能够有效承接首都产业转移和功能分散，接受首都人才、技术、信息等高级要素的溢出，迅速提升河北经济发展水平。同时，随着环首都经济圈的成型和发展，我们还可以将其打造成整合全球资源的战略平台，广泛承接全球产业和技术转移，建设成为全省最开放的地区，并通过梯度辐射带动河北全省又好又快发展。

在2010年的《政府工作报告》中，内蒙古高调提出"呼包鄂经济一体化"的概念，三地的发展已经从独立的"金三角"，上升到协调统一发展的层面。更为可喜的是，目前，呼包鄂一体化战略已经纳入国家发改委提出的主体功能区重点开发区范围。呼包鄂城市群位于内蒙古自治区中西部的核心区，呈品字形分布，有着非常密切的经贸和社会联系。2009年，三市GDP总量达到5720亿元，占全区GDP总量的59%；地方财政收入达到810亿元，占全区财政收入总量的58.8%，呼包鄂经济发展水平已与沿海发达地区比肩。自治区经济发展研究中心主任杭栓柱认为，半壁江山的经济总量、丰富的资源条件、较为完善的基础设施、健全的科技支撑、各具特色的产业基础，均为三地经济社会一体化发展奠定了坚实的基础。

在2009年召开的煤及气态能源国际高峰论坛会上，专家们指出，呼包鄂三市对资源的依赖性都很强，但产业的集中度均不高，因此，发展一体化战略对提高区域的竞争力和抗风险能力都有很大的作用。事实上，近几年呼包鄂在快速发展的同时，出现了区域内产业趋同、无序竞争等问题。出台一体化发展战略，正是促进该地区科学有序发展、加快推进新型工业化和城镇化发展的必由之路。呼包鄂一体化发展可以成为改善民生的一个重要渠道。据了解，当前，各地推进一体化发展的做法基本上可以概括为：交通同环、电力同网、金融同城、信息同享、市场同体、产业同链、旅游同线、科教同兴、环境同治等。实现统一区号，可以用市话收费取代长途通信；实现金融同城，可以节省异地存取款的手续费用；实现旅游同线，可以节约管辖分割造成的中间费用；实现社会保障一体化，可以为居民增加更多的居住和就业的选择。

为避免产业雷同和无序竞争，三市根据自身的资源禀赋和发展阶段，都有明确的产业定位。呼和浩特市将突出首府经济特点，重点发展金融、会展、总部经济和服务外包等现代服务业，加快发展生物医药和电子信息等高新技术产业，进一步做大做强乳制品加工业。包头市将重点发展装备制造业、钢铁、电解铝和稀土新材料产业，建成我国北方重要的现代装备制造业和稀土产业基地。鄂尔多斯市将重点发展能源、重化工产业，建成国家重要的能源重化工基地。此外，在铁路网建设方面，内蒙古将构建"呼和浩特—包头—鄂尔多斯—集宁"1小时客运圈、"包头—临河—乌海—银川—鄂尔多斯"2小时客运圈，四条对外货运大通道和一条连接京津的快速客运通道，形成泛呼包鄂地区配套铁路网。

区域经济一体化是 21 世纪初最流行的一个城市发展和区域经济学名词。建立在地缘经济上的区域经济一体化，具有内向的保护性和外向的竞争性，在内部，它有利于优势互补、效应集聚、成本降低和整体利益提高；在外部，则提高了竞争的能力。以长江三角洲和珠江三角洲为代表的经济区域内，各级政府通过实质性的合作所表现出来的区域经济一体化的绩效，也使我们有足够的理由相信，建构一个行之有效的区域政府合作机制，推动和实现区域经济一体化，进而实现全国统一市场的形成，也绝非是一个遥不可及的梦想。

（二）城市群的带动效益——促进区域的进一步发展

城市发展史表明：城市是伴随社会分工和商品经济而产生和发展的，因此，一个城市的形成必然有其所赖以生存与发展的腹地作为源头和基础；城市的发展又促进了城市集聚区域的形成。在此过程中，城市的数量和密度首先在该区域内增加，各城市的规模同时不同程度地扩大，逐渐形成以大城市为核心的大中小城市相结合的城市体系，体系内城市相互依存，彼此协作，并且在各自基础上发挥着具有个性特色的职能，实现了该区域经济的产业关联性，从而形成一个具有群体凝聚力的城市区域有机统一体，即以上述城市群形成过程可以归纳出城市群的三个基本特征：具有核心城市；在核心城市领导下，群内各城市之间具有高度发达的分工协作关系；正是由于形成了以大城市为核心的区域经济合理布局，城市群具有巨大的整体效益，这是城市群最基本、最重要的特征。

基于上述三个特征，下面将运用区域经济基本理论并适当结合交易成本理论和系统论从不同侧面和不同层次逐一分析城市群具有整体效益的原因。现代区域经济的极化—扩散理论认为：在大城市（增长极）中的工业因其规模大和竞争力强而必然抑制落后区域的工业，并逐渐兼并之，这种区域发展中的城市对落后区域的不利影响称为极化过程。但同时还存在城市经济利益渐进扩散过程，即大城市对落后地区的有利影响过程。这种扩散是在满足大城市充分发展的基础上，其利益部分地流溢于落后地区。当大城市的主导工业通过极化过程发展到一定规模后，在规模经济递减规律的作用下将衍生扩散出次级主导工业，离开大城市的次级主导工业地随之发展为次级增长点（中等城市），这就是城际经济的"蛙跳"。从整个区域来看，经济扩散是以等级形式进行的，即等级扩散。城市群是以大城市为核心、由不同等级规模城市所组成的城市区域体。核心城市与其周围区域的各个城市具有密切的经济联系，这种联系即表现为上述极化—扩散理论。所谓的极化过程和扩散过程包括两个方面：一方面，城市群中核心城市的形成过程实质上就是该城市群区域内部的资源在空间上的极化过程；另一方面，当核心城市形成后，它又反作用于周围其他次级规模城市，向它们提供商品流通、金融、通信等方面的服务，从而带动这些城市的经济发展，使得城市群整体效益的提高成为可能。

相反，如果一个区域内距离相近的若干城市之间互不关联，彼此独立发展（计划经济下中国的城市就是该种情形），由于不存在城际要素的自由流动，区域内经济实力最强、城市规模最大的"准核心城市"的集聚将明显受阻，极化—扩散理论业已论证：一个增长极需要经过 15～20 年的发展才可能由集聚转化为对外扩散，这势必延缓该区域城市经济的发展和城市化进程。准核心城市本身效益都难以提高，更不用说区域整体效益了。进一步讲，即便核心城市完成了极化过程，在它与区域内其他城市缺乏联系的前提下，从核心城市到次级规模城市的蛙跳将无法得以实现，等级扩散将被迫终止，其他城市将无法承接核心城市的利益流溢，这就造成了资源的浪费，进而降低了城市群整体效益。

一个城市群具有整体效益，首先就在于它形成了能够起到强劲带动本区域经济增长的"引擎"作用的核心城市，并且该核心城市使城市群中其余城市摆脱了以往单纯点状式孤立的城市化进程，而紧密联系在它周围。在核心城市带动下，城市群中各个城市之间形成了高度发达的分工协作关系，这进一步提高了城市群的吸纳和辐射功能，从而奠定了城市群整体效益的宽厚基础。这可用交易成本理论从微观角度加以解释。该理论的主要内容是：交易是人们活动的广义交换，交易成本是指在原材料等商品价格之外的附加成本，企业和市场是两种可以相互替代的组织形式。在一定生产成本下，若企业自己生产的内部交易成本低于市场上购买的外部交易成本，企业将生产；反之则在市场上购买。美国经济地理学家艾伦·斯科特将此理论引入城市和区域经济研究中，并加上距离因素，因而交易成本中就包含了交通运输等费用。斯科特认为：区域内企业的生产经营活动将受制约于效果成本，高技术和专业化水平高的生产将集聚到大城市，而低技术和专业化水平低的生产将扩散到大城市以外的具有廉价劳动力的次级城市。城市群中各个城市之间的经济是有差异的，再考虑到各城市间的距离不同，诸种因素便导致了不同城市间企业生产的交易成本的差别（给定同一生产成本）。根据上述理论，对某个城市所需求的产品的交易成本若较高，城市的企业不会投资于该产品项目，而是从市场上购买该种产品；而这一产品是由交易成本最低的那个城市供给的。这样，城市群的各个企业便建立起了密切的城际关系，同时，各个城市之间通过市场而紧密联系起来。再者，由于大城市整体技术水平高，产业结构合理，成为在此生产交易成本最低的技术密集型产品所在地，而将在此生产交易成本较高的劳动密集型产品转移到交易成本相对较低的城市中去。这样，城市群便形成了大城市（核心）带动下的各城市之间高度发达的分工协作体系，从而有利于降低交易成本，也就提高了城市群的整体效益。

我们再根据系统论从"城市群是一个系统"的角度阐明城市群具有较高的整体效益。系统论认为：一个系统具有整体性、关联性、开放性和最优性的特点。城市群在宏观上组成了一个规模相当、结构合理、联系密切的区域经济实体，具有一个系统必备的四种特性：城市群中的核心城市与其他城市组合成一个专业化协作的网络，符合"整体性"；城市群中各类企业相互作用、相互依赖，各种生产要素组合成一个具有特定功能的有机体，符合"关联性"；城市群本身不是封闭的，它与更大范围的区域同样存在着紧密联系，要素不仅在城市群内部得以合理流动，而且与群外区域也有着合理交换，符合"开放性"；形成一个能大大提高整个群体生产效益和技术水平的规模结构，使群体内外资源得以合理配置、优化组合，从而具有一个系统所特有的"1+1>2"的整体效益，即城市群整体效益大于群体中各城市个体效益的简单算术和，所超出部分来源于城市群因形成能够对该区域发挥强劲带动作用的"引擎"城市为中心的合理整体布局而降低的交易成本。

（三）城市群已经成为区域经济发展的主要载体

21世纪是全球化竞争和合作的时代。城市群是国内国际竞争与合作的基本单位。只有大城市群才能承接产业群的聚积，产业链的延伸，区域的分工与合作。城市群已经成为区域经济生产力发展的主要载体。就一个地区而言，没有城市群的存在和发展，经济就丧失了区域增长的能力。

城市群的发展是工业化和城市化发展的必然结果。发达国家的现实已经证明，工业化和城市化是经济、社会发展的基本特征。工业化过程就是生产要素及社会资源向城市集中的过程（各种方式阻止生产要素和社会资源向城市集中均可以称为逆城市化）。一般认为，工业化可以分为企业经济和产业经济两大过程。中小城市或大城市可以与企业经济相匹配。产业经济则是一种全球化、集群化、战略化的链式发展模式。只有大城市群的基础设施、市场腹地、社会机制才能与产业经济的高效率追求相适应。西方国家200年工业化发展正是沿着城市、大城市、城市群的轨迹前行的。当前，全球化产业战略转移步伐日益加快，不具有区域性的大城市群，必然缺乏产业转移的接纳能力，产业经济发展的机遇就可能擦肩而过，远离而去，区域经济的竞争力就会大大降低。城市群已经成为现代产业经济发达程度的主要标志、区域经济核心竞争力的重要组成部分。产业与产业的合作，主要表现为城市群与城市群的合作，没有区域城市群的支撑，发展的塌陷在所难免。

1961年戈特曼在其著作中首先使用了"城市群"的概念。戈特曼的城市群定义是指被高速交通系统缩短的城市圈与城市圈的空间距离。戈特曼当时研究的主要对象是美国东海岸的5个大城市，每个都是由3000万人口形成的城市群落。当代城市群的概念与戈特曼的归纳有了很大区别。现今城市群是指许多大城市聚合而成的一个高密度的、关联紧密的网状城市空间。在网状城市空间里存在着复数的大城市圈和中小城市，不同层次的城市功能和规模巨大的产业群体在一个比较密集的空间范围内有机地相互联系，链型整合，立体交叉。城市之间的空间距离和经济距离被高速交通轴相对缩短。功能区的设定和交通轴的连接将城市群的活力推向极致。特别是交通工具的改进和信息高速公路的铺设，使城市群将区域经济带入网络化发展阶段，并使产业经济的极化和辐射能力加速运行。

资本主义国家是地产商群发展的先行者。具有世界意义的五大城市群成为工业化发展的成熟标志。美国东北部大西洋沿岸城市群，制造业占全国的30%，是美国最大的商业贸易中心和世界最大的国际金融中心。北美五大湖城市群是美国最主要的产业制造带，其中底特律是全球著名的汽车制造基地。日本太平洋沿岸城市群分布着占全国80%以上的金融、教育、出版、信息和研究机构。以伦敦、巴黎为核心的两大城市群是欧洲经济最发达的地区。世界五大城市群的形成宣告单一企业经济集聚型的城市终于过渡到产业经济集聚型的区域化城市群发展模式。

总体说来，我国仍处于工业化的起步阶段，基本的标志是工业化和城市化相对滞后。占世界人口1/4的中国人民对小康生活如此渴望,更显得历史对我们的苛求和吝啬。我们要在短短几十年内走完资本主义国家几百年走过的发展道路,成本最低的方法,就是把发达资本主义国家发展的终点作为我们的起点。城市群,就是我国城市化发展的最佳选择。

(四) 基于区域经济发展的城市群体系的构建

21世纪将是城市群的世纪,经济的主要动力将越来越源于城市群,特别是大城市群,城市群之间的分工、合作与竞争,决定着新的经济格局。国家和各地区应该尽快行动起来,着力打造有影响力的城市群经济。

1. 以城市群作为推动城市化的主要形态,促进区域内大中小城市的协调发展

我们要加快城市群的推进,并不是特大城市、大城市的单项突进,而是一种以特大城市为依托,大中小城市和小城镇并举的整体推进,实现以城市群带动城市化的跨越式发展模式。区域城市发展战略可以分为三个层级:对于大城市而言,城市化应是以城市群战略为重点,构筑以核心城市为龙头,区域内各中心城市一体化整合,打造有影响力的大城市群,使大城市真正大起来;在大城市群的基础上,城市群内形成若干中心城市(主要为地级市)为辐射源的城市圈,它们是支撑各城市群的支柱,而在城市功能上又分散核心城市内部的压力,缓解大城市的过分积聚;在城市圈的基础上,城市化的第三个层级是由众多中小城市和小城镇构成的城市带,城市带的主体是中小城市,这些城市以特色化的产业中心为支撑,其战略目标应是小城市化。

随着城市规模的不断扩张和城市群发展阶段的向前推进,产业和人口迅速集中,使产业发展的成本大大提高,当产业的边际产出被拥挤成本、通勤成本、土地价格和劳动力价格提高所抵消时,那些产品附加值低的产业和劳动密集型产业就会失去城市区位的集聚效应,不得不向城市外围地区扩散,使周边中小城市、小城镇的经济实力不断增强,区域城市化水平不断提高。正是通过城市群内部不同等级城市的集聚和扩散作用,使城市群内各城市紧密地联系在一起,构成合理的城市群发展体系。目前,大部分大型城市经过不断集聚发展,已经具备一定的辐射能力,其周边地区尤其是中小城市应加强规划引导和衔接,完善交通、通信、电力等基础设施,通过建设工业园区、完善投资环境,主动承接区域产业转移。

2. 以产业集群为支撑，优化区域产业分工布局

产业集群战略已经被国内外区域经济发展和城市战略的实践证明是一种行之有效的战略模式，没有产业集群的支撑，城市群战略就只能是空中楼阁。要加快发展区域城市群经济，改变城市群实力和竞争力不足的现状，关键是要明确区域城市群的主导产业和各城市的优势产业；编制产业集群发展规划，制定产业集群发展政策，加快城市群产业聚集发展步伐，在更大范围内进行生产力布局，形成主导产业突出，优势产业布局合理的产业集群。

核心城市要结合自身的实际发展现状与比较优势，确定城市发展目标。要在加快原有产业和产业功能分区的同时，重点建设相关的产业集聚区。同时加快产业结构调整，有序推动不符合城市发展定位的产业向周边地区转移和扩散，进一步加强对周边城市的辐射和带动作用。扩展发展空间；拓宽合作领域，形成各具特色，功能互补，布局合理的区域产业协作体系，并与周边大城市相呼应，形成区域内大中小城市和小城镇协调发展的城市群体系，进而带动区域经济实现协调发展。

3. 完善区域交通基础设施网络，为构建区域城市群体系打下良好基础

要提高核心城市与城市群区域的交通通达性，建立以核心城市为中心，包括高速公路、城际铁路、海运在内的一体化综合交通网络；重点解决区域内高速公路"一卡通"智能分账收费问题，取消设在高速公路省区市交界处的收费站，提高其通行能力；在完善城市群核心城市"放射性"交通联络线的同时，更加重视核心城市周边中小城市之间的交通连接，将其作为区域交通网的一个节点，形成城市群的"网络状"交通体系，以缓解核心城市的交通压力；加快推进城市专线和城际铁路建设，形成贯通城市间的便捷交通网络。

4. 从推动区域协调发展出发，制定推动区域城市群发展的共同对策

一是放宽区域内中小城市和小城镇的户籍限制，把符合一定条件的农业人口逐步转变为城市居民。这样既可以加快区域城市化的进程，逐步壮大区域城市群中第二、第三层级城市的综合实力，又可以缓解特大型城市的人口压力，促进区域协调发展。二是积极探索将城市新区、自主创新示范区的优惠政策有条件地扩大到区外企业，以放大国家级实验区、示范区政策的辐射效应。三是研究建立企业跨地区发展的利益分享机制，鼓励企业在区域内兼并重组，进一步优化区域产业布局和重点产业带的形成和发

展。四是构建区域大市场、大物流、大通关的一体化发展新格局，尽快建立健全区域商品物流、产权交易、技术交易、信用征信、碳汇交易共同市场，解决区域行政体制分割造成的生产要素流动不畅、地方保护主义等问题。

参 考 文 献

[1] 袁庆华：《2009年全球钢铁企业粗钢产量排名评述》，《冶金管理》2010年第6期。

[2] 杨丽梅：《国际铁矿石谈判机制的特点及走势预测》，《商业时代》2009年第12期。

[3] 杨金鑫、郝文波：《铁矿石定价机制及相关问题研究》，《企业导报》2010年第2期。

[4] 廉正、张永庆、于洪蕾：《国际铁矿石定价角力模型及我国钢铁行业应对研究》，《经济问题探索》2010年第2期。

[5] 郭梨、杨震、卢才武：《中日钢铁企业在铁矿石资源竞争上的博弈分析》，《中国矿业》2010年第3期。

[6] 侯运炳、杨娟、杨华、李维明：《我国经济增长与铁矿石进口的协整分析》，《资源与产业》2010年第2期。

[7] 赵薇：《从三井物产铁矿石采购看关键采购策略》，《科技资讯》2010年第3期。

[8] 石奇：《产业经济学》，人民大学出版社，2008。

[9] 吴佩勋：《社会主义新农村流通服务体系的现状与展望》，中山大学出版社，2008。

[10] 汪露：《家电下乡财政补贴政策分析》，《当代经济》2009年第1期。

[11] 赵福中：《家电下乡：销售商的苦恼》，2009年3月3日《工人日报》。

[12] 程国强：《我国农村流通体系建设：现状、问题与政策建议》，《农业经济问题》2007年第4期。

[13] 周茂荣、骆传朋：《欧盟财政可持续性的实证研究》，《经济评论》2006年第12期。

[14] 王保安：《欧盟财政政策与启示》，《财政研究》2009 年第 4 期。

[15] 尹振涛：《欧洲主权债务危机面临的困境与启示》，《中国金融》2010 年第 9 期。

[16] 赵晋平：《欧洲主权债务危机影响下的国际经济形势展望与我国的对策》，《国际贸易》2010 年第 7 期。

[17] 王辉：《欧洲主权债务危机的根源、影响与启示》，《财政研究》2010 年第 5 期。

[18] 魏越：《财政赤字与经济增长实证分析》，《合作经济与科技》2009 年第 3 期。

[19] 中国社会科学院欧洲研究所课题组：《希腊主权债务危机的由来及其对中国的影响》，《欧洲研究》2010 年第 4 期。

[20] 张茉楠：《试析发达经济体的主权债务危机风险》，《国际问题研究》2010 年第 4 期。

[21] 刘亮：《罗杰斯的预言是否会成为现实？——对欧洲主权债务危机的再思考》，《福建论坛·人文社会科学版》2010 年第 8 期。

[22] 陈西果：《欧洲主权债务危机爆发的原因、影响及启示》，《经济研究参考》2010 年第 32 期。

[23] 张五常：《货币战略论》，花千树出版社，2010。

[24] 陈晓冬：《希腊主权债务危机：根源、影响和启示》，《特区经济》2010 年第 8 期。

[25] 黄莺：《希腊主权债务危机》，《国际资料信息》2010 年第 8 期。

[26] 艾仁智、林文杰：《希腊主权债务危机及其对欧洲的影响》，《中国金融》2010 年第 11 期。

[27] 姜大鹏、顾新：《我国战略性新兴产业的现状分析》，《科技进步与对策》2010 年第 27 卷第 17 期。

[28] 张天维、胡莺：《新兴产业的战略性体现、相关问题及对策》，《学术交流》2010 年第 7 期。

[29] 张敏谦：《美国"信息高速公路"计划评析信息技术的魅力》，《未来与发展》1994 年第 2 期。

[30] 凌捷、苏睿：《后金融危机时代高新区战略性新兴产业发展研究》，《改革与战略》2010 年第 6 期。

[31] 薛亮：《日本产业政策的几个问题》，《世界经济与政治》1991 年第

9期。

[32] 周菲、王宁：《芬兰发展战略性新兴产业的经验与启示》，《对外经贸实务》2010年第2期。

[33] 黄蕾、武晓鹏：《中国新材料产业与开发区共同成长》，《新材料产业》2007年第3期。

[34] 綦成元、任志武、周廉：《实现新材料产业跨越式发展》，《中国创业投资与高科技》2005年第1期。

[35] 唐见茂：《培育新兴新材料产业抢占未来科技制高点》，《中国材料进展》2009年第2期。

[36] 徐坚：《中国新材料产业技术发展十二五展望》，《化工新型材料》2010年第1期。

[37] 薛伟贤、董维维：《我国外贸依存度影响因素的灰色关联度分析》，《国际经贸探索》2008年第5期。

[38] 易宪容：《扩大内需的短期政策与长期规划》，2009年1月10日《华夏时报》。

[39] 赵涛：《产业振兴规划出炉旨在防经济下滑》，《瞭望新闻周刊》2009年第1期。

[40] 陈圣杰：《新能源车主宰未来车市》，《长江商报汽车周刊》2008年第9期。

[41] 罗少文：《我国新能源汽车产业发展战略研究》，复旦大学，2008。

[42] 万钢：《我国节能与新能源汽车发展模式的思考与探索》，《交通与运输》2008年第2期。

[43] 庾晋：《新能源汽车的机遇与挑战》，《太阳能》2008年第3期。

[44] 杨海霞：《新能源汽车的中国机遇》，《中国投资》2008年第9期。

[45] Michael E Porter, *How Competitive Forces Shape Strategy*. Harvard Business Review, 1979, (3-4): 1-10.

[46] Michael E. Porter, *The Five Competitive Forces That Shape Strategy*. Harvard Business Review, 2008, (1): 79-93.

[47] 许光建：《翘尾因素和新涨价因素计算方法探讨》，《中国物价》1997年第2期。

[48] 陈燕：《通货膨胀理论分析及当前中国的对策》，《亚太经济》2010年第1期。

[49] 刘嗣明、郭晶:《正确判断当前中国经济形势,适度把握宏观调控的方向、力度与节奏——对 CPI 上升、房价过快上涨、调结构三大问题的理论认识与调控建议》,《宁夏社会科学》2010 年第 5 期。

[50] 钟新式:《浅析房地产价格上涨过快成因及抑制对策》,《财经界(学术版)》2010 年第 4 期。

[51] 茹启玲:《如何正确解读 CPI》,《经济师》2009 年第 7 期。

[52] 乜玉平、庞如超:《我国通货膨胀与货币供应量关系的实证分析》,《价格天地》2008 年第 6 期。

[53] 胡洋、周景宏、张启平:《全球金融危机下中国经济分析》,2010 年 10 月《东北电力大学学报》。

[54] 成学真、田英:《对我国当前 CPI 变动因素的实证分析——基于 CPI 构成的视角》,《商场现代化》2009 年第 4 期。

[55] 邓伟、张成:《我国 CPI 上涨原因的分析》,《商场现代化》2008 年第 5 期。

[56] 姚丽芳:《认识成长中的中国 CPI》,《江苏商论》2010 年第 4 期。

[57] 金三林:《食品和居住价格将主导 2010 年我国 CPI 走势》,《经济研究参考》2010 年第 11 期。

[58] 潘文荣、宋迎迎:《货币供应量对 CPI 和 GDP 影响探析》,《现代商贸工业》2010 年第 1 期。

[59] 谢明辉:《ECFA 签订后两岸经贸大趋势》,《中国金融》2010 年第 17 期。

[60] 朱险峰:《8 月份国际市场初级产品价格上涨》,《市场动态》2010 年第 10 期。

[61] 黄阳洋、张红燕:《我国外汇储备高增长对货币政策的影响分析》,《辽宁经济》2010 年第 9 期。

[62] 卢峰、彭凯翔:《中国粮价与通货膨胀关系(1987~1999)》,《经济学》2002 年第 7 期。

[63] 李素芳:《价格传导机制探析——北京市 CPI、PPIMPI、传导关系》,《价格理论与实践》2010 年第 3 期。

[64] 张雪慧:《对我国 CPI 构成的探讨》,《价值工程》2010 年第 2 期。

[65] 范言慧:《看不懂的 CPI——价格指数与你的生活》,机械工业出版社,2009 年 3 月。

[66] 郎咸平:《郎咸平说我们的日子为什么这么难》,东方出版社,2010。

[67] 师振华：《从 CPI 编制看 CPI 上涨》，《中国统计》2008 年第 7 期。

[68] 张玮、苏王君：《中国货币供应量的产出、通货膨胀效应实证分析》，《经济问题》2010 年第 5 期。

[69] 高茵：《财政刺激计划、货币供应量、公众预期与通货膨胀——中国 1996~2008 年月度数据的实证分析》，《财经问题研究》2010 年第 2 期。

[70] 宋晓玲：《外汇储备与价格水平的协整分析》，《价格月刊》2010 年第 9 期。

[71] 李谦、杨志柯：《货币供应量变动对通货膨胀的影响分析》，《价格月刊》2010 年第 10 期。

[72] 陈幼红：《健全农产品市场体系的对策研究》，《中国物价》2010 年第 10 期。

[73] 陈灿煌：《我国小宗农产品价格大幅波动的原因、影响及对策》，《价格理论与实践》2010 年第 9 期。

[74] 彭美秀：《小宗农产品价格风险的成因及防范》，《格理论与实践》2010 年第 9 期。

[75] 李亚飞：《国际金融危机对两岸经济关系影响分析对策》，《理论动态》2009 年第 9 期。

[76] 魏澄荣：《ECFA 对深化两岸产业合作的作用》，《亚太经济》2010 年第 5 期。

[77] 魏家福：《ECFA 助推两岸航运物流业更加繁荣》，《中国远洋航务》2010 年第 5 期。

[78] 朱春明：《区域经济理论与政策》，湖南科学技术出版社，1991。

[79] 周起业、刘再兴：《区域经济学》，中国人民大学出版社，1989。

[80] 杜肯堂、戴士根：《区域经济管理学》，高等教育出版社，2004。

[81] 张可云：《区域大战与区域经济关系》，民主与建设出版社，2001。

[82] 《国家标准物流术语》，《物流技术》2001。

[83] 赵习频：《基于区域经济的区域物流体系研究》，武汉理工大学学位论文，2003。

[84] 刘洪深：《第三方物流发展模式研究》，湖南大学学位论文，2002。

[85] 马士华、林勇、陈志祥：《供应链管理》，机械工业出版社，2000 年第 5 期。

[86] 王超:《供应链管理环境下第三方物流的作用分析及实践研究》,武汉理工大学学位论文,2005。

[87] 刘万强:《顾客导向的物流服务质量评价研究》,北京交通大学学位论文,2007。

[88] Alesina, Alberto (1987). Macroeconomic policy in a two - party system as a repeated game. Quarterly Journal of Economics, 102 (3), 651 - 678.

[89] Balassone, Fabrizio and Maura Francese (2004). Cyclical asymmetry in fiscal policy, debt accumulation and the Treaty of Maastricht. Banca d'Italia, Termi di Discussione del Servizio Studi 531.

[90] Edin, Per - Anders and Henry Ohlsson (1991). Political determinants of budget deficits: Coalition effects versus minority effects. European Economic Review, 35, 1597 - 1603.

[91] Hibbs, Douglas (1977). Political parties and macroeconomic policy. American Political Science Review, 71 (4), 1467 - 1487.

[92] Lindbeck, Assar (1976). Stabilization policy in open economies with endogenous.

[93] politicians. American Economic Review (Papers and Proceedings), 66 (2), 1 - 19.

[94] Mink, Mark and Jakob de Haan (2005). Has the Stability and Growth Pact impeded Political Budget Cycles in the European Union? CESifo, Working Paper 1532.

[95] Nordhaus, William (1975). The Political Business Cycle. Review of Economic Studies, 42 (2), 169 - 190.

[96] Perotti, Roberto and Yianos Kontopoulos (2002). Fragmented fiscal policy. Journal of Public Economics, 86, 191 - 222.

[97] Tujula, Mika and Guido Wolswijk (2004). What determines fiscal balances? An empirical investigation in determinants of changes in OECD budget alances. European Central Bank Working Paper Series, Working Paper 422.

后 记

本书是"北京物资学院产业经济研究学术文库——研究生科研系列"的第二本,由"产业经济学重点建设学科"经费资助出版。2008年,我校产业经济学学科被批准为"北京市重点建设学科",建设周期为五年。在过去三年多的时间里,我们开展了一系列的学科建设活动,在教学和科研方面取得了突出的成果。本书就是"产业经济学重点建设学科"科研成果的重要组成部分。通过本书的出版,相信能够使广大读者对当前产业经济领域的热点问题有一个较为全面和深入的了解。

本书由赵娴教授担任主编,车卉淳副教授担任副主编。赵娴教授负责组织专题研究项目的实施,车卉淳副教授负责全书内容的修改完善和定稿。全书由十五个研究专题组成,以2010级产业经济学硕士研究生为主力,在教师的指导下完成,是产业经济学师生集体智慧的结晶。具体编写任务分工如下:专题一由霍春光、赵殿军、陈翔、石桥撰写,专题二由姜秋宇、温晓玲、张静撰写,专题三由阎超、于浩然、陆水竹、倪健淳撰写,专题四由马潇君、李春燕、赵颖、吴珊珊撰写,专题五由缪震旭、霍春光、赵殿军、陈翔撰写,专题六由郑方圆、刘燕燕、于鑫、尹晋男撰写,专题七由张敬、杨登云、缪中文、陈一慧撰写,专题八由赵微、王蕊、石桥、杨静思撰写,专题九由罗潇好、尚杰、张保见、曾有志撰写,专题十由徐漫漫、杨明辉、原庆宇、郭露撰写,专题十一由吴月琴、闫英英、王文、尹青撰写,专题十二由田玥、曹志伟、郑康平、林楠撰写,专题十三由王闪、刘崇、孙洋洋、孙晓东撰写,专题十四由耿兆新、张凤济、曹佳、曹琦、孙大尉、李燕燕撰写,专题十五由欧阳凯、黄金山、刘雪峰、袁松宝撰写。本书后期的编辑、排版和校对工作主要由徐漫漫、郑康平、林楠、石桥、温晓玲和葛小西完成。

本书的出版得到了北京物资学院"产业经济学北京市重点学科"和"经济学国家级特色专业建设点"专项资金的资助，社会科学文献出版社许秀江副编审对本书的出版给予了大力支持，并对本书的修改提出了中肯的意见，在此表示感谢。

　　限于篇幅和作者水平，不足和疏漏之处在所难免，恳请广大读者指正和赐教。

作　者
2011 年 9 月

社会科学文献出版社网站
www.ssap.com.cn

1. 查询最新图书　　2. 分类查询各学科图书
3. 查询新闻发布会、学术研讨会的相关消息
4. 注册会员，网上购书，分享交流

本社网站是一个分享、互动交流的平台，"读者服务"、"作者服务"、"经销商专区"、"图书馆服务"和"网上直播"等为广大读者、作者、经销商、馆配商和媒体提供了最充分的互动交流空间。

"读者俱乐部"实行会员制管理，不同级别会员享受不同的购书优惠（最低7.5折），会员购书同时还享受积分赠送、购书免邮费等待遇。"读者俱乐部"将不定期从注册的会员或者反馈信息的读者中抽出一部分幸运读者，免费赠送我社出版的新书或者数字出版物等产品。

"网上书城"拥有纸书、电子书、光盘和数据库等多种形式的产品，为受众提供最权威、最全面的产品出版信息。书城不定期推出部分特惠产品。

咨询/邮购电话：010-59367028　　邮箱：duzhe@ssap.cn
网站支持（销售）联系电话：010-59367070　　QQ：1265056568　　邮箱：service@ssap.cn
邮购地址：北京市西城区北三环中路甲29号院3号楼华龙大厦　社科文献出版社　学术传播中心　邮编：100029
银行户名：社会科学文献出版社发行部　　开户银行：中国工商银行北京北太平庄支行　　账号：0200010009200367306

图书在版编目(CIP)数据

产业经济热点问题研究.2010／赵娴，车卉淳主编.
—北京：社会科学文献出版社，2012.11
（北京物资学院产业经济研究学术文库）
ISBN 978－7－5097－3716－3

Ⅰ.①产… Ⅱ.①赵… ②车… Ⅲ.①产业经济学－研究 Ⅳ.①F062.9

中国版本图书馆 CIP 数据核字（2012）第 202865 号

·北京物资学院产业经济研究学术文库·研究生科研系列·
产业经济热点问题研究（2010）

主　　编／赵　娴　车卉淳

出 版 人／谢寿光
出 版 者／社会科学文献出版社
地　　址／北京市西城区北三环中路甲 29 号院 3 号楼华龙大厦
邮政编码／100029

责任部门／财经与管理图书事业部（010）59367226　　责任编辑／许秀江
电子信箱／caijingbu@ssap.cn　　责任校对／白桂祥　王洪强
项目统筹／恽　薇　　责任印制／岳　阳

经　　销／社会科学文献出版社市场营销中心（010）59367081　59367089
读者服务／读者服务中心（010）59367028

印　　装／北京鹏润伟业印刷有限公司
开　　本／787mm×1092mm　1/16　　印　张／27
版　　次／2012 年 11 月第 1 版　　字　数／455 千字
印　　次／2012 年 11 月第 1 次印刷
书　　号／ISBN 978－7－5097－3716－3
定　　价／79.00 元

本书如有破损、缺页、装订错误，请与本社读者服务中心联系更换

▲ 版权所有 翻印必究